「経済大国」中国はなぜ強硬路線に転じたか

二〇一〇～二〇一二年

濱本良一［著］

シリーズ・チャイナウォッチ
1

ミネルヴァ書房

はじめに

本書は中国の政治、外交、軍事、経済を中心に、『人民日報』、『新華社』といった中国の公式メディアを主な拠り所としたチャイナ・ウォッチングの成果をまとめたものである。対象とした時期は、中国が国内総生産（GDP）で日本を追い抜き、世界二位に躍り出た二〇一〇年と一一年である。

米国など海外拠点の華字ネットや香港系、台湾系の新聞・雑誌と中国に関する情報はあふれ返っているが、あえて中国の公式報道、香港の親中系と中立系メディアを基本に、欧米主要メディアや邦字紙の情報を集約し、分析したのが本書の特徴である。

中国はいま目まぐるしい変化の真只中にある。そのスピードは急成長を続ける中国の姿を反映している。筆者の体験からすれば、英国の主権が返還され、歴史的転換点を迎えた香港がそうだったように、中国大陸もかつてない激動の渦中にある。

二〇～三〇年間という世代の時間軸で見れば、本書が取り上げる中国は、経済成長と表裏一体で強大化した軍事パワーを背景に、政治的にも自己主張を強め、強硬な対外姿勢が顕在化した時期である。二一世紀に入り最初の一〇年間で興隆した大国・中国の必然的な結果とも言え、戦後の世界史において、日中というアジアの二大パワーが併存しながら競い合う初の現象として捉えておく必要がある。

自民党・小泉政権時代に発生した〇五年の大規模な反日デモ騒動を経て、一〇年秋の民主党政権下で起きた尖閣漁船衝突事件。中国漁船による領海侵犯と海保巡視船への体当たり衝突、その後に中国政府が見せた謝罪要求、レアアース（希土類）の輸出規制、邦人の身柄拘束などの一連の対外姿勢は、本書でもハイライトの部分に相当するが、強国に成長した中国が大きく変質したことを象徴している。胡錦濤政権が国内で提唱する「和諧（調和）社会」実現の呼びかけとは裏腹な現実でもある。欧米メディアの中には、「中国の正体見たり（China unmasked at last）」という表現で、ズバリと指摘した論評もあった。

中国という巨大な龍が暴れ回り、恐れおののく周縁諸国は巨体に巻き込まれまいと必死になっている——最近のアジア情勢はそんな構図なのかもしれない。世界一の人口と巨大な国土、経済的にも社会的にも不均質な社会、先進国の顔に途上国の体を引きずるアジアの巨龍が、共産党のリーダーシップのもとで歴史的に類を見ない発展の頂点を極めているのである。

中国が自信をつけ自己主張を強める転機となったのは、北京五輪（〇八年八月）と、世界金融危機の発生（〇八年九月）、上海万博（一〇年五～一〇月）だったろう。五輪や万博は中国が先進国の仲間入りを果たす国際的イベントであり、世界の耳目を集める世紀の祭典だった。建国六〇周年（〇九年一〇月）は、中国人の〝民族心〟が大きく揺すぶられた一年であり、二〇一〇年はその余韻が続いた年。中国人が「十」にあやかり、「十全十美年」（中国語で、非の打ち所のない完璧な年）と呼んだ一年、本書でのウォッチングの開始年に当たる。

最大四兆人民元（〇八年度当初の国家予算〈歳出〉は六兆七八六億元）という巨額の財政出動による景気刺激と金融緩和の実施で危機を乗り切った中国は、V字型の回復を果たし、世界経済復活の推進役に躍り出た。債務危機に喘ぐ欧州や金融危機の発生地であり長期の景気低迷に陥った米国を尻目にチャイナが一人勝ちのように見えた時期でもあった。

一方で中国は、北京五輪直前に発生した大規模なチベット騒乱（〇八年三月）や、漢族との深刻な民族対立が表面化したウィグル族騒乱（〇九年七月）といった少数民族問題が噴き出し、新中国が誕生して以来の約六〇年間、民族問題はほとんど解決しておらず、むしろ対立が水面下で先鋭化していた事実も明らかになった。大多数の漢族にとっては晴れの舞台を迎えた時に、自尊心を傷つけられる事態となり、民族的な反発が高まった時期でもあった。

数千年に及ぶ動乱の歴史を持つ中国で、社会が安定し、世の中が繁栄した「盛世《せいせい》（heyday）」と呼ばれる時期はさほど多くはない。中国人社会で今も言い伝えられている盛世は「成康の治」「文景の治」「貞観の治」の三治世である。

成康の治とは、周の時代の成王（在位紀元前一〇四二～同一〇二一年）と、成王の皇太子・康王（同紀元前一〇二〇～同九九六年）の時代を合わせた四六年間を指す。周代に入って二代目、三代目の時代が歴史上最初の盛世である。

文恵の治は、前漢の文帝＝劉恒（同紀元前一七九～同一五七年）と、景帝＝劉啓（同紀元前一五七～一四一年）の治世三八年間を指す。

日本でも知られる貞観の治は、唐代の二代目皇帝、太宗＝李世民（同六二六～六四九年）の二三年間であり、帝王学の書『貞観政要』が扱う時代である。

三治世の期間は、四六年間、三八年間、二三年間と時代が下るにつれて短くなっている点は興味深い。繁栄と安定の世は長くは続かないことを示している。史上最後の盛世から現在まで、実に一四〇〇年余り断絶していることも暗示的である。

歴史的な盛世に並ぶものとして、いまの中国が存在するのなら、中国人の喜びの大きさが推し量れるかもしれない。無論、貧富の差に象徴される格差社会と一蹴することは簡単だが、苦難の歴史を顧みれば、世界第二位の経済大国に成長した中国の姿は、将来にわたって民族の誇りとして記憶されるのだろう。

現在の中国の経済繁栄の礎を築いたのは、改革・開放路線を提唱し、実行に移した鄧小平（一九九七年二月、九二歳で死去）である。その路線は一九七九年一二月の党第十一期三中全会で決定され、既に三〇年以上が経過している。鄧小平、江沢民、胡錦濤と三代続いた中国共産党の治世は、次の習近平時代まで事実上、内定済みだ。第五世代の指導者、習近平の時代が無事終了するかどうか保証はどこにもないが、改革・開放が始まった七九年末から数えて三〇年から四〇年前後が「（鄧）小平の治」として、未来の中国人によって語り継がれる盛世ということになる可能性は高いだろう。仮に今後一〇年のうちに波乱が生じるとしても、三〇年余り続いた盛世は揺るがない。ポスト習近平に突入し、盛世がさらに一〇年、二〇年と続くかどうかは、神のみぞ知るというほかはない。

ただ、現代の盛世が「（江）沢民―（胡）錦濤の治」でなく、「小平の治」という点は重要である。それだけ改革・開放を編み出した鄧小平の存在が大きいのだ。文化大革命で失脚した鄧小平は、毛沢東によって六九年一〇月から七三年二月までの三年五カ月間余り、江西省の省都・南昌市の郊外、新建県望城鎮にあるトラクター修理工場に追いやられた。鄧は同工場の裏手にある南昌歩兵学校校長宅を自宅としてあてがわれたのだが、工場と自宅の間の約一・五キロの敷地内の小道を、毎日二〇分ほどかけ歩いて通っていた。その道すがらに改革・開放の構想を思いついた、と語り継がれている。

草が茫々と生い茂った小道は、「小平小道」と呼ばれる。筆者は〇五年夏に、その道を歩いてみた。鄧小平が社会主義的熱狂の文革から隔絶された地で、祖国の未来を見据えて国策の大方針を揺るがす哲学を生み出した場所だと思うと深い感慨に襲われ、これがチャイナ・ウォッチングの醍醐味だと感じた記憶がある。

三〇年以上の時間を経て、改革・開放を疑う教条的な声は党内の主流からは外れたが、「富める者から先に豊かになる」という鄧氏の「先富論」の結果、貧富の格差が目立つようになった。社会が豊かになる過程では避けられない現象だろう。世界からGDP第二の経済大国と持ち上げられるにつれ、ひずみが強調される皮肉な結果を招いている。

一九九一年末に旧ソ連が崩壊し、世界が次は中国の番だと考えていた時、最高実力者の鄧小平は、「韜光養晦《タオグアンヤンホイ》、有所作為《ヨウスオツオウェイ》」との大方針を示した。その意味は、「才能を隠して機会を待ち、少しだけ行動に出る」というものだ。

意図するところは、世界の脱社会主義の流れの中で、身を低くかがめて力を蓄え、嵐が過ぎ去るのを待てという意味合いだった。建国以来の危急存亡に瀕した天安門事件を乗り切った鄧は、老体に鞭打って広東省深圳など南方視察を敢行した。後継指導者として据えた江沢民に「改革・開放の御旗を絶対に降ろすな」と諭す意味があったのだが、同時に対外姿勢の大方針を示して国難ともいえる時期を凌いだのである。

それから二〇年余り。外国企業や華僑・華人による資本投下と技術導入に支えられる形で、中国は躍進した。「世界の工場」から「世界の市場」と呼ばれ、宿年のライバル日本を追い抜くまでに成長した。対外姿勢の方針については、「いつまで〈韜光養晦、有所作為〉をやるのか」といった声が、有識者や軍関係者の間で出始めていた。

転換点は〇九年七月の海外駐在外交使節会議での胡錦濤演説だった。表向きは鄧方針に敬意を払って「韜光養晦」を堅持するとしたが、ポイントは「有所作為」の前に「積極」の二文字を追加したことだった。「積極有所作為」。主張すべきは言い、行動に出るべき時は独行するという姿勢である。

事実、この会議をきっかけに自己主張を強めた中国の姿勢が随所で見られるようになった。「微笑外交」から「強面《こわもて》外交」への大転換である。

最初に変化が現れたのは、〇九年一二月のデンマークの首都コペンハーゲンで開催された「国連気候変動枠組み条約第十五回締約国会議（COP15）」だった。〇七年に世界最大の二酸化炭素（CO2）排出国となった中国は、「同一だが差異のある削減責任」を合言葉に、国際会議の場で具体的な数値目標が決められることを強く警戒していた。一方のCO2排出量第二位の米国は、中国が独自に主張する「二〇二〇年までに単位GDP当たり〇五年比で四〇～五〇％削減」との目標に、国際的検証という網をかけようとの作戦で臨んだのである。

結果として中国は、具体的な削減数値の設定も国際的検証も免れることに成功した。まんまと、やり過ごしたのである。事前の準備も周到だった。最高指導部内での意思統一ができていたからこそ、オバマ大統領が求めた二回目の温総理との米中会談を拒否する対応に出られたのだ。あの場面は後世に語り継がれるだろう。翌一〇年春の全人代（国会）での内外会見で、米ニューズウィーク誌の記者が改めて問いかけ、温総理が釈明するほど、世界に「昇龍＝中国」の印象を刻みつけた光景だったのである。

その全人代の開催に合わせるかのように、中国は南シナ海が自国の「核心的利益（core interest）」であると主張し始めた。台湾やチベットが、中国の譲れない〈核心的利益〉、主権が及ぶ領土との主張を地理的に拡大させたのである。きっかけは米国が同年初めに台湾への武器売却を表明し、オバマ大統領がホワイトハウスにダライ・ラマ十四世を招いたことに、中国指導部が抱いた危機感の強さを知らしめるためだった。

しかし、「南シナ海は中国の海である」と〝宣戦布告〟したかような中国の態度は、アメリカの強い反発を呼び、その年の夏の安全保障の枠組みである「ASEAN地域フォーラム」（ARF）の定期会議で、東南アジアの国々から反発を呼ぶことになる。同会議に出席した二七カ国・機構のうち一二カ国の外相が南シナ海問題を取り上げ、懸念を表明する事態になった。出席していた楊潔篪外交部長が声を荒げて逆切れする、といった際どい場面になり、しばらく外交界の語り草になったほどだ。

きわめつけは、尖閣諸島での中国漁船衝突事件であることは前述の通りである。強面外交への大転換は、日本で知られるようになるまでに、やや時間がかかった。COP15会議や尖閣事件での中国の対応を見れば、いやがうえにも変化は感じられたのだが、中国当局が大々的に宣伝することはなかった分、外部世界も気づくのが遅れたのである。

二〇一一年に入って中国の対外姿勢は幾分和らいだが、ベトナムやフィリピンなどの国とは海底油田の開発や、漁船操業をめぐって小競り合いを繰り返した。尖閣諸島に対しては、中国は漁業監視船や海洋調査船を断続的に派遣し、領有権では一歩も引かない構えを示している。日本の領海を侵犯する態度は看過できない。

中国自身が「核心的利益」の定義から、地理的な概念を外すことで内外の批判をかわそうとしていることは、同年秋に公表した「平和発展白書」で明白になった。高まる国際的批判の声の前に、中国は対外姿勢の微修正を余儀なくされている。

もうひとつ指摘しておきたいのは、一一年初めからチュニジア、エジプトといったアラブ世界で火がついた〝ジャスミン革命〟についてである。中国当局は国内への波及を封じ込めることに成功したが、警戒心が高じ、治安当局による反体制活動家や人権活動家らへの弾圧と、メディアやインターネットへの締め付けを一段と強化している。

インターネットの利用者数が五億人に上り、うち中国版ツイッター「微博（マイクロブログ）」のユーザーは二億人に迫るなかで、当局はネット規制に必死だ。しかし、浙江省での高速鉄道の追突・脱線事故（一一年七月）は、国営新華社通信の発生の速報よりも、乗客が持っていた携帯端末から「微博」にアップした情報の方が早かったように、当局による〝情報封鎖〟には限界があることを示した。一時的にせよIT（情報技術）革新が中国当局の妨害技術を超えるときがあるのだ。このタイムラグこそ、今後の中国社会の変化の鍵となるかもしれない。それほどIT世界の変化がもたらす影響は強烈である。

党最高指導部随一の改革派である温家宝総理は、政治改革の重要性や必要性に何度も言及した。だが、党中枢で温氏の意見が主流となる気配はうかがえない。指導者としての影響力に限界があるのだろう。逆に江沢民・前総書記に最も忠実な一人といわれる呉邦国・全人大委員長の主張する、西側の民主主義はやらないという「五つの不実行」論の方が党内では主流になっている。党中枢で既得権益を守ろうとする勢力が幅を利かしている。

中国の経済発展とともに目立つのが軍事力の増強ぶりだ。中国初の航空母艦「ワリャーグ」や、最新鋭ステルス戦闘機「殲(J)20」の開発、巨大な空母を一撃で沈没させる〝空母キラー〟と言われる対艦弾道ミサイルの開発など、それは目白押しである。

国防費の二桁(並み)増加は、GDP成長率を明らかに上回っている。〇七年初めに宇宙衛星を撃墜し、膨大な数の宇宙ごみを発生させた中国軍は、有人宇宙ステーションの建造を目指して着々と実験を進めている。「宇宙軍」の創設も時間の問題だろう。陸・海・空に加えて宇宙と、現代の中国の軍拡は三次元的な広がりを備えている。「お月様も中国のモノと言い出すのではないか」という海外ジョークを笑えなくなるかもしれない。

さて自己主張を強める中国は、ソフトパワーである文化・情報・宣伝での戦術強化にも怠りはない。共産党中央のプロパガンダ部門の〝司令塔〟である対外宣伝部を中心に、海外戦略にも力を入れている。日本の大学にも開設されている中国語と中国文化を伝授する「孔子学院」が世界中に計三二二校も設立されている。最近では一一年秋の党中央委員会全体会議(六中全会)で、文化的ソフトパワーの戦術強化を決定した。

強大化した中国に対しては、「中国傲慢論」「中国強硬論」「中国異質論」などさまざまな評価が出現した。そんな中国に向かって放たれた一矢が、反体制作家・劉暁波氏に対するノーベル平和賞の授与だろう。これに対して中国政府は、ノルウェー・オスロでの劉氏の授賞式に外交使節団が出席しないよう各国に圧力をかけたことも記憶に新しい。懸念されるのは、中国政府の圧力を受けて大使が欠席した国も少なくなかったことだ。

事実上の共産党独裁体制を維持しつつ、目覚しい経済発展を実現している姿は、アジア・アフリカの新興諸国の指導層を中心に注目を集めた。それは「中国（チャイナ）モデル」として、世界でもてやはされているのは周知のとおりだ。

最近では、米国を代表する知識人の一人である歴史家フランシス・フクヤマが「中国モデル、急成長両刃の権威主義」と題した論文を『讀賣新聞』（一一年九月二五日）に寄稿している。フクヤマは中国の台頭を政治と経済の両面から考察し、政治分野では権威主義国家ながら、最高指導者が約一〇年で交代していることや、胡総書記の下で実施されている最高指導部による「集団的意思決定」を指して、「良く制度化され、機能している」と評価した。

経済分野でも、中国では労働組合や農民組織などで反政府系は存在しないため、「大規模な経済政策の決定を迅速に効果的に行える利点がある」と前向きに評した。

しかし、権威体制がうまく機能するには、「最高指導者が有能で、あまり腐敗していない」との前提があるとして、「常に善良皇帝が現れる保証はない」という危うさを指摘。「中国では過去の歴史に関する正直な説明も、政治的説明責任の仕組みも存在しない」と言論・思想の自由や民主体制が欠如している点を批判した。

さらに「輸出に代わる内需の拡大を追求しているが、前進の兆候はほとんど見られない」としたうえで、「教育水準が向上し、より豊かになり、外部世界とのつながりが増えれば、人々は意思決定を行う権威主義的政府に耐えられなくなる」と民主化への可能性を示唆している。

「中国モデル」を前向きに評価しているわけではないのだが、米国学者のフクヤマが共産党独裁の「中国モデル」を、正面から論究対象として取り組んでいる姿が、筆者にとっては少々驚きだった。「ライジング・チャイナ（台頭する中国）」は世界を代表する知識人も席捲しているのである。

さて「中国モデル」を国内の視点で捉えるとどうなるのだろうか。八一歳になる女性歴史学者の資中筠が、江西省の南昌大学で興味ある講演を行った。欧米事情に通じた彼女の考え方が中国社会の主流かどうかは不明だが、上質な中国知識人の考えを代表していることは間違いないだろう。

南昌市の雑誌『ＭＯＯＫ』（二十一世紀出版社、第二十三巻＝一一年九月発行）に掲載された講演録によると、資中筠は中国の権威主義体制を「挙国体制」と表現し、地方の場合を「挙省体制」、「挙県体制」と呼んだ。一部の指導者が住民の監督なしに独断で政策を決定・実施する場合、北京五輪が成功した例からも、効率は高いことを認めたうえで、「常に指導者の頭が良く、正しい政策が実行される保証はない」と危うさに疑問を投げかけた。これはフクヤマと同じ指摘である。

国内各地を訪れた経験をもとに、「各省の省都は景観が一変し、本当に美しくなった。しかし、景観からは隠れて見えない部分を覆い隠すことはできない。社会の矛盾は日増しに先鋭化している。挙国体制の弊害は一段と大きくなり持続できない」と語る。

この認識は重要だろう。知識人に限らず中国人たちは繁栄を謳歌しつつも、祖国の先行きに懸念を強めている。外部世界での対中国認識とは全く異なる視点を人々は共有しているのである。

講演の白眉は、次のような歴史的な指摘である。

帝政崩壊へのきっかけとなった辛亥革命の翌年、中華民国・元年の一九一二年から同二二年までの一一年間の年平均の工業生産成長率は「一三％以上」あったという。これを現代の改革・開放が始まってから〇九年までの三一年間のGDP年平均成長率「九・一％」、〇一年以降今世紀の最初の一〇年間の年平均「一〇・五％」と比べても、遜色のない数字であることが分かる。民国の初期は高い経済成長を謳歌していたのである。民営の新聞が四八七紙も発行され、社会組織が二〇〇団体以上、個人商店・企業など二〇万社以上存在していた事実を挙げ、資は「社会は混乱していたものの、（中国が）立憲民主の道を歩まねばならないとの基本的な共通認識があり、これが活性化した生産活動の背景にあった」と主張している。

二〇一〇年に中国のGDPが日本を上回ったことに関連しては、蔣介石時代の一九二七年当時ですら、既に中国の経済力は日本を超越していたと指摘。当時、経済力世界一は米国、二位は英国、三位が中国だったという。「盧溝橋事件が勃発し、日本が対中全面侵攻した一九三七年当時でも中国の経済力は日本を上回っていたのであり、最近の三〇年余りを〈中国の奇跡〉などと呼ぶのは正しくない」と諫めている。彼女は講演録の巻末に根拠とした数字の出典を明記している。なお検証が必要なのかもしれないが、極めて興味深い指摘である。

改革・開放三〇年間の中国経済については、「独自の高品質ブランド」「核心的な技術」「独自のデザイン」を生み出せない〝三無〟経済との見方があることを紹介し、産業復興を経験した英国、米国、日本は、経済拡大の過程で質の転換も達成していた、と鋭く指摘した。

彼女が主張する問題は、中央指導者たちも気づいていることだろう。だが、現実の処方箋となると、そう簡単ではない。改革派の温家宝総理にしても、党中枢で主流となる意思形成に成功している様子がないことは前述の通りだ。胡錦濤総書記に至っては任期一〇年間の後半は、政治改革など党支配に影響を及ぼすような分野での踏み込んだ発言は控えているように映る。完全に守りの姿勢に入っているようだ。

最後に第二次大戦当時のドイツなどで使われた用語「生存空間（レーベンスラウム Lebensraum）」について触れておきたい。中国はどこまで自国の勢力、影響力を拡大させようとしているのだろうか。指摘されているように、九州—沖縄—台湾—フィリピン—南シナ海を結ぶ「第一列島線」から、伊豆諸島—グアム、サイパン—パプアニューギニアに拡張した「第二列島線」までなのか。さらに西方に拡大し、ハワイを基点にして太平洋の西半分を自国の勢力圏に置こうとしているのか。

勢力拡大を目指す中国の国家目標は何なのか。「中華民族の偉大な復興」（辛亥革命百周年記念の胡錦濤演説）が実現した後の中国の国家像は、どのようなものになるのか。共産党自身が、そうした青写真を描き切っているとは思えない。むしろ描き切れないところに共産党主導国家・中国の危うさが垣間見えるのであり、世界が懸念を抱く要因になっているのだろう。もとより本書は、そうした問いかけに解を出すものではない。だが、常にそのような視点を踏まえつつ、中国で起きる日々の出来事を記録し、隣国の近未来を描く基となる材料だけは、読者に提供できたのではないかと考えている。

「経済大国」中国はなぜ強硬路線に転じたか——二〇一〇〜二〇一一年　目次

第一章　万博開幕で高まる愛国＝民族主義

1　成長率目標「八％」を決めた全人代

毎年恒例の全国人民代表大会と人民政治協商会議の二〇一〇年「両会（二大会議）」が、寒さが残る北京で行われた。国内総生産（ＧＤＰ）で日本を追い抜き世界第二の経済大国になると予想される中で、一〇年の成長目標として、〇九年と同じ「八％前後」の高い数値が設定された。全国規模で暴騰する住宅価格に庶民の不満は高じ、貧富などの格差解消が焦眉の課題となり、指導部は上海万博（五～一〇月）を前に、チベット、ウイグルの両少数民族問題の再燃防止に神経を尖らせた。

何厚鏵が政協副主席に

第十一期全国人民代表大会（国会＝全人代）第三回会議が一〇年三月五～一四日の一〇日間にわたって開催された。最終日の北京は、三月中旬としては季節外れの雪模様に見舞われた。並行して三月三～一三日までの一一日間、第十一期人民政治協商会議（政協）第三回会議も開かれた。

政協会議は最終日に、マカオ特別行政区の前行政長官の何厚鏵氏を政協副主席に選出した。マカオ出身の政協副主席は馬万祺氏に次いで二人目、副主席は二六人になった[1]。チベット仏教第二の活仏、パンチェン・ラマ一一世（ギャインツァイン・ノルブ、20）は今年、政協委員に就任したことから副主席に選出されるのでは、と一部で騒がれたが、そうはならなかった。経験と年齢などが考慮されたものと見られた[2]。

全人代開幕初日に温家宝総理が政府活動報告を読み上げ、二〇一〇年の経済目標を「八%前後」と設定した。〇九年も同じ八%の目標だったが、年間でGDP八・七%の高成長を実現した。それでも温総理は報告の中で、「今年は昨年より良くなるかもしれないが、直面する情勢はきわめて複雑である[3]」との厳しい認識を示した。経済発展を維持しながら、住宅バブルを退治し、インフレ懸念にも対応する難しいかじ取りを意識したものと見られた。

積極財政の継続が打ち出されたことに好感した中国・アジア諸国の三月五日の主要株価指数は、軒並み上昇した。

同報告では、都市部の新規雇用を九〇〇万人以上確保し、失業率は四・六%以下に抑え、消費者物価の上昇率も三%程度に抑え、国際収支を改善するよう目標が設定された。マクロ政策的には、〇八年秋の世界金融危機後、内外の景気が最も後退した〇九年と同様に、金融緩和策を継続する中で、積極的な財政出動を行うことを了承した。〇八年秋から執行されている四兆元(二年分)の大規模財政出動は一〇年で終了する。また、対外輸出など外需に依存した経済構造を改め、消費拡大など内需拡大を図ってゆく基本方針も再確認された。

議員定数是正の選挙法修正

政府活動報告の大きな柱である「三農(農業・農民・農村)」問題。今年も党中央が年初に布告する一号文書のテーマは「三農」が選ばれたが、農業が一号文書で扱われるのは二〇〇四年以来、七年連続だった[4]。

今年の予算では、都市住民に比べて格差がある農民の収入を増やす取り組みの一環として、コメや麦など食糧の政府買い付け価格の引き上げや農機具などの購入補助のため、前年比で六〇億四〇〇〇万元増の一三三五億元が計上された。このほか、生産力の向上を目指し、灌漑施設など農業の基盤整備のために前年比九三〇億元、一二％増の八一三八億元が計上された。この一二％増は、財政規模の増加率の二倍となっている。都市と農村との間でバランスの取れた発展を目指し、農業以外の産業と農村の人口が秩序だって村に集まるように導き、帰郷した農民工が地元で起業することを奨励する。

雇用分野では、大卒者、出稼ぎ農民、失業者、退役転業軍人らへの就職斡旋活動を重点的に行う。全国規模で暴騰する住宅価格対策として、低所得者向け住宅の建設拡大や投機的な住宅購入の抑制策などを打ち出した。しかし、元切り上げを見越した海外からの「熱銭（ホットマネー）」の流入は続いており、行政上の規制策に加え、金融緩和で生じている資金の流入規制などが伴わないと、住宅バブルの本格的解決は難しいだろう。

最終日の三月一四日、総理の政府活動報告は一五カ所が修正され、採択された。出席した代表二九〇九人のうち、同報告に対する賛成は二八三六票で、反対や棄権は七三票、二・五％だけだった（投票機を押さないケースを含む。以下同）。しかし、最高人民検察院の報告には、反対四一一票、棄権一四七票（併せて一九％）が、最高人民法院の報告には、反対四七九票、棄権一二八票（同二一％）が投じられ、汚職撲滅への対応の生ぬるさに批判が集まった[5]。

審議初日の三月六日、胡錦濤総書記が人民大会堂に現れ、チベット自治区代表団の会議に出席し、ロッパ族やメンパ族などチベット自治区でも人口の少ない少数民族に言及したことが翌日の党機関紙『人民日報』（三月七日）に写真付で報じられた。胡指導部が民族問題を重視・警戒している様子がうかがえた。

全人代（国会）の代表（国会議員）と省・県・市など各級人代（地方議会）の代表（地方議員）を選出する選挙法が改正された。賛成は二七四七票で、反対・棄権は一六二票、六％だった[6]。「農民四人で都市住民一人と同等」との言い方があるように、農民にとって不利な状況が続いていた。

全人代の制度が始まる一年前の一九五三年に制定された選挙法では、農民と都市住民の間には、「八対一」の比率格差が存在していた。一九九五年の選挙法の第三回目の改正で、農民と都市住民の比率は「四対一」に縮まったものの、農民は依然として不利な環境に置かれていた。これが今回の改正で、「一対一」と平等な扱いになり、「同票同権」が実現された。一九七九年七月に成立した現行の選挙法は、今回で通算五回目の改正となった(7)。

米国の人民元圧力に屈せず

温家宝総理は三月一四日の全人代閉幕後、人民大会堂で恒例の記者会見に臨んだ。経済問題に終始した会見で温総理は、通貨・人民元の切り上げについて、「人民元の価値が過小評価されているとは思わない。金融危機の発生と拡大の中で、人民元は基本的に安定を保ち、世界経済の回復に重要な貢献を果たした」と語り、当面、元切り上げをする考えがないことを改めて表明した。

さらに欧米諸国などで、元切り上げを求める強い声が出ていることに対し、温総理は「強い圧力をかけて一国の通貨の為替変更を迫るやり方は、人民元の為替改革に不利である」と突っぱねた(8)。

これに対して米下院のティモシー・リャン議員とマイク・ミショー議員(ともに民主党)は三月一五日、中国が人民元を不当に為替操作しているとして、ガイトナー財務長官とロック商務長官に早期に対応を求める書簡を提出した。書簡には一三〇人の超党派の議員の署名が寄せられ、「もし政権が、不当に安く抑えられた人民元の問題に対処しなければ、米国経済の回復の足を引っ張り、中小企業のビジネスと生産者の製造活動を害することになる」と警告した(9)。

また、上院のチャック・シューマー議員(民主党)とリンゼー・グラハム議員(共和党)ら超党派の上院議員五人も三月一六日、人民元など為替レートの不均衡を是正しない制裁措置として、輸入品に反ダンピング(不当廉売)関税を課す通貨為替監視法案を提出すると発表した(10)。

人民元は二〇〇五年七月に二%の切り上げと多通貨バスケットの管理変動相場制が採用された。以来、〇八年七月までに一日の変動幅の範囲内で少しずつ切り上げられ、三年間で二一%切り上がった。しかし、〇八年七月に変動は停止し、事実上の固定相場になっている。

戸籍制度改革の共同社説登場

全人代の開幕直前の三月一日、国内の新聞一一紙が戸籍制度の改正を求める共同社説を一斉に掲載した。約一六〇〇字の社説は、農村戸籍と都市戸籍に分けられ、様々な制度上の差別の元凶となっている戸籍法（一九五八年制定）の抜本改正を求める内容。共同社説の出現は初めての出来事だった。[11]

掲載したのは、『経済観察報』（北京）、『雲南信息報』、『都市時報』（雲南省昆明）、『華商報』（陝西省西安）、『重慶時報』、『大河報』（河南省鄭州）、『内蒙古晨報』、『遼瀋晩報』（遼寧省瀋陽）、『安徽商報』（安徽省合肥）、『東南快報』（福建省）、『南方都市報』（広東省広州）の一一紙。『城市晩報』（吉林省）と『新安晩報』（安徽省）は掲載の予定だったが、最後になって見合わせた。その他、全国一〇の省・区の支持と、インターネット大手『新浪網』と『鳳凰網』の支持も得られたという。[12]

しかし、国内メディアを管轄する中央宣伝部は直後に緊急通達を出し、この社説の掲載がこれ以上拡大しないよう規制した。また、同宣伝部は同社を通じて、社説を起草したと見られる『経済観察報』の張宏・副編集長（36）を解任したほか、他の編集幹部にも警告を発した。張宏氏がネット上で発表した書簡で明かした。[13]

今年の政府活動報告の中で、農民の都市への移動と権利を保障する「戸籍制度改革の推進」も登場したが、具体策は言及されておらず、先送りの観は否めない。

国防費増二二年ぶり一ケタ

全人代開幕前日の三月四日、李肇星・大会スポークスマン（元外交部長）が記者会見の席上、記者の質問に答える形で、二〇一〇年の国防費は五三二一億一五〇〇万元、前年度実績比で三七一億一六〇〇万元、七・五％増えたと発表した。前年同比の一四・九％からは伸びがほぼ半減した[14]。

この国防費のうち、中央政府の負担分は五一八五億七七〇〇万元で、〇九年より三六〇億七六〇〇万元、七・五％増えた。中央財政の歳出に占める比率は六・三％になる。

また、〇九年の中央政府負担の国防費の当初予算四七二八億六七〇〇万元と比較しても、増加率は九・七％と一ケタ台になり、一九八九年以来、毎年連続した二ケタ台の伸びは二一年間で終わった[15]。前年一〇月の建国六十周年記念日に行った大規模軍事パレードで、当初予算が膨れ上がり、実績比にして一桁台に落ちたのか。国防費も国家予算の増加率の枠内に減額するという財政上の大方針のためか。中国が軍事的脅威だと主張する国際世論に応えたためか。真相は相変わらず不明である。

温総理は同報告の中で、「情報化の条件下で局地戦争に打ち勝つ能力を増強することを中心にし、安全にかかわる様々な脅威への対処能力や多様化する軍事任務を全うする能力を高めて行く」と語り、引き続き軍増強の道を歩む方針を示した。

中国の国防予算は以前から、軍事開発研究費や海外からの装備購入費が国防費に計上されない、などの不透明さが指摘されている。軍のシンクタンク「軍事科学院」の羅援・研究員（少将、60）は共同通信の取材に、「大きな事業の場合、軍民兼用の分野があり、どこまでが国防費に組み込まれるのか境界線がはっきりしない部分があるのは確か」と認めている[16]。公開性をいっそう高めることが求められている。

英国のシンクタンク「国際戦略研究所（ＩＩＳＳ）」は二月二二日、中国が一月一一日に実施して、成功した弾道ミサイル迎撃実験の結果を分析した報告書を公表した。実験は「大気圏外」で成功したが、中国がミサイル防衛（ＭＤ）システムを構築するまでには、まだ時間がかかるという点が注目された。

ＩＩＳＳ報告書は、米国防総省や中国筋から得た情報をもとにまとめたもので、標的用ミサイルは四川省西昌にある衛星発射センターから打ち上げられ、これを新疆ウイグル自治区コルラ付近の移動式発射台から発射された迎撃ミサイルが撃ち落した。迎撃に成功した場所は、新疆と甘粛省の境界付近で、地上から七〇〇以上離れた宇宙空間だった。迎撃ミサイルは、大陸間弾道ミサイル（ＩＣＢＭ）「東風31」改良型だった可能性があると指摘した。

ＩＩＳＳの分析は、現時点ではＭＤシステムに必要な宇宙空間の監視能力には欠けているとしつつも、中国が人工衛星「北斗」など三五基を二〇二〇年までに打ち上げ、独自の衛星利用測位システム（ＧＰＳ）を構築していると断定した。したがってＭＤ構築は「北斗」計画が実現するまでは困難との判断を下している。また、今回の実験は、米露両国よりも、北京や上海を射程内に収める中距離弾道弾「アグニⅢ」を開発したインドに影響を与えるだろうと指摘している。

中国軍は迎撃実験について、国営新華社電を通じて、「技術実験を行い、所期の目的を達成した」と簡単に報じただけだった。なお、中国の弾道弾迎撃実験の実施は、ミサイル発射を察知した米国側から日本当局にも通報があったという[17]。

オバマ―ダライ・ラマ会談で米中険悪

チベット亡命政権の指導者ダライ・ラマ一四世（74）が二月一八日（米東部時間）、米ホワイトハウスでオバマ大統領と会談し、国務省ビルでクリントン国務長官と会談した。中国政府は、大統領がダライ・ラマと会談しないよう事前に何度も外交圧力をかけたが、会談は予定通り実施された。

中国政府がオバマ政権に強い姿勢に出た理由としては、年初以来、ネット検索大手の米グーグル社の検閲問題や米側による対台湾武器売却などで態度を硬化させていたのに加え、オバマ大統領が〇九年秋に初訪中を控えていたため、中国を刺激しないようダライ・ラマとの会見を延期したことが、逆に「与し易い大統領」との誤ったシグナルを送った可能性があった。

会談でオバマ大統領は、チベット独特の宗教、文化、言語の独自性や、「中華人民共和国」におけるチベット人たちの人権保護に強い支持を表明した。大統領は、ダライ・ラマが非暴力路線を貫き、中国政府と対話を求める中道路線を歩んでいることを称賛した。さらに、ダライ・ラマが相違点を直接対話で解決するため、（中国と亡命政府側）双方に一貫して働きかけている点を強調し、中国側との一月の対話再開を好感しているとした。最後に大統領とダライ・ラマは、前向きで、協力的な米中関係が重要であるとの認識で一致した(18)。

大統領府側の説明によれば、会談場所は大統領が私的な会見で使う「地図の間《マップルーム》」が選ばれた。また、大統領は「チベット亡命政権指導者」としてではなく「チベット仏教最高指導者」として会ったとされた。記者団は会談の取材・撮影を許可されなかったほか、米側は発表文の中で、「中華人民共和国」と正式名で呼び、チベットが中国の領土の一部であることを認めるなどの配慮をにじませた。今回でダライ・ラマと会談した米国大統領は、ブッシュ（父）、クリントン、ブッシュ（子）、オバマ氏と四人になった。

一方、中国外交部は二月一九日、会談を強く非難する馬朝旭報道局長の談話を発表した。しかし、米国の対台湾兵器売却の際に示したような報復措置を示唆することはなかった。談話では、「米国側の行為は中国の内政に対する重大な干渉であり、中国人民の民族感情を著しく傷つけ、中米関係を極めて損なった」としたうえで、「米国がダライ・ラマの訪米を受け入れ、大統領ら指導者が会談したことは、国際関係の基本的準則に著しく背くものであり、中米間の三つの共同コミュニケに違反し、（昨年一一月の）中米共同声明で確定した原則に反している。米政府が何度も述べてきた〈チベットは中国の一部であり、チベット独立を支持しない〉との誓約に背くもの。中国は強烈な不満と断固たる反対を表明する」とした。また、崔天凱・外交部副部長が同日、中国駐在のジョン・ハンツマン米国大使を外交部に呼び、厳重に抗議した。[19]

六八年に及ぶ米大統領との縁

ダライ・ラマは会談で、七歳だった一九四二年にチベットを訪れたフランクリン・D・ルーズベルト大統領の特使から受け取った親書（複製品）をオバマ大統領から贈られた。会談翌日の一九日、ワシントン市内の米議会図書館で講演した際に、ダライ・ラマが明らかにした。ダライ・ラマは五歳で即位しており、『ダライ・ラマ自伝』（文春文庫、二〇〇一年）によれば、当時、米大統領が特使を通じて、二羽の鳴き鳥と金時計とともに親書を贈っていた。米大統領とダライ・ラマのつながりが六八年前からあったことを示すものと言えた。

ダライ・ラマは米国滞在中、メディアの取材を受けた際に、自身の後継問題について「輪廻《りんね》転生《てんしょう》制度」を廃止しても構わないと発言した。これを受ける形で、チベット自治区のバイマ・チリン主席は三月七日の全人代開催中の記者会見で、ダライ・ラマが転生制度について過去様々な言い方をしているとしたうえで、「今ことさら（同問題を）話し合う必要はない。ダライ・ラマはまだ生存しており、死んでから話そう」と突き放した。あまりに直裁な物言いに、会場内にざわめきが起きたという。[20] バイマ・チリン主席は軍兵士だった経歴を持ち、今年一月に常務副主席から主席に昇進したばかりである。

米艦艇の香港寄港はＯＫ

米原子力空母打撃群「ニミッツ」と護衛艦など随伴艦四隻が二月一七～二一日の五日間、香港に寄港、停泊した。中東方面での任務を終え、補給と乗組員たちの休養が目的だった。「ニミッツ」の香港寄港は通算一〇回目。米国の対台湾武器売却で態度を硬化させた中国政府が軍事交流の停止を宣言（一月三一日）しており、中国側の対米関係悪化回避への政治的シグナルと見られた。[21]

米国の台湾武器売却をめぐっては、中国は国際問題における米中協力にも影響が出るとの立場をちらつかせていたが、三月二〜四日、米国務省のジェームズ・スタインバーグ副長官とジェフリー・べーダー国家安全保障会議（NSC）アジア上級部長が訪中し、戴秉国・国務委員（副総理級）、楊潔篪外交部長、崔天凱外交部副部長（北米担当）とそれぞれ個別に会談した。二人は王光亜・外交部副部長（筆頭）との間で、実務協議を行った。

米側は終了後、会談内容について何も公表しなかったが、中国の秦剛・外交部報道局副局長は三月四日の定例会見で、「双方が共に関心を持つ問題について率直に意見交換した」と語った。[22] 外交上「率直な意見交換」とは、意見が対立したことを意味する。ただ、米側の狙いは冷え込みの厳しい米中関係を改善させることにあった。スタインバーグ副長官は北京からの帰途、立ち寄った東京で、北京会談に関して、「建設的、現実的なアプローチでお互いの違いを埋める」ことでは一致したと明らかにした。[23]

中国撤退を決めた米グーグル

インターネット検索大手の米グーグル社（本社・カリフォルニア州）に対するサイバー攻撃と、検索用語に関して中国側の検閲を受けている問題で、グーグル社は三月二二日、中国での検索事業から撤退する方針を発表した。一月中旬に同社が声明を公表して以降、継続していた中国側との協議が決裂した。グーグル社は今後、中国内で検索以外の研究・開発事業などを続け、検索サービスは香港に移すとした。

これより先、二月一九日付の米『ニューヨーク・タイムズ』紙が、中国の名門・上海交通大学と山東省の職業訓練校・山東藍翔高級技工学校がグーグル社など米企業へのサイバー攻撃の発信元である、と報じた。米政府の情報部門・国家安全保障局（NSA）などの解析結果から得た情報という。職業訓練校は、軍と関係があるとされた。[24] しかし、山東藍翔高級技工学校の幹部職員は、「われわれの学生には軍に入隊する者もいるが、これは国の兵役政策。学内には二〇〇〇台以上のパソコンがある。学校は軍と関係があると主張するのは笑い話だ」と反論した。国防部の黄雪平報道官（大佐）も二月二五日、米側の報道について、「ハッカー行為を中国の政府と軍に結びつけるのは根拠が全くない。極めて無責任で、下心のあるデッチ上げだ」と否定した(25)。

この問題は一月一二日、グーグル社が声明を発表したことで始まった。声明文によれば、サイバー攻撃を受けたのは二〇〇九年一二月中旬で、「かなり高度な標的型攻撃」だった。同社のほかに金融、技術工業、メディア、化学製品業などの代表的な米企業二〇社以上も同じような攻撃を受けたとされた。グーグル社への攻撃では、同社の電子メールサービス〈Gメール〉を使用していた民主活動家二人のアカウントに侵入され、アドレスの設定期日などの情報が盗まれたという。このほかにも、中国や欧米諸国で、中国の人権問題を訴えているユーザー数十人のアカウントが、何者かによって頻繁にアクセスされていたともいう。

中国語版ホームページの検索用語の削除など検閲作業は、中国当局の意向を受けたグーグル社が自主検閲の名のもとに行っていた。グーグル社が検閲を中止、解除したことで、禁止されていた天安門事件に関する写真などが一時的に閲覧できる状態が続いた。

グーグル社は、個人や企業・政府官庁のユーザーが、グーグル社のデータセンターに集積した自らの資料やデータをネットで直接利用するシステム「クラウド・コンピューティング」を推進している。末端ユーザーのパソコンなどに情報を残さない新方式で、情報流出を妨げるメリットなどがあるものの、本社の中枢データセンターが、サイバー攻撃を受けていてはIT（情報技術）ビジネスが成立しなくなる。米国では政府・軍関係などが中国を含む海外からのサイバー攻撃に頻繁に遭っており、情報の安全確保の面から米政府もグーグル社に同調して対応したと見られた。

しかし、その後、双方の話し合いの実態は不透明なままで推移し、グーグル社幹部は中国市場から全面撤退する考えのないことが伝えられた。中国政府もネットの検閲廃止に応じない方針を何度も表明し応を迫られていると言える。

た。中国市場に参入する場合は、中国の国内法を順守すべきあるとの立場を堅持した。ただ、中国側はグーグル問題を一外資系企業の問題としては扱っていない様子も垣間見られた。「グーグル利用者には高学歴の知識青年が多く、検閲拒否の声明の発表直後はグーグル支持の書き込みが殺到した。中国当局者は今回の出来事をデジタル版天安門事件と見ている」との指摘[26]もあり、中国党・政府当局は慎重な対応を迫られていると言える。

「新日中友好二十一世紀委」発足

〇九年秋に「新日中友好二十一世紀委員会」の中国側座長に決まった唐家璇氏(72)が三月一〇～一七日、来日した。唐氏が座長に就任して以降、初の来日だった。唐氏は元外交部長、国務委員(副首相級)を歴任した知日派。「中日友好協会名誉顧問」の肩書(一一年三月に同友好協会会長に就任)だったが、三月一一日に鳩山由紀夫総理、与党・民主党の小沢一郎幹事長と相次いで会談し、中国の対日政策に一定の影響力を残していることを示した。鳩山総理との会談で、唐氏は上海万博開幕式への出席を要請したが、総理は「検討したい」と述べるにとどまった[27]。

また、唐氏は同一三日、八王子市の創価大学で「中日友好と平和への寄与」を讃えた名誉博士号を授与されたほか、東京・信濃町の聖教新聞本社を訪れ、池田大作・創価学会名誉会長と会談した。唐氏には創価大学に留学経験のある程永華駐日大使も同行した[28]。

唐氏は〇九年一二月、回顧録『勁雨煦風(Jingyuxufeng 激しい雨、温かな風の意)』(世界知識出版社)を北京で出版し、外交部長と国務委員だった九八～〇八年までの間における日中、米中関係などについて、自らの外交体験を織り交ぜて振り返っている(邦訳『勁雨煦風―唐家璇外交回顧録』岩波書店)。来日に先立ち、月刊『文藝春秋』のインタビューに応じた唐氏は鳩山政権について、以下のように述べた。

「鳩山内閣はその外交理念として、アジア一体化や、東アジア共同体、友愛外交、共存共栄という概念を提起しています。じつはこの概念は、中国が長年主張してきた理念と共通するものなのです。それは『大同小異』、つまり異なる体制の国同士が平和的に共存するという理念です。さらに『調和の取れたアジア』構築、『調和の取れた世界』構築といった、中国が新たに掲げた『調和』という外交理念とも相通じるところがある」[29]。

日中両国の有識者による協議の場は、胡耀邦、中曽根時代の一九八四年三月に発足した「日中友好二十一世紀委員会」がスタート。その後、胡錦濤、小泉時代の二〇〇三年一二月に「新日中友好二十一世紀委員会」と名称を新たにして継続された。

今回、双方のメンバーを一新した新委員会の初回会合は二月七～九日、中国北京と江蘇省揚州で開催された。一行は北京で温家宝総理や楊潔外交部長と会見した。その後、奈良時代（唐代）の帰化僧侶、鑑真の出身地である江蘇省揚州市に場所を移して会合が行われた。

同委員会の日本側座長は西室泰三・東京証券取引所グループ会長・東芝相談役以下九人、中国側は座長の唐家璇・元国務委員以下一一人[30]。

一連の会議で、双方から出た意見は、⑴日中がアジアの平和的発展のために主導権を争うことなく協力すべき、⑵国民レベル、地方自治体レベルの協力を重視する、⑶日本側に鳩山政権が誕生したのを機に、「戦略的互恵関係」を「日中戦略的互恵協力パートナーシップ」へ格上げすべき――などだった。日中協力のあり方として、中国側からリチウム電池を使った自動車の研究開発・製造・販売などで具体的な協力プロジェクトを作ろうとの提言もあったという[31]。

新駐日大使となった程永華氏（55）が二月二八日、成田に到着、着任した。程氏は在日勤務が長く、日本語が堪能な知日派の外交官で、前職は駐韓国大使だった。崔天凱・前駐日大使（現・外交部副部長）は欧米派だったが、唐家璇氏ら知日派勢力は後任大使候補に程氏を強力に推し、程氏はアジア局長を経験していないにもかかわらず、駐日大使に抜擢された。一方、駐米大使には張業遂・前国連大使が就任し、三月一四日、ワシントンに着任した[32]。

（二〇一〇年四月）

2　日米中トライアングルが揺らぐ

米中首脳会談が二〇一〇年四月に実現し、年初めからギクシャクしていた両国関係が改善した。対米関係の重要性を認識する胡錦濤指導部が歩み寄ったものと言える。日中関係では、毒ギョーザ事件で犯人が検挙される一方で、日本人四人の死刑が執行された。また、沖縄近海で中国海軍の潜水艦など一〇隻が示威行動に出るなど、微妙な状態が続いた。日米中のトライアングルを揺るがすような動きが相次いだ。

米国の対中「為替操作国」の認定延期

胡錦濤国家主席が四月一二、一三日、ワシントンで開催された米大統領主宰の核安全サミットに出席した。核テロ攻撃の防止を狙った同サミットに先立ち、一二日午後、議場のコンベンション・センターでオバマ大統領と一時間半にわたり会談した。胡＝オバマ会談は四回目、〇九年一一月の北京会談以来だった。

胡主席は同会談で、(1)米中関係の正しい方向性を堅持し、実際行動を通じて共通の試練に立ち向かうパートナーシップを打ち立てる。(2)台湾とチベットの問題は、主権と領土保全に関わる中国の「核心的利益」である。(3)米中経済・戦略対話第二回会議で前向きの成果を得られるようにすべき。(4)経済・貿易、反テロ、エネルギー、環境などで米中協力を進める。(5)G20の多国間協議の枠内で協力して世界の経済回復を進める。気候変動、核の全世界的な安全、国連改革、イランと朝鮮半島の核問題、南アジア問題などで米中が協力する——の五点を提示、大統領に確認を求めた[1]。

とりわけ米側が強く要請したイラン核問題に関しての国連安全保障理事会での追加制裁決議の早期採

択について、胡主席は「イランの核問題についての全体目標では、中米両国は一致している。中国は一貫して国際的な核不拡散体制と中東の平和的安定の維持に努力してきた」などと答えた。米側の発表では、胡主席は追加制裁決議の協議に担当者が参加するよう指示することに同意したという(2)。

イランはアフマディネジャド政権発足翌年の〇六年から、核兵器への転用が可能なウランの濃縮を再開したため、国連安保理は〇六年一二月二三日に初の対イラン制裁決議一七三七を全会一致で採択した。続いて〇七年三月二四日に同一七四七（全会一致）、〇八年三月三日に同一八〇三（賛成多数、インドネシアだけが棄権）、同年九月二七日に同一八三五（全会一致）の計四度、制裁決議を採択した。四度目の制裁決議は、三度目の決議を再確認するもので、実質は三回。中国はいずれも賛成票を投じた。

秋の中間選挙を前に議会からの突き上げを受ける一方、自ら打ち出した景気浮揚、雇用創出のため輸出の増加を狙うオバマ大統領は、改めて人民元の切り上げ決断を求めた。これに対して胡主席は「人民元を切り上げても、中米貿易の不均衡や米国の雇用問題は解決しない」と反論したうえで、米国が軍事転用の恐れがあるとするハイテク製品の対中輸出規制を緩和するよう求めた。また、「人民元の為替管理を改革する方向に変化はない。具体的改革が必要か否かは、世界経済の発展、変化と中国経済の状況に基づいて考慮する。とりわけ外部からの圧力で（元切り上げを）進めることはない」と強調した。

胡発言は、人民元の管理変動相場制を通じた切り上げに踏み切る用意があることを改めて確認したものと言える。ただ、切り上げ幅と、実施時期に関しては、中国が独自に判断するのは当然だろう。為替と関係の深い対外貿易では、今年一〜三月期の輸出は二八・七％増と好調だったものの、国内需要の回復に伴って三月は輸入も増えたため、単月の貿易収支としては六年ぶりに赤字に転落した。貿易黒字（一四五億ドル）は前年同期（一〜三月）比でマイナス六四・四％に落ち込んでおり、元切り上げは今後の事態の推移を見ながら、慎重に判断されることになろう。

胡主席の核安全サミットへの出席は四月一日に公表された。胡主席とオバマ大統領は翌二日（米東部時間は一日）、電話を通じて約一時間話し合った。これを受ける形で、ティモシー・ガイトナー米財務長官が四月三日、主要国の為替状況に関する議会への財務省の報告（四月一五日公表予定）を延期すると発表した。中国を「為替操作国」に認定するよう議会から求められていたオバマ政権だが、胡主席の核安全サミットへの出席通告を受けて方向転換した(3)。四月七日には両首脳会談の実施と、ガイトナー長官が王岐山副総理と会談することも発表された。同長官は翌八日、訪問中のインドから香港経由で北京入りし、王副総理と会談した。

米中電話会談で胡主席は、「中米両国は世界で重要な影響力を持つ国だ」と指摘し、「中国側は戦略的高みと長期的視点から中米関係を見ており、双方で達成した共通認識をさらに実施に移し、中米間の三つの共同コミュニケと（〇九年一一月の）『中米共同声明』の原則と精神に則って、互いの核心的利益と重大な関心を尊重すべきだ。台湾とチベット問題は中国の主権と領土保全に関わる核心的利益であり、これらの問題を適正に処理することが、中米関係の健全で安定した発展にとって極めて重要である」と語った。

これに対して、オバマ大統領は「健全で安定した米中関係の発展は、両国の長期的かつ戦略的な利益に合致する。米国は長期にわたり堅持してきた『一つの中国』政策を実行することを全面的に確認し、これが中国の核心的利益であると引き続き考えて行く」と語った。ホワイトハウスの発表では、オバマ大統領は、イラン制裁問題で米中が協調して対処する重要性を強調した(4)。

温総理が外資系企業の撤退防止策

中国に進出する外資系企業の首脳にとって「二〇一〇年三月二二日」は、記憶に残る一日になった。米検索最大手グーグルが中国市場から検索事業の撤退を発表した日（米西海岸時間）であり、英豪系資源大手リオ・ティントの中国駐在員の汚職裁判が始まった日だからだ。事態を憂慮した温家宝総理がこの日、先手を打って多国籍企業の最高経営責任者（CEO）らと会談し、外資の声に耳を傾ける姿勢を示した。その場にはリオ・ティントのトム・アルバニーズCEOの姿もあった。中国経済の牽引役である外資に撤退されては困るという共産党指導部の本音と、巨大市場で商機を求める外資企業の思惑が交錯した一日だった。

リオ・ティントの社員四人が鉄鉱石の売買交渉を巡り、企業秘密を盗んだ罪に問われた裁判が三月二二～二四日、上海市の第一中級人民法院（地裁）で開かれ、同二九日に全員に有罪判決が下された。外資企業の中国駐在員の犯罪に対する判決としては、異例の厳しい量刑だった。

新華社電によると、判決を受けたのはリオ・ティント駐上海代表所首席代表だった中国系豪州人スターン・フー（胡士泰）被告と、中国人職員の王勇、葛民強、劉才魁の三被告。天津生まれのフー被告は懲役一〇年、財産没収と罰金一〇〇万元（一人民元＝約一三・六円）の判決を受けた。王被告は懲役一四年、財産没収と罰金五二〇万元、葛被告は懲役八年、財産没収と罰金八〇万元、劉被告は懲役七年、財産没収と罰金七〇万元の刑をそれぞれ受けた。罪名は四被告ともに非公務員（中国語は「非国家工作人員」）収賄罪と企業秘密侵犯罪だった(5)。

フー被告らは〇九年七月五日に身柄を拘束され、同時に中国の製鉄業界幹部二人も拘束された。当時は「国家機密を盗もうとした疑いがある」（外交部報道官）とされていたが、判決ではフー被告が二〇〇三年から〇九年までの間に、職務上の地位を利用して受け取っていた賄賂は六四六万元、王被告の場合は七五一四万元、葛被告は六九四万元、劉被告は三七八万元と認定された。四人は利益誘導など不当な手段を使って中国の鉄鋼会社の企業秘密を盗み出し、重大な影響と損害を与えたとされた。〇九年だけで中国の鉄鋼会社二〇社余りに対し、正当な価格を一〇億一八〇〇万元分上回る支払いをさせ、同年下半期だけで利息分一一七〇万元の損失を与えたとされた(6)。

事件の背景には、二〇〇三年前後から中国の鉄鋼石需要が急速に高まり、価格が毎年のように上昇した現実がある。例えば〇八年の価格交渉では、対前年比で八七％もの値上げになった。世界の鉄鉱石市場はリオ・ティントのほかに英豪ＢＨＰビリトン、ブラジルのバーレの三社が国際的に取引される鉄鉱石の約七割を抑えており、年初の取引価格が業界全体の「標準価格」として他社の販売価格交渉に影響するのが慣例となっている。

判決によれば、被告らは「日照鉄鋼集団」（山東省日照市）や「莱蕪《らいぶ》鉄鋼有限公司」（同省莱蕪市）など地方の製鉄会社幹部から賄賂を受け取り、リオが考えていた価格を事前に教えたという。鉄鋼会社側の幹部も刑事責任を追及された模様だが詳細は不明。報道されていないものの、双方で共謀し、急上昇した販売価格に賄賂分を上乗せして売却し、鉄鋼会社側からキックバックさせていた疑いも指摘されている。こうした商談の場として、北京市朝陽区にある国貿中心の高級ホテル「中国大飯店」が使われていた。

王勇被告は、「日照鉄鋼集団」の杜双華董事長（44）から九〇〇〇万米ドル（六一二〇万元）の賄賂を受け取った。王被告の弁護士は、「賄賂ではなく香港で購入した株代金を借りただけ」と主張している。杜氏は「京華創新集団有限公司」の董事長兼総経理も兼務し、二〇〇八年の中国富豪第二位にランクされた企業家だ。(7)

鉄鉱石価格が急上昇したほか、リオ・ティントが現地の中国系や中国人社員に対中交渉の権限を与え過ぎたことが不正の温床になったといえる。リオ・ティント本社の現場監督・管理の手落ちの側面もあった。リオ・ティントは、公判前までは社員四人を弁護していたが、一審有罪判決を受け、「収賄行為は中国の法律に違反し、わが社の道徳文化にも反する」とのＣＥＯ声明を発表して四人を解雇した。(8)また、フー被告は上訴しない方針を、他の三被告は上訴する方針をそれぞれの弁護士が明らかにした。

一方、上海駐在の豪州総領事館員が公判の一部を傍聴できなかった。豪外務省は、中豪領事協定（二〇〇〇年発効）の中に、豪州人が被告になった公判は傍聴できるとの規定があるにもかかわらず守られなかったと抗議したが、受け入れられなかった。中国外交部は「リオ裁判は、中国の司法機関が法に基づき、独自に審理している。中豪領事協定の前提は、中国の主権と司法の独立の尊重である。司法当局の処理は、中国の法律に完全に合致しており、中豪領事協定に違反していない」（秦剛報道局副局長）と突き放した。(9)

二二日午後、北京の人民大会堂で外国人企業約六〇社の幹部と会談した温総理は、中国への投資活動を改めて歓迎する意向を表明した。一行は北京・釣魚台国賓館で三月二〇、二一両日に開催された「中国発展フォーラム二〇一〇」（国務院発展研究センターが主催）に参加したメンバーの代表だった。温総理との会談で、アルバニーズCEOを含め、リオ事件捜査の不透明性を問う声は出なかった。グーグル問題の本質を問う企業家もほとんどいなかった。総理の機嫌を損ねかねない質問は回避し、ひたすら中国の主張を聞いているだけだったようだ。(10)

グーグル撤退問題では、同社は検索機能だけ香港へ移動し閲覧できる措置を取った。しかし、実際には中国当局の妨害に遭い、「天安門事件」「ダライ・ラマ」など微妙な用語は、閲覧が難しい状態が続いた。米オバマ政権は、当初はグーグルを全面支援する姿勢を見せていたが、クリントン国務長官は三月一九日、米テレビの取材に「実質的にはグーグルと中国の問題。われわれはグーグルにどうしろとは言うつもりはない」との言い方にトーンダウンした。(11)

習近平の有力ブレーンは施芝鴻　習近平国家副主席（党政治局常務委員）が三月二〇～三〇日までの一一日間、ロシア、ベラルーシ、フィンランド、スウェーデンの四カ国を公式訪問した。天皇との特例会見で注目された〇九年一二月の日本、韓国、ミャンマー、カンボジア公式訪問以来の外遊。ポスト胡錦濤をにらんだ有力後継者としての顔見せ外遊が続いている。

極東ウラジオストクから歴訪を開始した習副主席は、サンクトペテルブルクを経て、三月二三日、モスクワでプーチン首相（与党・統一ロシア党首）と、二四日にはメドベージェフ大統領とそれぞれ会談した。国家元首並みの厚遇だった。習副主席はプーチン首相との会談で、「中露戦略協力パートナーシップを長期に健全で安定したものに発展するよう推し進めることが、中国共産党と中央政府の既定方針である」と述べたうえで、「世界の多極化と国際関係の民主化をともに推進し、両国関係をさらに新たな段階へと進めたい」と期待感を表明した。米国を強く意識した発言だった[12]。メドベージェフ大統領との会談では習氏は「中露戦略協力パートナーシップは、便宜上の関係ではなく、しっかりした変わらぬ中国政府の政策である」と強調した[13]。

中露両国は〇九年に国交樹立六十周年を迎え、中国側で「ロシア年」の記念行事を開催した。今年はロシア側で「中国年」として各種記念行事を開催するほか、指導者間での相互訪問などが行われた。

注目されたのは、習副主席に党中央政策研究室の施芝鴻・副主任が同行したこと。施氏は上海の浦東開発に関わり、党中央弁公庁主任だった当時の曾慶紅氏の秘書を務めた経歴がある。〇七年一月から党中央政策研究室副主任として活躍、同年秋の第十七回党大会の報告書を起草した一人でもある理論家だ。昨年末の来日にも同行するなど、習氏の個人的ブレーンになっている。

「江沢民思想」の使用は禁止か　著名な教育家として知られた孫起孟氏が三月二日、一〇〇歳で死去し、葬儀が同月九日、北京の八宝山革命公墓で行われた。新華社による葬儀参列者名簿には、前総書記の江沢民氏の名前が胡錦濤総書記に続いて掲載され、依然として党内序列ナンバー2の地位を保持している様子がうかがえた[14]。江氏は〇九年一〇月一日の建国六十周年記念行事でも胡氏と並んで天安門楼上に登場し、翌日の党機関紙『人民日報』紙上に両氏の写真が並ぶという珍事が起きた。一九二六年八月一七日生まれの江氏は、今年で八四歳。体力的に衰えつつあるとはいえ、政治的影響力には侮れないものがあるようだ。

その江沢民氏の講話や文章などを集めた『江沢民思想年編（一九八九―二〇〇八）』（中共中央文献研究室編）が一〇年二月、中央文献出版社から発刊された。江思想が現れているものを収録したとされる五四四編、四七万字の同書について、江沢民「思想」と認定することに対しては、党内から厳しい異論が出ている模様だ。ちなみに中国最大の検索ネット「百度」で「江沢民思想」と入力しても、「江沢民の重要思想」などとは出るが、「江沢民思想」はヒットしない。党中央で「毛沢東思想」と並ぶ「江沢民思想」として一般に宣伝され、人口に膾炙するまでには至らないようだ[15]。

江氏は四月四日夜、上海万博を前に全面改修された上海市の繁華街・外灘に、ミニバスに乗って視察に現れた姿が、市民によって目撃された[16]。

日本を狙う中距離ミサイル

米露が戦略核の大幅削減を目指す新軍縮条約（新ＳＴＡＲＴ）に調印し、オバマ政権が核依存を減らそうとする「核態勢見直し（ＮＰＲ）」を公表する流れの中で、中国の軍事的動きが表面化した。軍事評論家の平可夫氏が香港で刊行する軍事専門誌『漢和防務評論』（四月号）によると、山東省蕪市魯村鎮にある中国軍の第二砲兵部隊（戦略ミサイル部隊）の「第八二二ミサイル旅団（瀋陽基地管轄）」に、中距離弾道ミサイル「東風（ＤＦ）21Ｃ」が配備されていることが分かった。消息筋の情報と衛星写真の分析によるという。

これまでも吉林省通化の第二砲兵部隊「第八一六ミサイル旅団（瀋陽基地管轄）」に日本を射程に収める中距離ミサイルが配備されていることは広く知られていたが、今回、ミサイルが新型に更新され、配備箇所が増えたことを意味している。

このほかにも「東風21Ｃ」は、安徽省祁門にある同部隊の「第八一一ミサイル旅団（皖南基地管轄）」

と同省池州新河鎮にある「第八〇七ミサイル旅団（皖南基地管轄）」に配備されており、池州新河鎮では補修・管理棟が強化され、指揮―発射―補修・管理の一体化が進んでいるという[17]。

「東風21C」は「東風21A」の改良型とされ、旧型の射程は一八〇〇キロなのに対して、改良型は三〇〇〇～三八〇〇キロ。沖縄の米軍基地を含む日本列島や台湾本島のほか、米領グアム島も射程に収めることが可能だ[18]。

「東風21C」は〇九年一〇月一日の軍事パレードに登場したミサイルで、中国は四〇～五〇基を保有している[19]。車載移動式や鉄道に載せて移動、発射することができ、目標誤差は一〇〇～三〇〇メートルとされる。

同誌によると、中国軍が山東省に「東風21C」の配備を決めたのは二〇〇五年だった。この年の二月、日米安全保障協議委員会（両国外相、防衛相による2＋2）が、日米の「共通戦略目標」に「台湾海峡問題の平和的解決」を初めて明記したほか、三月には中国が全人代（国会）で、台湾独立の場合には中国の武力行使を容認する「反国家分裂法」を採択した。また同年四月には、北京や上海で大規模な反日デモが繰り広げられて日中関係も緊張した。

ただ、台湾の野党だった国民党の連戦主席（当時）が訪中し、国共首脳会談が実現したが、軍首脳部は台湾を視野に入れた日米同盟＝在日米軍の動きに強く反応していたことになる。同誌は、「東風21C」は、朝鮮半島やロシア極東地域も対象にしている可能性を指摘している。

香港の中国系月刊誌『鏡報』四月号が、中国の航空母艦建造に関する最新情報を伝えた。米海軍の軍事情報筋の見方としているが、遼寧省の大連船舶重工の香炉礁埠頭で改修工事が進められている旧ソ連製の空母「ワリャーグ」は二〇一三年までに完成して海軍に引き渡され、中国初の空母となる見通し。

上海などで自主建造中の空母は、二〇一五年以降に完成する予定。潜水艦など随伴艦を伴った空母戦闘群が二〇二〇年までに、初歩的な戦闘能力を備えるようになるとしている。完成から戦闘能力を備えるまでに五年間の時差があるのは、訓練などを含めた時間と見られる。

一方、米海軍専門家の見方として、中国は少なくとも三つの空母戦闘群を組織し、旗艦となる空母を五隻建造するだろうとしている。同誌は、空母の建造により中国の軍事力は「近海防御から外洋防衛、外洋支配型の強大な海軍へと根本的に変貌することになる」と断定している[20]。

沖縄本島の西南西約一四〇キロの南西諸島付近で、四月一〇日午後八時ごろ、中国海軍のキロ級潜水艦二隻とソブレメンヌイ級ミサイル駆逐艦二隻など合計一〇隻が、南シナ海から太平洋に向けて南下航行しているのが、海上自衛隊の護衛艦などによって発見された。北沢俊美防衛相が四月一三日の閣議後の記者会見で明らかにした。同防衛相は「今までになかった事例であり、わが国に対する意図があるのか、ないのかを含めてよく調べて対応を検討する」と語った。海上に浮上して航行する潜水艦二隻を含む一〇隻の中国艦艇が日本周辺に姿を見せたのは初めてである。

なお同海域付近では、三月一八日午前にも中国海軍のミサイル駆逐艦とフリゲート艦の二隻が航行したことが確認されている[21]。

防衛省統合幕僚監部の発表によれば、これら艦艇は四月一一日、沖縄の南方海域で洋上補給活動を行った。また四月七～九日の三日間、東シナ海の中部海域で艦載ヘリコプターの飛行を行うなどの洋上訓練を実施していた。訓練中の八日と訓練以外の二一日、警戒監視中の海上自衛隊の護衛艦に対して、中国の艦載ヘリコプターが九〇メートルの距離まで異常接近したため、日本政府は二一日夕、在日中国大使館を通じて、中国政府に抗議した[22]。

なお、四月一二日（米東部時間、日本時間は一三日未明）、鳩山総理は核安全サミットが開催されたワシントンで胡錦濤国家主席と会談した。鳩山総理は東シナ海のガス油田開発をめぐる日中合意の早期実施を改めて求めた。しかし、艦載ヘリの異常接近など中国海軍の洋上訓練問題については取り上げなかった。

ギョーザ中毒事件で犯人逮捕

中国公安部は三月二六日、日本に輸入された中国製冷凍ギョーザの中毒事件の容疑者として、河北省石家荘市にある製造元「天洋食品」の元臨時従業員、呂月庭容疑者（一九七四年四月二三日生まれ、35）を身柄拘束した。新華社や中国新聞社が伝えた[23]。事件は〇八年一月に中国製ギョーザを食べた千葉県と兵庫県の三家族、計一〇人が嘔吐など中毒症状を訴えて発覚した。約二年二カ月ぶりの犯人拘束だった。呂容疑者は取り調べの後、四月二日に正式に逮捕された[24]。

公安部刑事捜査局の杜航偉局長が三月二八日、日本の一部メディアと異例の会見をして明らかにしたところによると、呂容疑者は〇七年七月から八月にかけて、工場内の衛生班から有機リン系殺虫剤メタミドホスを盗み出し、国慶節だった同年一〇月一日と一〇月下旬、一二月下旬の計三回にわたって工場内の冷凍庫に忍び込み、保管中の包装袋入りのギョーザに注射針でメタミドホスを注入した。注射器は工場内の診療所で廃棄されたものを数本入手した。事件は単独犯で、共犯者はいないとされた。

呂容疑者は三月一六日に公安当局の呼び出しを受け、同日中に具体的に供述したため、刑法の「危険物資投与罪」容疑で拘束された。さらに同月二一日には本人の供述通り工場内の下水道から証拠品となる注射器が発見されたという。「危険物資投与罪（旧罪名は投毒罪）」は、毒物や感染症の病原菌などを使用し、公共の安全に危害を加えた場合に適用される。死者や重傷者が出た場合の最高刑は死刑または無期懲役となっている。

呂容疑者は、河北省石家荘市西郊の貧しい山村地帯、井陘《せいけい》県の出身。中学卒業後、一九歳の頃に出稼ぎのため「天洋食品」の臨時従業員として雇われた。担当は食堂管理人。犯行の引き金は、一緒に同社で働いていた妻が出産休暇を取った際、会社側からボーナスを支給してもらえなかったためで、日頃の不満がさらに高まって犯行に及んだという。同社で一五年余り働いたが、身分は臨時従業員のままで、正規社員になれず、給与も月額八〇〇元前後と低く、子供二人を抱える身として日頃から不満を抱いていたとされた[25]。

中国側は事件発生以来、日本政府の強い要請を受け、全容解明のための捜査を続けてきた。事件から二年以上を経て容疑者が逮捕され、証拠となる注射器が下水道から見つかるなど信じ難い状況もあった。しかし、鳩山総理は三月二七日、「中国側関係者の努力を評価し、さらなる真相究明を期待する。本件が早期に解決し、日中関係がさらに発展することを期待する」との歓迎談話を発表した。岡田外相も同日、地元・三重県四日市での会合あいさつで、「私自身も事件の解明を求めてきたので、大変よかった。中国の努力に感謝申し上げたい」と述べた。これらの発言が、新華社電や中国新聞社電で速報されたのは、中国当局が期待した通りのコメント、反応だったということなのだろう[26]。

呂容疑者は同年八月一〇日に起訴されたものの、一二年六月現在、公判が始まったとの情報はない。

邦人死刑囚の刑執行

毒ギョーザ事件の容疑者検挙発表から三日後の三月二九日、遼寧省政府外事弁公室は在瀋陽日本総領事館に対して、麻薬密輸罪で死刑が確定している赤野光彦・死刑囚（65）について一週間後に死刑を執行すると通告した。四月一日には、武田輝夫（67）、鵜飼博徳（48）、森勝男（67）の三死刑囚も一週間後に執行する旨の連絡があった。

〇九年一二月、英国人の麻薬密輸罪の死刑執行の際には、死刑制度を廃止している英政府が激しく抗議し、外交問題になった経緯があっただけに、中国側はあえて通告を省政府レベルに抑え、日本側の反応を慎重に見極めようとした。これに対して鳩山政権は「日本政府として、刑の執行を中止してほしいなどと言う立場にない」と容認発言を繰り返したため、三日後に追加の死刑執行を通告したようだ[27]。

赤野死刑囚は四月六日、武田死刑囚ら三人に対しては同九日、それぞれ死刑が執行された。死刑が確定した日本人が中国で処刑されたのは、一九七二年九月の日中国交正常化以降では初めて。

赤野死刑囚は〇六年九月、覚せい剤約二・五キログラムを日本に密輸しようと遼寧省の大連空港に持ち込んだところを検挙された。一審、二審ともに死刑だった。執行前に親類など関係者には「中国人の通訳がひど過ぎて、正確な調書が作成されたか疑わしい」などと語っていたという。

日本政府の対応として、岡田外相は四月二日、程永華・駐日中国大使を外務省に呼び、日本側の懸念を伝えたほか、訪中した菅直人・副総理兼財務相が四月三日、北京で温家宝総理と会談した際に、「日本の基準からすると、やや罰則が厳しいという感覚を持つ人が多い」との表現で懸念を表明した(28)。死刑制度を持つ日本としては、中国側の死刑執行に対して「懸念」を表明するのが精一杯だったようで、刑の執行停止や抗議などは行われなかった。ただ、日本側の国民感情は悪化し、中国に対する違和感が増幅されたことは否めない。

富士山麓で秘密の中台会談

国務院台湾事務弁公室（党中央台湾工作弁公室）の王毅主任（閣僚級）が三月一七～二一日、日本外務省の招きで来日した。台湾事務弁公室主任としての来日は、〇八年六月の就任以来初めて。一九日に鳩山由紀夫総理、亀井静香・金融＝郵政改革担当相、谷垣貞一・自民党総裁、高村正彦・日中友好議員連盟会長（元外相）らと相次いで会談した。一七日には民主党の小沢一郎幹事長、岡田克也外相とも会談した。

王毅主任は同一九日に行われた学者や報道各社論説委員らとの懇談会の冒頭の挨拶で、「台湾には独立を主張する勢力が存在している。日本がそれに反対し、台湾海峡の安定を保つよう願っている」と述べた。中台関係が順調に進む中での来日であり、王主任の発言の端々に余裕が感じられた(29)。

中台間で協議が進んでいる「経済協力枠組み協定」（ＥＣＦＡ）が調印されれば、台湾当局は日米などの国々と自由貿易協定（ＦＴＡ）の締結交渉を進める方針だが、中国側は、台湾の野党・民進党がこれを政治問題化させているとして、認めない考えのようだ。党中央委員の王毅氏は〇八年五月、台湾問題について事実上の党最高意思決定機関である「党中央対台湾工作指導小組」（組長・胡錦濤総書記、副組長・賈慶林政協会議主席、一一人で構成）のメンバーに就任している。

台湾問題に絡み富士山の麓にある臨済宗・佛光山本栖寺《もとす》（山梨県南巨摩郡身延町）で四月三～六日まで、中台双方の研究者約四〇人が集まり、中台問題について話し合う「本栖会談」が開かれた。中國評論新聞網が四月八日未明に伝えた(30)。

会談は非公開で行われ、参加者が離日した後に、ネット報道が流されるなど用意周到ぶりがうかがえた。主催は「両岸統合学会」「臨済宗・佛光山本栖寺」、協賛は「中国社会科学院台湾研究所」「（台湾）アジア太平洋平和研究基金会」「中國評論通訊社」の三社。同寺は台湾出身の女性住職、満潤法師によって二〇〇二年から運営されており、僧侶ら全員が台湾人。数百人規模の宿泊施設も備えており、今回の会談が設定されたようだ。日本外務省は会議開催を把握していなかった(31)。海峡両岸の研究者が、日本政府も関知しない状況下で、四日間の会議を開催できたこと自体が不気味である。

会議の主なテーマとして、「一つの中国」の原則と意味合い、将来の両岸和平協定の中身などについて論議された。中台両岸の現状での平和的発展に関し、大陸側は「目的（統一）のために過程がある」と考えるのに対し、台湾側は「過程が目的を決定する」と、双方で認識が違っていると分析、「ポスト九二年共通認識」についての構想を練り、双方で政治協議の基礎を作ることが必要だと中国側出席者が提起した。

会議の参加者として、中国側からは海峡両岸関係協会の張銘清副会長、社会科学院台湾研究所の余克力所長、許世銓・元同台湾研究所長、国務院台湾事務弁公室研究局の頓世新・副局長、中国人民大学の黄嘉樹教授、上海国際問題研究院台湾・香港・マカオ研究所の厳安林所長、アモイ大学台湾研究院の劉国深院長、清華大学法学院の王振民院長らだった。

台湾側からは、両岸統合学会の張亜中理事長（台湾大学政治学部教授）、アジア研究太平洋平和基金会の趙春山董事長、二十一世紀基金会の高育仁董事長、総統府の戴瑞明・元副秘書長、経国基金会の朱雲漢執行長（台湾大学政治学部教授）、「旺報」の黄清龍社長らだった。中国政府当局者も見受けられ、参加者のレベルが結構高い「トラック2会談」と言えた。

（二〇一〇年五月）

3 開幕した上海万博の光と影

上海万博がオープンした。開幕式に江沢民氏が姿を見せず、温家宝総理も現れなかった。これは何を意味するのだろうか。万博が開幕して三日目に北朝鮮の金正日総書記が訪中した。狙いは中国からの大型経済支援の獲得であり、北朝鮮の関与が浮上していた韓国軍哨戒艦の沈没事件をめぐる対応にあった。金総書記から六カ国協議への復帰を確約する言葉はなく、中朝間の齟齬が目立った。

万博の人出は予想外に低調

中国が国家的威信をかける上海万博が五月一日、正式に開幕した。参加は一九〇カ国と五六の国際組織にのぼり、一六〇年余りに及ぶ国際博覧会史上で最多となった[1]。日本は東京五輪（一九六四年）から大阪万博（一九七〇年）の開催まで六年かかり、韓国はソウル五輪（一九八八年）から大田《テジョン》特別博（一九九三年）まで五年かかった。だが、中国は北京五輪（二〇〇八年）からわずか二年で上海万博の開催にこぎ着けた。興隆する中国パワーを象徴しているのだろう。

開幕当初は人気の「中国館（愛称・東方之冠）」前で、入場予約券の配布をめぐって混乱が生じた。一〇月三一日までの半年間（一八四日間）の会期中、過去最多となる七〇〇〇万人の入場者を見込んでいるが、目標人数を会期日数で割ると、一日平均三八万人が入場しなければならない。開幕から一一日間の入場者は一日平均で約一六万人と半分以下だったが、五月一五日は初めて一日の入場者が三三万人を超えた。当初一週間の負傷者は五二六人、熱中症患者は七〇人（上海市衛生局の会見による）で、負傷者は混雑の中で転倒したケースが大半だった。[2]

上海万博のテーマは「より良い都市、より良い生活」だった。展示は環境や省エネの最新技術が主力だ。日本は官民一体となって、「日本館（愛称・紫蚕島）」、「日本産業館」、「大阪館」を出展した。当初、「日本館」に日本の国旗が掲揚されなかったが、国会で岡田外相が指摘した結果、五月一九日になって日の丸が登場した。[3]

上海万博開会式（2010年４月30日）（AFP＝時事）

中国の万博組織委員会は一億ドル（約九四億円）の基金を設け、アフリカ諸国や北朝鮮など一一四カ国向けに展示館建設などで財政援助したという。この結果、北朝鮮が独自のパビリオンを展示して初参加したほか、アフリカは四八カ国が参加し、同地域の国は九割近くが出展した。[4]

四月三〇日夜に行われた開幕式（前夜祭）には、フランスのサルコジ大統領、オランダのバルケネンデ首相、韓国の李明博大統領、北朝鮮の金永南・最高人民会議常任委員長、モンゴルのエルベグドルジ大統領、ベトナムのグエン・タン・ズン首相、カンボジアのフン・セン首相、カザフスタンのマシモフ大統領、欧州連合（EU）のバローゾ欧州委員長、パレスチナ自治政府のアッバス議長ら二〇カ国首脳が参加した。[5]

七〇年の大阪万博に「中華民国」として参加した台湾が、四〇年ぶりに「台湾館」を開設して参加、中台融和を印象づけた。

連戦、呉伯雄の両国民党名誉主席、曾蔭権・香港特別行政区行政長官、崔世安・マカオ特別行政区行政長官らも出席した。台湾は連、呉両氏のほか、宋楚瑜・親民党主席、郁慕明・新党主席ら約一〇〇人の代表団を送り込んだ。胡総書記は四月二九日、上海市の西郊賓館で、連戦氏ら一行代表と会見した。胡氏が台湾の三党指導者と一堂に会したのは初めて。[6] 連戦氏は董事長を兼ねる「台湾両岸和平発展基金会」から、青海省玉樹地震の被災者に対し、義捐金三一三万人民元（約四三〇〇万円）と羽毛ジャケット五〇〇〇点を寄贈した。[7]

日本からは仙谷由人・国家戦略相が参加した。会期中、国ごとにナショナルデーが設定されており、六月一二日の「ジャパン・デー」に合わせて鳩山総理が訪中する。このほか会期中に約一〇〇カ国の首脳が上海万博を訪れ、万博外交が繰り広げられる。

開幕式に欠席した指導者たち

開幕式（前夜祭）には政治局常務委員（九人）のうち、胡錦濤、李長春、習近平、李克強、賀国強、周永康の六人が参加した。賈慶林氏は五月一日朝の開園式に参加した。[8]

地元上海にもかかわらず、前総書記の江沢民氏が開幕式に姿を見せなかった。江氏は〇八年の北京五輪開会式と、〇九年の建国六十周年記念式典には元気な姿で登壇していた。最近では、青海地震の発生一週間後に犠牲者を追悼した指導者（四月二一日）、同地震の被災者に対して募金をした「中央指導同志」（四月二五日）の中で、胡錦濤氏に続いて二番目に名前を連ねるなど健在をアピールしていた。[9]

上海万博の「日本産業館」代表兼総合プロデューサーである作家の堺屋太一氏は、一九八四年に上海市に対し、万博を開催するよう提言した経緯がある。八五年には、当時の上海市長である江沢民氏の下で構想の具体化が始まり、堺屋氏も作業に加わった、と振り返っている。[10] ならば江氏にとって上海万博は、四半世紀余りに及ぶ特別な思い入れがあるはずだ。

開幕前の四月二三日午前、江沢民氏は李鵬、朱鎔基、李瑞環氏の元政治局常務委員らと一緒に、兪正声・上海市党委書記、韓正・上海市長らの案内で万博会場を視察している(11)。江氏は事前の内覧を済ませたことを理由に、胡総書記サイドから開幕式には出席を見合わせるよう要請されたのだろうか。江氏の個性から判断して、自発的に出席を辞退したとは考えにくい。その意図や経緯は謎である。

一方、温家宝総理と呉邦国・全人代常務委員長も開幕式に姿を見せなかった。温総理は四月三〇日に北京・中南海でサルコジ仏大統領と会談し、翌五月一日夜には青海省地震の被災地である玉樹県入りした。温総理はすでに地震発生直後に現地訪問を済ませている。しかも、政治局常務委員の賈慶林氏が直前の四月二六日から青海省入りしていた(12)。万博オープンの日に温総理が北京にいてはあらぬ憶測を呼ぶと考えたのだろうか。この時期に合わせての被災地再訪はいかにも不自然だった(13)。

万博組織委員会の最高責任者（主任委員）は、政治局員の王岐山・副総理である。北京五輪組織委員会の責任者も、劉淇・北京市党委書記（政治局員）だったが、さらに上級の党政治局常務委員である習近平氏（国家副主席）が管轄していた。

上海万博は五輪と並ぶ国家的行事にもかかわらず、そうした役割分担になっていない。政治局常務委員クラスで万博を担当する指導者は見当たらず、党内ランクが落ちたことになる。上海万博に詳しい中国消息筋によれば、地元上海では、この人事に当初から不満の声があったという。なぜ政治局常務委員ではないのか、というわけだ(14)。

上海万博は、北京五輪とは異なることを示すための配置なのか。次期党大会まで二年余りに迫る中、勢いの止まらない上海閥の影響を断ち切り、自らが中国の最高権力者であることを示すため胡錦濤氏が最後の賭けに出たのか。万博をめぐる党中央人事と開幕式についての背景はいまひとつ不明である(15)。

万博PR曲に盗作疑惑

上海万博のPR曲が、日本のシンガーソングライター、岡本真夜さん（36）のヒット曲「そのままの君でいて」（一九九七年）のメロディーに酷似していると、中国や香港などのネットで相次いで指摘された[16]。シンガポール紙『聯合早報』や日本の時事通信が、上海発でこうした疑惑を伝えたこともあり、万博事務局は四月一八日、新華社を通じて、同曲を暫定的に使用禁止とする措置を発表した[17]。

このPR曲「二〇一〇等来（二〇一〇年、君が来るのを待っている）」は三月三〇日、上海・外灘（バンド）で開かれた万博カウントダウンのイベント「外灘国際音楽祝典コンサート」で一般公開された。「万博イメージ大使」である俳優ジャッキー・チェン（成龍）はじめ、バスケットボール選手の姚明、陸上競技金メダリストの劉翔、ピアニストの郎朗ランランら著名人が、数小節ずつをリレーする形で歌っている[18]。

日本の音楽業界筋によれば、四月一四日ごろ、万博事務局の意向を受けた北京在住の音楽プロデューサーが、知り合いのレコード会社「日本クラウン」（東京）の役員に電話連絡して来た。万博事務局からの打診は、岡本さんの「そのままの君でいて」のメロディーを万博PR曲としてカバー（使用）したいというもの。

連絡を受けて日本側の関係者が訪中し、上海万博事務局側と交渉した。その結果、事務局側は万博期間の限定条件で、岡本さん側に同曲の使用料として一定額を支払い、継続使用することで合意したという。PR曲はテレビやラジオで毎日のように流れていた。切羽詰まったうえでの苦肉の策だった。しかし、上海サイド主導で決めたこの妥協案を、北京の万博組織委員会責任者である王岐山氏は了承しなかった。最終的に同PR曲は使用禁止が決まった[19]。

これに対して岡本さん側は四月一九日、「上海万博に協力させてもらえる機会をいただき、とても素敵なお話で光栄です」とのコメントを発表したが、PR曲はお蔵入りとなり、万博では一切使用されないことになったのである。

一方、盗作を指摘された中国人の作曲家、繆森《ミャオ・セン》氏は四月二二日、ネット『新浪網』を通じて盗作を否定するコメントを発表、メロディーは「大きく異なる」と反論し、日本側を唖然とさせた[20]。

一連の騒動は、知的財産権（うち著作権）保護問題における中国の実態を曝け出したもので、大きな課題を残した。盗作だったのか、そうでないのか。万博事務局は調査を実施し、ウヤムヤで終わらせることなく、結果を公表すべきだろう。

脳卒中後、初訪中した金正日総書記

北朝鮮の金正日総書記（68）が、五月三日から同七日までの五日間にわたり、中国を非公式訪問した。金総書記の訪問先は、北京のほか大連、天津、瀋陽だった[21]。金総書記の訪中は〇六年一月以来、四年四カ月ぶり。〇八年夏に脳卒中で倒れてからは初めて。一九九八年九月、国家元首である国防委員会委員長に就任してからは、通算五回目の訪中だった。

中国側の公式発表によれば、胡錦濤総書記は五月五日、北京の人民大会堂で金総書記と会談。習近平政治局常務委員も同席した。この中で胡総書記は次の五項目を提案した。

(1)ハイレベル往来を維持する。双方の指導者が相互訪問や特使の相互派遣、言付けを託すなど柔軟かつ各種の方法を通じて、密接に連絡を保つ。

(2)戦略的な意思疎通を強化する。中朝双方は、随時あるいは定期的に、両国の内政や外交での重要問題、国際情勢や地域情勢、党や国家の統治についての経験など共通の関心ある問題について、深く意思疎通を図る。

(3)経済・貿易協力を深化させる。双方の政府関係部門は経・貿易協力をさらに進めるため真剣に研究する。

(4)人事・文化交流を拡大する。双方は文化、教育、スポーツなどの各分野での交流を深める。とくに青少年交流に力を入れ、中朝の伝統的な友誼を、代を継いで継承させる。
(5)双方は国際問題や地域問題での協調を強化し、地域の平和と安定の維持をさらに進めねばならない。[22]

中朝指導者間には「密接な連絡」が乏しく、「戦略的な意思疎通」もほとんどないのだろうか。胡提案に対して、金総書記は「完全に賛同した」という。だが、北朝鮮の国営朝鮮中央通信など公式報道は、胡提案には一切触れなかった。しかも、北朝鮮側の五月七日の発表は、首脳会談を除く事柄についてであり、首脳会談の中身は翌八日に公表するという二段階構えだった。中国側が何を発表するのか、じっと見極めていたのだろう。[23]

北朝鮮の核廃棄に向けた六カ国協議は〇八年一二月以来中断しているが、双方は朝鮮半島の平和と安定や繁栄が、中朝両国ひいては北東アジア各国の共通の利益に合致すると考え、〇五年九月一九日に採択した共同声明に基づき、半島の非核化実現の目標に向かって共に努力することで一致したという。

金総書記は、「われわれ（北朝鮮）は、朝鮮半島を非核化する立場に、いささかの変化もない。関係各国とともに六カ国協議の再開のために有利な条件を作り出したい」と述べた。六カ国協議再開に向けた予備会合については触れられなかった。金氏の反応は、過去二回の核実験実施による国連安全保障理事会の制裁が解除されていないことへの不満を示したものと見られ、中国が議長国を務める六カ国協議の再開の可能性は一段と遠のいたと言えた。

さらに金総書記は、前年の中朝国交樹立六十周年を記念した祝賀活動を通じ、朝中関係が「新たな歴史的高みに進んだ」との認識を示し、鴨緑江河口付近に架ける新たな中朝国境橋の建設が、両国友好協力のシンボルになると指摘。「北朝鮮は中国企業が北朝鮮に投資し、朝中間の実務協力のレベルを積極的に引き上げて行くことを歓迎する」と語った。[24] 金総書記は翌五月六日、胡総書記自らの案内で、北京市内のバイオ関連企業「北京博奥生物有限公司」を視察した。

今回の金総書記訪中は、朝鮮半島情勢が微妙なタイミングを迎えた中で行われた。黄海上の南北境界線付近で三月二六日夜、韓国海軍の哨戒艇「天安《チョンアン》」が突然、爆発とともに沈没し、四六人の死者・行方不明者が出た。強く反発した韓国は米国、英国、豪州、スウェーデンを加えた国際軍民合同調査を実施し、北朝鮮関与の疑惑を明らかにしつつある段階だった。

万博で訪中した李明博・韓国大統領は四月三〇日、上海で胡総書記と中韓首脳会談を行い、韓国は調査結果を事前に中国に報告するとして協力を求めていた。韓国だけでなく、米国もこの時期の金総書記訪中には難色を示したとされる。[25] 一方、北朝鮮の金永南・最高人民会議常任委員長も四月三〇日、上海で胡総書記と会談した。中韓双方の面子を立てたい中国としては、胡—金首脳会談で対応に苦慮したものと見られた。

韓国側は五月二〇日、「天安」の爆破は北朝鮮の魚雷攻撃だったと断定する報告書を公表し、同国政府は国連安全保障理事会に提訴する方針を明らかにしたが、中国は慎重な姿勢だった。韓国・慶州で五月一五日に行われた日中韓三カ国外相会談で、楊潔篪・中国外交部長が「朝鮮半島は目下、非常に複雑で微妙な状況にある。関係各国は平和的安定という大きな立場から、長期的視野に立って、冷静に抑制的な態度で、適切に問題を処理するよう希望している」との基本的立場を表明した。[26] 日本側の報道では、楊部長は「天安」の爆破・沈没の原因究明に関して、「客観的で科学的な証拠が必要だ」と述べ、慎重な姿勢を貫いた。[27]

中国の対北支援の実態は不明

金総書記は北京で、温家宝総理や呉邦国・全人代委員長とも、それぞれ個別に会談した。温—金会談では、前年（〇九年）一〇月の温総理の北朝鮮訪問の話題から始まり、温総理は「中朝間の経済・貿易面での協力は、非常に大きな潜在力を備えている。双方はともに努力し、包括的に協調し、重点とする協力項目を積極的に進めたい。(中朝)国境地帯でのインフラ(基盤)建設や新たな協力分野、協力方式などを模索し、両国人民の幸福を増進させたい」と述べた。しかし、両国間で具体的にどのような経済協力が図られたのかについては一切公表されなかった[28]。

一方、韓国紙『中央日報』によれば、温家宝総理は五月六日、北京・釣魚台国賓館での昼食会で、「中国は国連安保理の対北朝鮮制裁の枠組みを超える支援はできない」と明確に述べたという。北京の外交筋の話として伝えた。金総書記が制裁の枠から外れるような経済支援を要請したため、温総理が中国の基本的立場を述べたものと見られる。金総書記側は、同六日夜に北朝鮮の血の海歌劇団が演じる歌劇「紅楼夢」を中国指導者と一緒に鑑賞する予定を急遽キャンセルし、滞在日程を切り上げて帰国の途に着いたという[29]。

今回の金総書記の訪中でも、胡総書記はじめ党政治局常務委員九人が、分担の形ながら全員体制で応対した。胡総書記は首脳会談で金総書記を抱擁するなど最大級の歓待をアピールした。しかし、九人全員がそろって金総書記と会う場面はなかったようだ。金総書記は一六両編成の特別列車で、五月三日午前五時二〇分頃、鴨緑江を挟んだ最初の中国側都市、丹東に到着した。平壌—丹東間は通常五時間かかるので、金氏は午前零時過ぎに平壌を出発した計算になる。

専用列車は丹東駅で中国側の車両六両と気動車二両が連結され、二四両編成になった。中国側の車両には中国の指導者や警護要員が乗り込んだものと見られた[30]。また、特別列車と同時に豪華リムジンや救急車を走らせ、区間によって列車と車を使い分けた。大連市では李克強・副総理(党政治局常務委員)が金総書記一行を出迎えた。

金総書記訪中の事実は、日程最終日の五月七日まで隠された。しかし、党機関紙・人民日報社の傘下にある国際時事問題紙『環球時報』と英字紙『チャイナ・デイリー』が五月四日付紙面で、金氏到着を外電を引用して大々的に報道したことは異例だった。

一方、日韓などの外国メディアは五月三日、大連市内の宿泊先「フラマー・ホテル（富麗華酒店）」に出入りする金総書記の姿を捉えた。ＮＨＫなどのテレビ映像によれば、金氏は歩行の際に左足を引きずる様子がはっきり認められ、脳卒中による後遺症が今も残っていることが確認された(31)。

東シナ海ガス油田は「協力開発」

日中両国は五月四日、東シナ海のガス油田開発問題で、局長級の非公式協議を北京で行った。米国主催の核安全サミットに参加したのを機に、ワシントンで行われた日中首脳会談（四月一二日）で、鳩山総理がガス油田交渉の進展を求めていた。日中局長級協議は、〇八年六月に胡錦濤国家主席が来日し、福田総理（当時）との間で、ガス油田の共同開発について合意して以来、初めて格上げされた。日本からは斎木昭隆・外務省アジア大洋州局長が、中国は寧賦魁・外交部国境海洋事務局長らが出席した(32)。

中国の程永華駐日大使は四月二七日、東京・内幸町の日本記者クラブで講演した際に、中国が先行開発した「白樺（中国名・春暁）」は、日本企業が出資する「協力開発」であり、未開発の「翌檜（あすなろ）（同・龍井）」付近の北部海域は「共同開発」だとして、両者を区別すべきだと強調した。大使は「すべてが共同開発だとする誤解が（日本側に）ある」と語った(33)。

これに関連して、中国政府は日本国内での報道が、両者を明確に区別していないとして、日本政府に対して報道各社を「指揮監督」するよう求めていることが判明した。共産党宣伝部が一元支配している中国内の報道体制を、そのまま日本に当てはめられると考えた中国政府の誤解が根底にあった(34)。

一方、海上保安庁は五月四日、鹿児島県奄美大島の北西約三二〇キロの東シナ海で、海洋調査中だった同庁の測量船「昭洋」（全長九八メートル、三〇〇〇トン）が、中国海洋局の海洋調査船「海監51」（全長八八メートル、一六九〇トン）から調査中止を求められ、追跡を受けたために調査活動を中断した、と発表した。現場は両国の地理的中間線から約四〇キロ離れた日本側の排他的経済水域（ＥＥＺ）内の海域だった。中国の海洋調査船が日本の海洋調査船に調査中止を命じたのは前例がない[35]。

「昭洋」は海底に敷設した地殻構造の観測機器（地震計）を引き上げる途中だった五月三日午後二時過ぎから同四時半まで約二時間半にわたり追跡を受けた。この間、中国船は午後三時一〇分に約一キロまで接近、無線で「この海域は中国の規則が適用される。調査を中止せよ」と求めてきた。「昭洋」側は「日本の大陸棚であり、国際的に正当な調査だ」と応答したが、調査継続が困難と判断したという。

これより先、四月七〜二二日にかけ中国海軍のソブレメンヌイ級駆逐艦など一〇隻が、沖縄本島と宮古島の間の公海を突き抜ける形で太平洋に出て大規模な軍事演習を行った。その際に海上自衛隊艦に中国の艦載ヘリが異常接近した。この事件が、今回の海保測量船事件にも微妙に影響した可能性があったのだろうか。なお、中国艦艇が沖縄と台湾を結ぶ「第一列島線」を越えて太平洋に出たのは、二〇〇八年一〇月以来、四回目だった[36]。

タンザニア訪問中だった岡田外相は五月四日、「昭洋」妨害事件について、「極めて遺憾だ」と強い不快感を示したほか、帰国後の五月六日夕方、東京・霞が関の外務省に程永華駐日中国大使を呼び、「中国側の妨害行為はわが国の主権を侵害しており、断じて受け入れられない」と強く抗議した。また、中国のヘリが海自艦に異常接近したケースについても言及し、「極めて遺憾である」としたうえで、「東シナ海を平和・協力・友好の海にするために実際の行動を取ってほしい」と申し入れた[37]。

一方、中国の海洋監視総隊の責任者は五月六日、「中国側の船舶が追跡したとの言い方は成立しない。『海監51』は、わが国が主張する管轄海域で巡視の任務を執行していたものである。日本側が主張する『中間線』は日本側が一方的に定めたものであり、中国は根本的に認めていない。中国のこの方面の立場は極めて明確であり、外交部も何度も声明を公表している」と語った[38]。

南シナ海も「核心的利益」に含まれる

中国の胡錦濤指導部は、台湾問題とチベットに関わる問題が、中国にとっての「核心的利益」である、と繰り返し発言しているが、三月上旬に訪中した米政府当局者に対し、中国外交部高官が南シナ海問題も「核心的利益」に加わったと通告していたことが分かった。米『ニューヨーク・タイムズ』（四月二三日）が報じた。[39] 中国の「核心的利益」は、(1)台湾、(2)チベット、(3)南シナ海――の三つに増えた。

三月上旬に、対台湾兵器売却問題とダライ・ラマの米大統領との会談で冷え込んだ米中関係の改善を求めて訪中したスタインバーグ国務副長官とベーダー国家安全保障会議（ＮＳＣ）アジア上級部長に対して、中国政府当局者が明らかにしたものである。海洋権益の強化を目指す中国の姿勢が鮮明にうかがえた。

米『ワシントン・ポスト』（七月三一日）によれば、スタインバーグ副長官らに告げたのは、崔天凱・外交部副部長（北米担当）で、五月の第二回米中戦略・経済対話の際に、訪中したクリントン国務長官に対して戴秉国・国務委員（副総理級）が再び「核心的利益」を強調したという。「核心的利益」の表現に関しては、〇二年三月に中国現代国際関係研究所（現在は「研究院」）の兪暁秋副研究員が「台湾問題は中国の核心的利益に関わる」と題した文章を執筆している。[40]

兪氏によれば、〇一年一〇月、ブッシュ大統領が上海でのアジア太平洋経済協力会議（ＡＰＥＣ）首脳会議に出席した際に行われた米中首脳会談で、当時の江沢民国家主席は、台湾問題は「中国にとって最も敏感な問題だ」と語ったが、「核心的利益」との表現は使わなかった。翌〇二年一〇月に江主席が訪米した際も同様だった。

党・政府指導者の発言としては、〇四年一〇月九日、ハノイで行われた第五回アジア欧州会議での演説の中で、温家宝総理が「台湾問題は中国の核心的利益に及ぶ」と語っている。指導者の発言に登場し始めるのは、ほぼこの頃だろう。
胡錦濤主席は〇五年九月九日、公式訪問先のオタワで、カナダの国会議員らと会見した際に、「台湾問題は中国の核心的利益である」と語った。郭伯雄・軍事委副主席は〇六年七月一八日、訪米先のワシントンでライス国務長官（当時）と会見した際に、「台湾問題は中国の核心的利益に及ぶものであり、中国人民と軍隊は、この重大な原則問題に十分な関心を持っている」との表現で言及した。来日した温家宝総理は〇七年四月一一日、総理官邸で安倍晋三総理と会談した際に、「台湾は中国の核心的利益であり、日本側が適切に対処することを望む」と発言した。いずれも「台湾問題」を念頭に置いていたことが分かる。台湾問題に「チベットに関わる問題」が加わったのは、北京五輪を前にチベット騒乱が発生した〇八年春以降と見られる。

青海省玉樹で大地震が発生

四月一四日午前七時四九分（現地時間）、青海省玉樹チベット族自治区玉樹県を震源地としてマグニチュード（M）七・一の大地震が起きた。この地震の死者は二二二〇人、行方不明者七〇人、負傷者一万二一三五人（四月二五日午後五時現在）という惨事になった(41)。チベット僧侶たちが祈り、見守る中で、犠牲となった二〇〇〇人以上の遺体が、重油を使って野原で焼かれた。地元の風習に則った措置だったとされる。

「玉樹」はチベット語で「ジェクンド」と呼ばれ、新中国成立以前に使われた呼称である「カム地方」の要衝都市。平均海抜が四〇〇〇メートルを超えるチベット高原の東端に位置し、人口の九七%をチベット族が占める、全国でも少数民族の最も多い自治区だ。人口は約三二万人（六県で構成され、玉樹県の人口は約九万人、中心地は結古鎮）。住民の大半は牧畜業を営み、放牧していたヤクやヤギなど約四万九〇〇〇頭が死亡した。

温家宝総理は発生翌日の四月一五日夕方、空路、玉樹県入りした。六七歳になる温総理は玉樹到着直後に高山病にかかり、翌一六日に北京に戻った。その後、五月一日に再び被災地を訪れ、復興の指揮を執った[42]。

胡錦濤主席は訪問先の米ワシントンで地震発生を知り、急遽同行の閣僚らと対策会議を開いた。中央軍事委員会主席を兼ねる胡主席は、軍を指揮する最高司令官であり、軍出動の命令を下す必要性があったものと見られる。このため胡主席は、次の訪問地ブラジリアで開催されたＢＲＩＣＳ首脳会議に参加した後、予定を繰り上げて四月一五日深夜、ブラジルを出発して帰国の途に着き、同一七日午後二時過ぎに北京に戻った。即日、北京で対策会議を開催し、翌一八日には現地入りした。

中国は地震発生直後、海外からの緊急支援隊など人的支援を受け入れないことを決定。緊急支援隊の派遣を打診した日本や台湾当局に回答した。北京での記者会見で民生部当局者が発表した。これは被災地がチベット族の居住地であり、〇八年三月のチベット騒乱では、青海省でもトラブルが発生したためと見られた。ただ、台湾赤十字会が組織した医療団（二〇人）は四月一八日、台北から空路出発し、香港経由で現地に向かった。中国大陸以外では初の緊急支援団の受け入れで、医療機材や薬品など重量一トン分も運んだ。

インドのダラムサラにある亡命チベット政府の最高指導者ダライ・ラマは四月一七日、青海省地震の被災地を訪れて被災者を慰問したいとの意向を表明した。しかし、中国外交部報道官は四月二一日、これを拒絶する方針を示し、実現しなかった。ダライ・ラマ自身の出身地も青海省海東地区の平安県である。

更迭された「新疆王」王楽泉

二〇年余りにわたり新疆ウイグル自治区に君臨し、「新疆王」と呼ばれた王楽泉氏（65）が党委員会書記を更迭された。後任には湖南省党委員会書記の張春賢氏（57）が任命された。四月二四日、区都ウルムチで開催された指導幹部大会で、李源潮・党組織部長が公表した。中央政治局員である王楽泉氏は、党中央政法委員会に新設された副書記に就任した[43]。

ウルムチでの指導部幹部大会には習近平国家副主席が出席し、演説した。前日に北京で胡総書記の主宰する党中央政治局会議が開かれ、全国の省・自治区・直轄市が分担して新疆ウイグル自治区の発展を支える支援方式が確認され、長期の新疆地域の安定を目指す治安対策について検討された[44]。

〇九年七月にウルムチで発生した大規模な騒乱では、漢族支配に対するウイグル族の鬱積や不満が一気に爆発すると同時に、漢族の報復デモも発生した。その後、歩行者が針に刺される事件を契機に、同年九月に漢族による抗議デモが再び起き、王楽泉書記の更迭を求める声が公然と出ていた。胡錦濤指導部は騒乱発生から一〇カ月余りを経て、王氏の更迭を実現したことになる。

党中央と政府は、一〇年一月と三月にウイグル対策会議の準備会合を開いており、王氏更迭は今年三回目の準備会合の開催に合わせて発表された。

張春賢氏は一九五三年五月生まれ。河南省出身の漢族。交通部副部長時代に、職務を務めながら、ハルビン工業大学で学び、管理学の修士号を取得した。解放軍武漢軍区の通信兵を振り出しに、機械関係の技術員や包装食品機械会社の副総経理などを経て、雲南省長助理、交通部副部長を務めた。〇二年に交通部長に就任、〇五年に湖南省党委書記となり、〇六年一月には省人代常務委員会主任（省議会議長）に就任していた。

張春賢氏の後任の湖南省党委書記には、湖南省の周強省長（50）が就任すると発表された。周強氏は共産主義青年団第一書記だった〇二年秋の第十六回党大会第一回総会で、四二歳と最も若い中央委員に選出された「団派」[45]のホープ。湖南省長には李小鵬・山西省副省長（筆頭、〇八年六月就任、李鵬元総理の子息）が就任すると伝えられたが、実現しなかった。実際には一〇年九月、徐守盛・前甘粛省長が湖南省長となった。徐氏は直前の同年五月に湖南省党委副書記に異動していた。

一方、王楽泉氏は同日の指導幹部会議で、「新疆での仕事は二〇年近くになった。新疆の各民族幹部と大衆に対し、信任と関心、支持を与えてもらい、心から感謝する。皆が張春賢氏をトップとする自治区党委員会の指導の下で、新疆発展の歴史的なチャンスをしっかりとみ、新疆の明日の建設がさらにうまく行くよう祈っている」と、万感の思いを込めて語った。(46)

（二〇一〇年六月）

第二章　労働紛争頻発で変化する雇用市場

1　スト拡大で低賃金時代は転機に

上海万博の開幕に合わせたかのように賃上げ要求ストライキが発生し、燎原の火さながらに中国全土へ広がった。二〇〇五年の大規模な反日デモ、〇八年のチベット騒乱に端を発した反仏報復デモを想起させる展開だった。二〇歳前後の若者を中心とした新世代の労働者が、携帯電話や携帯メールで情報を共有し、「世界の工場」を支えてきた低賃金時代の終焉の火ぶたを切って落としたと言えた。

自殺者続出の「富士康」

賃上げ要求ストライキの狼煙《のろし》は、浙江省嘉興市平湖にある「平湖棉紡績工場」（四月三一日、五月八日）と、山東省棗荘市の「棗荘万泰集団一棉分公司」（五月一日）などでの労働紛争だった。[1]

平湖の工場は若い女性労働者が多く、基本給は三〇〇元（一元＝約一三円）で一日一二時間働き、残業代などを含め月収は一〇〇〇元から一二〇〇元しかないという。もとは国営だった同工場の土地は再開発のため江西省に移転することになった。経営者は市当局から移転に伴い一億一〇〇〇万元余りの金を得たにもかかわらず、労働者たちには何の恩恵がないこともきっかけになり、未払い部分の残業代などの支払いを求め、経営者側との賃上げ交渉に入った。当時は上海万博が開幕する直前であり、不利な報道を控えるテレビ局など地元メディアの取材はなく、労働者は四月末から八日余りのストを打ったが効果はなかった。

賃上げ実現は、予想外の方向からやって来た。四月中旬ごろ、広東省広州市の週刊紙『南方周末』の記者（22）が、深圳市にある「富士康国際（フォックスコン、Foxconn）」の竜華工場に入社して潜行取材を開始した。同社の若手労働者の間で、年初から相次ぐ自殺の原因究明が目的だった。「富士康」は、米アップル、デル、任天堂などのIT（情報技術）商品をEMS（受託製造サービス）で製造する業界では、世界最大手の台湾資本「鴻海精密工業」グループ（本社・台北県土城市）の子会社である。「鴻海」は世界EMS市場の五二％（二〇一〇年）を占めている。

中国では、広東省東莞市、江蘇省蘇州市昆山、浙江省杭州市、北京市、天津市、山西省太原市などで五〇カ所余りの工場で操業している。自殺者が集中した深圳市の竜華工場は、二〇万人余りが働くアジアでも最大の規模。ちなみに同社が中国全土で雇用する中国人の労働者は八〇万人にのぼるという。

通常、労働者を適正に管理できる規模は、一カ所の工場で「三五〇〇人から五〇〇〇人」と言われており、竜華工場は明らかに巨大過ぎた。労務管理面でも、生産ラインでの私語禁止の徹底のほか、一〇〇〇人近い保安要員が目を光らせる準軍隊式の厳しい管理が特徴だった。希望を持って入社した「八〇《バーリン》后《ホウ》（一九八〇年以降生まれ）」と呼ばれる二十代と「九〇后《ジウリンホウ》」の十代の若手労働者たちの間では不満がくすぶっていたようだ。

問題の竜華工場で、年初からの自殺者は五月末までで死者一〇人、未遂三人にのぼった。

『南方周末』は五月一三日のルポ記事「富士康八連跳自殺之謎」で、一カ月に及んだ取材の結果、劣悪な血と汗の工場ではなかったとした。工場の設備は近代的なもので、社員寮もホテル並み、豪華なプールまで完備していたのだ。

ただ、若者たちは一日八時間、生産ラインの前で立ち詰めという状況の中、毎日、職場で働き、社員寮で寝るだけの単純な生活の繰り返しで、仲間との社交も少ない孤立した状況下にあると伝えた。数千人規模で一斉に食事をする巨大な食堂も、異様な光景だった。「八〇后」も「九〇后」も一人っ子政策の中で甘やかされて育った新世代である。その精神構造は、詰め込み式の厳しい労働環境と低賃金には耐えられなかったようだ。街角には物質があふれ、華やかに見える外部世界との狭間で、孤立感を募らせ、自殺に追い込まれたと見られた。

舞台が最大手台湾企業だったことから、内外のメディアが一気に注目し始めた。総帥の郭台銘氏は五月二六日、約三〇〇人の台湾の取材陣とともに台北市から個人ジェット機で深圳市内にある竜華工場を訪れ、内部を公開する羽目になった。自殺頻発後初めての記者会見も行い、遺族や社会に謝罪した。工場内での操業の様子や、従業員宿舎も公開した(2)。

ところが郭氏が専用機で台湾に戻ったその日の夜、一二人目の飛び降り自殺者が発生し、五月二七日未明には一三人目の自殺者（自分の腕を切る未遂者）が出て、郭氏があわてて深圳に戻る騒ぎになった。前後して「自殺しない」との念書を労働者から取っていた事実も判明し、同社は撤回と謝罪を繰り返した。

「富士康」労働者の自殺は二〇〇七年頃から年に一～二件は発生していた。しかし、今年は一月二三日未明、男性従業員の馬向前さん（19）が高所から墜落死して以降、なぜか連鎖的に起きた。三月一七日には、女性労働者が従業員宿舎の三階から飛び降りて死亡。続いて、三月二九日に二三歳の男性、四月六日は一八歳の女性、四月七日には一八歳の女性と二四歳の男性、五月六日には二四歳の男性、五月一一日は二四歳の従業員、五月一四日は二一歳の男性、五月二一日は二一歳の男性従業員と続いた(3)。

一連の事態の結果、郭台銘氏は六月二日、従業員の基本給（九〇〇元）を約三〇％引き上げると決定したほか、さらに今年一〇月一日から始める社内考査に合格した労働者や生産ラインの班長は、一気に約二倍の二〇〇〇元に増額すると発表した。[4]

日本の電機メーカー大手・シャープは一二年三月二十七日、「鴻海精密工業」グループから約一三〇〇億円の出資を受け入れる資本・業務提携で合意したと発表した。これにより「鴻海」はシャープの筆頭株主に躍り出ることになった。シャープは液晶テレビの販売不振で、一二年三月期連結決算の赤字額が、過去最悪の二九〇〇億円に陥る見通しとなっていた。「鴻海」からの注入により経営状況の悪化は食い止められた。

提携の背景には、韓国や台湾の液晶パネルメーカーが生産を拡大し、価格競争が激しくなり、シャープの製品が売れなくなった事情があった。中国でも大量生産が始まり、薄型液晶ＴＶの値崩れは止まらない。シャープの戦略は行き詰まったことを意味していた。

「鴻海」は、中国大陸の安価な労働力を大規模に活用する形で急成長しており、今回の日台企業協力は、中国との経済一体化の側面も浮き彫りにした。今回の連携でシャープの高度技術が「鴻海」にわたり、安価な製品となってシャープの製品を脅かす〝ブーメラン現象〟になる可能性も取り沙汰されるなかで、同社最高首脳陣の決断が正しかったかどうか。早晩、結論が出ることになるのだろう。

日中の家電・ＩＴ業界では一一年一月、「ＮＥＣ」が「中国レノボ・グループ（聯想集団）」とパソコン事業の統合を発表したほか、同七月には「パナソニック」が傘下の「三洋電機」に「中国ハイアール（海爾集団）」に白物家電事業を売却することを発表するなどの動きが相次いだ。

ホンダやトヨタにもスト波及

「富士康」の騒ぎに触発されるような形で、広東省仏山市にあるホンダ自動車の部品メーカー「本田汽車（自動車）零部件制造有限公司」の工場（従業員約一八〇〇人）で五月一七日から六月八日までの約三週間、労働者が賃上げを求めてストライキを行った。[5] 同工場はホンダが〇七年に設立したもので、変速機を製造している。その供給が止まったため、「広汽ホンダ」（広州市）と「東風ホンダ」（武漢市）の完成車工場が、延べ一六日間の操業停止を余儀なくされた。コスト削減と部品の現地調達率を高め、さらには技術流出を防ぐ狙いから、全額ホンダ出資の独資会社としたのだったが、労使問題が発生した場合、経営陣に中国人幹部が不在という弱点を曝け出す格好になった。

ストはホンダ系列の日本企業二社が仏山市と中山市に設立した合弁部品工場にも波及した。両工場はマフラーなど排気部品とカギ類を製造していた。いずれも十代の若手労働者が多く、携帯電話のショート・メール（ＳＭＳ）や中国語版チャットＱＱで全国のスト情報をキャッチし、情報交換するなどして、ストは拡大したと見られた。ホンダの労働側から法律顧問の委託を受けた人民大学労働人事学院の常凱教授は、「今回のストに参加した労働者の大半が二〇歳前後の若者だったのには驚いた。彼らは自らの理想を持ち、非常に強い権利意識がある。経済的な意識もある」と動機などを語った(6)。

さらにストは六月一五日、天津市にあるトヨタ自動車の部品メーカー「天津星光橡塑」や、同一七日には「天津豊田合成」でも発生し、同一八日、「天津一汽トヨタ」の完成車工場の操業が停止に追い込まれた。広州市のトヨタ自動車の系列部品メーカーでもストが起き、六月二二日、同市の完成車工場の操業が止まった。その後も別の部品工場のストでホンダの完成車工場が再び操業停止に見舞われるなど混乱が続いた。

日系企業以外では、北京市内にある韓国の「現代自動車」の部品工場（五月下旬）や、広東省恵州市の韓国の電子部品工場（六月上旬）でもストが起きた(7)。

経済躍進の原動力となってきた豊富で安価な中国の労働力と少ない労働ストは、外資系企業にとって大きな魅力だった。しかし、貧富の格差が拡大する中で、労働者の権利保護を打ち出した「労働契約法」によって状況は変わりつつあった。同法は〇八年一月に施行され、一〇年以上勤務した場合は、企業から終身雇用の地位を与えられるなど、労働者の地位強化を目指している。

加えて〇八年秋の世界的金融危機を経て、中国経済が回復する中、労働者不足現象も起きた。世界の耳目が集まる上海万博が開催中で、権利意識に目覚めた中国人労働者たちが賃上げ要求デモを起こすのは、ある意味で自然な流れなのかもしれなかった。折しも温家宝総理は六月一四日、北京市内の地下鉄工事現場で働く出稼ぎ労働者と会見し、「農民工は中国労働者の主力軍だ。君たちの労働は名誉あるもので、社会から尊重されるべきである。政府や社会各界は、すべての若い農民工たちを、自分の子供のように扱わなければならない」と擁護しており、政府が介入して抑え込む動きは見られなかった(8)。

天安門事件二一年目の北京

学生や市民らによる民主化要求運動が武力弾圧された一九八九年六月四日の天安門事件から二一年目を迎えた。初夏の陽気となった六月四日、北京の天安門広場は、いつもと同じように厳戒体制の中にあった。治安警察官に混じって、白、青、赤など揃いのTシャツ姿の市民ボランティアがあちこちにたむろし、抗議行動や追悼活動を未然に防ごうと警戒の目を光らせた。五カ所ある広場の入り口ではテント張りの手荷物検査所が設けられ、入場者は空港並みに所持品の機械チェックを受けた(9)。

当時、学生たちが集まった人民英雄記念碑は、昨秋〇九年の建国六十周年で設けられた巨大なLED電光スクリーン(高さ七・五メートル、横幅五〇メートル)二面の陰で見通しは格段に悪くなった。広場を離れれば、事件の痕跡といえるものは見当たらず、多くの市民の記憶から天安門事件は消え去ったかのように見えた。

あの事件でわが子を亡くした遺族グループ「天安門の母親」の発起人、丁子霖さん(73、元中国人民大学哲学科副教授)が夫の蔣培坤さん(元中国人民大学哲学科教授)とともに六月三日夜、長男の蔣捷連さん(当時一七歳)が軍兵士の発砲で死亡した西城区の地下鉄「木樨地駅」入口の路上に花束を捧げ、ろうそくを灯して追悼した[10]。

多数の私服警察官に囲まれた夫妻は約四五分間、現場に佇んだが、終了間際に丁さんが意識を失い、抱きかかえられるようにしてタクシーで帰宅したという。付近には事前に連絡を受けていた海外メディア記者がいたが、警察官に妨害されて十分な取材ができなかったという。丁さん夫妻は、事件発生二十周年の〇九年六月は現場での追悼式ができなかった。今年は若干、弾圧状況は緩められたようだ。

香港一五万人が天安門追悼

香港島銅鑼湾《コーズウエイベイ》にあるビクトリア公園では六月四日夜、香港市民ら一五万人（主催者発表。警察発表は一一万三〇〇〇人）が集まり、ろうそくを灯して中国の武力弾圧を非難し、事件を風化させない決意を示した。香港市民が多数結集した背景には、民主派勢力が批判する香港当局版の選挙制度改革法案が議会で月内に採択されるという危機感や、在外華人の作成した「民主の女神像」などが当局に一時押収されたことが影響したと見られた。

集会のテーマは「六四事件の再評価を最後まで堅持せよ」。事件当時、民主化運動に参加した元活動家の李海氏がビデオメッセージの形で、「六四運動に参加したわれらの世代は、まだ存在している。六四事件がわれわれに与える力が、尽きることのない源泉だ」などと語った[11]。

一方、台湾の馬英九総統（国民党）は六月四日、総統府のホームページを通じて天安門事件に関する声明を発表した。この中で馬総統は、「（大陸中国の）人権状況は内外から批判されているが、近年、大陸当局は中華文化を改めて提唱し、経済発展、民生改善に努力していることは、台湾住民に深い印象を与えている。ここ二年間、（中台）両岸関係は好転し、台湾海峡の緊張は大きく緩和し、両岸人民と国際社会から広く評価されている」と前向きに評価した。そのうえで、「大陸当局が人権分野で新たな発想のもと、十分な誠意と自信をもって、重大な人権事件（天安門事件の意）が引きずる問題を一歩ずつ解決するため、寛大な気持ちで反体制分子に対応すべきだ」と述べ、前年と同様に「普遍的価値観」の実現を呼びかけた⑫。

天安門事件で海外に亡命した民主活動家や知識分子の中で、故国に戻ったケースも見られる。例えば、蘇紹智・元中国社会科学院マルクス・レーニン主義研究所所長は、数年前に北京に戻った。中国当局は、帰国後に文筆活動などしないことを条件に許可を与えたようだ⑬。当時の学生運動リーダーだったウアルカイシ氏(42)のように、六月四日に合わせ、亡命先の台湾から来日して中国大使館に突っ込むという政治的パフォーマンスは、中国当局の受け入れ方とは対極にあるだろう⑭。天安門事件の再評価を求める声は、中国人社会の中で消えておらず、中国共産党中央は、依然として大きな負の遺産を引きずっている。

故・胡耀邦総書記に近いと言われた改革派の朱厚沢・元党宣伝部長が五月九日未明、入院先の北京医院で癌のため死去した。享年79⑮。党機関紙『人民日報』も五月一三日付第四面で、新華社電と顔写真を使用して朱氏逝去を報道した。朱氏は貴州省委書記を経て、胡耀邦氏が総書記だった一九八五年八月から八七年二月まで党宣伝部長を務めた。任期中の八六年の全国文化庁局長会議で、異なる意見や観点、伝統的な発想と違う見方に対して寛容な気持ちで対応する重要性を説いた「寛容、寛厚、寛鬆」の「三寛政策」を打ち出したことから「三寛部長」とも呼ばれた。六・四民主化運動にも同情的だったと言われる。生前、病状が悪化した時や死後に朱氏のもとを訪れた指導者として、習近平、王岐山、李源潮、尉健行、羅幹、倪志福、胡啓立らの名前が新華網(五月一二日)を通じて伝えられた。

低調だった香港立法会(議会)補選

香港立法会(議会=定数六〇)の補欠選挙が五月一六日、投開票された。急進的な民主派「公民党」、「社会民主連盟(社民連)」の議員五人が一〇年一月、香港当局が公表した選挙制度改革案(〇九年一一月)に反対し、議員辞職したために行われた。急進勢力は、補選を当局による改革案に反対する「住民投票」と位置づけた。

しかし、中国政府は「住民投票は香港基本法に規定がなく違法だ」との考えを示し、親中派各党も選挙をボイコットして候補者を擁立しなかった。投票日の二日前には曾蔭権行政長官ら香港特別行政区の政府高官らが棄権すると表明し、投票しなかった。

こうした動きなどがあって投票率は一七・一％にとどまり、一九九七年七月の香港返還以降では最低になった。それでも民主派勢力は、得票数が五選挙区ともに前回（〇八年）を五六〇〇〜五万票余り上回った、として自らの行動を正当化した。[16]

補選に出馬した議員（カッコ内は選挙区）は、公民党の陳淑荘（香港島区）、梁家傑（九龍東区）の二人と、社民連の梁國雄（新界東区）、陳偉業（新界西区）、黄毓民（九龍西区）の計五人で、いずれも高い得票数で再選された。

有権者総数約三三七万人のうち、投票者数は約五八万人だった。投票率は前回〇八年の立法会議員選挙（四五・二％）の半分にも及ばなかった。選挙結果は、中国の影響力の大きさを改めて実感させるものとなった。

民主党は補選には多大な選挙費用が必要なうえ、住民の支持も得られないとして、議員辞職＝補選には反対した。民主党主流派とは距離を置く李柱銘（マーチン・リー）元主席は、投票に参加するよう呼びかけ、本人も街頭運動を繰り広げた。民主党長老で肺がんを患っている司徒華・元主席（一一年一月死去、享年79）は、棄権の立場を表明した。元香港政庁のナンバー2だった陳方安生（アンソン・チャン）氏は公民党候補を応援した。陳安氏は「曾長官の棄権は、全公務員への無言の圧力となった」と当局高官のボイコット宣言を批判した。[17]

一方、補選投票翌日の五月一七日、補選に参加しなかった何俊仁主席ら民主党執行部に対し、中国共産党が選挙制度改革案をめぐる協議を呼びかけていたことが判明した。[18]香港住民の関心を、補選から政治対話へとすばやく転換させることを狙った中国側の巧みな世論工作であり、民主派の分断作戦と見られた。

双方の協議は五月二四日、香港島にある「人民政府駐香港特別行政区聯絡弁公室（中聯弁＝旧新華社香港支社）」ビルで二時間半にわたって行われた[19]。天安門事件以来、二一年ぶりの民主派と中国側との話し合いになった。出席したのは何主席、劉慧卿（エミリー・ラウ）副主席、張文光議員の三人で、共産党側は中聯弁の李剛副主任、馮巍・法律部長、劉春華・法律部副部長の三人、双方合わせて六人が参加した。何主席らは香港当局が提出している選挙制度改革法案には、職能別代表など間接選挙の議員が存在しているとして強く反対し、話し合いは物別れに終わったと伝えられた。

中国側は五月二六日には「終極普選聯盟（普選聯）」の代表七人と協議し、同二八日には民主派政党「民協」の廖成利主席、馮検基・立法会議員、譚國僑副主席ら代表五人と協議した[20]。

米中戦略・経済対話と人民元切り上げ

米中戦略・経済対話（S＆ED）の第二回会議が五月二四、二五の両日、北京の釣魚台国賓館などで開催された。〇九年七月にワシントンで開かれた初回会議に続くもの。米中双方で意見の相違があったが、互いに会議の成功をたたえ合う政治的配慮が目立った。二五日の会議終了後には、胡錦濤国家主席が米代表のヒラリー・クリントン国務長官、ティモシー・ガイトナー財務長官と一緒に会談したほか、温家宝総理も両閣僚と会談した。

戦略・経済対話には、経済分野の会議が王岐山・常務副総理とガイトナー長官、安保分野の会議は戴秉国・国務委員（副総理級）とクリントン長官が代表として出席した。会議は並行して開催され、安保分野では米中軍事協議も実施された。米側代表団として約二〇〇人が訪中し、双方で約五〇〇人が参加するという超大型会議だった。

最大の懸案だった人民元の切り上げ問題については、開会式で挨拶した胡錦濤主席が、「人民元の為替レートの形成メカニズムの改革は、自発的に進め、制御可能で漸進的にやるとの原則に従い、引き続き着実に進めて行く」と発言した[21]。これは中国が適切と判断した時期に切り上げに踏み切るとのメッセージだった。したがって会議では、元切り上げ問題は対立点にならなかった。協調ムードをかもし出す狙いから、人民元を争点にしないことで一致していたためだった。

これに対して中国人民銀行（中央銀行）は六月一九日（土）夜、「人民元の為替制度の改革をさらに一歩進め、元相場の弾力性を高める」と、切り上げを実施する報道官談話を発表した。週明け月曜日の六月二一日から、人民元の対ドル・レートは徐々に切り上がり始めた。

〇五年七月二一日に実施された前回の人民元の調整措置では、元は米ドルに対して約二％切り上げられ、同時に管理変動相場制が導入された。これに対して今回は、大幅な切り上げ数値はなく、〇八年夏から一ドル＝六・八三元前後で固定されていた管理変動相場制を再び機能させる方式だった。同報道官は「一回限りの大幅な調整は行わない。なだらかな相場調整を行う」と説明した[22]。今後この微動方式に対して、米国はじめ欧州や日本など世界がどう反応するかが焦点になろう。管理変動相場制は、〇七年の開始当初は、「一日最大〇・三％」の幅で変動（切り上げ）していたが、〇七年五月からはこれが「最大〇・五％」に拡大されている。

中国がこのタイミングで切り上げに踏み切ったのは、S&ED会議終了後にガイトナー財務長官が米上院財政委員会（六月一〇日）で再び元切り上げの必要性を持ち出したほか、強硬派のシューマー上院議員らも対中報復法案をちらつかせ攻勢に転じたことがあった。

また、オバマ米大統領が、カナダで開催される二〇カ国・地域（G20）首脳会議（六月二五～二七日）の参加国に対して「市場原理に沿った為替相場が不可欠だ」と、名指しを避けながらも人民元切り上げを求める書簡を六月一六日付で送付したことが引き金になった。胡錦濤政権はオバマ政権が米中の枠組みを離れ、G20という多国間の枠組みを利用し、元切り上げを迫って来たと判断、国際的な対中包囲網の切り崩しを最優先したものと見られた。

米中軍事協議は、馬暁天・副総参謀長（空軍上将）とロバート・ウィラード米太平洋軍司令官（海軍大将）が中心となって行われた。会議の中で、中国側の関友飛・国防部外事弁公室副主任（海軍少将）が、米軍代表団約六五人を前に、三分間の痛烈な対米批判を繰り広げた。

「米国と中国がうまく行くのは、ひとえに中国のおかげである。関係が悪くなるのは、すべて米国のせい。米国は〈覇権国家〉であり、戦略的同盟諸国とともに中国の包囲を企んでいる。米国が中国の宿敵である台湾に武器を売却しているのは、米国が中国を脅威と見なしている証拠だ……」。

これに対して、米側は二日間のS&ED会議全体と照らして、関発言は特異なものと受け流したという。しかし、関発言が全く個人的見解ということはない。米紙は、これこそ中国共産党主流派の見解である、との見方を紹介した(23)。

一方、米中両国政府の発表によれば、S&ED第二回会議では、米中間のエネルギー協力など七項目で合意文書に調印した。また、文書化された七項目を含む二六項目で具体的な成果があった。両政府間での調印案件は、(1)米ウエスティングハウス社製AP一〇〇〇原子炉の安全性に関する協力覚書、(2)シェールガス（頁岩《けつがん》層から採取される天然ガス）資源作業計画、(3)エコ・パートナーシップ計画と同計画の共同事務局設置の覚書、(4)通関業務の安全強化と施設協力に関する覚書、(5)感染症対策協力の覚書、(6)気候変動、エネルギー、環境問題での協力推進と十カ年計画の作成覚書、(7)同十カ年計画の枠組みの中で、清潔な水や空気、効率的な電気、運輸など優先六分野で協力する。これら七項目の行動計画を英語と中国語に訳して公表し、ウェブサイトも開設する(24)。

クリントン長官は北京訪問に先立って五月二一日に最初の訪問地として東京を訪れ、岡田外相、鳩山総理と相次いで会談した。一連の日米会談で、韓国の哨戒艦「天安」の爆破・沈没事件で、韓国支持＝北朝鮮への非難で一致した。長官は同日夜に東京から上海入りし、二二日に上海万博を見学し、二三日に北京入りした。二四日のS＆ED会議の冒頭挨拶で長官は、韓国の哨戒艦「天安」問題で、中国に強い対応を取るよう求めたが、中国側は北朝鮮に配慮して慎重な姿勢を崩さなかった。

米国防長官の訪中を拒否

ロバート・ゲーツ米国防長官は六月二～一一日、シンガポール、アゼルバイジャン、英国、ベルギーの北太平洋条約機構（NATO）本部を歴訪した。途中、北京を訪れる意向だったが、中国側に拒否されていたことが分かった。米国防総省報道官が六月二日、記者団に語った[25]。ゲーツ長官はシンガポール到着間際の機内で、「中国では米国と幅広く交流することを嫌がる人民解放軍と、軍事的往来を求める政府高官との間で明らかに対立があると思う」と語り、強硬派中国軍の対応を批判した[26]。

S＆ED第二回会議では、米中軍事協議も行われており、内外に意外な印象を与えた。訪中拒否を求める軍内の意向を、中央軍事委員会主席の胡錦濤氏が了承したことを意味するが、胡主席は約一週間前、クリントン米国務長官らと会談し、米中対話の成果を強調したばかりである。軍強硬派の勢いの前に説得は困難と判断し、早々に歩み寄ったのだろう。胡氏が軍指導部をどの程度、掌握しているかの目安になる動きである。

ゲーツ長官は六月五日、シンガポールのシャングリラ・ホテルで開催された「アジア安全保障会議（Shangri-La Asia Security）」（英国際戦略研究所主催）で講演し、中国が台湾問題を理由に米中軍事交流を中断していることを取り上げ、「道理に合わない話だ」と批判した。その理由として、(1)米国の対台湾武器売却は、歴代の米政権が数十年にわたり継続してきた。(2)米国は台湾の独立を支持しないと公言しており、その立場に変化はない。(3)中国の軍事的な増強は大部分が台湾に向けられている。米武器売却は、台湾海峡と地域の平和と安定の維持のために重要だ――と説明した[27]。

これに対して馬暁天・副総参謀長は「一部地域のホットイッシューは繰り返されている。複雑な安全保障環境に直面し、関係国は冷静で抑制した態度を保ち、事態の悪化とエスカレートを防がねばならない」と暗に米国の姿勢を批判した[28]。

梁光烈・国防部長（国務委員、中央軍事委員会委員）は六月一一日、日中防衛佐官級交流訪中団の顧問を務める笹川陽平・日本財団会長と北京・八一大楼で会談した際に、「時機が良ければ、ゲーツ国防長官の来訪を歓迎する。中米国防部長による相互訪問の扉は閉じない」と発言した[29]。中国としては非軍事分野での米中和解が達成されたものの、軍事面ではなお一定の冷却期間が必要であることを示唆したものと見られた。

初の新疆工作座談会で目標設定

新疆ウイグル問題についての初の本格的対策会議である「新疆工作座談会」が五月一七〜一九日、北京で開催された。年初から準備会議が二回開催されていた。新疆工作座談会は、チベット工作会議に続く大規模な少数民族対策会議となった。

会議には胡錦濤総書記はじめ党政治局常務委員九人全員が出席した。新疆ウイグル自治区の政府・党、同自治区内の地方の政府・党指導者のほか、開発の主力部隊である「新疆生産建設兵団」の幹部、同自治区を管轄する地方軍幹部、中央政府・党、軍関係者ら総勢三五九人が勢揃いした[30]。

会議で演説した胡総書記は、新疆では分裂勢力が祖国の分裂活動を画策しているとして、警戒を呼びかける一方で、新疆の経済発展が社会的安定に役立つという開発重視の視点をにじませた。胡総書記は、将来の目標として、二〇一五年に一人あたりの新疆の域内総生産（GRP）が全国平均に追いつき、都市と農村部の住民の収入と公共サービスの力が、西部地域における水準に到達する、とした。また、二〇二〇年までに、新疆地域が発展して人民が豊かになり、生態環境も改善し、民族が団結し、社会は安定し、防衛も強固になり、文化的に向上し、全面的な小康社会の実現に向けた奮闘目標を確実なものにする、とした。具体的な目標を設定したのは、新しい試みとは言えた。温家宝総理は、経済支援の具体策として、資源税改革を打ち出した。これまで原油や天然ガスに関して、産出量に対して課税していたものを価格に課税する方針に切り換える。また、新疆での企業対策として、企業所得税も一部減免措置が講じられる。

胡総書記、温総理ともに「党の民族政策・宗教政策を全面的に貫徹せよ」と言うのみで、多くのウイグル族らの生活について、党のイスラム政策の問題点や漢族との民族対立への原因分析などはうかがえず、共産党の少数民族政策の限界を示していた。

四川省大地震の際に、他の省・自治区・直轄市がそれぞれ支援体制を取ったように、新疆に関してもそうした支援システム「対口支援」制度が増強される。今春以降、上海市や湖南省、江西省など一九の省市の代表団が相次いで新疆を訪れ、現地調査を始めている[31]。

明らかになったウルムチ騒乱の真相　林・副総編集は五月一五日、天津外語大学で講演した際に、内幕を赤裸々に語った。聴衆の一人が、内容を自らのブログで公表したため広く知られることになった。このブログはその後、当局によって削除された[32]。

夏氏の講演によれば、〇九年七月五日、ウルムチで発生した民族騒乱（一九七人が死亡）について、政府当局は、最初は寛大で放任する方針を取っていた。このため治安部隊もウイグル族の行動を黙認するような雰囲気があった。騒乱中に新華社記者によって撮影された一七五枚の写真のうち一七枚は、見るに堪えないきわめて残虐なものだった。虐殺された死体の解剖であり、ウイグル族の女性が死亡した漢族の目をハイヒールのかかとで踏みつぶす光景だった。子供の頭部が道路上の路線分離柵につるされ、売春婦と見られる若い女性の裸の死体もうち捨てられていた。騒乱に関わったのは最底辺で生活する人々で、ウイグル族は路線バスを横転させ、乗客もろとも放火し、焼き殺したという。

これに対して漢族たちは危機感を募らせ、騒乱三日目の七月七日になって報復のために抗議デモを敢行した。この漢族の抗議デモ・騒乱について、地元当局は「死者は一人もいなかった」と発表したが、新華社記者が病院などで取材したところでは、死者も負傷者も出ていた。このため当局は、紛争拡大を避けるために、ウイグル族と漢族の住む地域を分離したが、さながら「(イスラエルが作った)パレスチナとの分離壁」のようだったという。また、G8サミット出席のためイタリア滞在中だった胡錦濤国家主席は七月八日、新華社の(高級幹部だけに提供される)「内部報告」の残虐な写真と文書で事態を把握し、会議出席を断念して帰国したという。

温総理離日直後に鳩山総理辞任　温家宝総理は五月三〇日から六月一日までの三日間、日本を公式訪問した。温総理は〇七年四月に公賓として、〇八年一二月に日中韓三カ国首脳会議(福岡)出席のために来日している。今回は五月二八日から六月三日までの七日間、韓国、日本、モンゴル、ミャンマーの四カ国歴訪の一環として来日した。

温総理は五月三一日午前、総理官邸で一時間二〇分にわたり鳩山由紀夫総理と会談した。双方は「戦略的互恵関係」を高いレベルに発展させるために協力して行くことで一致した。また、両国総理の間でホットラインを利用して、緊密に意思疎通を図って行くことでも合意した。東シナ海の資源開発では、温総理から〇八年合意を履行する旨の発言があり、双方で国際条約締結に向けた交渉を早期に開始することで一致した。鳩山総理は「東シナ海を友好の海として行きたい」と発言した。[33] これについて温総理は「海上の危機管理を強化し、対立と衝突事件の発生を回避し、東シナ海を平和と協力と友好の海にしたい」などと鳩山発言に同調した。[34]

中国海軍艦艇の軍事演習でのヘリの異常接近などについては、鳩山総理が「わが方の懸念を惹起するものであり、〈平和・協力・友好〉の海にするとの首脳間の共通認識を確認する必要がある」と述べ、再発防止を求めた。しかし、温総理は鳩山提案に対しては、何も答えなかった[35]。演習は公海上で実施され問題がない上、日本側も執拗に監視を続けたではないか、といった思いが強かったからだろう。

温総理は同日午後に横路衆院議長、江田参院議長とそれぞれ会談した。夜は鳩山総理主催の晩餐会が開かれた。さらに六月一日午前には天皇陛下が皇居・宮殿で温総理と懇談された。三年前に公賓として来日した際には陛下の引見はなかった。

温総理が次の訪問国モンゴルに滞在中の六月二日午前、鳩山総理が辞任を表明した。カネと政治、沖縄基地問題などで人気が急落しており、短期政権に終わる予想はあったものの、温総理の離日（六月一日）翌日の辞任は中国側も想定外だっただろう。なお、温総理は韓国の済州島で行われた第三回日中韓三カ国首脳会議（五月二九、三〇日）に出席した後に東京入りしていた。

菅氏の訪中中止はどう影響したか

鳩山総理（民主党代表）の突然の辞任表明を受け、与党・民主党は六月四日午前、両院議員総会で党代表選を実施し、菅直人副総理・財務相（63）を新たな代表に選出した。当選した菅氏は同日午後、衆参両院本会議で、第九四代、六一人目の総理に選出された。

菅氏は週末の六月五、六両日を党三役人事や閣僚人事の構想を練った。六月五日昼前に、藪中三十二外務次官ら外務官僚を民主党本部に呼び、今後の外交日程を協議した。この中で菅氏は六月一二日の上海万博「ジャパン・デー」に出席のため訪中する意向を固めた、と伝えられた[36]。

さらに菅氏は六月六日午前零時一分から、総理官邸で約二五分間にわたり、オバマ米大統領と電話会談した。会談で菅氏は、沖縄の米軍普天間基地の移転問題で、名護市辺野古周辺への移転を明記した日米合意を踏まえて対処することを確認した[37]。

菅氏が外務省高官と協議した翌日の六月六日付『日本経済新聞』は、伊藤忠商事相談役の丹羽宇一郎氏（71）が次期中国大使に就任すると報じた。休刊日（六日）を挟んで週明けの同七日の夕刊『毎日新聞』は、「菅総理の訪中見送り」と伝えた。この間、日本政府の公式発表は一切なかった。

中国国営新華通信社が刊行する人気の新聞『参考消息』は六月九日、「ホワイトハウスが菅直人氏に初訪中取り消しの圧力か？」との観測記事を一面トップで掲載した。[38] 日本側にとっては意表を突かれる強烈な見出しである。日本では一部の報道に過ぎないニュースが、中国では大々的に報道される日中パーセプション・ギャップの典型的な例だ。

記事はシンガポールの『聯合早報（ネット版）』（六月八日）を引用していた。菅氏に近い国会議員が、「この（菅氏訪中）計画は、米政府に極めて強い（対日）不快感を引き起こした。普天間基地問題が解決されていない中で、日米関係を緊張させる事態は避けることになろう」との考えを示したとしている。

記事を読んだ中国人の多くは、〈日本は米国の言いなり。米国の圧力で総理の訪中計画まで取り消されるのか〉と判断しただろう。こうした報道を通じて、中国の対日イメージが形成されるのである。日本外務省筋によれば、菅氏には当初から訪中する考えはなかったという。それならば、「変更は総理が対米関係の修復を重視したため。米国の圧力などではない」と、日本政府は反論のコメントを出すべきだったろう。こうした中、温家宝総理は六月一三日、日中ホットラインで菅総理と会談し、総理就任を祝福するとともに、早期の訪中を招請し、菅総理は応諾した。問題はこれで一応決着したのだが、後味の悪さは残った。[39]

なお、六月一二日の上海万博「ジャパン・デー」[40]には、鳩山氏が総理特使として訪中した。中国側からは劉延東・国務委員（閣僚級、女性）が応対した。[41] 菅内閣は六月一五日の閣議で、丹羽氏を宮本雄二・現大使の後任として正式に中国大使に決定した。中国政府は六月一一日までに丹羽氏についてアグレマン（同意）を出していた(42)。

（二〇一〇年七月）

2　台湾政策と香港政策を進展させた中国

中国共産党の対台湾政策と対香港政策が大きく進展した。中台間の「経済協力枠組み協定（ＥＣＦＡ）」が調印され、台湾の馬英九・国民党政権の公約は実現した。香港では選挙制度改革法をめぐり、最大の牙城だった民主党の取り込みに成功した。地元香港にとって、「一国二制度」は、一九九七年の中国返還以降、最大の曲がり角を迎えた。

香港選挙法案は民主党賛成で成立

香港の議会である立法会（定数六〇）は六月二三～二五の三日間、通算二二時間に及ぶ審議を通じ、二〇一二年に実施予定の香港政府トップである行政長官の選出方法と、立法会（議会）議員の選出方法を決める選挙法改革法案を賛成多数でそれぞれ可決した。長官選挙の選出法案（六月二四日）は賛成四六、反対一三、棄権〇で、立法会議員の選挙に関する法案（同二五日）は賛成四六、反対一二、棄権〇だった。二五日は急進派・社民連の議員が投票前に示威行動に出て退場させられたため反対票は一票減った。曽鈺成議長は慣例に従い、両日とも投票しなかった。法案の成立には、香港基本法付属文書第二の規定によって「議員全体の三分の二以上の賛成」が必要だったが、関門はクリアされた(1)。

長官の選出方法では、選挙権を持つ選挙委員会委員の数が八〇〇人から一・五倍の一二〇〇人に増えた。新たな委員の割合は、商工界・金融界から三〇〇人、弁護士など専門業から三〇〇人、労働界・社会サービス・宗教界などから三〇〇人、立法会議員・区議会議員・郷議局代表、中国全人代代表、全国政協委員から三〇〇人となった。

立法会議員については、定数を六〇から七〇に増やした。新たな一〇議席のうち五議席は直接選挙で選び、残る間接選挙の五議席についても、事実上の直接投票と言える方式になった。これは民主党の提出した修正案を、北京の中央政府が最終段階になって受け入れる方針に転換したため、民主党が賛成に回って成立した。選挙制度改革を実現させようとした曾蔭権行政長官ら香港政府側の水面下の動きと、北京の党中央の方針転換が決定打となった[2]。

この結果、強硬民主派の公民党や社民連などは、民主党を激しく非難し、民主派陣営に大きな亀裂が入った。一方、北京の中央政府は香港民主派の分断に成功したと言えた。香港の「一国二制度」は一九九七年の中国への返還以降、歴史的転機を迎えた。

選挙制度改革案は曽長官ら香港政府が、中国当局との協議を経て、〇九年一一月に公表していた。民主党は〇九年一二月に党大会を開催し、香港政府側の改革案に反対する方法として、議員辞職＝補選を住民投票の代わりにする強硬路線には同調しないことを決めた。最大の争点である間接選挙の五議席の選出方法は、修正案を出すことで対抗した。政府案では、五議員を区議会議員（約五三〇人）の中から互選するが、民主党案は一定数の区議会議員による推薦を条件にして区議から候補者を出し、一般有権者による投票で選ぶという方式だ。

香港では三三七万人余りの有権者が、直接選挙枠の立法会議員の候補者に対して投票権を持っているが、限られた一部有権者（約二三万人）は、職能別代表の議員を選ぶ投票権も持っている。つまり約二三万人だけが「二票」を投じる権利がある。民主党は、この間接枠議員を選出する権限を、全有権者に拡大することを主張し、「一人両票（全有権者が二票を持つ）」をスローガンに掲げた。

北京との接触を求めた香港民主派

今回、選挙制度改革法が成立した過程で、民主党と北京の中央政府の間でどのような水面下の駆け引きがあったのか。これについて民主党メンバー六人は七月八日、報告書「政改六人工作小組報告」[3]を公表した。それによれば、中央政府から仲介者として正式に委任された元香港政府司法官の梁愛詩・全人代香港特別行政区基本法委員会副主任（71）が二月一七日、香港島金鐘のホテル「港麗酒店」で、何俊仁・民主党主席に接触し、(1)北京との話し合いに応じる意向があるかどうか、(2)北京は民主党が民主支援団体「支聯会」[4]との関係を徐々に疎遠にすることを希望する、など中央政府の意向を伝えたという。

これに対し、梁女史は翌七月九日、反論の声明を発表し、民主党と最初に接触したのは同党が発表した今年二月ではなく昨年一二月であり、その宴席で民主党側の方から、北京と交渉したいと切り出してきたからだと主張した。

香港紙『明報』の張健波・編集局長は、七月一〇日付の同紙面で釈明し、自らが仲介役となって、〇九年一二月二二日に梁女史と民主党の何主席、張文光議員の三人を招いた会食を設定した事実を認めた。民主党の何主席も七月九日、梁女史に中央政府との仲介を依頼した事実を認めた。民主党によれば、梁女史は「個人の資格」であり、当時は交渉が成立するかどうか分からなかったという。

これらの報道から、発端は民主党サイドが北京との交渉を望み、親中派の梁女史を仲介人にするため、香港メディアを介して彼女と接触し、梁女史が北京との間を取り持った、という構図が浮かび上がった。張編集局長は〇九年一一月と一二月に、各界関係者から意見を聴くために計一〇回に及ぶ宴席を持っていたとした[5]。

また、四月三〇日から補選投票日（五月一六日）後の一部公開の協議を含め、民主党は中央政府の香港出先代表である「人民政府駐香港特別行政区聯絡弁公室（中聯弁）」と通算九回の交渉を行ったことも、同党の報告書で分かった。

当時の香港政局を振り返っておくと、〇九年一二月上旬には、急進的な「公民党」と「社民連」が立法会議員を辞職し、補選を選挙制度改革法案反対の住民投票と位置づけるとの情報が広く伝えられていた。両党の議員らは一〇年一月一一日に正式に辞職を発表し、同月二六日に議員五人が立法会事務局に辞職届を提出していた。

その後、立法会議員補選後の五月二四日、何主席はじめ民主党幹部三人が中央政府側と会談し、民主党の修正案を正式に説明した後、双方で膠着状態が続いた。

民主党の張文光議員が、香港のネットテレビ OurTV. hk の番組「議會內外」で行った発言によれば、香港政府の曾蔭権長官は六月七日、何主席、張議員と会談し、「私は民主党の修正案を中央政府に対して三度も説明したが、すべて拒否された」と非常に気落ちした様子で説明したという。さらに曾長官は「深圳まで来た習近平・国家副主席は、私に対して『この件（の交渉）はこれで終わりだ』と語った」と告げたという。習氏と曾長官の深圳会談がいつだったかは不明だが、六月上旬以前に党中央は、一度は民主党案の受け入れ拒否を決めていたことが分かる(6)。

しかし、この決定は一転することになる。会談一週間後の六月一四日、香港政府の唐英年・政務官が何主席と張議員に会い、「もし中央政府が民主党の修正案を受け入れたら、民主党の九議員は賛成に回ってくれるか」と妥協点を探ったという。これに対して何主席は、「私は党に対してその考えを推す。もし、成功しなかったら主席を辞める」とまで言って中央政府の歩み寄りを促した。さらに六月一九日、今度は曾長官自身が何主席や張議員と会談し、この条件を再確認した(7)。

北京の中央政府が、香港民主党の修正案を拒否する立場から、受け入れに方針転換したのは、曾長官が何主席と会談した六月七日ごろから、唐氏が打診を持ちかけた六月一四日ごろまでの間だったようだ。なお、習国家副主席は六月一四日から同二四日まで、バングラデシュ、ラオス、ニュージーランド、豪州の四カ国を公式訪問した(8)。

この間の方針転換は、香港政府も預かり知らぬ北京・中南海での決定になる。北京の「香港マカオ戦略・発展研究センター」の蒯轍元・主任が香港誌『亜洲週刊』に語ったところによれば、修正案の受け入れは、共産党内での対香港・マカオ政策についての重要決定機関である「中央香港マカオ工作協調小組」組長の習近平・政治局常務委員が決断し、胡錦濤総書記の支持を得たものだったという。蒯轍元主任は「習氏が香港統治の新思考を啓いた」としている(9)。ならば北京から深圳まで出向き、「これで終わりだ」と言っていた習近平氏自身が翻意したことになる。その間には香港民主党の意向を踏まえて再度、仲介、説得工作を行った人物がいなければなるまい。曾蔭権長官や梁愛詩女史だった可能性は高いが、明確ではない。

『亜洲週刊』は、習近平氏が民主党案を受け入れる考えを胡総書記に示し、同意を得た後に、政治局常務委員会（九人）での討議を経て共通認識が得られたとしている(10)。

北京の政情に通じた筋によれば、習氏ら党指導部が最終的に民主党案を受け入れたきっかけは、やはり立法会議員補選の結果だったという。投票率は一七・一%と低調だったが、投票した約五八万人の多くが若者たちで、急進的民主派候補に投票した事実（補選に出た五人は全員当選）を重く受け止め、香港の急進的民主派勢力が一段と過激化するのを避けようとしたためとしている(11)。

香港が中国民主化のカギに

香港民主化で常に問題となる間接選挙枠の「職能別議員」は、宗主国・英国が植民地を統治するに当たって導入した特殊な選挙制度であり、民意が議会に直接反映しない仕掛けだ。中国も回収後の香港で、同制度を継承した。北京が間接枠の廃止に慎重なのは、反共勢力の根強い香港で、間接枠を一挙に廃止してしまえば、民主派が議会で多数派を占める恐れがあるためだ。

次回の立法会議員選挙で、民主派がどれだけ議席を獲得するかは即断できないが、今回の修正案の対象は、総議員数七〇人のうち五人であること、しかも区議会議員による候補者選びのスクリーニングの過程があることから、一気に民主派勢力に有利になるものではない、との中央政府の判断があったものと見られる。

職能別議員のない普通選挙の取り決めについては、中国全人代常務委員会が〇七年一二月、香港行政長官（任期五年）の選出方法は二〇一七年（次々回）から普通選挙を実施し、立法会議員（任期四年）は、二〇二〇年から全面普通選挙を実施できると決定している。立法会議員選挙は当面、二〇一二年、二〇一六年、二〇二〇年と実施されて行く。

一方、中国共産党は二〇一二年秋に第十八回党大会を開催し、ポスト胡錦濤の指導部を選出する。新指導部は順調に行けば、第十九回党大会（二〇一七年）を経て、第二〇回党大会（二〇二二年）で入れ替わる見通しだ。香港の選挙制度の完全民主化は、中国の民主化プロセスとも連動すると見なければなるまい。ポスト胡錦濤の最有力候補である習近平氏が香港問題を担当する意義は、そこにあるのかもしれない。一見地味な香港の選挙制度改革問題だが、将来的視野に立てば、きわめて重要な政治的意味合いを伴っている点を指摘しておきたい。

ECFA（エクファ）調印で中台関係は新段階

中国と台湾の双方の窓口機関の代表は六月二九日、中国重慶市内のホテルで、「海峡両岸経済協力枠組み協定（ECFA）」に調印した。ECFAは関税の撤廃を目指す「自由貿易協定（FTA）」に相当するもの。一九四九年、大陸と台湾に分断して以降、双方が初めて結んだ包括的な経済協定になった。東南アジア諸国と中国の間で、二〇一〇年初からFTA（ACFTA）が発効しており、中国市場への乗り遅れを懸念していた馬英九政権にとって、公約だった念願の協定調印が実現したことになる。(12)

調印式に臨んだのは、中国側代表は「海峡両岸関係協会（海協会）」の陳雲林会長、台湾側代表は「海峡交流基金会（海基会）」の江丙坤理事長。馬政権発足直後の〇八年六月、北京で一〇年ぶりに双方の窓口機関のトップ会談が開かれて以降、今回の会談は通算五回目だった。

合意によれば、中国側は石油化学原料、機械、自動車部品、農産品など台湾産の五三九品目を、台湾側は化学薬品原料、紡績など中国産の二六七品目をそれぞれ対象に関税を二〇一一年から段階的に引き下げ、二〇一三年元旦からはゼロとすることが決まった。これら八〇六品目が「早期実施・解決項目（アーリーハーベスト）」の対象となる。台湾側にとっては、これらの品目が貿易額で一三八億三〇〇〇万ドル、対大陸輸出総額の一六％を占め、中国側にとっては、同二八億六〇〇〇万ドル、対台湾貿易総額の一一％に相当するという。内容は、台湾側がきわめて有利となる不均衡なもので、中国政府が大幅に譲歩していることは明らかだった。

ECFA 調印で握手する中台代表
（2010年 6 月29日，重慶）（Imaginechina/PANA）

また、サービス分野では、中国側は銀行業務、病院経営など一一事業で台湾の進出を認め、台湾側は銀行業務やスポーツ・レクリエーション施設など九事業で中国の進出を認めた。台湾側が、懸念した完成自動車や液晶テレビ、大陸労働者の受け入れなどは対象から外された。

ＥＣＦＡのほかに双方は、特許、商標、著作権などについて取り決めた「海峡両岸知的財産権保護協力協定」にも調印した。中台間で、図書、音響、映像などをめぐって、海賊版や模倣品追放のために互いに取り締まり活動を実施することなどを謳った。

今回、双方が調印式の場に重慶を選んだ背景には、重層的な意味合いがあると見られた。第二次大戦後に毛沢東と蔣介石が「重慶会談」を開催した地であり、戦前は南京陥落後に蔣介石軍が逃げ延び、臨時首都とした期間中、「第二次国共合作」の時代だったことから、第三次国共合作をイメージする狙いもあったのだろう。さらには日本軍による無差別の「重慶爆撃」の地でもあり、暗に日本を意識していたのかもしれない。

重慶入りしていた王毅・国務院台湾事務弁公室主任は六月二九日、ECFA調印後に台湾紙『聯合報』のインタビューに答え、台湾当局が諸外国とのFTA交渉に臨むことを認めるかどうかについて、「(中国側は)情と理にかなう対応をし、実務的に適切な処理をする」と、柔軟な方針を明らかにした。王毅主任は「大陸としては、台湾のこの願望については理解する。互いに良い方向で対応し、相互信頼を増して行く過程の中で、必ず適切で実行可能な解決方法が見つかる」とも述べた[13]。

王毅発言は、台湾側へのリップサービスの意味合いもあるが、中国として今後、他国とFTA交渉を進める馬政権の動きを露骨に牽制することは難しいだろう。台湾では一一月末に、与野党激戦の五大市長選挙があり、二〇一二年には次期総統選挙も行われる。馬政権の足を引っ張り、馬氏再選を阻むような動きは極力回避するだろう。まして、李登輝元総統が六月二六日のECFA反対デモで、「棄馬保台(馬英九を捨てて台湾を守れ)」と叫び、国民党内の本土派(台湾本省人)の切り崩しを視野に入れた「第三勢力」結成の動きを見せている情勢では、中国は馬支援に動かざるを得まい[14]。

台湾の呉伯雄・国民党名誉主席は七月一二日、北京・釣魚台国賓館で胡錦濤総書記と会談した。呉主席は七月一〇、一一日に広東省広州市で開催された国共両党による定期対話「(中台)両岸経済文化フォーラム」に参加した後、北京を訪れた。会見で胡総書記は、「経済協力の合意は、両岸の同胞と中華民族全体の利益に符号する。両岸の平和的発展の重要な成果であり、互いの経済協力は新たな段階に入った」などと語った。

これに対し呉・名誉主席は、馬英九総統（党主席）からの伝言として、「現実を直視し、相互信頼を積み重ね、小異を残して大同を求め、今後も双方が勝利する（中国語＝正視現實、累積互信、求同存異、續創雙贏）」の一六文字を伝えた。会談後の宴席で、胡総書記は「立場は基本的に馬英九（主席）と同じだ」と応じたという[15]。

米中、日中、中韓の三首脳会談

胡錦濤国家主席は六月二六日午後、カナダのトロント市内でオバマ米大統領と会談した。胡―オバマ会談は、四月上旬にワシントンで行われて以降、今年二度目だった。

会談でオバマ大統領は、胡主席に公式に米国を訪問するよう招請し、胡主席もこれに応じた。焦点だった人民元問題では、オバマ大統領は、中国政府が六月一九日に発表した人民元相場の弾力化（切り上げ）について歓迎を表明する一方で、「実施状況が非常に重要だ」などと述べて、一層の元切り上げを促したという。これに対して胡主席は、元問題に触れず、「中国は対等な話し合いを通じて適切に経済・貿易摩擦を処理することを堅持する」と語るにとどまった。主要二〇カ国・地域首脳会議（G20サミット、六月二六、二七日）の開催を直前に控え、人民元問題に国際的注目が集まることを少しでも避けたいとする姿勢を強くにじませた[16]。

その後、米財務省は七月八日、議会に提出する主要国・地域の為替政策に関する報告書を公表し、人民元について「依然として過小評価されている」としたものの、中国を為替操作国に認定することは見送った[17]。

一方、韓国哨戒艦「天安」撃沈事件では、大統領が「国連安全保障理事会で明確なメッセージを出さねばならない」と主張したのに対して、胡主席がどのように回答したかは米中双方の発表でも明らかにされなかった。直前の主要国首脳会議（G８サミット）が発表した首脳宣言（六月二六日）では、「合同調査団は北朝鮮に責任があると結論を出した。われわれはこの文脈で、沈没につながったこの攻撃を非難する」と間接的に北朝鮮を非難したにとどまったこともあり、胡主席も極めて慎重に対応したものと見られた。二七日朝、トロントで菅直人総理と初めて会談した胡主席は同問題で、「朝鮮半島、北東アジアの平和の維持のためには各国が大局的な見地から冷静に対処したい」と答えており、ほぼ同じ趣旨の発言があったと予想できた。米中首脳会談では、中断している米中軍事交流に関しても協議されたが、再開には至らなかったという(18)。

胡主席は六月二七日に韓国の李明博大統領とも会談し、「中国は朝鮮半島の安定を破壊するいかなる行為にも反対し非難する。極めて複雑で微妙な情勢に直面する今、関係各方面は、大局的見地から常に冷静さと自制心を保たねばならない。問題の処理には半島人民の長期的な利益を重んじなければならない」と述べるにとどまった(19)。

胡主席は六月二三日から同二七日まで、カナダを公式訪問した。二四日に首都オタワを訪れ、ミカエル・ジャン総督（女性）、ハーパー首相とそれぞれ会見し、観光、犯罪取り締まり、エネルギー、資源などに関する文書に調印した。新華社電はこれら文書を含めて、胡主席のカナダ訪問により一四項目の成果があったとした。胡主席はこの後、G20サミットに出席のためオタワからトロント入りした。

一方、オバマ大統領は、トロント近郊のリゾート地ムスコカで開催されたG８サミット（六月二五〜二六日）に出席した後、G20サミット出席のためトロント入りしていた。G８とG20が同じ時期に同一国で開催されたのは初めてだった。

国連「議長声明」に終わった韓国哨戒艦事件

国連安全保障理事会は七月九日午前（米東部時間）、韓国哨戒艦「天安」撃沈事件に関する議長声明を全会一致で採択した。声明は北朝鮮を名指しせず、誰の犯行とも指摘することなく、「沈没に至った攻撃を非難する」という苦肉の表現になった。カナダでの主要八カ国（G8）首脳会議（六月二六日）でも「天安」事件への非難声明が出されたが、北朝鮮を直接は名指ししなかった。国連の議長声明は、犯行を否定している北朝鮮の立場を配慮する中国の意向が強く反映されたものとなった。三月二六日の事件発生から三カ月余り、韓国政府が国連に同事件を提起した六月四日からでも一カ月余り。採択のタイミングがずれた感は否めなかった。

韓国外交通商部高官は「韓国を狙った、さらなる挑発行為防止の重要性を打ち出した点で意味がある」と前向きのコメントを発表したが、失望感もあったようだ。中国外交部の秦剛・報道局副局長は「これを契機に天安号事件のページを一刻も早く繰るように希望する。われわれは六カ国協議を早期に再開するよう呼びかける」（七月九日）と語り、事件は終了したとの態度をあらわにした。[20] 当初から北朝鮮の顔色を伺い、天安事件に距離を置きたいとする中国の立場は一貫していた。

犠牲者四六人を出した事件発生から一カ月余り、二つに折れた船体の艦首部分が引き揚げられたころから、韓国では北朝鮮犯行説の調査結果を伝える情報が流れ出した。

中国政府の最初の公式反応だった四月二〇日の外交部定例会見では、姜瑜・報道局副局長が「不幸な事件だった。われわれは韓国側遭難者の家族に弔意と哀悼の意を捧げた。韓国側が事件に対し、科学的で客観的調査を実施している点に注目している」と語っただけだった。姜氏は、この後、四月二二、二七日の定例会見でも同様の発言を繰り返した。

その後、韓国側が北朝鮮の犯行を示す調査報告を発表した五月二〇日の定例会見では、中国外交部は「関係各国は冷静かつ自制的に問題を適切に処理し、事態をエスカレートさせないよう中国は主張する」

（馬朝旭・報道局長）との態度を貫いた。日米韓三カ国とは異なって、中国の異質ぶりが改めて際立った三カ月だった。

東シナ海で中国軍が大規模演習

中国海軍は六月三〇日から七月五日までの六日間、浙江省の舟山地区から台州地区沖合にかけての東シナ海で軍事演習を実施した。演習の事前予告（六月二四日付）は、漁業活動の禁止と通航の禁止を知らせるもので、『温州晩報』（六月二八日）に小さく掲載されただけだった。[21] 華僑向けの「中国新聞網」が六月二八日、軍事演習の実施と報道したために一般に知られることになった。

「天安」撃沈事件を受けて、韓国と米国が北朝鮮を意識した合同演習を、黄海上で行う予定を七月に延期したと伝えられた中での報道だった。中国の演習は実弾射撃が目的で、ステルス効果のある「〇二二新型ミサイル快速艇」などが登場したが、艦艇の種類、数から規模は小さく、米韓合同軍事演習に対抗するような規模ではないとされた。[22] ただ、対抗と受け止められても仕方のないタイミングではあった。

中国の馬暁天・副総参謀長は七月一日、香港の鳳凰（フェニックス）テレビの取材に対し、米第七艦隊所属の空母「ジョージ・ワシントン」が米韓合同軍事演習で、黄海に進入することに反対する意向を明らかにした。また、中国外交部の秦剛・報道局副局長は七月六日の定例会見で、馬暁天発言に注意しているとして、「われわれも既に関係方面に重大な関心を表明済みだ」と語った。米側は一日の段階で「黄海での演習を決めたわけではない」（シューマン国防総省アジア太平洋メディア担当官）としており、中国政府として米韓軍事演習に正式に反対を表明できなかったようだ。軍が先行し、外交部が後追い状態となる異例の展開だった。[23] 中国軍当局は、七月七日の『解放軍報』や新華社を通じて、軍事演習の模様の写真を公表した。[24] 米軍事評論家や台湾紙は、中国海軍が注目の対艦弾道ミサイルの試射を行う可能性を指摘したが、そうした事実はなかった。

日本の防衛省は七月四日、中国海軍の艦艇二隻が沖縄本島と宮古島の間の公海上を抜け、太平洋に向かって航行中であると公表した。これに対して中国国防部新聞事務局の当局者は七月六日、「中国艦艇の行動は国際法上の正常な航海活動である。日本にはこのニュースを公表する必要性がなかったと中国側は考えている」と反論した[25]。

米国防総省のモレル報道官は七月一四日、米韓合同軍事演習を近く黄海と日本海で実施すると発表した。韓国国防部当局は七月一五日、空母「ジョージ・ワシントン」が日本海に派遣されると明らかにした。同空母が中国の嫌がる黄海に進入する事態は回避された[26]。

（二〇一〇年八月）

3　南シナ海問題で再び米中に軋轢

黄海とは異なり、南シナ海では中国と米国がつば競り合いを演じた。南シナ海も自国の「核心的利益」であると主張する中国に、米国が強く反発したためだ。一方で、米韓合同軍事演習に対抗するように、中国は軍事演習を繰り広げた。米中の先行きに再び不透明感が漂っている。

外相会談とＡＲＦで米中外相の確執

中国の楊潔篪外交部長は七月二三日、ベトナムの首都ハノイでヒラリー・クリントン米国務長官と会談した。同じ日に開催された「東南アジア諸国連合（ＡＳＥＡＮ）地域フォーラム（ＡＲＦ）」に先立って行われた会談だった。

この中で楊潔篪外交部長は、六月下旬のトロントでの米中首脳会談が成功裏に終わったことに触れて、「（中米）両国関係の発展について、両首脳は新しい重要な共通認識に達した」とした。「中国は米国とともに両国家元首間の共通認識を具体化し、首脳と各レベル間の密接な往来を保ちたい。実務的な協力関係を積極的に推進し、互いの〈核心的利益[1]〉と重大な関心事を尊重し、全面的に協力できるよう中米関係を絶え間なく前進させて行きたい」と今後の方針を述べた。

米韓合同軍事演習について楊部長は、「外国の軍用艦が黄海などの近海で、中国の安全保障上の利益に影響を及ぼす活動をすることには断固として反対する」との立場を改めて強調した。そして「われわれは関係各方面が自制し、互いの関係を損なったり、地域の情勢が緊張したりすることのないよう促している」とつけ加えた(2)。

これに対しクリントン国務長官も、最近の米中関係を前向きに評価した上で、「米国は中国と協力して、入念なハイレベル往来計画を練り、戦略対話と相互信頼を深めたい。貿易・投資などでは幅広い分野で協力を拡大し、米中関係を前向きに発展させる勢いを保って行きたい」と述べたという(3)。

米中会談の後に第十七回ARF会議が開催された。会議終了後に会場のハノイの国家会議センターで会見したクリントン国務長官は、米国が東南アジア地域の安全保障に深く関与して行く、と改めて宣言し、会議の参加二七カ国・機構のうち一二カ国の外相が南シナ海問題を取り上げ、域内の航行問題について発言したことを明らかにした。とくに同長官は、南シナ海における航行の自由は「米国の国家的利益」であり、海洋上の公共財として自由なアクセスと国際法が尊重されねばならない、と訴えた(4)。長官の発言は、明らかに「南シナ海は中国の核心的利益」との主張を意識したものだった。

ARFに先立ち七月二〇日に開催されたASEAN外相会議は、東アジア首脳会議(EAS)に新たに米国とロシアを加えることを認める共同声明を採択した。従来のASEAN一〇カ国+日中韓三カ国+インド、豪州、ニュージーランド三カ国の計一六カ国が、一一年からは一八カ国に拡大する。これも南シナ海での中国の動きをにらむASEAN諸国による対中カウンター・バランスとしての戦略的意味合いが込められていることは否めないだろう。

議長を務めたベトナムのファム・ザー・キエム副首相兼外相らによるARF議長声明は翌日の七月二

四日夜に公表されており、文書作成にあたって紛糾したことがうかがえる。声明では「（出席した）外相たちは、南シナ海の平和と安定の維持の重要性を強調した」との一文が挿入された。また、域内での領有権争いの平和的解決を目指してASEAN諸国と中国が二〇〇二年に結んだ「南シナ海行動宣言」（DOC）の継続の重要性を確認し、今後は拘束力を伴う「南シナ海行動規範（COC）」作成へと努力を重ねることも強調された。ASEAN諸国と中国の外相会議（七月二二日）でも合意されたことだったが、最近のARFで南シナ海問題が中国との間でこれほど論議されたことは「久しぶりだった」という。議長国ベトナムと米国の連携プレーだったのだろう[5]。

中国外交部が異例の対米非難

ARF終了後の七月二五日、中国外交部は「楊潔篪外交部長が南シナ海問題についての歪曲された意見に反駁する」と題した異例の見解を公表し、米中が舞台裏で激しくやり合っていたことが浮き彫りになった[6]。

この文書によると、米中外相会談などを通じ、中国側は南シナ海問題をARF会議で提起しないよう米側に求めていた。にもかかわらず、クリントン国務長官は同会議であれこれ騒ぎ立てたとして、「うわべは公正さを装っているが、事実上、中国を攻撃しており、南シナ海情勢が非常に憂慮する事態にあるような誤った印象を国際社会に与えるものだ」と非難した。さらに、東南アジア諸国と中国との間で、南シナ海での航行の自由や安全が問題になどなっていない、と指摘したうえで、「DOCの精神は南シナ海問題を国際化せず、多国化しないということ。これまでの国際的な実践からも、紛争の最善の解決方法は、当事国同士による二国間交渉である」などと、従来からの持論を展開した[7]。

一方、中国内で「核心的利益」に関して意見が出た。中国現代国際関係研究院米国研究所の達巍・副所長は、『環球時報』（七月二七日）への寄稿文で、「核心的利益の定義は慎重にやるべき。勝手に拡げることはできない」と中国政府の対応を批判した。王緝思・北京大学国際関係学院院長も、週刊紙『国際先駆導報』(八月九日)で「米中間の戦略的協力の余地が狭まり、重大な紛糾は避けられない」との見通しを明らかにした。中国の外交政策に関して公開で否定的意見が表明されるのは異例と言えた。

南シナ海では、〇九年三月の米国の音響測定船「インペカブル」への中国船の妨害行動をはじめ、最近では五月末からベトナムも領有権を主張する「西沙諸島(英語名・パラセル)」付近で、中国艦船が観測活動を続けている[8]。東南アジア諸国と中国漁船の拿捕など行政当局や軍との小競り合いも散発している。中国は近年、国家海洋局の南海分局(広州市海珠区、職員約一八〇〇人)所属の巡視船一一隻による域内のパトロールを強化しており、東南アジア諸国は警戒心を高めている。問題は何もない、とする中国の態度は受け入れられないだろう[9]。

相次いだ中国の軍事演習

米韓合同軍事演習「不屈の意志」は予定通りに七月二五~二八日まで、日本海側の洋上で行われた。韓国の哨戒艦「天安」撃沈事件は北朝鮮の犯行とする韓国と、これに同調する米国による北朝鮮への牽制だった。当初は中国大陸に近い黄海で実施する予定だったが、反対する中国に配慮して日本海側に変更した経緯があった。

しかし、中国軍はそれでも強く反発し、七月二五日、南京軍区の陸軍砲兵部隊が黄海付近で新型の長距離ロケット砲による大規模な発射演習を実施したほか、七月二六日には山東省青島市上空で空軍戦闘機など約一〇〇機による大規模な空中演習を行った[10]。

七月一七、一八日には海軍が山東省煙台付近の黄海上で、輸送艦が攻撃を受けた想定で交通運輸部と合同で遭難者を救助する訓練を実施した。

七月二五日には南シナ海で、北海、東海、南海の三艦隊の主力艦がそろって参加する大規模な実弾演習も実施された[11]。複雑な電磁波環境の下で、制海、ミサイル攻撃、制空の各作戦が行われた。中国中央テレビの報道では、演習の難易度や発射された実弾数の多さなどで「中国海軍史上初めて」とされた[12]。

八月三〜七日には、山東省と河南省で対空砲をはじめ、偵察機、戦闘機、ヘリコプター、無人偵察機など七種類の航空機類と約一万二〇〇〇人の兵士を動員した軍事演習「前衛―二〇一〇」も実施した。[13] 七月中旬から八月上旬までの「過去一八日間に、中国軍は最低六回の軍事演習を実施した」（『広州日報』八月五日）と指摘されるなど、中国軍が示した対抗意識には尋常ならざるものがあった。

軍内の高揚ぶりは、中国軍事科学学会の羅援・副秘書長（少将）や国防大学戦略研究所の楊毅所長（少将）、国防大学の李大光教授といった軍関係者が、シンガポールの華字紙や香港のテレビ、国内ネットや新聞などで盛んに繰り広げている発言にも表れた。[14]

米越合同訓練は中国を意識か

こうした中、米国防総省のモレル報道官は八月五日の記者会見で、九月に予定されている北朝鮮向けの米韓合同軍事演習を黄海側で実施し、米原子力空母「ジョージ・ワシントン（GW）」を派遣する意向を表明した。[15] 米側が黄海上での演習実施にこだわる理由は不明だった。中国外交部の姜瑜・報道局副局長は八月六日、「関係国が中国の関心と立場に、厳粛かつ真剣に対処するよう促したい」と演習中止を求めた。ところが八月二〇日、米韓連合軍司令部が、米空母GWは演習に参加しないと発表した。八月上旬当初から韓国側はGWの派遣についての通告を受けていない、とするなど米韓の間で齟齬も目立った。いずれにせよ中国が懸念する事態は再び回避された。[16]

米空母GWはベトナム中部のダナン港に寄港し、八月一一〜一七日まで、沖合の南シナ海で、米越両海軍による合同訓練を実施した。米越両国の国交正常化十五周年を記念する行事の一環とされ、米軍のイージス艦「ジョン・S・マケイン」も参加した。八月一七日にはハノイで米越国防次官級協議も行われた。[17] 米国は八月一六日から同二六日まで、韓国との合同軍事演習「乙支《ウルチ》フリーダム・ガーデン」を韓国内の各地で行っており、ベトナムと韓国で、中朝両国を意識した動きを見せた。

さらに米国防総省は八月一六日、「中国の軍事力と安全保障の進展に関する年次報告書」を公表し、軍事力を増強する中国に警戒心を示した[18]。報告書の内容は多岐にわたるが、海軍をはじめとする中国軍の増強ぶりは、台湾への作戦遂行能力をはるかに超え、東アジア全体の軍事バランスに変化を生じさせる状況に達している、との認識を示した点が最大のポイントだった。

とりわけ、中国が射程一五〇〇キロ超の対艦弾道ミサイルを開発しており、西太平洋の空母など米艦船を攻撃する能力を持つ点は、今年の報告書でも記述された。新たに戦略ミサイル原潜（SSBN）五隻を配備する可能性や、今年中に初の国産となる空母建造に着手する可能性が指摘された。台湾海峡有事への準備に加え、西太平洋の第二列島線の外側やインド洋にも展開できる能力の獲得を目指しているとした。報告書の名称は、昨年までの「中国の軍事力に関する年次報告書」から変更された。

中国国防部の耿雁生報道官（大佐）は八月一八日、「報告書は客観的事実を無視している。中国の正常な国防・軍隊建設を責めたて、中米軍事交流の中断は両軍の協力の障害になったと批判している。われわれは断固反対する」と反発した。さらに「中米関係と両国軍の相互信頼に不利な報告書の公表をやめるよう米国に求める」と強い調子で述べた[19]。

温総理が土石流災害で甘粛省に飛ぶ

甘粛省の最南端にある甘南チベット族自治州舟曲県で八月八日未明、前夜からの大雨に伴って大規模な土石流災害が発生した。地元の中心街にあるビルや家屋が、押し寄せた土石流で大きく破壊されるなど被害のすさまじさを見せつけた。死者は一四〇七人、行方不明者は三五八人（八月二〇日現在、新華社電）に上った[20]。

温家宝総理は発生当日の八日夕刻に、北京から専用機とヘリコプターを乗り継いで被災地入りした。専用機内で緊急会議を開催し、人命救助に最大の努力を払うように指示するなど、素早い立ち上がりを見せた。被災地がチベット族の居住地域であることも要因と見られた[21]。

〇八年五月の四川省大地震では、現地入りした温総理に軍権がないことから軍部隊を指揮できなかったことが判明したが、今回は中央軍事委員会の胡錦濤主席が軍に対して現地で救援活動に全力を挙げるよう早い段階で指示し、温総理を側面支援した。そのうえで、八月八日午前、軍総参謀部と総政治部が、全軍と武装警察に対し、「胡主席の重要指示で思想統一を図り、全力で舟曲県の土石流災害の救援活動を行うよう」に通知、命令した(22)。

現地は八月一一日夜、大雨の影響で再び土石流が発生し、三人が行方不明となった。さらに八月一二日未明には舟曲県の北東約一五〇の同省天水市でも山崩れなどで二二人以上が死亡あるいは行方不明となった。八月一四日には軍総政治部が再度、全軍と武装警察に対し、胡主席の重要指示に従うよう通知していたことが明らかになった(23)。温総理は八月二一、二二日、再び被災地を訪れ、避難生活を送る住民を見舞い、復興会議を主催した。舟曲県は一九九二年六月四日にも大規模な土石流が発生し、八七人が死亡、県内を流れる白竜江の沿岸の村落一万四〇〇〇戸、六万三六〇〇人が被災した。そのほか八九年五月一〇日、八一年四月九日にも規模の違いがあるものの、土石流災害が発生した(24)。

広州市の週刊紙『南方周末』(八月一二日)などは、舟曲県の土石流は経済発展の中で、乱開発に伴う人災の可能性が高いと指摘した。同県では鉄や金、アンチモンなど鉱物資源が豊富なため鉱山開発が盛んで、森林伐採を伴う水力発電所の建設も行われているが、防災対策は後回しになっているという。

大将一一人が新たに昇格

中国共産党は七月二二日、政治局会議を開き、第十七期中央委員会第五回全体会議(五中全会)を一〇月中に開催することを決定した(25)。五中全会の議題は、政治局が中央委員会に対して行う報告活動と「国民経済と社会発展の第十二次五カ年計画(規劃)(二〇一一~一五年)」策定に関する提案とすることが決まった。

胡錦濤総書記が主宰した同会議では、「民生を確実に保障、改善し、世界金融危機の衝撃に対応した成果を固め、長期的に安定した比較的速い経済発展を図り、小康社会の全面的建設のために決定的意義のある基礎を作らねばならない」とされた。夏に収穫する食糧は「再び高い収穫」となり、「投資と消費が調和の取れた方向に伸び、物価水準は基本的に安定している」と総括された。

香港のメディアは、前年秋の四中全会に続いて、習近平国家副主席（党政治局常務委員）が中央軍事委員会副主席を兼務するかどうかについて報道したが、人事に関する情報は国内メディアでは一切伝えられず、真相は不明である。[26]

胡錦濤・中央軍事委員会主席は七月一九日、北京・八一大楼で開催された軍幹部一一人の大将昇格式に出席し、命令状を手渡すとともに全員の昇格を祝った。大将（中国語は「上将」）に昇格したのは、章沁生・副総参謀長、童世平・総政治部副主任、李安東・総装備部科学技術委員会主任兼総装備部副部長、劉成軍・軍事科学院院長、王喜斌・国防大学学長、房峰輝・北京軍区司令官、王国生・蘭州軍区司令官、趙克石・南京軍区司令官、陳国令・南京軍区政治委員、張陽・広州軍区政治委員、李世明・成都軍区司令官の一一人。[27]

党中央弁公庁と国務院弁公庁は七月一一日、指導幹部が個人資産や収入、自らの婚姻や子女の海外移住、事業状況などについて報告する義務を課す「指導幹部の個人関連事項を報告する規定」を公表し、各地の各部門がまじめに実施するよう求めた。[28]指導幹部の収入を申告するよう義務づけた規定は、一九九五年と二〇〇六年にも公表されており、今回で三回目。新たな規定に伴い、前二回の規定は廃止された。二三条からなる規定が定める「指導幹部」とは、各級の党機関、人民代表大会（議会）、行政機関、政治協商会議、裁判所、検察庁、民主諸党派の「課長・副課長以上、地方行政では県長・副県長以上」[29]を指し、毎年一月末までに報告することが求められている。

三月に開催された全人代（国会）で内外会見に応じた上海市の兪正声市長（党中央委員）によれば、今回の改正点は所有する住宅の申告と、報告範囲が配偶者と子女にまで拡大されたことだという。問題点は、内部的に申告されるだけで、結果が一般国民には知らされないことだ。制度上の最大の欠陥と言わざるを得ないだろう。[30]

一〇年四～六月期のGDP日中逆転

中国国家統計局は七月一五日、二〇一〇年上半期と四～六月期の国内総生産（GDP）などの経済指標を発表した。四～六月期の実質成長率は一〇・三％で、〇九年一〇～一二月期以来、三期連続で二ケタ成長を達成した。

しかし、伸び率は〇九年一〇～一二月期の一〇・七％、今年一～三月期の一一・九％と比べてやや鈍化した。一〇年上半期（一～六月）の実質成長率は一一・一％で、政府の年間目標の「八％前後」を上回った。短期的には暴騰している住宅価格の抑制策であるローン規制などバブル退治策がじわりと効き始め、景気回復の勢いに一服感が現れた。[31]

中国は金融危機発生の直後、〇八年一一月に総額四兆元に上る大型の財政出動と、同年秋以降、五度にわたる利下げの金融緩和を実施して、〇九年後半に景気回復を達成した。鉄道や道路・橋の建設など地方の基盤整備のほか、農村地域での家電購入補助金制度や自動車取得税の引き下げなどの景気刺激策を含む緊急財政出動は二年間で、年内にも終了する。

リーマン・ショック後の中国景気の底だった〇九年一～三月期（六・二％）を過ぎてからはV字型の回復を見せ、同年一〇～一二月期で二ケタに戻した。同時に景気回復に伴う過熱対策も実施した。都市部の住宅・ビル建設などの固定資産投資は、新規の公共投資が抑制されたことから、〇九年四～六月期をピークに徐々に鈍化した。経済成長のもう一つの原動力である輸出は、世界経済の持ち直しに伴って急回復した。

一方、日本の内閣府は八月一六日、二〇一〇年四～六月期のGDPを公表、米ドルベースで一兆二八八三億ドルとなった。これは中国の同時期のGDPである一兆三三六九億ドルを四八六億ドル下回っており、中国のGDPが初めて日本を超えた。四半期のみの数字とは言え、経済力における「日中逆転」が現実のものとなった[32]。

中国で始まった「台湾法」の研究

米ワシントンで七月一九、二〇日に行われた「米国と中国、共通の大衆認識」と題した国際シンポジウムに参加した清華大学法学院（北京）の王振民・院長（教授）が、「台湾法」なる法律を研究していると語った[33]。台湾当局は「これは民間の学術研究であり、当局の話ではない。議論の余地はない」と突き放しているが、中国側は着々と統一に向けた研究を進めていることが判明した。

このシンポジウムは米国のキッシンジャー米中研究所と清華大学米中研究センターの共催によるもので、中国からは王氏のほかに、清華大同センターの孫哲主任らが参加、米側からは馬英九・台湾総統の恩師であるニューヨーク大学法科大学院のジェローム・コーエン教授（71）らも姿を見せた。王振民教授は、「台湾法」の研究の話をシンポ終了後に明らかにした。

王院長によれば、「台湾法」は香港のミニ憲法である「香港基本法」とは異なり、中華人民共和国の憲法と中華民国の憲法を今後、どのように取り扱うかを対象にしているという。王院長は台湾大学政治学部の張亜中教授が「一中三憲（大陸、台湾の憲法の上に第三憲法）」の制定を提唱している、と語った。

孫哲教授は、中台間の「経済協力枠組み協定（ECFA）」が締結された後、「（中台双方の）政治交流の新たな設計図を描く必要がある。軍事面での交流を強化し、当局者による〈両岸関係委員会〉を設立させ、現在の海峡交流基金会（海基金＝台湾）と海峡両岸関係協会（海協会＝中国）の代わりにしてもよい」と語った。ECFAの調印後、中国側は政治問題についても協議する時機を迎えたと判断しているようだ。

人民日報社系の国際問題紙『環球時報』が、世論調査を行う専門機関「環球民意調査センター」を立ち上げ、八月五日、中国の国家イメージについて実施した調査結果を公表した[34]。

中国は「一流国家」か

「中国は現在、どのような国家と思うか？」との問いには、「途上国」が七八％で最も多く、次いで「半途上国」が一二％、「先進国」は六％だった。八割近くが中国は途上国と認識していた。

「国の総合力から見て、中国は今どの位置にあるか？」との問いでは、「二流国家」が四四％、「一流の強国」の三六％をやや上回った。続いて「依然として弱国」が八％、「超大国」は六％だった。「一流国」と「二流国」に分かれたように、今の中国には両方の面があることが国民の認識でも裏付けられた。

「中国は強い軍事的脅威を受けていると思うか？」との問いには、「時々受けている」が四四％でトップ、「常に受けている」が二二％、「あまり受けていない」は一七％、「受けていない」が一一％、「どちらとも言えない」は七％だった。六割以上が被害意識を抱いているのは興味深い。

「中国国民の素質は、世界の大国の水準と開きがあると思うか？」との問いには、「非常に大きな差がある」が五一％で、「幾分差がある」の四一％と合わせ九二％という圧倒的な数となった。「差などない」は五％、「どちらとも言えない」が二％だった。

「中国はいつごろになったら総合力で米国に追いつくことができると思うか？」との問いには、「三〇年以上」が二五％で最も多く、「二〇年から三〇年」が一九％、「一〇年から二〇年」が一八％、「一〇年以内」は一二％、「永遠に追いつけない」は一〇％、「よく分からない」は一五％だった。七割以上の国民が、今後一〇年から三〇年で、米国を追い抜けると思っている様子がうかがえる。

調査は北京（華北）、上海（華東）、広州（華南）、長沙（華中）、成都（西南）、西安（西北）、瀋陽（東北）の七地方を代表する七都市で、一八歳から六四歳までの住民を対象に電話による聞き取り法が採用された。有効回答者は一二九六人だった。

一方、日本の非営利団体「言論NPO」と中国の英字紙『チャイナ・デイリー』が二〇一〇年六～七月に両国で行った共同世論調査によれば、中国側の対日イメージが「良くない」との回答が五五・九％と前年に比べて九・三ポイント減ったのに対し、日本側の対中イメージは「良くない」が七二％と多く、同一・二ポイント減でほとんど改善は見られなかった。中国での対日感情は好転しているが、日本側の対中感情は悪化したままである。(35)

注目の丹羽大使が北京に着任

伊藤忠商事の元社長、会長、相談役だった丹羽宇一郎氏(71)が七月三一日、在中国日本国大使館特命全権大使として、北京に着任した。民主党政権下で誕生した戦後初の民間出身の中国大使であり、大いに注目を集めることになった。(36)

丹羽氏の中国大使就任は六月一五日午前の閣議で正式に決定された。丹羽氏は六月一七日夕方、皇居・宮殿「松の間」での認証官任命式に出席、天皇陛下から中国駐在特命全権大使の認証を受けた。さらに六月二四日午後に再度、皇居・宮殿に出向き、天皇、皇后両陛下に拝謁した。宮内庁や外務省によると、丹羽大使は戸田博史・ギリシャ駐在大使（元野村証券顧問）と佐藤重和・豪州駐在大使が一緒だった。一般に拝謁（赴任大使の場合は「お茶」と呼ばれる）での陛下との会話は、「長くとも三〇～四〇分程度」と言われる。(37)

丹羽氏は七月二六日午前、東京・内幸町の日本プレスセンタービルで、報道各社の論説委員らと会見したのに続いて、同日昼、「日本記者クラブ」主催の記者会見に応じた。後者には内外の約一八〇人の報道陣とOB会員が訪れ、関心の高さを示した。(38)

さらに丹羽氏は、同日午後、東京・紀尾井町のホテル・ニューオータニで開催された宮本雄二・前中国大使と一緒の新旧中国大使の歓送迎会に出席した。こちらは日中友好七団体の主催で、岡田外相はじめ外務省高官が勢ぞろいし、中国側からは程永華・駐日大使も姿を見せ、総勢七〇〇人以上が参加する賑わいとなった。

丹羽氏によれば、中国大使就任の話は、今年四月中旬ごろ、岡田外相と鳩山総理（当時）だけが知る状況の中で決まったという。中国政府からのアグレマン（同意）を得るまでは極秘扱いとされ、「（六月六日付の）『日本経済新聞』で（大使就任が）報道されるまで（約一カ月半の間）家内も知らず、新聞に載っても別人の丹羽さんが就任する、と勘違いしたほど」と冗談っぽく語った。(39)

今回の人選では、岡田外相に脱官僚依存の考えから、民間大使を派遣する意向が強くあった。ただし、関係筋によれば、岡田外相が丹羽氏を指名したのではなく、京セラ創業者で日本航空会長の稲盛和夫氏（78）の推薦が決め手になった可能性が高いという。記者会見の翌日、総理官邸に菅総理を訪ねた丹羽氏には、岡田外相が同行していた。

大使の目標は日中FTAの締結

記者会見で、丹羽氏は大使を引き受けた動機に関して、「国のために余命を捧げる決意」、「国を思う気持ちは誰にも負けない」などと語った。報道各社のインタビュー取材でも言及したのは、日中間の自由貿易協定（FTA）の締結だった。「できるだけ早く協議を始めるべき」と繰り返した。中国の軍事大国化については、「透明度を増すべき」とし、「このまま行くと、日本は米中の狭間で埋没しかねない」という危機感も披瀝した。

一方で、「（中国の人民元は）一米ドル＝四、五元ぐらいにならざるを得ない」「こんな安月給の（大使の）仕事になんか誰も就かない」「伊藤忠に残っていれば大事にしてもらえた」など外務官僚の大使では、ありえない発言がポンポンと飛び出した。言葉が勝負のはずの外交官だが、やや慎重さに欠け、まるで総理か閣僚の就任会見かのような雰囲気だった。本人も認めたように、大使の権限はどこまでかを十分に把握しておらず、気負いが先行したようである。

民間出身大使として、現段階では許容されるのだろうが、一抹の不安を感じさせた。一九九〇年代に巨額の負債を抱えた伊藤忠商事を立て直し、社長にまで上り詰めた辣腕商社マンとしての自尊心と自信に満ち溢れた話し振りだった。「中国通の宮本前大使ですら、会えたのはアジア担当の外交部副部長（次官）級。胡錦濤総書記の側近である令計画・党中央弁公室主任（中央委員）には会えなかった」（外務省高官）と指摘される中で、丹羽氏がどこまで対中パイプを築けるのかがポイントだ。

伊藤忠は大手総合商社の中では、日中国交正常化（一九七二年九月）の半年前に中国国務院の批准を得て、いち早く日中貿易に参入した。現在では中国大陸に一七の現地法人などの拠点を築き、一兆円規模の売り上げと、二二〇社余りの関連会社を抱え、総合商社の中ではトップの地位を誇っている。(40) 丹羽氏は大使就任に伴って同社相談役も辞任し、会社との関係はないと主張するが、中国側は必ずしもそうは見ていないだろう。

今後、中国が国益がらみの交渉を有利に進めるため、伊藤忠のビジネス権益を対象に圧力をかけたり、逆に優遇したりして揺さぶりをかけてくる可能性は、想定しておく必要があろう。ところが丹羽氏にはそうした発想はないようだ。「そんなことはありえない。質問自体が失礼だ」と憤るのみである。

外務省は横井裕氏（前上海駐在総領事、七月一日発令）、堀之内秀久氏（前外務省国際法局審議官、八月二〇日発令）のチャイナスクール二人を中国駐在担当公使（それぞれ筆頭、総務担当）として大使を補佐する異例の体制を取った。横井氏は八月二〇日付で特命全権公使に昇格、大使並みになった。中国・モンゴル課長の垂秀夫《たるみ》氏も約一年後の一一年九月一二日付で中国駐在公使（政治担当）に発令された。

また、天皇陛下や歴代総理の通訳官を務めた同課課長補佐の岡田勝氏を丹羽大使の秘書・通訳担当の一等書記官として、北京に派遣した。これも異例の人事だ。省内きっての中国通の外交官たちが、丹羽大使の脇をがっちり固めることになった。

（二〇一〇年九月）

第三章　尖閣衝突事件で揺れる日中関係

1　胡—温指導部に政治改革をめぐる違い

中国の胡錦濤総書記と温家宝総理が広東省深市を訪れ、「政治改革」の重要性を相次いで強調した。だが、政治改革が本格始動する気配は見られず、逆に最高指導部内での微妙な違いが炙り出される結果になった。共産党政権下での政治改革の推進について、依然として党内に確執があるのだろう。

温総理が「政治改革」を強調

温家宝総理は八月二〇、二一の両日、改革・開放の象徴である「経済特区」に指定されて三十周年（八月二六日）を迎える広東省深圳市を視察に訪れた。温総理は汪洋・広東省党委書記の案内で企業、科学院研究所や香港との窓口事務所などを訪れた後の二〇日夜、集まった広東省政府と深圳市政府の幹部らを前に演説し、改革・開放における地元の役割を高く評価し、同時に政治改革の必要性を訴えた。

「いつも思想を解放して時代とともに歩み、全面的かつ持続可能な改革を進めることで、中国の特色ある社会主義を完全で成熟したものにできる。経済体制改革を進めるだけでなく、政治体制改革も推進しなければならない。政治体制改革の保証がないなら、経済体制改革の成果を失うことになり、現代化建設の目標は実現できないことになる」と、大胆な表現を用いて話した(1)。

演説の最後では「われわれは頭脳を明晰にし、是非を明確にし、固い信念と強い自信を持たねばならない。停滞していてはいけない。後退はもっといけない。停滞と後退は三〇年余りに及んだ改革開放の成果と貴重な発展チャンスを葬り去り、中国の特色ある社会主義事業のはつらつとした生気を窒息させてしまうだけでなく、人民の意思に背き、最後は絶望の淵へと追いやる。国家の前途と運命がかかったこの大事に対し、われわれは些かなりとも動揺してはならない」と駄目押しするかのような口調で締め括った。(2)

この温演説は国内外で反響を呼ぶことになった。温氏がこの時期に政治改革を強調した意図はどこにあるのか。素朴な疑問が起きるのも当然だった。

知識人は温発言にどう反応したか

温演説が公表された翌日に、北京郊外・密雲ダム近くの飲食店で、自由主義派系の学者・研究者が集まる会食を組織した崔衛平氏（北京電影学院教授＝女）は、「温氏の主張は、あえて先陣を切るもので、その意味では（反体制派作家の劉暁波氏らが起草した）〈〇八憲章〉(3)の発想と同じ。個人の主体性の表れだ」と評価したうえで、「われわれ有識者が傍観している理由はない。市民社会の建設に前向きに関わるべき。温演説を内輪話に押し込めてはダメだ。われわれが座談している範囲の話より大きな意義がある」と述べた。

政治学者の周楓氏（中国青年政治学院副教授）は、温演説の実現性に疑問を呈した。「温演説が実際に具体化するかどうかは疑問。温氏は改革開放を一体誰に向かって語りかけたのか。演説の内容は党中央を代表しているのか。政治局での討議を経たものなのか。誰を代表したものかが不明だ」と語った。哲学者の徐友漁氏は「この国の指導者は中国の現状と未来について、すべて理解している。政治局常務委員（九人）の中で、温家宝氏だけが大胆に発言している。これは、温氏が状況をよく把握していることを意味している。注目しなければならないのは、なぜ温氏だけが大胆に発言しているのかだ」、と問題提起した。(4)

温家宝総理の広東省視察を受け、同省党委員会は八月二四日、汪洋書記（政治局員）主宰の常務委員会議を開催した。翌日の同省党委機関紙『南方日報』は「改革・開放を断固として推進する」と題した記事の中で、温総理の重要演説精神について高らかに謳い上げたものの、「政治改革」の四文字は見当たらなかった。[5]政治改革の推進は、温演説の中でも重要な部分を占めており、党機関紙が言及しなかったのはなぜか。温発言は政治局常務委員会など党中央内部で検討されたものではなく、省内で宣伝するに当たって憚られたのかもしれない。そこには地元広東省の責任者・汪洋書記の判断があっただろう。

温演説を警戒した『光明日報』

九月四日になって謎は一段と深まった。同日付の知識人向け新聞『光明日報』は「性質の異なる二つの民主を混同してはならない」と題した社説を掲載し、温総理に代表される改革積極派の発想を批判したのである。[6]

同社説は「社会主義的民主は、人民民主独裁を堅持するものであり、人民が主人公となることを真に実現するもの。人民内部で広範な民主を行い、法に基づき、ごく一部の敵に対しては、最も有効的な独裁で対処する。しかし、資本主義の民主は少数者のためのものであり、ブルジョア階級内部に限定されている。本質的に生産財の私有制を保護し、ブルジョア階級の利益を実現、保証するためだ」と「民主」には階級性がある点を強調し、欧米式民主主義につながりかねない安易な政治改革に警鐘を鳴らしたのだった。[7]

胡総書記が微妙に修正

こうした中で胡錦濤総書記が九月六日、深圳市で行われた「深圳経済特区設立三十周年記念祝賀大会」で演説した。胡総書記は改革・開放三十年の成果を称賛するとともに、「新中国の成立百周年（二〇四九年）で、われわれは現代化を基本的に実現しており、豊かで強い民主文明と、調和のとれた社会主義現代国家を建設し終えているだろう」と、将来図を描いて見せた。

注目の政治改革については、「経済体制」「政治体制」「文化体制」「社会体制」と四つの改革の対象を並列に並べることで突出を避けた。そのうえで「社会主義の政治制度を完全なものへと絶え間なく発展させ、人民が主人公となることを保証し、党と国家の活力を強め、人民の積極性を引き出さねばならない」とした。また、社会主義的民主の拡大や、社会主義的な法治国家の建設を早めることを提唱し、「法に基づいた民主選挙、民主的な政策決定、民主的な管理、民主的な監督、人民の知る権利や参加の権利、表現の権利、監督の権利などを保証しなければならない」と訴えた。

胡演説は温演説とは異なり、政治改革を突出させないように慎重に配慮されていた。強調されたのは、共産党を執政政権とする社会主義下での発展モデルであり、それが全編を貫くトーンだった。(8)

一方、中央党校が管轄する週刊紙『学習時報』（九月一三日）は、「侯少文」署名による「政治体制改革の推進は民意の向かうところ」と題した論評記事を一面に掲載し、温総理の考えを全面的に支持した。政治改革を求める動きも依然として根強いことをうかがわせた。(9)

温総理にまつわる話題は豊富

年初来、温家宝総理をめぐる話題が実に多い。その一つが今年四月一五日の胡耀邦・元党総書記の二一回目の命日に際し、同日付の党機関紙『人民日報』（第二面）に「温家宝」の署名入りで胡氏追悼文を寄稿したことだろう。(10)

一九八六年二月の春節（旧正月）を挟む約二週間、総書記だった胡耀邦氏は中央組織の幹部三〇人を引き連れ、貴州省、雲南省、広西チワン族自治区の貧困地域を視察に訪れた。当時、党中央弁公庁副主任に配属されたばかりの温氏は、視察団の秘書長役だった。追悼文は貴州省興義市（現人口七八万）を訪れた際に、胡氏から住民の生活ぶりを密かに調査するよう命じられた思い出などをつづっている。

温氏は祥月命日に当たる今年四月、興義市を再訪したことから、当時の思い出を辿る形で筆を進めている。追悼文は、大衆とともに歩んだ胡氏の遺徳を、自らも継承していることを印象づける点にあったようだ。

また、追悼文の最後では、胡氏が総書記の座を逐われた後も、いつも胡氏宅を訪れていたことや、八九年四月八日に胡氏が心臓発作で倒れた際も、傍らに付き添っていたことを記している。さらに温氏は九〇年一二月、遺骨を江西省共青城にある墓地まで運んだことや、胡氏の死後も毎年、春節に自宅を訪れ、壁に掲げられている胡氏の肖像画を眺めているのだという。

胡耀邦氏の死去は、氏を慕う学生や市民の追悼要求が発端となり天安門事件に発展したこともあって、党内では胡氏はタブー視される傾向がある。〇五年一一月に北京・人民大会堂で、国家副主席（政治局常務委員）だった曾慶紅氏の主宰で、生誕九〇年目となる胡氏を追悼する記念座談会が開催された。胡氏再評価への動きだった。今回の温総理による追悼文は胡氏の死後二一年目と区切りとしては不自然であり、現職の総理が執筆の動機や詳細な私事まで書き連ねており、異例ではある。

温総理はこれに先立つ三月一四日の全人代（国会）の記者会見の冒頭挨拶で、自らの総理任期（二〇一三年春まで）に触れ、屈原の名著『離騒』を引用し、「信念に従い全力を尽くす決意で、今後の三年間の仕事をやり遂げたい」と発言した。[11] 会場から質問を受ける前に自らの引退時期に言及したことは、奇妙な印象を与えた。〈どんなことがあっても自分は辞めない〉と決意を吐露したように映ったからだった。温氏降ろしの動きがあるのだろうか。

さらに温総理は来日中の六月一日午前、東京・代々木で、NHKの国谷裕子キャスター（「新日中友好二十一世紀委員会」委員）のインタビューに答えた中でも、自らの任期に触れ、「今後三年の任期内には、国際金融危機に対応して経済発展を促すと同時に、公平な社会を作るようにしていかねばならない。この方面で私は最大の努力をしたい」と語った。[12] 温発言の真意は不明である。

温一族に関する「小道消息」　一方で、香港や中国で人々の間で聞こえるのは、宝飾関係で羽振りの良い張培莉夫人（67）や、北京で投資会社を経営する長男の温雲松（ウィンストン・ウエン）氏、長女の温如春氏とその夫で、中国銀行業監督管理委員会の劉春航・統計部主任らに関する噂である。「人民の宰相」としての清廉なイメージとは裏腹に、華麗な生活を送るファミリーの姿に戸惑う庶民は多いだろう。指導者の私生活については厳しく報道規制される中で、昔ながらの「小道消息」（口コミ情報）とネットによる未確認情報だけが出回っている形だ。

文革時代に甘粛省での地質調査をきっかけに温総理と知り合った張培莉夫人は、ダイヤモンドの鑑定士だが、宝飾チェーン店「北京戴夢得珠宝公司」の元総裁でもある（「戴夢得」はダイヤモンドの音訳）。夫の職務を考慮し、現在はビジネスから遠ざかっているが、業界には依然として強い影響力を持っていると言われる。温総理夫人は〇六年、北京を訪れた台湾の宝石商から、イヤリングなど合計二五万ドル（当時のレートで約二九〇〇万円）相当の宝石を購入したという話が伝わっている。[13] 別の台湾宝石商によると、温総理夫人のお好みはエメラルドと台湾の珊瑚だったという。

一方、米国留学組の「太子党」である温雲松氏に関しては、五年前に北京に創設した投資会社「新天域資本公司（New Horizon）」で、機関投資家や個人投資家から資金を集め、企業や金融機関に投資するプライベート・エクイティー・ファンドなどを手がけている。企業経営にも深く関わり、企業価値を高めた後に売却することを目的とするファンドで、〇九年に中国内で取引された同ファンドの総額は三六億ドルに上ったという。「新天域資本公司」の取引高など詳細は不明だが、日本の著名な企業家も投資していると伝えられている。[14]

中国漁船が尖閣で体当たり衝突

中国のトロール漁船「閩晋漁《みんしんりよう》5179」（中国人一五人乗組、一六六トン）が九月七日午前九時一七分、東シナ海の沖縄県尖閣諸島（中国名・釣魚島）久場《くば》島の北西一五キロの日本領海内で操業しているのを、パトロール中の第十一管区海上保安本部（那覇市）所属の巡視船「よなくに」（一三四九トン）が発見し、停船するよう命じた。

これに対して中国漁船は逃走し、同日午前一〇時一五分頃、巡視船「よなくに」に向かって衝突、さらに四〇分後の午前一〇時五六分、追尾していた別の巡視船「みずき」（一九七トン）にも衝突して逃走した。同船は約二時間後の同日午後零時五五分に停船し、海上保安官が乗り込み、立ち入り検査した[15]。

この衝突で「よなくに」は甲板端の手すりの支柱二本が折れ曲がるなど破損し、「みずき」は右舷の船体後部に全長約三メートルの傷ができたほか、同支柱五〜六本が破損した。双方にけが人はなかった。

第十一管区海上保安本部は衝突から約一三時間後の九月八日午前二時三分、魚釣島の北方で停留中の漁船内で詹其雄《せんきゆう》船長（41）を公務執行妨害容疑で逮捕した。

衝突から逮捕まで半日余りかかったのは、外交問題に波及することを想定し、仙谷由人官房長官を中心に海上保安庁や海保を管轄する国土交通省、外務省、法務省など関係省庁担当者が総理官邸に集まり、綿密に検討していたからだった。海上保安官が現場で撮影した衝突の模様を示すビデオ映像が逮捕への決め手になったという[16]。

船長の逮捕容疑を刑法の公務執行妨害罪に絞り、領海内で違法操業した外国漁船に適用する「外国人漁業の規制に関する法律（外規法）」の第三条「外国人の日本領海内での漁業、水産動植物の採捕、同準備または探査の禁止」違反（罰則は三年以下の懲役、四〇〇万円以下の罰金）を外した点にも、慎重な対応ぶりがうかがえた。公判になった場合、自国の領海だと主張し、違法性がないと争う中国側の出方を予想した対応と見られた。

違法漁船は八日早朝、約一七〇キロ離れた沖縄県石垣島に到着、船長は海上保安官の取り調べを受けた。他の乗組員一四人は石垣港に停泊した同船内で取り調べを受けた。

船長は九月九日朝、那覇地検石垣支部に身柄送検され、石垣簡裁は九月一〇日、船長の一〇日間の拘置を認め、同月一九日には一〇日間の拘置延長を認めた。

九月一二日午前、石垣港付近の海上で、「閩晋漁5179」を使い、乗組員の立会いのもとで衝突を再現する実況検分が行われた。翌一三日昼、船長以外の乗組員一四人は、中国側が準備したチャーター機で石垣空港を出発、同日午後に中国福建省福州に戻った。漁船も中国から派遣された要員が操縦し、一五日朝に母港・福建省泉州市晋江の深滬港へ戻った。

執拗だった中国外交部の抗議

一方、中国外交部の宋濤・副部長は事件発生の九月七日、北京駐在の丹羽宇一郎・日本大使を呼び、中国の漁船が「釣魚島」（尖閣諸島）付近で日本の巡視船に航行を遮られたことに対し、厳重に抗議し、不法な阻止行動を止めるよう要求した[17]。丹羽大使に対する最初の抗議だった。

これに対して、外務省の北野充アジア大洋州局審議官は九月七日夕方、東京・霞が関の外務省に駐日中国大使館の劉少賓・公使参事官を呼び、日本領海内での中国漁船の接触に対し、遺憾の意を伝えた。さらに斎木昭隆・アジア大洋州局長は同日夜、電話を通じて程永華駐日中国大使に、「違法操業は遺憾だ」と抗議したうえで、「日本の国内法に則って粛々と手続きを進める。ただ、日中関係全体に悪影響を及ぼさないようにしないといけない」と伝えた[18]。

船長の逮捕に伴い、中国外交部の胡正躍・部長助理（次官補）は九月八日、丹羽大使を外交部に呼び、尖閣が中国の領土であるとして、船長のすみやかな釈放を要求した。中国は九月九日に外交部の王光亜・筆頭副部長が丹羽大使を、同一〇日は楊潔篪・外交部長が丹羽大使を呼んで抗議した。さらに同一二日未明には戴秉国・国務委員（副首相級）が丹羽大使を呼び、「重大な関心と厳正な立場」を表明し、漁民と漁船の即時送還を求めた。丹羽大使は九月七日以来、通算で五回も呼び出された。

楊外交部長が丹羽大使を呼んだ九月一〇日は、「船長を含む漁民全員と漁船を無条件で釈放せよ」と明確に要求していたものが、同一二日未明の戴国務委員の抗議では、「船長」の二文字が消え、「中国漁民と漁船を直ちに送還せよ」と微妙に変化した[19]。

事件は領海侵犯の違法操業の疑いがあるものの、船長以外の乗組員一四人と漁船は、間もなく送還されることを日本側から知らされていた可能性が高い。戴国務委員があえて未明の時間帯を選んで丹羽大使を呼び出したのは、抗議自体をプレーアップし、中国政府が強い圧力を加えたために日本は乗組員と漁船を返した、という国内向けの演出効果を狙ったものと推測された[20]。

九月八日、農業部漁業局所属の漁業監視船「漁政２０２」が尖閣諸島方向に向かっている、との情報が流れた。同調査船は尖閣諸島に近づいたものの、引き返したことが海上保安庁の調査で判明した。

中国が強硬圧力、日本は船長釈放

九月一一日朝、沖縄本島から西北西へ約二八〇キロ離れた日本の排他的経済水域（ＥＥＺ）内で海洋調査を実施していた海上保安庁の測量船「昭洋」と同「拓洋」に対して、中国国家海洋局所属の艦船「海監51」が調査活動の中止を求めて来たことが判明した。日本の測量船「昭洋」は「わが国の排他的経済水域における正当な調査を実施中である」と回答し、調査を続行した結果、予定の調査活動は約二時間後に終了した。「海監51」は九月一三日夜には沖縄本島の西方約二七〇キロの海域で測量船のレーダーから消えた。「昭洋」は五月初めにも「海監51」によって調査活動を妨害されている[21]。

中国外交部の姜瑜・報道局副局長は九月一一日、詹船長の一〇日間の拘置が前日に決まったことを受け、同月中旬に予定されていた東シナ海のガス田共同開発に関する局長級の条約交渉を延期すると発表した。姜副局長は尖閣諸島が「中国の固有の領土だ」としたうえで、「日本は中国からの度重なる厳重な申し入れを顧みず、司法手続きを勝手に実施することを決めている」と抗議した。中国は日本側の司法手続きが進捗するたびに抗議のレベルを吊り上げる戦術を取っていることが鮮明になった。

九月一五日に予定されていた中国全人代（国会）の李建国・常務委員会副委員長（国会副議長）の来日

が延期されたほか、詹船長の拘置延長が決まった九月一九日夜には、外交部の王光亜・筆頭副部長が電話で丹羽大使に抗議した。同時に外交部は省庁・地方政府間の閣僚級以上の日中交流の停止のほか、八月に合意したばかりの日中航空路線増便のための協議などを中断した。前原国土交通相（当時）が訪中した際に合意したもので、九月一七日に発足した菅直人改造内閣で、外相に転じた前原氏への不快感を示したものと見られた。[22] 九月二一日から予定されていた日本の大学生ら約一〇〇〇人の上海訪問も中止された。

温家宝総理は九月二一日夜、国連総会出席のため訪れたニューヨークで、在米華僑・華人らを前に演説し、尖閣問題について、「日本側が自分の考えを押し通すなら、中国側はさらなる行動を取る」と新たな報復措置を示唆、詹船長の無条件釈放を要求した。中国首脳レベルの抗議の発言は初めてだった。

中国治安当局は九月二〇日、中堅ゼネコン「フジタ」（東京）の日本人社員四人が、河北省石家荘市の軍管理区域内に侵入し、「軍事目標」をビデオ撮影したとして身柄を拘束した。九月二三日、新華社を通じて拘束の事実が公表された。さらに中国商務部はハイテク製品の製造に不可欠な「レアアース（希土類）」の対日輸出を事実上、禁止したことを日本の商社関係者に通告していたことが九月二三日、判明した。

これらの対日圧力を受ける形で、那覇地検は九月二四日午後、詹其雄船長を処分保留のまま釈放することを決定したと公表した。拘置満了は九月二九日までで、日本側が中国の強硬姿勢の前に屈した形になった。

尖閣騒動の背景に何があるのか

今回の中国漁船の尖閣衝突事件の背景にあるものを指摘しておきたい。

事件は日本の与党・民主党の代表選挙戦（総理の菅直人代表が九月一四日に再選された）の真最中に発生しており、中国指導部にとっては菅政権の出方を見極める機会になった。民主党には親中派の有力議員が多いと見ていた中国は、強硬な態度に出れば、日本は簡単に譲歩すると踏んでいたふしがある。しかし、日本政府は毅然とした対応に出ており、中国にとっては誤算だったかもしれない。選挙戦において、日本の国会議員たちが領土問題でどう対応するか、深層心理までは読めなかったようだ。[23]

ところで今回の事件が起きる約半月前の八月二一日、『日本経済新聞』は、日本政府が持ち主不明の離島二五を国有化する、との記事を一面に掲載した。日本側が排他的経済水域（ＥＥＺ）を維持するため、基点となる太平洋の島嶼について国有財産化を含む保全措置に乗り出す内容だった。国会ではＥＥＺの権益を守るための「低潮線保全・拠点施設整備法」が先に成立しており、これを受けて日本政府は七月一三日の閣議で、同法に基づく基本計画を決定していた。中国は国会での動きを含め日本側の推移を詳細にフォローしていた。日本政府は一二年三月七日、所有者のない離島二三を国有財産として登録したと発表した。しかし、尖閣諸島周辺の離島は含まれていなかった。中国の反発を配慮したものと見られた。一方、これに先立ち同三月二日、政府は尖閣諸島のうち無名だった四島に名称（北西小島、北小島、北東小島＝以上は久場島周辺、北小島＝大正島）をつけたことを明らかにした。

同法は、二〇一一年六月までに北方領土と竹島を除くすべての関係海域を保全区域に指定し、政府の許可なく海底掘削などができないようにするもの。保全区域には尖閣諸島も日本最南端の沖の鳥島も含まれるが、尖閣は土地の所有者がはっきりしており、国有化の対象にはならない方針だ。

また『讀賣新聞』が八月一九日に「自衛隊、離島奪回訓練。一二月米軍が支援。南西諸島を想定」と題した記事を一面トップで掲載した。南西諸島に含まれる尖閣が意識されていることは明らかだった。

この二つの記事をもとに『人民日報』系の時事問題紙『環球時報』は八月二三日付の重要ニュース面で、「日本が二五の離島を国有化へ」と大きく報道した。記事は尖閣諸島を国有化の対象にすると誤報していたが、日本政府が尖閣諸島を含む離島に法的措置を講じようとしている点は十分に伝わった。(24)日本政府のこの対応は、中国の駐日記者たちが執筆する党・政府幹部向けの内部報告にも取り上げられたかもしれない。中国大使館から北京の外交部へも報告されただろう。

日本ではさほど関心を集めない出来事が、中国内で大きな反響を呼び、実際行動に結びついた例は、二〇〇五年春の大規模な反日デモの際にもあった。同年二月の日米安全保障協議委員会（両国外相、防衛相による2＋2）で、「台湾海峡問題の平和的解決」が、日米の「共通戦略目標」に明記された時だった。日本よりも中国で大きな反響を呼び、同年三月には、台湾独立の場合に中国の武力行使を容認する「反国家分裂法」が全人代（国会）で採択され、その後、中国全土で反日デモが発生していった。

漁民を通じて尖閣領有権を主張

拿捕された中国人船長ら漁民の背後関係は不明である。那覇地検の捜査でも背後関係の解明までは難しいかもしれない。日本側の報道によれば、八月に入って尖閣周辺の海域で操業する中国などの外国漁船は、多い日で二八〇隻が確認された。また、一日に七〇隻程度がわが国の領海を侵犯していたという。海上保安庁の説明によれば、今回の中国漁船が、停船警告に従わずに逃走し、海保の巡視船に衝突して来たのはきわめて珍しいケースだという。通常は領海内に侵入しても、巡視船の警告で退去するからだ。「閩晋漁5179」が巡視船に二度も衝突してきたことからすれば確信犯的行動でもある。だが、その意図がどこにあったのかは分からない。

事件が起きた九月七日は、約一六〇隻の漁船が周辺で確認され、約三〇隻が日本の領海内にいた。第十一管区海保（那覇）に対する筆者の取材でも、「中国漁船が今夏、特別に増えたという情報は聞いていない」というから、例年これくらいの数の漁船が操業しているということになる。(25)

中国政府は尖閣を自国領土と主張しているため、福建省など南部の漁民に対して、これらの海域には近づかないような行政指導は行っておらず黙認状態だ。だから日本の司法当局が中国人船長らを厳しく裁けば、中国の漁民たちは自国政府の主張に疑問を抱き、尖閣諸島には近づかなくなるかもしれない。

ただ、尖閣周辺の海域には別の問題も存在する。尖閣周辺は日本のEEZ内なのだが、「日中漁業協定」（一九九九年一月発効）で決められた「北緯二七度以南水域」として、中国漁船も自由に操業できる海域になっている。日本の領海ぎりぎりまで中国漁船は漁をすることが可能なのである。中国漁民が魚を追って尖閣周辺の日本領海に容易に入ってしまう原因はここにある。

一方、中国政府は南シナ海に対しては、漁に出る中国漁船団を当局の監視船などが警備し、漁民の漁獲活動を島嶼の領有権主張の根拠として利用している。ベトナムやフィリピン、インドネシアなどとの間で中国漁船が拿捕されるなど漁獲紛争が発生していることも背景にはある。

中国側は「閩晋漁5179」事件できわめて早い対応を見せた。中国政府の対応を弱腰と非難する国内世論への配慮もあっただろうが、尖閣周辺が紛争海域であると世界に改めてアピールする機会となった。中国が得意とする「世論（情報）戦」「心理戦」「法律戦」の三戦も発動した。メディアを通じて、中国漁船は日本の巡視船にぶつけられた被害者だと主張する「世論戦」（中国メディアは主客転倒の報道を繰り返した）、外交交渉の延期や要人の来日延期など、強面な対応で相手を威圧する「心理戦」、中国の領有権を主張する「法律戦」である。海洋進出が著しい中国海軍の動向と併せ、日本は対応を迫られていることは間違いない。

北後継者問題と金総書記の再訪中

北朝鮮の金正日総書記が八月二六～三〇日、胡錦濤総書記（国家主席）の招きで中国を非公式訪問した。五月に続く訪中だった。訪問先は吉林省吉林市と長春市、黒龍江省ハルビン市で、北京には立ち寄らなかった[26]。

金総書記は八月二七日、吉林省の省都・長春市内で胡総書記と首脳会談を行った。胡総書記が長春まで出向いた形での会談は異例であり、中国が北の最高指導者を特別扱いしている様子が際立った。

中国新華社電によれば、会談で胡総書記は、⑴指導者間の密接な往来・接触を引き続き保つ、⑵両国の経済・貿易関係を拡大、深化させる、⑶東アジアの平和と安定に関わる重要問題について、タイミング良く、十分に双方の意思疎通を図る――ことを改めて提起した[27]。

朝鮮中央通信によれば、胡総書記は「朝鮮の党と人民が社会主義の発展方向を堅持し、自国の実情にかなった発展の道を模索することを支持する。金正日総書記の指導の下に全党、全国が緊密に団結し、刻苦奮闘して強盛国家建設の偉業実現を目指す闘いで、必ず新たな成果を収めるものと確信する」と連帯と称賛の挨拶を行った。さらに胡総書記は、近く開催予定だった朝鮮労働党代表者会の成功を事前に祝った。

一方、金総書記は「朝鮮半島を非核化する立場に変化はなく、半島情勢の緊張を望んでいない。中国側とは密接な連絡と協調を保ち、六カ国協議の早期再開を推進するよう希望する」と語った。しかし、六カ国協議に関する部分は、北朝鮮側の発表では全く触れられなかった。

北側発表では、「(朝中)両首脳は、両党や両国関係、共通の関心事と重大な国際、地域問題について、虚心坦懐に意見を交わし、完全な意見の一致を見た」とされた。金総書記は「朝中の友好の歴史は、世代が交代しても変わらない」と述べ、後継問題を示唆するような発言もした。

金総書記は中国入りした八月二六日、吉林市内にある父・金日成主席が革命運動を学んだ「毓文《いくぶん》中学校」を訪れた。このため首脳会談では、金総書記が「(中国の)東北地域の至るところに金日成主席の革命の足跡が刻まれている。主席は長期間の闘争を通じて、朝鮮の独立を成し遂げただけでなく、中国革命の勝利にも大きな寄与した」と中国との歴史的関係を強調し、運命共同体を匂わせる一体感を演出した。

三男・正恩氏が訪中に同行か

金総書記の健康に伴う後継問題が浮上する中、朝鮮労働党は六月二六日、「九月上旬に党代表者会を開催し、最高指導機関を選出する」と公表した。このため金総書記の訪中は、三男の正恩氏（27）を後継者に据えることを、中国指導部に通知することが主な狙いではないかと見られた。

中国側の公式発表は、正恩氏に全く触れなかった。中国外交部の報道官も「中国側の招待者名簿の中には入っていない」と微妙な言い回しで否定した。しかし、香港の週刊誌『亜洲週刊』（九月一二日号）は、黒龍江省ハルビン市の地元当局者の証言として、正恩氏が金総書記に同行していたと伝えた。[28]

韓国の『朝鮮日報』も九月一三日、金総書記が長春市での歓迎宴の席上、正恩氏を胡総書記に紹介したと伝えた。金総書記はこれで上機嫌になり、茅台酒を一本以上空けたという。[29]中国は親子三代にわたる最高権力の世襲には否定的な考えだが、胡総書記らはあえて反対を表明せず、黙認の態度で対応したものと予想される。

日本、韓国などの報道によれば、金総書記一行の専用列車は八月二六日未明、中朝国境の満浦（北朝鮮）から鴨緑江を越え、対岸の集安（中国）を経由して中国入りした。この路線は通常、貨物列車用という。過去、金総書記は河口に近い新義州（北朝鮮）―丹東（中国）ルートを利用していた。なお、前記『亜洲週刊』によれば、五月の訪中時の専用列車は一七両編成だったが、八月は二六両編成になっており、黄海北道、平安北道、慈江道など地方指導者（責任書記）が随行したためだった。地方指導者の同行は北朝鮮の公式報道でも確認されている。

中国では〇九年八月、図們江流域の経済開発を目指す「長吉図開発開放先導区」が国務院によって批准され、国家レベルでの開発が始まっている。「長」は長春、「吉」は吉林、「図」は図們江地域＝延辺朝鮮族自治州を指し、北朝鮮も視野に入れた吉林省の開発を狙っている。すでに吉林省は北朝鮮・羅津港（羅先特別市）の一〇年間の使用権を獲得するなどしており、国境を跨いだ協力が始まっている。金総書記訪中に地方指導者が同行したのも、中国側の開発計画の存在があったようだ。

金総書記は今年五月三～七日に訪中した際の訪問先は、北京と遼寧省大連市、瀋陽市だった。今回の訪中で東北三省をすべて訪れたことになるが、一年に二回、しかも四カ月余りでの再訪中は異例と言えた。

また、中朝国境地帯南部では、八月一九、二〇日にかけて大雨に襲われ、同二一日に国境沿いの鴨緑江が氾濫し、中国・丹東と北朝鮮・新義州一帯の住宅と公共の建物や水田が全面的に浸水した。金総書記は朝鮮人民軍に対して救援活動の実施を命令し、被災者約五一五〇人を避難させるため、航空機や船舶を出動させたが、自身は被災地を訪れることはなかった[30]。

一方、金総書記は、カーター元米大統領が拘束中の米国人アイジャロン・マリ・ゴメス氏（30）（不法入国罪容疑）の身柄を引き取るため北朝鮮を訪問中（八月二五～二七日）に中国へ出かけており、カーター氏と会談することはなかった。韓国哨戒艦「天安」事件をめぐり、米朝関係が悪化していた中で、元米大統領の面子をつぶす狙いがあったようだ。一方、米オバマ政権は八月三〇日、対北朝鮮追加制裁を発表して、一矢を報いる形になった。

米中修復の模索が始まる

ギクシャクした米中関係の修復を模索する動きが出始めた。訪米した中国外交部の崔天凱・副部長（北米担当）は八月二六日、バージニア州リトル・ワシントンで、ジェームズ・スタインバーグ米国務副長官と会談した。七月二三日にハノイで行われた楊潔篪外交部長とクリントン国務長官との会談で、双方が南シナ海問題で白熱の議論を交わして以来、初の次官級協議となった[31]。

新華社電によれば、双方は首脳レベルで合意されている「二十一世紀に向けた積極的、協調的、全面的な中米関係を構築する」との原則に基づき、「双方の関係を着実に進展させるため、紛争と微妙な問題を正しく取り扱うこと」を再確認したという。ぎくしゃくした両国関係の修復方法について協議した模様だ。

崔天凱・副部長はこの後、首都ワシントンで、トーマス・ドニロン米大統領次席補佐官（国家安全保障担当）やミシェル・フロノイ国防次官（政策担当）とも会談した[32]。

一方、ローレンス・サマーズ米国家経済会議（NSC）議長とドニロン米大統領次席補佐官が訪中し、九月七日に温家宝総理、同八日には胡錦濤国家主席、徐才厚・中央軍事委副主席らと相次いで会談した。サマーズ委員長は胡主席と会談するため滞在日程を延長したとも伝えられ、米側が関係改善に向けて強い意思を持っている様子をうかがわせた。このほかに北朝鮮を訪れたカーター元米大統領も訪中し、九月六日に北京・中南海で温総理と会談した。

米国防総省のモレル報道官は九月九日の会見で、中国側が米中軍事交流の復活に関心を示していると して、ゲーツ国防長官の訪中を含め、年内の交流再開を目指す考えを強調した。同報道官はサマーズ委員長とドロニン大統領次席補佐官の訪中などを通じて、関係改善への前進があったことを示唆した[33]。

（二〇一〇年一〇月）

2　尖閣と反日デモで急冷却した日中関係

尖閣事件で中国人船長を釈放した日本に、謝罪と賠償の要求を突きつけた中国。日中関係は急速に冷え込んだ。レアアース（希土類）の禁輸や邦人拘束など手荒な中国の強硬姿勢は、世界に対中警戒心を呼び起こした。日中首脳会談の実現で関係は修復に向かうと見られたが、大規模な反日デモが突然発生し、日中の先行きに再び不透明感が広がった。

大転換した日本の方針

沖縄県尖閣諸島沖で発生した、中国漁船が海上保安庁巡視船に体当たり衝突した事件は、那覇地方検察庁が九月二四日午後二時半過ぎ、詹其雄船長（41）を釈放する方針を発表した。日本政府高官は「日本の国内法に基づき、粛々と捜査を続ける」と語っていただけに、突然の方針転換に驚きが走った[1]。会見から約一二時間後の九月二五日午前二時一二分、詹船長は釈放され、中国政府差し回しのチャーター機で石垣空港を離陸した。同機は同二五日午前四時（日本時間同午前五時）前、福建省福州市の長楽国際空港に到着、詹船長は帰国した[2]。

那覇地検の鈴木亨・次席検事は記者会見の席上、詹船長の釈放理由について、「わが国国民への影響や、今後の日中関係を考慮すると、身柄拘束を継続して捜査を続けることは相当ではないと判断しました」と説明した[3]。起訴するか否かの処分は保留の上での釈放だったが、事実上の捜査終了を意味した。地方検察庁が外交上の理由をタテに刑事犯を釈放したことに、日本国内では強い異論が噴出し、国会での論議を呼んだ[4]。

詹船長は石垣空港のタラップ上で、「Vサイン（勝利）」の笑顔を見せた。また、到着した福州空港では、「自分は無罪であり、釣魚島（尖閣諸島）は中国領土で、逮捕・拘置は違法だった」と日本の司法当局を批判した[5]。

日本国内では、これで一件落着かと見る向きが強かったが、中国政府は詹船長が無事、帰国したのを確認すると、九月二五日未明、日本側に「謝罪と賠償」を求める外交部声明を発表した。日本政府は九月二五日夕、「謝罪や賠償といった中国側の要求は何ら根拠がなく、全く受け入れられない」との佐藤悟・外務報道官の談話を発表した[6]。岡田・民主党幹事長（当時）は九月二五日、奈良市内で「謝罪とか賠償というのは、全く納得のいかない話だ」と中国の対応を批判した。菅直人総理は国連総会から帰国翌日の九月二六日、「尖閣はわが国固有の領土だ。謝罪や賠償は考えられない。全く応じるつもりはない」と語り、強い不快感を表明した[7]。

これに先立ち、国連総会出席のためニューヨーク入りした中国の温家宝総理は九月二一日夜、在米華僑・華人の歓迎式典に出席し、尖閣問題に触れ、無条件の船長釈放を要求し、さらなる対抗措置を取る決意を表明していた。レアアース（希土類）の事実上の輸出禁止や中堅ゼネコン「フジタ」の邦人社員四人が身柄拘束された事実が九月二三日に明らかになった。レアアースは、同日付の米ニューヨーク・タイムズ紙が香港発で伝えて一気に広まった。(8) 日本国内では中国への反発がいっそう強まっていた。日本の反発を意識したのか、中国政府はその後、日本に謝罪・賠償の要求を持ち出すことはなかった。

釈放され，中国政府チャーター機で帰国した詹其雄船長
（2010年９月25日）（中国通信＝PANA）

仙谷由人官房長官は九月二七日の会見で、巡視船が受けた損傷について、「原状回復を請求することになる」と語り、修理代を中国側に請求する方針を明らかにした。腰砕けとも言える日本側の譲歩が、さらなる中国の強硬姿勢を生んだ。ただ、中国人船長を引き続き拘置し、強制起訴した場合、事態はどうエスカレートしたのかも併せて考慮しなければならないだろう。

船長と乗組員一四人は逮捕当初こそ罪を認めていたが、「中国領事が面会して以降、全面否認に一転した」（検察関係筋）という。こうした状況の中で、略式起訴＝罰金刑（刑法の公務執行妨害罪の場合、三年以下の懲役もしくは禁錮または五〇万円以下の罰金）は被疑者が容疑を認めることが前提になっている。船長が罰金を支払うことはなかっただろう。その場合、司法手続き上、釈放は不可能となり、正式起訴＝公判請求せざるをえない。これに対して中国側は、釣魚島（尖閣諸島）は中国領との立場から、日本の国内法で裁かれることを断固拒否する立場を貫いており、駐日大使の召還、外交中断などのほか、第二、第三の邦人拘束事件などで徹底抗戦を仕掛けて来た可能性は排除できない。日本側がそうした事態にどこまで耐えられたかとの疑問は残る。さらなる邦人拘束事件が発生した場合、世論はどう反応しただろうか。そう考えれば、今回の船長釈放は「緊急避難」的措置だったと言えなくもない。ただ、タイミングの悪さと処理の拙劣さは目に余るものだった。理不尽な圧力に負けた屈辱外交との印象はぬぐえまい。

なお、河北省の軍管理区域内に入ったとして身柄拘束された「フジタ」の邦人社員四人のうち三人が九月三〇日に釈放され、一〇月一日、上海経由で日本に戻った。残る一人も国慶節の連休後の一〇月九日に釈放され、邦人拘束問題は解決した。

今回の事件に関連し、小泉自民党政権下での〇四年三月、中国人活動家七人が尖閣諸島に上陸し、逮捕後に釈放されたことがあった。同事件では、日中政府間で、(1)日本は原則的に（中国人が尖閣諸島に）上陸しないよう事前に押さえる、(2)重大事案に発展しない限り、日本側は（中国人を）勾留しない、(3)中国側は抗議船団の出航を控えさせる――などの密約があったと日本国内で報道された[9]。事実とすれば今回、中国側が激しく反発した理由だったのかもしれない。中国外交部は一〇月二一日、「釣魚島問題で密約は存在しない」とする報道局長談話を発表した。

異常だった菅—温〈廊下〉会談

菅直人総理は一〇月四日夜（現地時間）、ベルギー・ブリュッセルで開催されたアジア欧州会議（ASEM）首脳会議を利用し、温家宝総理と会場の王宮内の廊下で二五分間にわたり会談した。双方は尖閣諸島に関して、互いに原則的立場を述べた。菅総理は「尖閣諸島はわが国の固有の領土であり、領土問題は存在しない」と改めて主張し、温総理は「釣魚島（尖閣諸島）は中国固有の領土である」と主張した。そのうえで、双方は日中関係の現在の状況は望ましいものではなく、戦略的互恵関係を推進して行くことを確認した。また、ハイレベル交流を適宜実施し、延期中の日中民間レベルの交流も再開することで一致した[10]。尖閣事件の発生後、初めて行われた首脳会談であり、これで日中双方は悪化した関係を修復させることになった。

会談の性格について、中国外交部は「進行了交談（言葉を交わした）」と表現し、日本外務省は「懇談」と発表した。菅総理の説明によれば、廊下で菅総理が温総理に声をかけ、二人はそばにあったソファーに座って話し合ったという。「廊下での会談」だった。中国側からすれば、この会談は「中国から申し込んだものではなく、日本が求めて来たから仕方なく会った」という国内向けメッセージであり、「対日優位」の外交姿勢をアピールしたかったのだろう。

また、温総理には日本語通訳が同行していたが、菅総理は英語の通訳だけで、中国語通訳を同行していなかった[11]。中国側は菅総理と会談する意向があったにもかかわらず、日本側に明確な言質を与えていなかった様子がうかがえる。菅総理がASEM首脳会議での発言で尖閣問題を取り上げなかったことを確認したうえで、会談に応じたのだろう[12]。日本は最後まで中国側に振り回されていた。関係改善に向けて、中国側も日中首脳会談を必要としていたのに、日本はそれを十分に読み切れていなかった。

ブリュッセルでの日中首脳会談をめぐっては、民主党の細野豪志・前幹事長代理が仙谷由人官房長官の密使として九月二九、三〇日に訪中し、北京・釣魚台国賓館で戴秉国国務委員と会談し、下準備を行った。その後、一〇月一日夜に仙谷官房長官と戴国務委員との極秘電話会談が行われ、首脳会談へのレールが敷かれたという[13]。

漁業監視船の尖閣派遣が常態化

海上保安庁によれば、中国漁船「閩晋漁5179」が拿捕された九月八日、中国農業部所属の漁業監視船「漁政202」が、尖閣諸島に近い東シナ海を遊弋していた。「漁政202」は九月一〇日に再び尖閣周辺海域に現れたが、台風が接近した九月一八日頃いったん姿を消した。中国政府の漁業管理部門は、拿捕された詹其雄船長や乗組員の身柄の行方とは関係なく、漁業監視船を尖閣周辺に派遣していたことが分かる。トラブル発生とほぼ同時と言っても過言ではないだろう。素早い対応だった。

仙谷由人官房長官が九月二七日午後の記者会見で明らかにしたところによれば、「漁政２０２」と「漁政２０４」の二隻が、尖閣諸島の接続海域（領海の周囲一二カイリ）に姿を現したのは九月二四日夕だった。[14]「漁政２０２」は、拿捕後に返還された中国漁船「閩晋漁５１７９」が乗組員一四人を乗せて母港の福建省福州に戻る際に、護衛のために伴走していた。その後、一〇日間余りは尖閣付近から離れていた模様だ。尖閣付近に再度現れて以降は、海上保安庁の巡視船六隻が警戒に当たったが、中国政府所属の艦艇だけに巡視船側は臨検ができず、にらみ合いの状態が続いた。

中国農業部系の週刊新聞『中国漁業報』（二〇一〇年九月二〇日）は一面に「閩晋漁５１７９」を護衛して伴走する漁業監視船「漁政２０２」の写真を掲載した。[15]写真説明には「九月一四日撮影」とある。九月一三日昼に沖縄・石垣港を出発した同船が、翌一四日に東シナ海を航行中に撮影したものだった。

「主権侵犯を許さず、漁民の負傷を許さず」と題した同新聞は一面で、中国漁政指揮センター当局者の証言として、「今後中国の（漁業監視船）漁政は、釣魚島付近の海域で、航行を常態化させなければならないだけでなく、巡航力を増し、中国人漁民の生命と財産の安全を確実に確保しなければならない」との内容を載せた。

ベルギー・ブリュッセルでの日中首脳会談は一〇月五日午前四時過ぎ（日本時間）に行われたが、この会談終了に合わせたかのように、一〇月六日午前三時と同五時頃、尖閣諸島付近を徘徊していた中国の漁業監視船「漁政２０２」と「漁政２０４」が相次いで現場海域を離れ、中国大陸に向けて姿を消した。[16]中国側は首脳会談での関係改善の合意を確認し、監視船を引き揚げるよう指示したものと見られた。

二隻は一三日間にわたり尖閣周辺を遊弋していたことになる。

しかし、中国側は一〇月一四日、漁業監視船「漁政118」を新たに尖閣付近に派遣した。農業部漁業局が一〇月一八日、所管のHP「中国漁業政務網（漁政網）」上で公表した。同監視船は農業部黄渤海区漁政局の所属という。農業部漁政指揮センターの居礼・副主任は「釣魚島海域に赴いて漁船の保護活動を行うことは、国家の主権を維持し、わが国の漁民の合法的な権益を守ることだ。光栄で困難な任務だ」と激励した[17]。

国際問題専門紙『環球時報』（一〇月一九日）によれば、このほかに漁業監視船「漁政202」と、江蘇省漁政総隊に所属する漁業監視船一隻も派遣された。中国漁船の操業を守り、尖閣に対し中国の領有権を主張する両面の任務を担っているのだろう。

尖閣棚上げ論の大幅修正

いまも語り継がれる中国の外交方針に「尖閣棚上げ論」がある。鄧小平副総理が一九七八年八月一〇日、日中平和友好条約調印交渉のため訪中した園田直外相と尖閣問題について話し合った際に語ったものだ。鄧氏は「このような（釣魚島や大陸棚）問題は、いま持ち出すべきではない。脇に置いて、あとでゆっくり討論すればよい。双方が受け入れられる方法をゆっくり相談すればよい。われわれの世代に方法が探し出せなければ、次の世代、その次の世代が探せばよい」と述べた[18]。さらに同年一〇月二五日、批准書交換のために来日した際にも、鄧氏は東京・内幸町の日本記者クラブでの会見で、「われわれの世代は知恵が足りないので話がまとまらない。次の世代ではわれわれも賢くなり、皆が受け入れられる方法を見つけてこの問題を解決できるだろう」と語った[19]。

今回の漁船衝突事件を契機に中国当局は事実上、「尖閣棚上げ論」を反故にしたことになる。それを中国政府が公式に認めるかどうかは別だが、実態として中国側は領有権を強く主張し、船長の不法行為についても日本の国内法の適用は絶対に認めない立場を表明したわけで、尖閣には触れないという不文律は破られたことになる。

香港誌『亜洲週刊』（一〇月三日号）によれば、九月上旬の尖閣諸島沖での中国漁船衝突事件が発生して後、中国外交部は二回、日本問題の専門家らによる会議を開き、菅新内閣、日中関係、漁船衝突事件の見方や対応措置への提言などを聴取したという。専門家たちは「争いを棚上げし、共同開発する」との従来の「尖閣棚上げ論」は、再検討する必要があるとの声を上げたという。これを受けて外交部が正式に政策調整したかどうかまでは明らかでない[20]。しかし、今回、対日批判と相次ぐ外交圧力を示したわけで、この事実だけでも「尖閣棚上げ論」は、有効性を失ったと言える。

日本政府は「日本が実効支配する尖閣諸島に領土問題は存在しない」との公式的立場だ。棚上げ論は領土問題の存在を前提にしており、日本政府にとっては認められないものになるが、尖閣の領有権問題には触れない中国の立場には異論がなかったようだ。前原誠司外相は一〇月二一日の衆院安全保障委員会で、鄧提案について、「鄧氏の一方的な言葉であり、日本が合意した事実はない」と述べた。

中国は一九九二年二月、「中国領海及び接続区域法」を制定し、尖閣諸島や南沙諸島を自国領土に含めた。それ以降、中国の「尖閣棚上げ論」は事実上、消滅しているのである。

〝尖閣ショック〟で日本の対中感情は最悪

尖閣事件をめぐって、日本国内の対中感情は急激に悪化した。まさに〝尖閣ショック〟と呼べるものだった。

『讀賣新聞』（一〇月四日）が九月一七、一八の両日に実施した調査では、「中国を信頼しているか」との問いに、「信頼していない」と答えた人は過去最高の八四％に達した[21]。同紙が二〇〇四年に始めた同じ質問の世論調査で、対中不信感は初めて八〇％台に上った。中国側の一連の対応に関しては、八九％が「行き過ぎだ」と回答、「そうは思わない」の七％を圧倒した。中国人船長を釈放したことについては、「適切ではなかった」が七二％、「適切だった」の一九％を大きく上回った。中国側からの謝罪と賠償要求に関しては、「納得できない」が九四％、「納得できる」はわずか三％だった。

『毎日新聞』（一〇月四日）の調査も九月一七、一八両日に行われた。[22]中国人船長を逮捕した海上保安庁の判断について、八三％が「適切だった」と答え、一三％が「適切でなかった」とした。日本政府が、船長釈放は「検察の判断だった」と説明して政治介入を否定している点については、「納得できない」が八七％、「納得できる」は一〇％だった。ただ、「今回の事件であなたの中国に対するイメージは変わりましたか」との問いには、「変わらない」が五三％で、「悪くなった」の四四％を上回った。日本人の対中観は意外に冷めているのかもしれない。「今後、日中関係をどうすべきだと思うか」との問いには、「関係改善より、日本の主張を優先すべきだ」が三五％、「しばらく距離を置くべきだ」が三一％と合わせて約六割は、日本政府の態度に対する不満がうかがえるが、「関係改善を急ぐべきだ」も三一％あった。[23]

『産経新聞』（一〇月二日）はFNN（フジニュースネットワーク）と合同で九月三〇日に調査を実施した。「今回の事件で中国に対するイメージが悪くなったか」との問いに、「そう思う」と回答したのは八〇％、「思わない」が一五％だった。「中国政府の一連の対応は適切だと思うか」の問いには、「思わない」が八九％、「思う」が六％だった。「今回の事件は日中関係に禍根を残すか」の問いには、「残すと思う」が七七％、「思わない」の一八％を大きく上回った。「中国は信頼できる国か」との問いには、「信頼できると思わない」が八三％、「信頼できる」はわずか七％だった。「中国は日本の安全を脅かす国だと思うか」には、「思う」が七二％、「思わない」は二〇％だった。「レアアースなど希少な資源を中国に依存するのは」との問いに、「問題だと思う」と答えた人が七六％で、「問題ではない」の一六％を上回った。

『朝日新聞』（一〇月七日）の調査は一〇月五、六日に行われた。[24]船長釈放など一連の日本側の措置を評価するかどうかの問いに対し、「評価しない」が七五％、「評価する」は一五％だった。菅総理が船長釈放に政治介入はなかったと説明している点については、「納得できない」が八三％、「納得できる」は九%だった。日本は尖閣諸島が日本の領土であることを強く主張すべきか否かの問いには、「強く主張すべきだ」が六九%、「柔軟に対応すべきだ」が二三%だった。「これからの日本は中国との関係を深める方がよいか。距離をおくほうがよいか」との問いには、「関係を深める方がよい」が五二%、「距離をおく方がよい」は三三%だった。

『朝日新聞』は尖閣についての設問を四問だけに絞り、しかも記事には「尖閣」の見出しを一切つけず(見出しは、強制起訴された小沢一郎元民主党代表の調査結果である『けじめ必要六九%』とした)、掲載面も第四面の政治面として、地味な扱いだった。尖閣の世論調査結果を第一面に掲載した他の三紙とは大きく異なった。悪化する日本人の対中感情を大きなニュースとして扱いたくないという意図的な編集態度がうかがえた。

劉氏にノーベル平和賞

服役中の反体制作家で民主活動家の劉暁波氏(54)が二〇一〇年のノーベル平和賞を受賞することが決まった。ノルウェー・オスロにある同賞委員会事務局が一〇月八日に発表した。劉氏は〇八年末に公表した、民主化を求める「〇八憲章」を起草した中心的人物とされる。その後、内外から一万人以上の賛同者の署名が集まった同憲章が原因で、当局に身柄拘束された。劉氏は、国家政権転覆扇動罪で懲役一一年、政治的権利剥奪二年の判決を受け、一〇年二月に同判決が確定した。

ノーベル賞委員会は授賞の理由として、民主化を求める劉氏の長年に及ぶ非暴力的闘争に功績があったとした。世界第二の経済大国に成長した中国の立場には、「一層の責任が伴わなければならない」と指摘、自由・民主・人権といった普遍的価値を尊重するよう強く求めるメッセージを送った[25]。

これに対して中国政府は、「劉暁波は中国の法律を犯して懲役刑を言い渡された罪人。こういう人物に平和賞を授与したのは平和賞に対する冒瀆だ」(馬朝旭・外交部報道局長)と強く反発した。劉氏の妻である劉霞さん（49）は、北京市内の自宅で、事実上の軟禁状態に置かれており、一二月一〇日にオスロで行われる同賞授賞式に参加し、夫の代わりに受賞できるかどうかが注目される。

一方、毛沢東の元秘書の李鋭氏や、元『人民日報』総編集の胡績偉氏ら長老知識人ら二三人を発起人とする言論・表現の自由など憲法三五条で保障された民主を求める書簡が一〇月一一日、ネット上で公表された。賛同者の署名は五〇〇人余りに上っており、中国当局は同ネット書簡を読めないよう削除し、警戒を強めている。[26]

習近平氏が軍事委副主席に就任

中国共産党第十七期中央委員会第五回全体会議（五中全会）が一〇月一五〜一八日の四日間、北京で開催された。終了後の一八日夕に公表された総会コミュニケによって、国家副主席の習近平・政治局常務委員（57）が、党中央軍事委員会副主席に選出されたことが明らかになった。[27]習氏は軍内ナンバー2の地位を得たことで、二〇一二年秋の次期党大会直後に、総書記を引退する予定の胡錦濤氏の後を継いで党最高指導者に就任することが確実になった。

習近平氏は、毛沢東とともに革命に参加した習仲勲・元副総理を父とする「太子党（高級幹部子弟）」の「革命第五世代」の指導者である。夫人は軍所属の国民的歌手、彭麗媛さん（少将、47歳）で、習氏は軍に対して一定の影響力を保持している。〇七年秋の第十七回党大会を機に、ヒラの党中央委員（上海市党委書記）から二階級特進の形で政治局常務委員に抜てきされ、党内序列第六位にランキングされた。

この時、同じように政治局常務委員となった同世代のライバル、共産主義青年団（共青団）出身の李克強氏は党内序列第七位に甘んじた。その後〇八年春の全人代（国会）で、習氏は国家副主席に選出され、ポスト胡錦濤の後継レースは事実上、決着がついた。

習氏は〇八年夏の北京五輪担当の責任者になったほか、北朝鮮問題、新疆ウイグル問題、香港問題など、外交・内政での重要課題に深く関与しており、後継者としての地歩を固めている。

後継者決定のプロセスは不透明だが、曾慶紅・前国家副主席が習氏を強く推薦、隠然たる影響力を保持する江沢民前総書記ら長老も支持に回ったと言われている。控え目な性格で、地方経験が豊かという習氏本人の個性や経歴もあるものの、最終的には生き残りをかける共産党政権の後継指導者として、革命家の子弟という血筋が決め手になったと見られる。

五中全会には、中央委員二〇二人、中央委員候補一六三人らが出席した。会議を主宰した政治局を代表して、胡錦濤総書記が重要演説を行った。会議では「国民経済と社会の発展についての第十二次五カ年計画（規劃）の策定に関する共産党中央委員会の提案」が審議、採択された。温家宝総理（政治局常務委員）がこの提案について説明した。

二〇一一年から同一五年までの五カ年計画の基本方針は、持続的な安定成長に向け、均衡の取れた発展を目指すことに重点に、個人消費を促進して内需を拡大し、省エネや環境保護、労働分配率の引き上げ、社会保障などセーフティーネットの充実を図ることなどが強調された。第一二次五カ年計画は次期政権にも及び、習氏にとっても課題となる。

注目の政治体制改革について、コミュニケでは「政治体制改革を積極的かつ着実に進める」、「社会主義の民主主義政治を発展させ、社会主義法治国家の建設を速め、最も幅広い愛国統一戦線を強固に強大にする」などと簡単に触れただけで、具体策が示されることはなかった。

温家宝総理は今年八月の深圳での演説で、政治体制改革の重要性を提起して以来、九月の国連総会演説などを含め、計七回も政治体制改革の必要性に言及した。これを受け五中全会では、政治体制改革について、何らかの進展があるのでは、との淡い期待が一部知識人の間にはあった。会議ではどのような論議が展開されたのか、外部からは分からない。直前に劉暁波氏のノーベル平和賞受賞が決まっており、会議での論議は引き締め強化へと影響した可能性が強い。

反日デモは民主化要求のガス抜き

四川省成都、陝西省西安、河南省鄭州で一〇月一六日午後二時過ぎから、大学生らを中心にした数千～一万人に及ぶ中国の若者らによる大規模な反日デモが突然、繰り広げられた。翌一七日に四川省綿陽で、同一八日には湖北省武漢でもそれぞれ反日デモが盛り上がった。そして反日デモは三日間で終息した。五中全会の開催時期にピタリと一致していた。

新華社電（英文版）などによれば、成都市内でのデモには約二〇〇〇人の若者が繰り出した。デモ隊は「釣魚島（尖閣諸島）から出て行け」、「領土保全を断固支持する」、「小日本を中国から追い出せ」、「日本製品の不買は栄誉、訪日観光は恥」、「琉球を回収し沖縄を解放せよ（収回琉球、解放沖縄）」などと書かれたプラカードや横断幕を掲げて市内をデモ行進した。

出動した警察官は数十人規模で、デモ参加者がペットボトルを投げつけるなど小競り合いがあったが、取り締まりは厳しくなかった。それを見た一般の群衆がデモに加わり、最終的には一万人規模に膨れ上がったようだ[28]。香港紙の記者がデモに参加していた学生たちに取材したところ、デモは大学の学生会が一カ月以上前から企画、準備し、キャンパス内で日本商品ボイコットの署名集めをしていたことも判明した[29]。中国の学生会は、すべて党・政府の指導を受けており、今回のデモが当局の影響下で組織・管理されていたことを裏づけていた。

暴徒と化した一部の連中は、日本のスーパー「イトーヨーカ堂春熙店」に投石し、ガラス窓を割るなどした。デモは約三時間後には収まり、群衆は引き揚げた。けが人も出たようだが、幸い邦人に負傷者はなかった。「イトーヨーカー堂春熙店」は、二〇〇五年春の反日デモでも、最初に襲われた大手日系スーパーだ。

午後二時頃から始まった西安市内のデモには、七〇〇〇人余りの若者が繰り出し、最終的には一万人規模に膨れ上がった。制服・私服の警察官がデモ隊と一緒に歩き、デモを阻止する姿勢は示さなかった。

鄭州で行われた反日デモ（2010年10月16日）（AFP＝時事）

参加者は日本商品のボイコットや釣魚島奪還のスローガンを叫んだほか、中国国歌を歌い、日章旗を燃やした。一部の暴徒は、日本料理店のガラス窓を割って店内に乱入し、日系スポーツ用品メーカー「MIZUNO」の店舗に押しかけ、同社のロゴマークを外壁から竿を使って剝ぎ落とすなどした。路上の日本車二台を横転させ、ペットボトルを窓ガラスに投げつけた。西安市内でもデモ隊は午後七時ごろに解散した。

鄭州でのデモは、学生たちが市内中心街に集まり、「祖国万歳」、「小日本を打倒し、釣魚島を守れ」、「日本商品をボイコットせよ」などと叫び、大学に向けてデモ行進した。警察官が周囲を取り囲んだが、デモ行進を阻止する様子は見せなかった。目撃した中国人女性の話では、一万人規模の若者が参加していたという[30]。

一方で、沿岸部の広東省深圳市でも一六日、反日デモが計画されていたが、地元公安当局が「デモは絶対に認めない」として事前に警告して中止になった。広州では一一月一二日から第十六回アジア競技大会が行われる予定で、デモ・集会など反政府活動を封じ込めるのが地元当局の方針であることをうかがわせた[31]。

今回のデモは日本国内で保守系団体が行った反中国デモに対抗したものとされた。市民団体「頑張れ日本！全国行動委員会」（会長・田母神俊雄前航空幕僚長）は一〇月二日、東京・渋谷で尖閣事件を巡って中国に抗議する集会「中国大使館包囲！尖閣侵略糾弾！国民大行動」を開催し、約二八〇〇人がデモ行進を行うとともに、一部は中国大使館前で抗議した。同委員会によるデモは同一六日にも東京・六本木付近で約三〇〇〇人が集まって行われたほか、各地でも同様の反中デモが展開された。

中国内では、東京での反中デモに対抗しようと、インターネットや携帯電話のショートメールなどを通じて反日デモへの参加が呼びかけられた(32)。

中国外交部の馬朝旭・報道局長は一〇月一六日、日本政府に対して、東京でのデモに「重大な関心」を表明する談話を公表。さらに馬局長は同日、中国での反日デモに関し、「一部の群衆が、日本側の誤った言動について義憤を示したことは理解できる」と、暴動を容認するような態度を見せた。馬朝旭局長は同時に「ただし、われわれは法律に基づき、理性的に愛国の情を示すべきと考えており、非理性的で違法な行為には賛成しない」と付け加えたが、中国当局がデモを容認している姿勢がうかがえた(33)。

尖閣衝突事件をめぐり中国に抗議する日本のデモ隊
(2010年10月2日，東京・渋谷で)(著者撮影)

一七日の四川省綿陽市や一八日の武漢市でのデモも基本的には同じ構造で、若者が多かった。

五都市でのデモの特徴は、日中関係が改善に向かっている時期にもかかわらず、突然発生した点にあった。しかも時期は五中全会の開催時期と重なっていた。主力部隊は大学生で、同時に発生したうえ、騒ぎはどこも一日限り。内陸部に限定され、デモ隊の標的となる日本領事館はなかった。日本人と日系企業が集中している地域でもない。東京のデモに対抗するなら、日本の外交施設を囲むなどしなければ対日シグナルとはならないが、それはなかった。裏返せば北京、上海、広州など沿海部の主要都市を慎重に避けた形跡がうかがえた。どこかに司令塔があったと考えるのが合理的だろう。

ノーベル平和賞が反体制作家の劉暁波氏に授与されることが決まって八日目というタイミングでもあった。中国の若者たちが劉氏のノーベル平和受賞に触発され、民主化を求めてデモに繰り出すことは、党指導部にとっては悪夢である。反日デモには、こうした民主化要求の動きを未然に防ぎ、若者の不満をそらす効果があったはずだ。

太子党や上海閥の保守派グループと軍治安当局にとって、対日融和の傾向が見られる胡錦濤＝温家宝指導部を、牽制する狙いもあっただろう。保守派がかつぐ習近平氏をポスト胡錦濤の後継者として確実に選出させることにも役立ったかもしれない。

状況証拠だけなのだが、一石三鳥の効果を狙って反日デモが仕組まれた可能性は排除できない。とすれば、「反日デモ」は、中国の内政上の都合で仕組まれたことになる。日本人にとって何とも迷惑かつ不可解で、後味の悪いデモだった理由は、ここにある。

その後、反日デモ一〇月二三日に四川省徳陽で、同二四日には甘粛省蘭洲と陝西省宝鶏でも発生した。いずれも破壊行為はなく、短時間で収束した。

中露も歴史認識で連携

ロシアのメドベージェフ大統領が九月二六〜二八日、訪中した。メドベージェフ大統領は二七日、北京の人民大会堂で、胡錦濤・中国国家主席と会談した。中露首脳会談は今年だけで五回目。日中間で尖閣問題が急浮上していた時期に、中露首脳は歴史認識問題に関して共同声明を発表するという異例の対応を見せた。

会談で胡錦濤主席は、互いの関係強化のために、(1)経済・貿易と投資の協力拡大、(2)エネルギー協力の深化、(3)人民元とルーブルの為替取引など金融協力の拡大、(4)地方協力の推進、(5)ハイテク分野と技術革新分野の協力——などを呼びかけた。

会談後に発表された「戦略的協力パートナーシップを全面的に深化させることに関する中露共同声明」では、二二項目にわたって両国の認識の一致や協力分野を指摘した(34)。このうち第二番目に、領土問題が取り上げられ、「双方は国家の主権や統一、領土保全など両国の〈核心的利益〉に関わる問題での互いの支持が、中露戦略的協力の重要な中身であると考える」とした。ロシア側は、台湾、チベット、ウイグルなどの問題で中国の立場を堅く支持することを再確認し、中国による国家統一と領土保全維持を支持すると表明した。

また、「中露元首の第二次世界大戦終結六五周年に関する共同声明」(九月二八日)も発表された(35)。これは第二次世界大戦中に中露両国が、「ファシズム(ドイツ)」と「軍国主義(日本)」の攻撃を受けて共に戦い、勝利したことを現時点で改めて強調するものであった。

共同声明では、「日本が中国に侵攻した後、ソ連はただちに隣国に巨大な支援を行った。両国のパイロットは肩を並べて戦い、中国公民もソ連軍の作戦に参加した。中国はソ連軍が中国東北を解放する戦闘の中で果たした役割を高く評価する」と謳った。これはソ連が、当時有効だった日ソ中立条約を破棄して対日参戦したことを改めて評価するもので、日本としては受け入れがたい部分でもある。

また、「中露は第二次世界大戦の歴史を改竄し、ナチスと軍国主義分子およびその共犯者を美化し、解放者を中傷するたくらみを断固非難する」と強調した。中露の歴史認識についての連携は、ロシア側のイニシアチブで進められたと見られる。胡主席は本年五月のモスクワで行われた対独戦勝記念日の式典に出席して中露首脳会談に臨んだ際に、「歴史認識問題では、ロシアと協力ができる」と発言していた。戦後六五年を経て、中露が共同文書を公表した政治的な意図については、日本はもっと注視する必要があろう。沖縄基地問題で日米同盟関係がぎくしゃくし、尖閣問題で日中間に軋轢が生じている隙を突いたようなロシアと中国の動きである。

メドベージェフ大統領は九月二九日、訪中からの帰路、ロシア極東カムチャッカを訪れ、日本の北方領土を訪問する用意があることを表明し、同一一月一日には国後島を三時間半にわたり訪れた。旧ソ連時代を通じてロシアの最高指導者が北方領土に足を踏み入れたのは初めてだった。メドベージェフ氏は首相時代の二〇一二年七月三日にも国後島を再び訪れ、日本を挑発してみせた。

米中軍事交流が再開

中国の梁光烈国防部長は一〇月一一日、ベトナム・ハノイでロバート・ゲーツ米国防長官と会談した。同地で開催された初のASEAN拡大国防相会議に参加したのを機に行われた。米中軍高官会談は、〇九年一〇月に訪米した徐才厚・中央軍事委員会副主席がゲーツ国防長官と会って以来、約一年ぶり。オバマ政権下での米中国防相会談は初めて。今年五月に長官がアジア歴訪した際には、中国側から梁国防部長との会談を断られ、訪中を断念していた。

会談で梁国防部長は「現在、中米両軍関係の発展には若干の障害がある。とくに米国の対台湾武器売却などの問題が、両軍関係を全面的な関係へと深化させることを阻む重要な原因になっている。両軍関係を持続的に安定した形で発展させるためにカギとなるのは、互いの〈核心的利益〉と重大な関心事に配慮し、尊重することである。双方の戦略的相互信頼を不断に育成、増進し、猜疑心と判断上の誤りを減少するようにしなければならない」などと述べた[36]。

米中軍当局者による協議が一〇月一四、一五日、米ハワイで行われた。米中軍事改善については、温家宝総理が九月二二日、ニューヨーク市内米企業家らの代表と会見した際、ゲーツ国防長官に対し、適当な時期に訪中するよう招請していることを明らかにしていた。

（二〇一〇年一一月）

第四章　強硬路線へと急旋回した中国外交

1　強面姿勢の背後に「韜光養晦《とうこうようかい》」からの転換

——冷却化した日中関係は先行き不透明な状態が続き、米中関係も軋轢を抱えたままだ。中国外交が強硬姿勢へと転じている背景には、鄧小平が唱えた「韜光養晦、有所作為」方針の転換があった。

中国に翻弄される菅直人総理

東南アジア諸国連合（ASEAN）の関連首脳会議が行われたベトナム・ハノイで一〇月二九日夕刻、菅直人総理と温家宝総理による日中首脳会談が行われる予定だった。しかし、土壇場になって中国側が拒否したため会談は実現しなかった。翌三〇日午前、温総理が東アジア首脳会議（EAS）開始前に、会場内の首脳控え室で菅総理に近づき、ほんの申し訳のように約一〇分間の非公式な懇談を行った。首脳会談開催にこだわった日本の足元を見透かされ、中国に翻弄される日本外交の限界が浮き彫りになった。

　その二日後の一一月一日早朝、今度はメドベージェフ露大統領がハノイからの帰路、日本の北方領土の一つである国後島を訪れ、ロシアの主権を内外に示す大胆な行動に出た。旧ソ連時代を含め、ロシアの最高指導者が北方領土を訪問したのは初めて。尖閣問題で揺れる日本を嘲《あざ》笑うかのようなロシアの対日外交だった。菅直人政権（民主党）は、中露両国から領土問題で攻勢を受ける形となった。

日中首脳会談は一〇月二九日午前、ハノイで初顔合わせとなった前原誠司外相と楊潔篪外交部長との両国外相会談でお膳立てされたと見られた。予定の三〇分を超え、一時間二〇分間会談した前原外相は終了後、「ハノイで日中首脳会談が行われるだろう」との楽観的な見通しを語った。当初、首脳会談は日中韓首脳会議が終了した後の同日午後六時半（現地時間）から実施と発表されたが、直前に中国側が会談のキャンセルを通告してきた。(1)

菅―温会談実現に積極的だったのは日本側だった。会談を通じ、関係改善を演出し、一一月に横浜で開催されるアジア太平洋経済協力会議（ＡＰＥＣ）首脳会議で胡錦濤国家主席との首脳会談実現に道筋をつけようとした。会談実現に向けて意欲を示す外務省当局者の発言からもそれはうかがえた。菅総理周辺の意向を受けた動きだった。(2)

これに対して中国外交部の胡正躍・部長助理（次官補に相当）は一〇月二九日夜、会談を拒否した理由について香港メディアなどを集めた席上、次のように説明した。(3)「東アジア指導者による一連の会議の前に、日本の外交当局責任者は他国と結託し、釣魚島（尖閣諸島）問題を再び煽った。日本側はさらに同会議の期間中、メディアを通じて中国の主権と領土保全を侵犯する言論を繰り返した」、「日本側は中日外相会談の内容について、真実と異なることを流布し、両国の東シナ海問題の原則と共通認識を実行に移すという中国側の立場を歪曲した」、「日本側のあらゆる行為は、誰の目にも明らかなように、両国指導者のハノイでの会談に必要な雰囲気を壊すもので、これによる結果は日本側がすべて責任を負わなければならない」。

「他国との結託」とは、一〇月二七日にハワイで行われた日米外相会談の後、クリントン米国務長官が内外記者会見で、日本が実効支配する尖閣諸島は、日米安保条約・第五条で定めた米国の防衛義務の対象に含まれると明確に語ったことを指していた。

「真実と異なることを流布した」とされたのは、フランスのＡＦＰ通信が一〇月二九日の日中外相会談に関し、前原外相が東シナ海のガス田開発で日中が交渉再開で合意したと語った、と伝えた点を指していた。日本政府の抗議を受け、AFP通信は、第一報の配信から一〇時間半後の二九日午後一一時過ぎ（日本時間）に訂正を含む新たな原稿を配信した(4)。

米国務長官のハワイでの発言や外国通信社電の誤りは、尖閣諸島の領有権や東シナ海のガス田問題に関するものだけに、中国指導部にとっては対日弱腰外交の批判を受けかねず、首脳会談を拒否した理由となったのだろう。しかし、理由は他にもあったと考えるべきだった。

まず、両首脳は一〇月四日にブリュッセルで会談しており、日中関係改善に向けた基本線は固まっていた。中国側にすれば、ハノイで再び温総理と会談したいと求める日本の狙いは何かといぶかっただろう。

持ち出される可能性のある議題としては、APEC横浜会議への胡主席の参加要請や、一〇月一六日から内陸部で断続的に発生した反日デモがあった。成都や西安では日系スーパーや日本料理店などに被害が出ていた。反日デモが取り上げられ、遺憾を表明される可能性があると考えただろう(5)。中国人船長の拘束では中国が同じような要求を突きつけていたからだ。邦人拘束問題も提起されることを恐れたかもしれない。ほかに中国人船長が巡視船に衝突する瞬間を撮影した海保撮影のビデオ映像が日本の国会に提出されていた時期でもあった。中国は公開を阻止したかったはずだ。

会談がうまく行かなかった場合、対日融和的、弱腰だとの批判が改めて出る可能性があった。だから中国側は会談しない方が得だと判断したのだろう。温総理には外交権限が全面的にあるわけではなく、党政治局常務委員会の最終判断に委ねた可能性も排除できない(6)。

一夜明けて、温総理は菅総理に近づき、話し合いに応じる素振りを示し、次回以降の会談へと繋いだ。不意打ちとも言える懇談形式（中国外交部は〈寒暄＝時候の挨拶〉と表現）では、中国にとって都合の悪い話題が持ち出されることはなかった。中国が得意とする心理戦とも言えた。

共同電によれば、一〇分間懇談で温総理は「対外的に何かを表明する際は（発言は）慎重であるべきだと忠告したい」と菅総理を諭した。尖閣＝日米安保適用発言が念頭にあったのだろう。また、温総理は「民意は非常に脆いものだ」とも指摘したという。こちらは中国内の反日的な世論を意識したのだろうか。(7)

この一〇分間懇談は、国営新華社が一〇月三一日朝、邦字紙各紙や第三国の新聞報道を引用する形で中国内で伝えた。独自のニュースとしては無視しており、真っ当な報道姿勢とは言えなかった。(8)

成果乏しかった菅―胡会談

横浜で開催されたアジア太平洋経済協力会議（APEC）首脳会議（一一月一三、一四日）出席のため来日した胡錦濤国家主席は一一月一三日夕刻、会場内のホテルで菅総理と二二分間、会談した。冒頭、カメラマンの前で握手する両首脳の表情は非常に硬かった。中国側は直前まで態度を明確にせず、胡主席が会談に応じるか否かが大きな焦点になった状況のもと、主導権は中国側の手中に握られていた。用意していたメモに目を落とし、緊張した様子の菅総理の姿に象徴的に現れていた。

菅総理は翌一一月一四日の閉幕会見で、「尖閣諸島は、わが国固有の領土であり、この地域に領土問題は存在しないことを（中国側に）明確に伝えた」と語った。(9)

会談で両首脳は、戦略的互恵関係について、長期的に安定した発展が両国民の利益に合致し、地域と世界の平和と安定にとっても非常に重要だとの認識で一致。政府間往来と民間交流、協力の促進でも合意。経済分野を含む地球規模の課題の協力強化も確認した――という。(10)

菅総理はさらに一一月一六日の衆院本会議で、「日中関係は尖閣諸島沖での漁船衝突事件以降、ギクシャクした状態が続いていたが、今回の首脳会談で私の就任時（六月八日）の原点に戻ることを確認した。マイナスからゼロになったことは大きな前進だ」と成果を強調して見せた。[11]

会談では、日中双方が権益を主張している東シナ海でのガス油田開発や、中国のレアアース（希土類）輸出停滞問題も取り上げられた可能性はあったものの、日本側は「具体的問題なので（発表を）差し控えたい」（福山哲郎官房副長官）として公表せず、漁船衝突事件を含めどのようなやり取りがあったのかは、うやむやになった。反日デモに対して、遺憾を表明したかどうかも不明だった。

一方、新華社電によれば、胡主席は会談で次のように語った。[12]「中日両国が平和で友好的で協力の道を歩むことが、両国と両国人民の根本的利益に合致する正しい選択である。双方は戦略的高みと長期的観点から、中日間の四つの政治文書[13]が決めた諸原則を順守し、中日関係発展の正しい方向をきちんと把握し、両国の戦略的互恵関係を、健全で安定した軌道に向けて発展させる努力をしなければならない」。「双方が努力して根気よく民間や学術交流を推し進め、両国人民が互いに理解と友好的な感情を増進させるようにしなければならない。双方が経済・貿易面での協力パートナーとして、互いに協力体制を深化させねばならない。また、国際問題において対話と協調を強化し、アジア振興のために努力し、地球的課題にも対応しなければならない」。

九月七日の尖閣沖の漁船衝突事件発生以降、初めての菅総理との首脳会談だったにもかかわらず、胡主席が尖閣問題や反日デモに関して発言した様子は新華社電からは、うかがえなかった。中国側は胡―菅会談について、「約束に応じて会見し、言葉を交わした（進行了交談）」と表現し、温―菅会談（一〇月四日）と同じ非公式なものと位置づけた。

胡主席が日中会談に応じた背景には、同じ一三日午前、オバマ大統領と菅総理が日米首脳会談を行い、中国を意識した日米同盟の深化、緊密な連携を謳い上げたことも微妙に影響しただろう。オバマ大統領は終了後の会見で、「中国の経済的な台頭は歓迎するが、国際社会の一員として、（国際的）ルールの中での適切な役割、言動が必要だ」と指摘して、中国にクギを指していた⒁。

首脳会談の翌一一月一四日、横浜市内で前原誠司外相と楊潔篪外交部長の日中外相会談が三五分間にわたって行われた。中国側が求めたものだった。ハノイでは首脳会談（予定）に先立って行われた外相会談が、今回は首脳会談の直後だった。中国側は、首脳会談で具体的事案に触れない代わりに、外相会談を設定する戦術だったのかもしれない。こうした会談設定の狙いを日本側もよく研究し、対中外交に活用すべきだろう。

会談で前原外相は東シナ海のガス田「白樺（中国名・春暁）」の共同開発を取り上げ、早期交渉再開を求めたものの、楊部長は「交渉再開に必要な条件、雰囲気が必要だ」として応じなかった。さらに前原外相は、邦人四人拘束の背景について尋ねた。中国側の回答内容は不明である。懸案事項の進展には、なお一定の時間がかかることになろう⒂。

強面の中国外交に転換

ソ連崩壊後の中国外交の基本理念は、最高実力者・鄧小平氏の提唱した「韜光養晦、有所作為（才能を隠して機会を待ち、少し行動に出る）」だった。しかし、昨年来、中国は強硬姿勢に出ることも辞さない新たな外交方針へと舵を切り替えた。背景には国力の向上と影響力の増大に伴い、中国に対する国際社会の要求が厳しさを増しているという現実があるが、実際に南シナ海問題や尖閣問題などでの強い外交姿勢は、この基本方針の転換に由来している可能性が高かった。

新たな外交理念は「堅持韜光養晦、積極有所作為（才能を隠して機会を待つ方針は堅持するが、少し積極的に行動に出る）」となった。鄧小平氏に敬意を払い、氏の理念を堅持する体裁をとっているが、重点は「積極」にあることは明白だ。これは前年七月一七～二〇日に北京で開催された海外駐在の中国大使らを集めた外交使節会議で、胡錦濤総書記が行った演説の中で打ち出したものだった⒃。五年に一度開催される重要会議で、当時、胡演説を含めて会議の模様は新華社電が伝えたが、「韜光養晦」に関する新方針は公表されなかった。ただ、唐家璇元国務委員（元外交部長）が〇九年一二月四日、北京の外交学院で講演した際に、「国際社会の心理状態は複雑だが、中国外交が〈韜光養晦〉を堅持し、積極的に〈有所作為〉する戦略方針は正しく、長期にわたり堅持しなければならない」と語り、徐々に知られるようになった。(17)

ちなみに中国外交部が管轄する隔週刊誌『世界知識』（二〇一〇年元旦号）では、「中国は覇権を求めないどころか、鄧小平時代の〈韜光養晦〉戦略は依然として堅持されており、しかも非常に長期間にわたっている(18)」としていた。新華社発行の週刊誌『瞭望新聞周刊』（一〇年二月二二日号）でも、中国現代国際関係研究院世界政治研究所の陳向陽・副研究員は「〈韜光養晦、有所作為〉は時代遅れで、やめるべきだとの誤解がある」と指摘し、「中華民族の偉大な復興の全過程にわたり貫かねばならない」と主張したように、胡演説から半年以上を過ぎた時点でも、新たな外交方針は国内の関係部門に浸透していない様子がうかがえた。(19)

しかし、『瞭望新聞周刊』（一〇年一一月八日号）では、前述と同じ中国現代国際関係研究院世界政治研究所の高祖貴院長が、「党中央は〈堅持韜光養晦、積極有所作為〉を強調している。以前に提起した〈韜光養晦、有所作為〉に〈堅持〉〈積極〉の四文字が加わったことの意義は深い。これは国際的な国力の度合いと自国の実力をはっきり認識させるものだ」と語り、事実上、修正した。(20)胡発言から一年三カ月が経過していた。

これより先、上海外国語大学中東研究所の朱威烈所長（71）がネット上で、〈堅持韜光養晦、積極有所作為〉の一二文字が昨年七月の外交使節会議で胡錦濤総書記が提起したものだと明快に述べた。(21)

〇九年一二月のコペンハーゲンでの国連気候変動枠組条約締約国会議（ＣＯＰ15）での温家宝総理の対応から始まり、本年三月の南シナ海＝中国の「核心的利益」とする外交部幹部の発言、七月のＡＳＥ

ＡＮ地域フォーラム（ＡＲＦ）での楊外交部長の発言、九月の尖閣事件での対応、劉暁波氏のノーベル平和賞授賞式への執拗な圧力など、時には強引とも言える中国外交の変貌ぶりがうかがえる。中国は表向き「和平崛起論」や「平和発展論」を引っ込めてはいないが、その説得力は急速に色褪せたと言えよう。

習近平政権は「新発展観」か

尖閣事件では、レアアースの禁輸や邦人拘束など「目的のためには手段を選ばない」粗野な外交手法を見せつけたことで、「中国警戒論」や「中国脅威論」を呼び覚ました。これに対して、胡錦濤政権は関係修復など外交政策の再調整に動き始めた。

ポスト胡錦濤の最有力後継者である習近平・国家副主席は一一月一七日、訪問先のシンガポールでの講演で、「中国の発展は、国内的には科学の発展、調和の発展、協調の発展であり、対外的には平和の発展、開放の発展、協力の発展である。中国のさらなる発展は、世界とりわけ周辺地域に一段と多くの機会を与えることになる」と低姿勢で訴えた[22]。「平和、開放、協力」という新たな発展観が新外交理念として、次期政権のキーワードになるかどうか、注目される。

また、〇九年の外交使節会議では、周辺諸国に対する外交について、「周辺の地政上の戦略支援構築」が謳われており、五年前の同じ会議での「周辺は主要だ」との表現から、一段と踏み込んだ。ただ、戦略支援構築の詳細は不明である。

ASEAN諸国には柔軟姿勢

東南アジア諸国連合（ＡＳＥＡＮ）と中国の第十三回首脳会議が一〇月二九日、ハノイで開催された。ＡＳＥＡＮ関連首脳会議のひとつとして開かれ、中国からは温家宝総理が出席した。終了後には議長のグエン・タン・ズン・ベトナム首相が取りまとめた議長声明と共同声明が公表された[23]。

議長声明によれば、二〇〇二年に署名した「南シナ海における関係国の行動宣言（ＤＯＣ）」について、中国とASEAN首脳は、コンセンサスに基づく最終的採択に向け、全面的かつ効果的に実行に移して行く、との誓約を改めて確認した。さらに、DOCについて、双方の間で第四回目作業部会（一二月二二、二三日、北京開催）を開き、指針作りに着手することを決めた。[24]

DOCは南シナ海で発生した紛糾事案を平和的に解決することを目指したものだが、拘束力はなく、ASEAN側は一〇月二八日の首脳会議で、「（拘束力を伴った）〈行動規範＝COC〉に向けて前進することが必要だ」との議長声明を採択していた。中国は南シナ海での紛争は、二国間で対処する方針だが、ASEAN側の一致した要望に柔軟な姿勢で臨むことをアピールしたものと見られる。

クリントン米国務長官は一〇月三〇日、ハノイでの会見で、「米国は、日米中の三カ国外相会談を開催する意欲が十分にある」と発言し、米国が日中摩擦解消のために仲裁に入る用意があることを明らかにした。長官はその後、同じ三〇日にハノイから次の訪問国カンボジアに向かう途中、中国海南島に立ち寄り、同省三亜市の空港内で戴秉国国務委員（副総理級）と二時間半にわたり会談した。同行の米当局者がAFP記者に明らかにしたところによれば、戴氏は南シナ海、東シナ海などでの領有権問題やマクロ経済政策などで確認を求めてきた。一方で、胡錦濤国家主席の二〇一一年初めの米国訪問が成功するよう希望している、と話したという。[25]

中国新聞社電によれば、双方は胡主席の公式米国訪問が、新時代の米中関係の発展にとって重大であり、密接に意思疎通を図り、良好な雰囲気を作って、成功させることで一致した。[26] 日米中会談構想については、明確な反応を示さなかったが、その後、外交部の馬朝旭報道局長が反対の意向を示した。

米中首脳会談で人民元に進展なし　ソウルで開催された主要二〇カ国・地域（G20）首脳会議（サミット）に参加のため訪韓した胡錦濤国家主席とオバマ米大統領は一一月一一日、ソウル市内のホテルで会談した。両氏による米中首脳会談は通算七回目。会談は一時間二〇分だったが、大半は人民元問題に費やされたという。

人民元をめぐっては六月に中国人民銀行（中央銀行）が「人民元の為替制度の改革をさらに一歩進め、元相場の弾力性を高める」と発表、〇八年夏以来停止していた管理変動相場制が動き出し、元切り上げが徐々に始まると見られた。しかし、中国はその後も人民元の変動を抑え、切り上げと呼べる状況には至っていない。巨額の対中貿易赤字に悩む米国には、強い不満が渦巻いている。

会談直前の報道陣とのやり取りの中で、オバマ大統領は、「強固でバランスが取れ、持続可能な成長を確保して行くためにも、世界の経済大国として米中両国には特別な義務がある」と、胡主席に対し、人民元問題が重要であるとのメッセージを送った(27)。

会談の中で胡主席は、米中両国の経済・貿易関係が〇八年秋の国際金融危機発生前の水準に戻ったとの認識を示し、「米国の対中輸出は継続して急速に増加している。米国のその他の相手国に対する輸出増よりも明らかに多い。中国側は中米両国の財政、金融、経済・貿易協力について提言を出しており、共に努力して進展するよう希望している」とした。

今年六月の人民元改革について、「極めて複雑な情勢の中での決定であり、本当に容易ではなかった。中国側の人民元為替改革への決意は揺るぎないものだが、改革には良好な外部環境が必要であり、漸進的に進めることしかできない」とかわし、米国からの切り上げ圧力には応じられない基本的立場を繰り返した。

また、オバマ政権が一一月三日に決定した追加の金融緩和策（一一年六月末までに米国国債六〇〇〇億ドルの買い入れ）については、「中国も注視している。米国の関連政策は、新興市場国と発展途上国の利益も考慮しなければならない」と注文をつけた。米国の金融緩和により、中国に短期の投機資金が流入し、インフレや資産バブルを招く危機感を表明したものだった。これはG20でも主要なテーマとなり、米国などが目標とした経常収支の数値目標の設定は中国やドイツなどの強い反対で見送られた。

米中ソウル会談では、オバマ大統領が中国の人権問題に関連し、政治犯の釈放を求めた。しかし、ノーベル平和賞受賞が決まった反体制作家、劉暁波氏に言及したかどうかは、米中双方ともに明らかにしなかった。(28) 胡主席は米国のハイテク製品の対中輸出制限の緩和を求めた。双方は北朝鮮とイランの核問題についても話し合った。

反日デモに「琉球回収、沖縄解放」

平日に行われた重慶での反日デモ（一〇月二六日）では、反政府的なスローガンは登場しなかった。しかし、四川省徳陽（一〇月二三日）、甘粛省蘭州と陝西省宝鶏（ともに一〇月二四日）で展開された反日デモのうち、宝鶏でのデモは様相が若干異なった。

宝鶏市（人口三七八万）の反日デモでは、日本商品ボイコットなどの標語のほかに、「官僚腐敗に反対」、「住宅価格高騰に抗議」、「貧富の格差を縮小せよ」、「報道の自由を実施せよ」、「多党制を推進せよ」など共産党支配に異議を申し立てる過激な反政府スローガンも登場した。報道の自由に関する標語は、中国当局が劉暁波氏のノーベル平和賞受賞を黙殺していることに対する不満と見られた。目的外のデモは「ヤドカリデモ（借殻游行）」と呼ばれており、ネット上では「宝鶏のデモは立派だ！」「まずは自国の独裁体制について反対すべき」などのメッセージが寄せられた。反日デモが容易に反政府デモに転化することを示した。(29)

一方、重慶では、若いサラリーマンが大学生たちとともにデモ行進を組織しており、大学生主導から微妙に変化していた。中国の国内メディアは、反日デモをほとんどまともに報道しなかったが、情報はネットなどを通じて流れた。(30)

一〇月三〇日には寧夏回族自治区の銀川の市中心部で約五〇人の大学生、高校生らが「日本製品ボイコット」などのスローガンを叫びながらデモ行進した。(31) 吉林省長春でも一〇月三〇日、大学生ら若者約一〇〇人が中心部で反日デモを行った[32]。

ところで、一〇月一六日の成都での反日デモのスローガンに、「収回琉球、解放沖縄（琉球を回収し、沖縄を解放せよ）」の中国語が唐突に登場した。なぜ「琉球回収」なのか。多くの日本人には理解しがたいものだった。

中国のネットには最近、沖縄についての記述がたびたび見られたが、尖閣漁船衝突事件の発生以降は頻繁になった。例えば、国際時事問題紙『環球時報』は九月一九日の「国際論壇」欄に、中国商務部研究院の日本研究者・唐淳風氏による「日本には釣魚島について中国と話し合う資格がない」との主張を載せている。

その論理は荒唐無稽とも言えるもので、「中華琉球王国は一貫して中国朝廷直属の独立王国だった」との断定から始まり、釣魚島（尖閣諸島）が海底の構造上、歴史的帰属上、国際海洋法からも沖縄と無関係だと主張。さらに琉球王国が大陸朝廷に朝貢した際も、他と異なっていた例として、「琉球国民の大部分が福建省、浙江省、台湾など沿海地域から渡った住民」で、「血縁があり、言語、文字も漢語であり、章典や制度も大陸王朝と完全に一致していた」と決めつけている。尖閣と沖縄は無関係で、日本には沖縄に対する主権が及ばないと主張したいようだ。

この論評は、一一月一〇日に「琉球は日本領土にあらず、日本には釣魚島をわが国と話し合う資格はない」との題名とともに、再度アップされた[33]。また一一月八日の『環球時報』には、同じ唐淳風氏が「中国は琉球独立運動を支持しなければならない」を執筆するなど、事態はエスカレートしている[34]。

ほかにネット上では、歴史的なカイロ会談（一九四三年一一月）で、国民政府の蔣介石主席と会談したルーズベルト大統領が、中国に沖縄を領有する意向があるかどうかを持ちかけ、蔣介石が断ったという歴史的秘話が紹介されている[35]。

日本では馴染みの薄い話だが、米国外交文書史料集（FRUS）『カイロとテヘラン』に載っている。カイロ会談とは、第二次大戦のアジアでの対応や終戦後の対日処理などについて協議するためエジプト・カイロのメナハウス・ホテルに集まったルーズベルト米大統領、チャーチル英首相、蔣介石主席による三巨頭会談を指す。同年一二月一日、その内容がカイロ宣言として公表された。

カイロ会談では、ルーズベルト大統領が一一月二三日、蔣主席に対して沖縄問題を持ち出した。その内容は、当日の夕食会とその後の会談に同席した中華民国の元外交部長・王寵恵氏が記録を残していた。ルーズベルトの秘書ホプキンズ氏は記録を取っておらず、後に王氏から会談内容の通告を受け、FRUSに記載された。日本では防衛大学校長の五百旗頭真氏が自著『米国の日本占領政策――戦後日本の設計図』で詳細に論評している[36]。

蔣介石は『蔣介石秘録』（サンケイ新聞社）の中で、カイロでのルーズベルト大統領との夕食会、その後の会談で、天皇制の取り扱いのほか、日本占領や領土問題を協議した中で、沖縄（琉球）問題が持ち出されたことを明らかにしている。その上で蔣氏は、「わたしは、日本が中国から奪い取った土地、たとえば東北四省（旧満州の意）と台湾、澎湖群島は中国に返還すべきだが、琉球は国際機構を通じて、中米の共同管理に託してもよいと提議した」と記し、事実上、辞退したことを明らかにしている[37]。

五百旗頭氏は、ルーズベルト大統領が日本から中国へ返還させる領土の中に、沖縄を加えた理由について、「ドイツとともに日本を決定的に弱体化し、その再興を監視することに意を注ぐローズベルト（原著ママ）は、中国やソ連が日本からなにがしかの領土を持ち去ることに必ずしも反対ではなかった」、「中国がそれ（琉球）を希望しているものと信じていたのではないかと思われる」と推論している[38]。

では、蔣氏は沖縄領有をなぜ辞退したのか。この点について、蔣氏自身が、「(1)米国を安心させるため、(2)琉球は甲午（日清戦争）以前にすでに日本に属していたため、(3)同地区を米国との共同管理にした方が、わが国が専有するよりはおだやかであるため」とした。蒋氏は沖縄が日本領土であるとの認識を持っていたことがうかがえる[39]。

成都での反日デモで、沖縄に関するスローガンが突然出現した背景には、このような経緯があった。蔣介石がカイロ会談で同意していれば、沖縄は中国領土になっていた、という思いなのだろう。最近、中国学者の琉球・沖縄研究では、米国が戦後、沖縄を戦略拠点とするために日本帰属という法的根拠が準備されたと主張しており、沖縄問題が今後、引き合いに出される可能性は高い[40]。引き続き注意が必要だろう。

尾を引く尖閣ビデオ映像

沖縄県尖閣諸島沖での中国漁船衝突事件に関し、衆参両院の予算委員会理事の国会議員ら約三〇人が一一月一日、海上保安庁が撮影した現場のビデオ映像（DVD）を国会内で視聴した。六分五〇秒間に編集されたビデオ映像は那覇地検が先に国会に提出していた。視聴した議員からは、中国漁船による意図的な衝突であることは明らかだとの意見が相次いだ。しかし、菅政権は対中配慮からビデオの一般公開には慎重な姿勢を崩さなかった。

『讀賣新聞』によれば、九月下旬に密使として訪中した細野豪志・前幹事長代理らに対し、中国の戴秉国国務委員（副総理級）は、日中関係改善の前提として、(1)尖閣事件ビデオを公開しない、(2)仲井真《なかいま》弘多《ひろかず》・沖縄県知事の尖閣視察の中止――を迫ったという。結果として仲井真知事の尖閣視察は行われず、ビデオも非公開のままだった。対中配慮というより、中国側から外交圧力をかけられたため、公開できないということなのだろう[41]。

中国外交部の馬朝旭報道局長は一一月一日、日本側のビデオ一部公開について談話を発表し、「釣魚島と付属の島嶼は古来より中国固有の領土である。日本の海上保安庁の巡視船が釣魚島海域で中国側の漁船の邪魔をして追い回し、遮った上で取り囲み、拘束したこと自体が違法であり、中国の領土主権と中国漁民の正当な権利を著しく侵した。いわゆるビデオ映像で真相を変えることはできないし、日本側の行為の違法性を覆い隠すことはできない」との一方的な論理を展開した。尖閣はあくまで中国の領土だとする強引な論法で押し切ろうとする筋立てだった(42)。

こうした中で一一月四日深夜から翌五日早朝にかけ、インターネットの動画投稿サイト「ユーチューブ」上に海上保安庁が撮影した尖閣衝突事件のビデオ（四四分二三秒）が流れた。日本のテレビ各社が一斉に「ユーチューブ」の映像を放映したため、漁船衝突の光景は事実上の公開状態となり、多くの日本国民の目に触れた。

ビデオは中国漁船「閩晋漁５１７９」（一五人乗組、一六六トン）が九月七日午前一〇時一五分、尖閣諸島・久場島付近の日本領海内で巡視船「よなくに」（一三四九トン）の左舷後部に衝突して来た場面や、同一〇時五六分、第一現場から三キロ離れた日本領海内で、巡視船「みずき」（一九七トン）の右舷後部に衝突して来た光景を映し出していた。

中国漁船に衝突して来たのは日本の巡視船だった、という中国内で流布された逆転解釈を突き崩す内容だったが、発生から二カ月余りが経過していたうえ、船長と船員は中国に戻っていただけに衝撃度は低かった。やはり事件直後に間髪を入れずに公開、放映すべきものだった。完全にタイミングを逸していた。

中国外交部は一一月五日、尖閣ビデオの流出について、洪磊・副報道局長の談話を発表した。内容は馬局長談話と同じだった。ただ、尖閣諸島に対する領有権を主張することはなかった。

ビデオ流出問題は一一月一〇日、第五管区海上保安本部（神戸市）の神戸海上保安部に所属する一色正春海上保安官（43）が、自分がやったと上司に申し出た。この事件では、海上保安庁が東京地検と警視庁に刑事告発していたこともあり、捜査当局がこの保安官を国家公務員法（守秘義務）違反容疑で取り調べた。同保安官は神戸市内のネットカフェで動画サイトにアップしたことが判明した。映像は、海保のパソコンネットワーク上にある海上保安大学校（広島県呉市）の共用フォルダーで閲覧可能で、ここから入手していたことも分かった。

この保安官について、検察・警察当局は一一月一五日、国家公務員法違反で逮捕せずに、任意調べを続けることを決定した。日中首脳会談が開催された横浜APEC首脳会議が終了した翌日の発表だった。

青海省でチベット族学生が抗議デモ

英BBC放送などによれば、青海省黄南チベット族自治州同仁県で一〇月一九日、約一〇〇〇〜七〇〇〇人に上るチベット族の中・高校生が抗議デモを行った。県内五校の学生約五〇〇〇〜九〇〇〇人が参加したとの情報もあった。一〇月二一日も約五〇〇人の学生が同仁県の県長と教育局長の二人の辞任を求め、デモ行進した[43]。

地元政府がチベット語と英語の授業以外のすべてを中国語で行うほか、教科書も中国語にすると発表したため、学生たちがチベット文化の破壊だとして、抗議に立ち上がった。一〇月二〇日朝には隣接する海南チベット族自治州の共和県恰蔔恰鎮で四校の高校生ら約二〇〇〇人が中心街をデモ行進した[44]。デモに先立って青海省のチベット族の教師や学生ら約三〇〇人が一〇月一五日、地元政府の教育担当部門に書簡を提出し、学生たちは遊牧民の子弟であり、中国語に不案内であるため、中国語による授業では内容を理解できないと抗議した。

青海省の強衛党委書記は一〇月上旬に省都・西寧で行った会議で、「教育改革は躊躇することなく実施に移さねばならない」と語り、強硬な姿勢を示した。

デモが収まった後の一〇月二四日、年配者のグループが、青海省教育担当部署に嘆願書を送り、中立的な立場の専門家によって現在の言語教育を再点検するよう求めた。中国語で書かれた嘆願書は他の政府部門や、中央政府、政治協商会議事務局などにも送付された。元中学校教師のあるチベット人は「まるで文化大革命時代のよう。少数民族の文化保護を規定する中国憲法に違反している。チベット人にとって中国憲法は無用の長物と化している」と嘆いた。[45]学生たちの抗議デモは一〇月二二日、北京にある民族学院にも波及し、同キャンパス内で約四〇〇人が抗議デモを行った。

来日したチベット仏教の最高指導者ダライ・ラマ一四世は一一月六日、成田空港近くのホテルで記者会見し、青海省で発生した学生デモについて、「チベットで文化的虐殺が起きている」と中国当局を非難した。ダライ・ラマは一一月六〜一六日まで来日した。[46]

空疎だった温総理の政治改革提言

温家宝総理が八月に政治改革の重要性に言及して以来、注目を集めた「政治改革」問題は、竜頭蛇尾の結末となった。温総理にすれば、五中全会（一〇月一五〜一八日）を目指し、政治改革を促す立場から発言を繰り返したのだろう。だが、結果的には掛け声倒れに終わり、党内保守派による抵抗は依然として強いことを印象づけた。

温家宝総理の政治改革提言は、以下の場所で行われた。

(1)深圳市での経済特区指定三十周年記念の講話（八月二〇日）
(2)北京で開催された「全国遵法行政工作会議」（八月二七日）
(3)訪中したカーター元米大統領との会見（九月一三日）
(4)天津での夏期ダボス会議での開幕式スピーチ（九月一三日）
(5)ニューヨークでの在米華字紙メディア責任者との座談会での発言（九月二二日）
(6)米CNNテレビの単独取材での回答（九月二三日）
(7)ニューヨークでの国連総会一般演説（九月二三日）
(8)国慶節レセプションでの挨拶（九月三〇日）

わずか四〇日余りの間に八回の言及は異例だった。平均すれば五日に一度、政治体制改革の必要性を唱えたことになる。

しかし、第十二次五カ年計画策定のための五中全会のコミュニケや党中央の提言、温総理の説明などで、政治改革は「積極的かつ穏やかに進める」と触れられただけだった。

その後、一〇月二七日付『人民日報』一面に「政治体制改革は正しい政治的方向に従って、積極的かつ穏やかに進めよ」と題した「鄭青原」なる署名論文が掲載された。これは明らかに温総理と改革派勢力を批判するものだった。同論文は、政治体制改革について、「社会主義制度を堅持するものでなければならない」、「わが国の社会主義制度を堅持する前提で行い、わが国の社会主義制度に背くものであってはならない」、「西洋社会の政治体制モデルや、複数の政党が順に政権を担う制度、三権分立を模倣するものであってはならない」など、強い調子で戒めた。

筆者「鄭青原」は四字成語の〈正本清源（根本を正す）〉をもじったペンネームと見られた。同じ名前で、『人民日報』が一〇月二一日付から五回にわたり掲載した評論文は、五中全会をテーマにしており、政治改革論文は三回目に登場した。[47]このほか、一〇月二〇日付『人民日報』には、「中国の特色ある社会主義民主政治の制度的優越性と基本的特徴」と題した論文も掲載された。

温総理の提唱する政治改革は社会主義の枠内のものだが、西側の「民主」と一線を画すことが強調されていなかったことで保守派から攻撃を招いたのかもしれない。一方で温総理は、「一部の幹部は大衆から離れ、形式主義、官僚主義がひどく、ある領域では腐敗現象が蔓延している。政府自身の改革を深め、制度作りを強化することで、権力が過度に集中し、制限を外れている問題について解決を図らねばならない」とも発言している。[48]急速な経済発展で生じた「特種利益集団」による特権・不正の排除を念頭に置いた発言である。これも反発を受けた理由だろうか。二〇一三年春までの残る二年数カ月の任期内で、温総理は何を手がけようとしているのだろうか。

上海万博終了、入場者数が大阪万博を上回る

「より良い都市、より良い生活」をテーマに、五月一日から一〇月三一日まで、半年間（一八四日）にわたって開催された上海万博が終了した。過去最多の一九〇カ国と五六の国際組織が参加、期間中の入場者数は七三〇八万四四〇〇人（三一日午後九時の集計）に上り、目標の七〇〇〇万人を上回った。この数字は過去最多だった大阪万博（一九七〇年）の約六四二二万人を超え、記録を大きく塗り替えた。

上海万博の公式HPによれば、一日の平均入場者数は三九万七〇〇〇人で、最多は一〇月一六日の一〇三万二八〇〇人。中国国家館の入場者数は約九三〇万人だった。(49)

日本からは鳩山由紀夫・前総理が訪中し、六月一二日の万博「ジャパン・デー」に出席した。劉延東・国務委員が鳩山氏に同行して会場内を案内した。九月七日に尖閣沖漁船衝突事件が発生した後は、五月の来日で温総理が提案した「日中青年上海万博訪問団」（約一〇〇〇人の青少年で構成）の訪中は中止され、その後、一〇月下旬に復活したものの、参加者は七〇〇人前後に減った。ただ、日本館と日本産業館は人気が高く、一〇月一六日に内陸部で反日デモが突如として発生したにもかかわらず、妨害行為はなく、一〇月一七日の日本館前には期間中最長の六時間半待ちの行列ができた。(50)後半から警備を強化、武装警察官ら一万人余りを投入して厳重な警備体制を敷いたことも混乱回避につながったようだ。

最終日の一〇月三一日、会場内の文化センターで行われたサミット・フォーラムで挨拶した温家宝総理は「上海万博は成功した。精彩を放ち、忘れがたい盛大な大会だった」と称賛した。また、「われわれは万博の精神を発揚し、人類が手を携えてさまざまな困難に対応し、ともに平和と発展を促して行かねばならない。都市の調和的発展、広大な農村の近代化を推し進め、発展の遅れた地域の共同開発を援助し、平和の維持と共同繁栄の調和世界を打ち立てねばならない」と語った。(51)

温総理は前日までASEAN関連首脳会議に参加のためハノイに滞在していた。温総理は先の演説で、上海に定住し、万博に毎日通った日本人の主婦、山田外美代さん（61）（愛知県瀬戸市）の名前を挙げて称えた。日本が上海万博の運営面で多大な協力をしたことについては「博覧会国際事務局（ＢＩＥ）と過去の主催国が貴重な指導をしてくれた」と一言触れただけだった。

（二〇一〇年一二月）

2 物価安定が最優先課題に

○八年の金融危機への対応で始まった中国の緩和策が終了し、金融引き締めに転換する見通しになった。顕著になった物価上昇＝インフレを抑えるのが狙い。北朝鮮による韓国砲撃事件で、中国は六カ国協議首席代表による緊急会合を提案したが、日米韓が反対し、実現していない。

経済工作会議でマクロ政策決定

中央経済工作会議が一二月一〇～一二日の三日間、北京で開催された。毎年末に行われる恒例の経済会議で、二〇一一年のマクロ経済政策の骨格が決まった。胡錦濤総書記はじめ政治局常務委員九人全員が出席したほか、金融・財政など経済担当の党・政府責任者や地方指導者らが出席した[1]。経済工作会議に先立ち一二月三日には党政治局会議が開催されており、基本的に同じ政策が決まっていた[2]。

金融政策では〇八年九月の世界同時金融危機の発生に伴い、同一一月に始まった「適度な緩和（中国語＝適度寛松）」策を一〇年一二月で終了し、「穏健・中立（同＝穏健）」策へと二年二カ月ぶりに転換することが決まった。緩和策の正式な終了宣言である。金融危機発生前の〇八年一月から同一一月まで、中国ではインフレ懸念もあり「引き締め（同＝従緊）」策が採られた経緯がある。今回決まったのは「穏健・中立」策だが、今後、適度な「引き締め」策へと向かうのだろう。

政策転換の最大の原因は、物価上昇が顕著になり、インフレが懸念されるからだ。会議では「物価水準の安定を最優先させる」ことも決まった。物価上昇は貧困層にとって打撃になりやすく、社会の安定確保のための最重点の施策となる。

金融危機による景気減速に備え、四兆元に上る巨額の財政措置が講じられたが、こうした積極的な財政出動は今後も継続して実施することになった。中国経済が失速すれば雇用問題が先鋭化する懸念があり、適度な財政出動を続けることで、景気の腰折れを防ぐ必要があると判断した。

中央銀行である中国人民銀行は一〇月二〇日、金融機関の貸し出しと預金の基準金利を二年一〇カ月ぶりに〇・二五％引き上げた。さらに、一二月一〇日、金融機関から強制的に資金を預かる比率である預金準備率を〇・五％引き上げると発表した。人民銀行は一一月に預金準備率を二度引き上げたばかりであり、年初以来では通算六回目。市中に出回る資金を吸収するのが狙いで、引き締め基調は鮮明になっている。

表４-１　中国の経済成長率（GDP）

年	実質（％）
2000	8.4
2001	8.3
2002	9.1
2003	10.0
2004	10.1
2005	11.3
2006	12.7
2007	14.2
2008	9.6
2009	9.2
2010	10.4
2011	9.2
2012　1～6月	7.8

出所：内閣府が『中国経済年鑑』などをまとめた『月刊海外経済データ』より。

一一年のマクロ経済の基調は、「積極的な穏健さ」と「慎重な弾力性」とされた。意味するところは、安定した比較的速い経済発展を維持することであり、同時にインフレ対策を講じて物価安定を保つことだ。

注目の人民元については、「相場形成システムをさらに完全なものとし、合理的でバランスの取れたレベルのもとに基本的安定を保つ」とした。六月に「相場の弾力化」を実施して以降、元上昇は極めて穏やかな状態が続いており、当面、急激な切り上げはしないとの意味だろう。

一一年の経済工作の六大任務は、(1)マクロ経済調整による健全な経済運営と人民元相場の安定維持、(2)近代化した農業の発展推進と農産品の供給確保、(3)サービス部門や環境など経済構造の戦略的調整の加速、経済発展の協調性と競争力の増強、(4)教育や就業、年金、医療など公共サービスの充実と社会管理システムの創設、(5)個人所得税の徴収徹底など富の再配分を含む経済発展モデル転換の推進、(6)高度技術産業の対外投資促進など互恵的な開放戦略の堅持と国際経済との協調拡大――などと決まった。

二期目の胡錦濤指導部も残すところ二年余り。先進国の景気が依然として低迷する中で、中国は世界経済回復の牽引役になっており、人民元の扱いを含め、安定成長をどう確保して行くかが今後のカギとなる。

物価上昇で買い控え現象も

中国商務部市場運行局の王炳南局長は一一月中旬に海南省で開催した会議で、主要三六都市での同月上旬の野菜一八種類の平均卸売価格が前年同期に比べて六二・四%も上昇したことを明らかにした[3]。

一〇月の消費者物価指数（CPI）は前年同期比で四・四%上昇し、食品だけでは一〇・一%上がった。さらに一一月のCPIは同五・一%の上昇となり、〇八年七月の六・三%以来、二年四カ月ぶりの高い伸び率となった。食料品だけの上昇率は一一・七%だった。

中国のCPIは、食品価格と水や電気など居住費が物価上昇の大半を占めている。野菜は国内の天候不順によるもので、穀物は国際価格の上昇が原因だった。加えて投機資金も農産物に流入している[4]。すでに消費者の買い控え現象が起きており、物価高が都市の低所得、貧困層を中心にじわじわと影響を与えている。

中国政府は今年のCPI上昇率の目標を「三%以内」としているが、今年七月から五カ月連続で目標値を上回っており、年間で目標値を下回ることは難しい情勢だ。

国務院弁公庁は一一月二〇日、消費物価を安定させ、庶民の基本的生活を保障する通知を政府ＨＰ上に公表し、各地方と関係部門が一六項目に及ぶ措置を取るよう求めた。一六項目は、⑴農業生産の大規模増産、⑵農業・副業産品の安定供給、⑶農業・副業産品の流通コストの引き下げ、⑷化学肥料の生産供給の保証、⑸石炭、電力、石油、天然ガスの輸送の協調、⑹価格一時補助金の実施、⑺物価上昇と社会的救済と標準保障基準の連動システムの構築、⑻規範に則った徴収など各規定の継続的な実施、⑼価格改革の積極的穏当な推進、⑽農産品の規範化と高度加工の秩序の規範化、⑾農産品の先物・電子取引市場に対する監督強化、⑿価格の監督・管理法規の整備、⒀価格監督検査と独占価格の取り締まり強化、⒁価格情報の開示制度の整備化、⒂コメ供給確保に関する省長責任制と野菜供給確保の市長責任制の確実な実施、⒃市場価格の調整に向けた政府各部間の合同会議の設置――となっている[5]。

この通知を受け、国家発展改革委員会は物価が上昇している地区を対象に調査チームを派遣し、監督指導を行った。国家食糧局は黒龍江、吉林、江西、山東、河南、湖南など秋季穀物生産の主な省に対し、特別チームを派遣し、供給確保の行政指導を行った。

共産党機関紙『人民日報』（一一月二二日）は、「わが国は価格の総水準を基本的に安定させる能力も条件もある」と題する社説を一面に掲げ、国民に安心するよう呼びかけた[6]。この中で一～一〇月の中央財政収入が七兆一〇〇〇億元、対前年比で二一・五％増、工業分野の企業の純利益は二兆六〇〇〇億元、同五五％増になっていること、外貨準備高は二兆六五〇〇米ドル（一〇月末現在）、同一三・七％増など、問題がないことを強調した。

一方、住宅価格の高騰に対処するため、政府は今年四月に一部都市で、二軒目以上の住宅ローン融資の際の頭金の比率を最低五〇％以上とするなど審査を厳格化し、同九月には、三軒目以上の住宅購入については銀行貸し出しを一時停止する緊急対策を打ち出していた。投機的購入が住宅価格を押し上げているとの判断からだった。

これらの措置によって、主要七〇都市の新築住宅価格の上昇率は、〇五年七月に統計を出し始めて以来、最高となった今年四月の一五・四％アップから上昇幅は縮小した[7]。しかし、住宅バブルといえる状態は全国の都市部に蔓延しており、今後、金利が上昇すれば、海外からの投機資金「ホットマネー（熱銭）」の不動産市場への流入が加速化し、住宅価格をさらに押し上げる事態になることが予想されよう。

韓国への砲撃事件、北朝鮮寄りの中国

一一月二三日午後二時半（日本時間同）ごろ、北朝鮮が韓国北西部の黄海にある延坪島《ヨンピョンド》に砲撃を加え、韓国軍は約五〇分間にわたり応戦した。この砲撃で韓国軍兵士二人と韓国の民間人二人が死亡、数十人の負傷者が出た。一九五三年の朝鮮戦争の休戦以降、北朝鮮が韓国の陸上部分を攻撃したのは初めて、国際社会からは北朝鮮を強く非難する声が沸き起こった[8]。

これに対抗する韓国は、米国とともに一一月二八日から一二月一日までの四日間、黄海で米韓合同軍事演習を実施した。横須賀から米原子力空母「ジョージ・ワシントン」も参加した。今年三月の韓国哨戒艇沈没事件以降、黄海での同空母の演習に反対してきた中国だったが、最終的に米韓に押し切られる形となった。

一方、日本の自衛隊と米軍による日米共同統合実動演習も一二月三～一〇日までの八日間、沖縄東方海域と日本海などで行われた。三年ぶり一〇回目となった今回の演習は「キーン・スウォード（鋭い刀）」と命名され、自衛隊約三万四一〇〇人、米軍約一万四〇〇人、自衛隊の航空機約二五〇機、艦艇約四〇隻、米軍は航空機約一五〇機、空母「ジョージ・ワシントン」はじめ艦艇約二〇隻が参加し、過去最大の規模となった[9]。

今回の砲撃事件を受けて急遽実施されたものではなかったが、事態の緊迫化で国際社会の注目を集める結果となった。韓国軍がオブザーバーとして初めて参加したのは砲撃事件の余波だった。いずれの演

習期間中も、反発する北側からの韓国に対する大規模な軍事的挑発行動は見られなかった。

砲撃事件より先、北朝鮮当局は米国の核専門家、シグフリード・ヘッカー元ロスアラモス国立研究所長（スタンフォード大学教授）を招いて、寧辺のウラン濃縮施設を見せ、「二〇〇〇基の遠心分離器が稼動中である」と説明していた[10]。帰国したヘッカー元所長が一一月二〇日、報告書を公表して明らかにした。ウラン濃縮施設の存在と稼動が確認されたのは初めて。北朝鮮の金正日政権が着々と核開発を進めていることが鮮明になる中で砲撃事件も加わり、中国は対北朝鮮外交の再調整を迫られることになった。

事件発生当日の一一月二三日午後に行われた中国外交部の定例会見で、洪磊・報道局副局長は、「関連報道に注意を払い、事態を注視している。具体的状況の確認を待っている」と答えた[11]。翌一一月二四日、洪磊副局長の談話として、「（死傷者が出たことは）心が痛み遺憾である」とし、「事態の進展を憂慮している」と懸念を示した。そして「（北）朝鮮と韓国双方が冷静さと抑制した態度を保ち、早急に対話・接触を実施し、似たような事件の再発を防ぐよう、中国は強く呼びかける」と主張した。韓国と北朝鮮の双方に自制を呼びかけた[12]。

事件発生を伝える一一月二四日の党機関紙『人民日報』は、第二一面の国際面ながら現場写真付きで大きく扱った[13]。同紙の平壌特派員電は、朝鮮中央通信社電を引用する形で、朝鮮人民軍最高司令部は「二三日午後一時頃、韓国が（北）朝鮮領海の延坪島海域に砲撃を加え、（北）朝鮮に対し軽率な軍事挑発を行ったことを非難している」と伝えた。北朝鮮からの砲撃の一時間半ほど前に起きていた韓国側の砲撃を中国は重視していることを意味していた。

この北朝鮮側の主張は、今回の事件に対する中国側の認識を大きく左右している。〈北朝鮮の砲撃は事実だが、その前に韓国も砲撃した〉といううけんか両成敗的な発想だった。中国政府が消極的態度に終始している大きな要因となっている。韓国の島嶼陸上部を砲撃し、死傷者が出た北の行為は明らかに行き過ぎだったが、中国側の判断に影響を及ぼすことはなかった。胡錦濤政権は明らかに北の言い分に強く配慮していることが浮き彫りになった。

なぜこうした発想になるのか。一つの参考になるのは、胡錦濤総書記が、第十六期中央委員会四中全会（〇四年九月）で、中央軍事委員会主席ポストを前任の江沢民氏より受け継いだ際の内部講話の中で、「イデオロギー管理面で、われわれは北朝鮮やキューバに学ばねばならない。（北）朝鮮は暫く経済的な困難に直面しているが、政治的には一貫して正しい」と指摘していた事実である。[14] ともに一党支配による強権体制に依拠する運命共同体として、中朝両指導者の絆は想像以上に強固である。その姿は、西側世界とは根本的に違っていることを改めて痛感させるものだった。

砲撃事件の中国外交は変調気味

中国指導部の事件に対する認識は、外交上の責任者である戴秉国・国務委員（副総理級）が事件後に最初に訪問した先が、平壌でなくソウルだったことにも現れていた。胡錦濤国家主席と温家宝総理の特使として一一月二七、二八日と韓国を訪問した戴国務委員は二八日、ソウルの青瓦台（大統領府）で李明博大統領と二時間一五分にわたって会談した。双方は当面の朝鮮半島情勢が憂慮すべき状態にあり、関係各方面がともに努力し、真剣に対話を求め、状況を緩和させ、朝鮮半島と北東アジアの平和と安定の大局を維持させることで一致したという。

戴国務委員は「朝鮮半島の平和的安定を害する、いかなる行為にも反対する」として、この日、黄海で始まった米韓合同軍事演習を強く牽制した。李大統領は「中国は責任ある姿勢で、朝鮮半島の平和に寄与してほしい」と要請し、「北朝鮮がさらなる挑発をしてくれれば、強力に反応する」とクギを刺した。中韓の考え方の相違が鮮明になった。[15]

戴国務委員に同行していた武大偉・朝鮮半島問題特別代表は、この後に急遽帰国し、一一月二八日、北京で緊急記者会見し、北朝鮮の核問題をめぐる六カ国協議の首席代表による緊急会合を一二月上旬に北京で開催するよう提案した。

北朝鮮の出方が読めない状況のもとで、関係国が協議しても成果が得られるはずはなく、韓国、米国、日本は中国提案に同調しなかった。一二月六日にワシントンで開催された三カ国外相会談では、「北朝鮮が韓国との関係を改善し、挑発的行動を停止し、非核化の具体的措置を取らなければならない」と拒否することで一致した。

議長国・中国の提案の狙いは不明だが、南北双方に自制を呼びかけ、半島情勢が過度な緊張状態に陥ることを防ごうとしたのか、議長国としての面子と、中国の責任を追及する対中批判を回避する狙いがあったのか。いずれにせよ、外交巧者の中国としては珍しく情勢を見誤ったと言わざるをえず、最近の中国外交の変調ぶりを象徴していた。

北朝鮮の崔泰福《チエテボク》労働党書記（最高人民会議議長）が一一月三〇日から一二月四日まで五日間にわたって訪中した。砲撃事件以降、中国を訪れた初の北朝鮮要人となった。滞在中、崔書記は呉邦国・全国人民代表大会常務委員会委員長ら中国側要人と会見した。一方、中国共産党の王家瑞・中央対外連絡部長は訪米し、一二月一日、ワシントンの国務省でスタインバーグ米国務副長官らと会談し、砲撃事件や米中問題について協議した。

オバマ大統領は一二月五日夜（北京時間一二月六日午前）、胡錦濤国家主席と電話会談し、北朝鮮情勢について協議した。砲撃事件直後からオバマ大統領と胡主席が電話会談する、と伝えられていたが、結局、実現までに二週間近くかかった。電話会談は米側の要請に基づくもので、翌日に日米韓三カ国の外相会談が開催されるため、消極的だった胡主席も会談に応じたのだろう。

米大統領府と中国外交部の発表によれば、米大統領は北朝鮮による韓国砲撃とウラン濃縮行為を非難し、中国が米国や他の国と協力し、北朝鮮に対して挑発は容認できないという明確なメッセージを送るように強く促した。また、北東アジアにおける同盟諸国の安全保障に米国は関与して行くことを改めて強調した[16]。

胡主席は砲撃事件に対して、「遺憾の意を深く表明し、現状について深く憂慮する」としたうえで、「朝鮮半島の安保情勢は非常に脆い。とくに処置が不適切な場合、半島の緊張は一気にエスカレートし、制御不能となる可能性が高い。そうなれば各方面の共通の利益に合致しないし、そのような事態は見たくはない。冷静に対応し、さらなる事態の悪化を断固防ぐことが必要だ」と語った。日米韓による軍事演習を強く牽制したものと言えた。

胡主席はまた、中国が提案している六カ国協議首席代表による緊急会合について、「事態の進展は、開催の重要性と緊迫性を一層示すもの」として早期開催を求めた[17]。

その後、戴秉国・国務委員は一二月八、九日と訪朝し、平壌で九日、金正日総書記と会談した。直前にワシントンで行われた日米韓三カ国外相会談（一二月六日）では、日米韓安保協力の強化や、国連の対北制裁の完全履行の再確認、北朝鮮が六カ国協議で同意した非核化の順守を求め、中国の外交努力に期待することなどで合意した。戴委員はこうした結果を踏まえて、金総書記と今後の対応策を協議したものと見られた。砲撃事件後、金総書記が外国高官と会談したのは初めてである。中国外交部は会談の内容は明らかにしなかった。しかし、一二月一四日の定例会見で、姜瑜新聞司副司長は、北朝鮮側が六カ国の協議に前向きだ、と明らかにした[18]。

米国は一二月一五日から同一七日にかけてスタインバーグ国務副長官、ベーダー国家安全保障会議（NSC）アジア上級部長、ソン・キム六カ国協議担当特使らを訪中させ、中国側に北朝鮮問題について影響力の行使を促した。胡錦濤国家主席は一一年一月に公式訪米を予定している。

米国と日中韓露の周辺諸国の外交努力もあって、北朝鮮は新たな挑発行動を差し控えているが、なお予断を許さない状態が続いている。

劉夫妻不在のノーベル平和賞授賞式

ノルウェーの首都オスロで一二月一〇日、今年のノーベル平和賞授賞式が行われた。同賞を贈られた中国の反体制作家、劉暁波氏（54）は、遼寧省錦州市にある監獄で服役中のため出席できなかった。夫人の劉霞さん（49）は治安当局によって北京市内の自宅に軟禁状態にされたほか、劉氏の弟である劉暁暄氏（53）ら親族の出国も許可されなかった。

オスロ市庁舎で行われた授賞式の会場には、出席できない劉氏のために、ほほ笑む劉氏の大きな顔写真が掲げられた。劉夫妻が座る予定の座席は空席のままだった。ノーベル平和賞委員会のヤーグラン委員長（元首相）が、空席の椅子の上に置いた平和賞の受賞証書とメダルだけが、今回の授賞式を象徴する光景として世界にテレビ放映された。

日頃から大胆な報道で知られる広州市の新聞『南方都市報』（一二月一二日）は、第一面トップで「空席のイス三脚とツル五羽」の写真を掲載した。同市でアジア・パラリンピック競技大会が「きょう開幕する」との予告記事で、写真は同競技大会のリハーサルの際に撮影されたものだった。記事が意味するのは、オスロのノーベル平和賞授賞式で（一二月一〇日）、劉氏が座る予定の座席が空席になったことを皮肉り、授賞を祝ったものだった。「鶴(he)」と「祝賀(he)」をかけた、との見方もネット上に現われた。共産党宣伝部が、厳しく報道を規制していることに対する、国内メディアのささやかな抵抗と言え、ネット上には称賛の声が相次いだ(19)。

本人だけでなく親族も含めて受取人が不在だったのは、一九三五年に平和賞を受賞したナチス政権時代のドイツの平和運動家カール・オシエツキー氏以来、七五年ぶりだった。ナチス政権と共産党独裁による強権政治の共通性を図らずもあぶり出す形になったのは皮肉である。ヤーグラン委員長は授賞挨拶の中で、劉氏の即時釈放を訴えた。

劉氏の授賞は、長年にわたり平和的な人権活動に従事してきた不屈の精神が認められたものだった。劉氏は、二年前の世界人権記念日（一二月一〇日）に公表した「〇八憲章」の中で、普遍的価値観として民主主義を提起し、二十一世紀の中国が全体主義の道を歩み続けるのか、民主主義を選ぶのか、究極の選択を迫っていた。

胡錦濤政権は、劉氏への授賞が欧米社会から突きつけられた重大な挑戦と受け止めた。情報封鎖を強化し、親族を含め誰一人として授賞式への参加を許さなかった。一方で、各国政府に授賞式に出席しないよう外交圧力をかけた。胡政権がきわめて強い危機感を募らせていることを示していた。

授賞式には、中国、ロシア、カザフスタン、チュニジア、サウジアラビア、パキスタン、イラク、イラン、ベトナム、アフガニスタン、ベネズエラ、フィリピン、エジプト、スーダン、キューバ、モロッコ、アルジェリアの一七カ国が欠席した。ノーベル平和賞委員会は六五カ国の大使・総領事を招待しており、欠席率は二六％だった。欠席したのは国内に反体制勢力を抱える国や政治的、経済的に中国の要請には抗えないと判断した国だったのだろう。ちなみに日本は城田安紀夫在ノルウェー大使が出席した。(20)一九八九年の天安門事件の指導者だったウアル・カイシ、柴玲、方励之（二〇一二年四月六日、滞在先の米国アリゾナ州トゥーソンで死去）の各氏ら民主化運動に関わった中国人、華人ら約五〇人も世界各地から参加した。

ノーベル平和賞に対抗し、北京で一二月九日、「孔子平和賞」の授賞式が行われた。同賞は北京大、清華大など五大学の教授らが選考委員となって、初回の受賞者に台湾の連戦・国民党名誉主席を選んだ。(21)しかし、連氏は姿を見せず、受賞を拒否した。賞金一〇万元は連家と関係のない六歳の少女に手渡された。所管の中国文化部当局者は、同賞と中国政府の関わりを否定した。共産党の御用学者たちが設置に動いたのか、当局が背後で画策したのかは不明だった。

選考委会長である、北京師範大の譚長流教授は劉暁波氏に対する評価を問われ、外国報道陣約一〇〇人に対し、「その三文字（劉暁波）は平和にとって利益にならない」と答えた。中国主要メディアは取材しなかった。同賞選考委は翌一一年の受章者を決めることはできず、一度だけの茶番劇だった。

劉氏授賞で世論調査を実施

劉氏のノーベル平和賞授賞について、一般の中国人はどう考えているのか。国際問題専門紙『環球時報』の世情調査センターが世論調査を実施した。調査は劉氏への授賞が発表された一〇月八日から一週間後の一〇月一五～一七日に北京、上海、広州の三都市の住民を対象に電話で行われ、九五五人から回答を得た。きわめて珍しい調査だったと言える[22]。

「今年の平和賞の受賞者が誰だか知っているか」との問いに、知っていると答えた人は、広州が一四・一％、北京は二三・五％、上海では二七・二％だった。各地ともに七割以上の国民は、劉氏授賞の決定を知らなかったことになる。

地方で同じような調査をした場合、知っている国民の比率はもっと低くなっただろう。国内では新華社が、劉氏への授賞を批判する中国外交部報道官の反論だけを伝えており、事実上の情報封鎖状態にあることと関連していよう。

「知っている」と答えた人に対し、「授賞決定前から劉氏のことを知っていた」と答えたのは四六・八％で、残りの五三・二％は事後に知ったという。

「なぜノーベル平和賞委員会は劉氏に（平和賞を）与えたと思うか？」との問いには、「中国に圧力を加えて西側の政治体制を受け入れるよう仕向けるため」が四三・九％、「中国に対して西側の価値観を浸透させるようにするため」が三〇・九％だった。

「どのように対処するのが良いと思うか」の問いには、「中国政府はノーベル平和賞を相手にせず、淡々と処理すべき」との回答が四一・一％、「中国はノーベル委員会の行動を非難する。一緒の土俵に乗らず、西側の陰謀だと暴くべき」と答えたのは三三・一％だった。「ノーベル委員会の決定を受け入れるべきだ」は一二・三％だったという。この回答は、準備された複数の回答例から選択したものと見られた。

回答者の五九・三％が「劉氏への平和賞授賞を取り消し、中国人民に謝罪すべき」と答えた。「中国政府は劉氏にどのように対処すべきだと思うか」との問いには、五七・二％が「法に基づいて劉暁波を刑期満了まで収容しておくべき」と回答し、一六・四％が「適当な時期に釈放すべきだ」と答えた。「劉氏をただちに釈放し、ノルウェーでの授賞式に出席させるべき」と答えたのは七・九％だった。

これらの回答をどう解釈するか、見解は分かれよう。当局がこの世論調査結果の報道を認めたのは、中国国民も劉氏授賞に批判的というイメージを発信したかったからだ。しかし、中国社会の実態は、世論調査の結果とは、やや異なっているのではないか。

平和賞授賞が発表された一〇月八日、中国各地でニュースを知った人々が密かに劉氏への授賞を祝った。山東省済南市にある山東大学の宿舎では、学生や関係者が集まり、「劉氏の平和賞受賞を熱烈に祝賀する」と書かれた横断幕を掲げ、爆竹を鳴らした。そのほか各地の飲食店などで劉氏を祝福する集いが開かれたようだ。それだけに当局の警戒感は極限に達したのかもしれない。

ポータルサイト「新浪」「捜狐」「網易」などの準ツイッター「微博（マイクロブログ）」上では、劉氏授賞決定に対し、「とても、とても、とても感激した」、「北京五輪の時よりも興奮した」、「われわれの勝利だ！」などの声が飛び交ったという。しかし、これらの声は当局によって削除されたという。(23)

中国内では、ツイッターは〇九年七月、ウイグル騒乱を契機にアクセスが禁止されたが、ネット規制をクリアできる特殊な技術ソフトを用い、ツイッターを利用しているユーザーは一〇万人ほど存在している。合法的な「微博」のユーザーは五〇〇〇万人余りにのぼると見られている。いずれも若者層が中心だが、比較的自由な言論空間が出現していることは注目に値しよう(24)。

広州アジア大会、中国V8で国威発揚

第十六回アジア競技大会が一一月一二～二七日までの一六日間にわたり、広東省広州市で行われた。アジア・オリンピック評議会（OCA）に加盟する四五カ国・地域から、史上最多の約一万四〇〇〇人の選手・役員が参加して、四二競技、四七六種目の試合で熱戦を繰り広げた。アジア競技大会が中国で開催されたのは、一九九〇年の北京大会以来二度目。〇八年八月の北京五輪、一〇年五～一〇月までの上海万博に続く巨大祭典の開催で、中国にとっては国威発揚の機会となった。広州大会のテーマは「和諧亜洲（調和のアジア）」で、期間中に中国当局は一〇万人規模の大量の警察官や武装警察を動員したこともあり、大きな混乱もなく終了した。

中国は金メダルの獲得数で、大会史上最多の一九九個（銀メダル一一九個、銅メダル九八個）を記録し、参加国・地域の中でトップの成績を収めた。第二位は韓国で、金七六個（銀六五個、銅九一個）、第三位は日本で、金四八個（銀七四個、銅九四個）だった(25)。

日本は事前に「金メダル六〇個を獲得し、韓国を抜いて二位を奪回する」目標を掲げていたが、いずれもかなわず完敗と言えた。中国選手団の段世傑団長は「（中国は）あらゆる競技でメダルを取れ、八大会連続で一位を守れた」と満足気に語った。出場した中国の選手約九六〇人のうち、三分の二はアジア大会が初めての参加で、世代交代も順調に進んでいる様子がうかがえた(26)。

ちなみに第四位はイラン（金二〇個）、第五位カザフスタン（金一八個）、第六位インド（金一四個）、第七位台湾（金一三個）、第八位ウズベキスタン（金一一個、銀二二個）、第九位タイ（金一一個、銀九個）、第一〇位マレーシア（金九個）、第一一位香港（金八個）、第一二位北朝鮮（金六個）の順位だった。

開幕に先立ち一一月八日夜に行われた男子サッカー予選は、二〇一二年ロンドン五輪出場を目指すU―21（二一歳以下）の日中対戦となり、三対〇で日本チームが中国に勝利した。会場の広州・天河体育

場は、警備員一五〇〇人余りが動員される厳戒体制となった。試合開始前に日本国歌を斉唱する場面では、中国人観客からブーイングが起こり、三分の二余りが起立せず、警察官が立たせようとする一幕もあった。会場に入った日本人サポーター約二〇〇人は、中国人観客から隔離された専用観戦区で声援を送った。会場は五万人を収用できる大型施設だったが、観客席の半分余りが空席で、中国当局が混乱を避けるために入場者を制限していた㉗。

広州市政府は、〇五年から一〇年までに、競技場の建設で一三六億元、新たな地下鉄五線の建設や道路、橋梁の建設、環境整備や治水事業などに一一九〇億元を支出し、合計一三二六億元の巨額が投じられた。この結果、広州アジア大会開催による経済効果の総額は八〇〇〇億元以上に上ったとの試算もあった㉘。

中国の高速鉄道が時速四八六キロ出す

次年秋に開通予定の北京―上海線の高速鉄道「和諧号」のCRH380A型車両が一〇年一二月三日午前、試験走行で時速四八六・一キロを達成した。同車両は九月二八日に上海―杭州線で記録した自己最高の時速四一六・六キロを七〇キロ弱上回っただけでなく、日本の新幹線の最高記録四四三キロも追い抜き、〝中国版新幹線〟の面目躍如だった。同線は一一年六月末に開通、営業を始めた。

〇七年四月にフランスの高速鉄道「TGV」が時速五七四・八キロを達成しているが、気動車二輌と客車三輌の特別編成だった。これに対してCRH380Aは、営業時と同じ一六輌編成だったため、今回の速度は「世界記録」だとしている㉙。

試験走行は山東省棗庄と安徽省蚌埠との二二〇キロ区間で行われた。CRH380A型車両は鉄道部系「中国南車集団」(北京)傘下の「中国南車青島四方機車車輌股有限公司(以下、南車青島と省略)(CSR Qingdao Sifang Locomotive and Rolling Stock Co Ltd.)」(山東省青島)が開発・製造した。

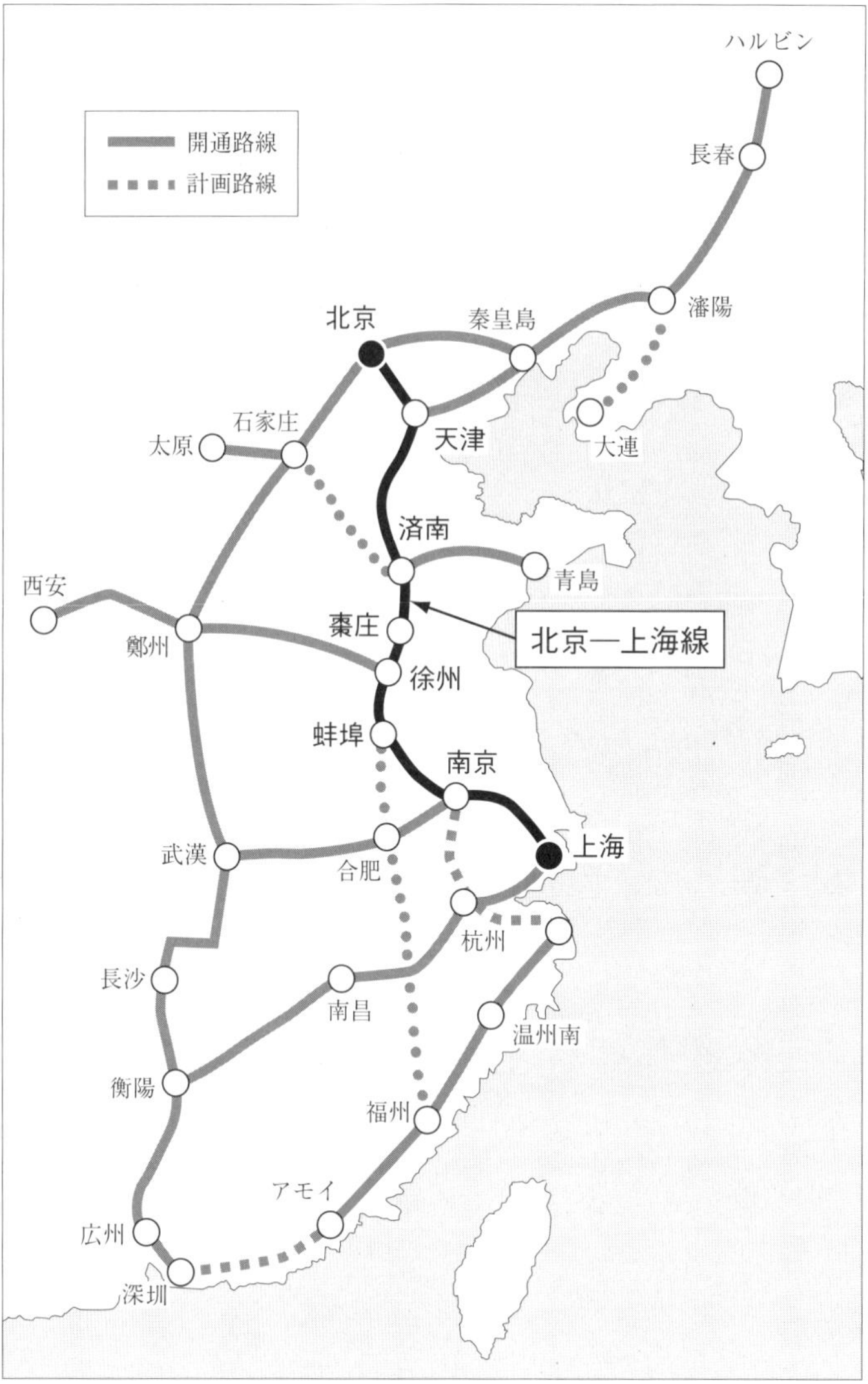

図4－1　中国高速鉄道路線図（2012年夏現在）

CRH（China Railway High-speed）系列のうちCRH2型車両は、川崎重工業が〇四年一〇月と〇五年に「南車青島」とともに、中国鉄道部の受注契約に基づき輸出した。主体は川崎重工業（本社＝東京・浜松町）だが、中国側の車両会社と一緒に中国鉄道部と契約する形が取られた。日本版リニア新幹線（JRマグレブは設計上の最高速度が五五〇キロ）に迫るような速度を出したCRH380Aは、CRH2の技術をもとにしていたが、中国の報道では一切触れられなかった。

当時、輸出された車両は、東北新幹線「はやて」のE2系で、数量は六〇編成、四八〇輌（一編成は八輌）だった。川崎重工業などによると、〇四年分は中国在来線の高速化事業との位置づけで、第一陣として、完成車両三編成（二四輌）を引き渡し、第二陣は六編成（四八輌）分をノックダウン方式で輸出した。第三陣は残る五一編成（四〇八輌）分に相当する部品と技術が供与された。だが、四〇八輌すべての部品ではなかったという。想定していた営業速度は時速二百キロ。契約総額は一四〇〇億円だった。[30]

これに対して〇五年の契約分は、高速鉄道用として「はやて」型車両六〇編成（四八〇輌）が対中輸出された。営業速度は時速二七五キロだった。完成車やノックダウン方式ではなく、すべて部品で中国側に渡したという。しかし、こちらも四八〇輌分すべてをカバーする部品数ではなかったという。川崎重工業側は、「どの部品か、車両全体の何割に当たるかなどは公表できない」（同社広報部）としている。[31]

深刻な高速鉄道の技術移転問題

CRH380Aの開発について、中国鉄道部は「外国技術を学び、体系的にまとめ、再革新することで新世代の高速鉄道を製造した」と主張している。また、中国南車集団の鄭昌泓総裁は一二月八日、北京市内の同社本部で、訪中した川崎重工の大橋忠晴会長ら同社一行と会見した際に、「（四八六キロの）記録を達成した列車は、もともとある基礎のもとに、われわれが一連の強化を行い、改めて設計したもの。完全に独自の知的財産権を有しており、各性能の指標は優良な段階に到達している」と語った。[32]

これとは別に、「南車青島」の広報担当者は米紙記者の取材を受けた際に、「見てください。川崎重工の新幹線とは全く違うでしょう」、「われわれは、先人の実績に基づいて独自の高速鉄道技術に到達したのです」などと答えている。一方、川崎重工の幹部は、「運行中の中国の鉄道は、外国のパートナーの鉄道と大差なく、外側の塗装と内装に手を加え、高速を実現するために駆動システムを強化しただけ」と米紙の取材に語った。これが本音だろう。

さらに川崎重工側は「中国鉄道省との間で締結した技術移転契約は、技術使用は国内に限られると定めており、中国企業は輸出にそうした技術を使うことはできない、と交渉の中で強く主張している」と説明している。問題の根は深いと言わざるをえない(33)。前述の大橋会長の訪中目的は契約の趣旨を改めて伝え、中国側を説得する狙いだったのだろう。

日本の新幹線技術が半世紀余りの時間をかけて開発されたのに対し、中国はわずか五年で達成した。しかも、海外から得た技術をもとに開発した高速鉄道の技術を、堂々と第三国に売り込む。驚異を通り越して懸念の対象となるのも当然だろう。

北京五輪の開催に先駆けて〇八年八月一日に開業した北京―天津区間（一二〇キロ）の高速鉄道は、川崎重工から輸入した新幹線「はやて」のCRH2型「和諧号」とドイツのシーメンス社「ICE3」のCRH3型「和諧号」が使用された。しかし、CRH2型は川崎重工が設定した営業速度を大幅に上回る三五〇キロで走ったことから、川崎重工と、運行技術を教えたJR東日本は〇九年八月五日、中国鉄道部に対して、「協力の条件は時速二〇〇キロまでの走行だった。もし事故が起きても責任は取れない」と抗議した。話し合いの結果、日本側は中国から「責任は求めない」と確認する文書も取っていた(34)。

その後、北京―天津間からCRH2型「和諧号」は姿を消し、シーメンス社製CRH3型「和諧号」だけになった。CRH2型「和諧号」は現在、武漢―広州線を走っている。

中国では、高速鉄道ＣＲＨ１型はカナダのボンバルディア社から、ＣＲＨ３型は独シーメンス社から、ＣＲＨ５型はフランスのアルストム社から輸入した車両である。日独仏加の四大鉄道車両メーカーから新鋭の高速車両を輸入し、それぞれ技術改良を加えている。ＣＲＨ１型、ＣＲＨ３型、ＣＲＨ５型についても、超高速ＣＲＨ３８０タイプの開発が進められている。だが、これら海外組との間でも、先進技術の第三国移転をめぐる問題がくすぶっているとされる。

中国監視船「漁政」が尖閣周辺に出没

中国農業部所属の漁業監視船「漁政３１０」と「漁政２０１」が一一月二〇日朝、沖縄県尖閣諸島沖の日本領海の接続水域（領海の外側約二二キロ）内を航行しているのを海上保安庁の航空機が発見した。海保の巡視船などが領海内に侵入しないよう警告、警戒に当たった。

最初は午前八時二五分頃、魚釣島の西北西約三七キロ付近で、「漁政３１０」が航行しているのが発見された。さらに約二〇分後の午前八時四七分には、同じ魚釣島の西北西約三六キロ付近で「漁政２０１」を見つけた。政府はただちに総理官邸内の危機管理センターに情報連絡室を設置した。

巡視船が無線を通じて、日本の領海内に入らないよう警告したところ、「漁政３１０」は「われわれは正当な任務に当たっている」と答えたという。二隻はいずれも魚釣島沖約二三キロまで接近したところで進路を変更し、その後は接続水域内を領海線に沿うようにして、時計と反対回りに時速七・五～一三キロで周回した。領海内には侵入しなかった。

漁業監視船二隻は翌二一日午後四時過ぎ、魚釣島の北西四四キロ付近の海域から、相次いで接続海域を離れ、西の方向に離れて行った。二隻は三一時間半前後にわたって尖閣諸島の周囲を徘徊した[35]。「漁政３１０」と「漁政２０１」は一一月二八日午前七時四〇分過ぎ、尖閣諸島の大正島から北西四四キロの接続水域内に再び姿を見せた。政府は総理官邸内の危機管理センターに情報連絡室を設置した。

二隻は大正島を一周した後、「８」の字を描きながら魚釣島近海に移動、さらにＵターンして姿を消した。二隻ともに一一月二九日午後六時頃、接続水域を出て西の方向に向かった。今回は約三四時間二〇分、尖閣諸島の周辺を徘徊した。いずれも週末（土・日）の出来事だった。九月七日に中国漁船衝突事件が起きて以降、中国の漁業監視船が尖閣付近で確認されたのは五回目だった。[36]

「漁政３１０」（二五八〇トン）は一一月一六日に就航したばかりの最新鋭艦で、同日、広東省広州市を出港、尖閣諸島沖に向かっていた。最高速度は時速四一キロで、中国が所有する「漁政」系の監視船の中では最も速い。航続距離は約一万一〇〇〇キロ、二カ月間の航行が可能という。Ｚ―９Ａ型ヘリコプター二機を搭載でき、ほかに最新のブロードバンド通信システムなどを装備している。[37]

「漁政３１０」には、中国の新聞『国際先駆導報』や『南方日報』の記者らが同乗しており、事後にそれぞれルポ記事が掲載された。

農業部南海区漁政局弁公室の黄作平主任は、国際時事問題紙『環球時報』（一二月一日）に寄稿し、漁民を組織して釣魚島付近で漁業活動を行わせるだけでなく、漁業監視船[38]を派遣して漁民の保護活動を常態化させ、アフリカ・アデン湾で行った海賊対策のような国家レベルの行動へと高めねばならない、と訴えた。[39] 黄氏個人の主張と言うよりも、中国当局の考えと受け止めねばならないだろう。

黄主任は、尖閣諸島（釣魚島）に対する中国の主権を維持する努力が必要だとし、「中国漁民が中国の海洋で生産活動するのは当然だ」と述べ、「常に一定の漁獲量を確保し、一定の生産規模にしなければならない」と主張した。さらに「国家主権と海洋権益の面から、釣魚島での漁民の保護活動を常態化することは、アデン湾での船舶保護活動と同様に意義がある。相応の措置を講じなければならない」と結んでいる。

（二〇一一年一月）

3　日中GDPが逆転

中国の二〇一〇年国内総生産（GDP）の数値が公表され、日本側の発表を待たずに、中国が日本を追い抜き、世界第二位の経済大国になることが決まった。第一位米国と第二位中国に続く第三位の日本。米日中から米中日と三極の地位が入れ替わった新アジア太平洋時代の幕開けである。

社会主義の核心的価値体系を模索

二〇一一年が明けた。卯年である今年の干支《えと》は〈辛卯《しんぼう》（かのと・う）〉。胡錦濤総書記（国家主席）は元旦の一月一日午前、北京の全国政協礼堂で中国人民政治協商会議（政協）全国委員会が開催した新年茶話会で演説した。茶話会には政治局常務委員九人全員が顔を揃えた。

胡総書記は一一年の経済や社会の課題を指摘した中で、政治改革について「われわれは社会主義的民主政治を発展させ、党の指導、人民の主人公化、法に基づく国家管理の有機的統一を堅持し、法によって国家を治める基本計画を全面的に実行に移す」と語った。そのうえで、「われわれは社会主義文化の大発展・大繁栄を推進し、社会主義の核心的価値体系を築く」と表明した。[1]

「社会主義の核心的価値体系」は、〇六年一〇月に開かれた第十六期六中全会で初めて登場しており、〇七年秋の第十七回党大会でも政治活動報告の中に盛り込まれた。胡総書記が年頭の挨拶の中で改めて言及したことは何を意味するのか。共産党員のほかに民主諸党派党員らを集めた「社会主義の核心的価値体系」をめぐる報告会の様子が、党機関紙『人民日報』で報道されている。[2] 党支配の強化が狙いだろうが、「社会主義の核心的価値体系」が何を指すのか、まだ見えてこない。

胡総書記は一〇年一二月二九日午前、北京市朝陽区管庄路にある低所得者用住宅「麗景園」に住む二家族を訪ね、懇談した。一〇年八月に完成した同住宅は五六〇世帯を収容でき、月収一六〇〇元（二万円）以下が入居条件だという。家賃は月額五〇元（六二五円）が最低で、胡総書記が訪れた郭春平さんと大学三年生の娘さん母娘二人が住むアパートは、部屋面積が約四〇平方、家賃は月額七七元（九六〇円）だった。破格の安さである。郭さんの月収は不明だが、胡総書記は「あなた方の居住条件が改善されて、非常にうれしい。党と政府は特に民生問題を重視しています。すでに一連の対策を講じており、今後追加対策も打ち出し、困難を抱える大衆の生活を改善します」と励ました。「和諧（調和）」社会を目指し、庶民とともにある党最高指導者のイメージを狙っていよう。

郭さんは党総書記の訪問を受け、「家賃は七七元」と語ったことで思わぬ批判に晒される羽目になった。超低価格の家賃への疑問と、さらには彼女が一定に収入があるのに身分を偽って入居しているのではないかとの疑惑だった。「北京の小さなアパートだって一〇〇〇元近くはする」「郭母娘は国内旅行を楽しんでいる」など〈人肉捜索〉と呼ばれるネット上で個人情報を暴露される被害を受けたのだ。しかも、それはでたらめな情報だったのである。

国営新華社の記者が彼女と関係機関に独自取材した。その結果、郭さんの証言はウソではないことが判明、七七元の貧困者用アパートは実在し、郭さんは失業手当を受け取る身で、問題はないことが分かった。アパート本来の家賃は「一五四五元だが、政府が九五％を負担し、本人は五％を負担すればよい制度」（朝陽区房屋管理局の劉濤副局長）だったのだ[3]。とんだ尾ヒレのついた騒ぎだった。

北京市の勤労者の最低賃金が元旦から二〇〇元、二一％アップして月額一一六〇元になった。陝西省と重慶市の最低賃金も元旦から、それぞれ一三％、二八％ずつ上昇し、八六〇元、八七〇元になった。二年間に一度が平均的見直しだが、北京市と陝西省は一〇年七月にも見直しており、半年ごとに上昇したことになる[4]。

前総書記の江沢民氏（84）が一二月二三、二五の両日、上海大劇院で行われた北京・天津・上海の三都市の京劇を観賞した。朱鎔基前総理や李瑞環・前人民政治協商会議主席らと一緒だった。地元上海市の党機関紙『解放日報』（一二月二六日）が第一面に写真付きで伝えた。(5) 江氏らには兪正声・上海市党委書記（政治局員）や韓正・上海市長らが同行した。江氏の具体的な動向が伝えられたのは、上海万博開催直前の一〇年春以来だった。病弱説もあり、健在ぶりを誇示する狙いがあったようだ。(6)

今年の「春節（旧正月）」である二月三日を前に、農民工たちの帰省が一〇年末から始まった。農民工を雇っている山東省など沿海地方の企業の中では、労働力不足を懸念する声が出ているところもある。出稼ぎ労働者が足りないという「民工荒」である。(7)

〇八年秋の金融危機に伴う世界同時不況で、欧米からの需要が一時的に減少して工場が相次いで閉鎖されたが、それ以来の現象である。

山東省臨沭県農業局の彭修峰局長によれば、農産品の価格上昇に伴い、農家の収入が増加したため、遠隔地に行く出稼ぎ農民工の数が減少しているという。

農民工の数は、全国で二億三〇〇〇万人余りにのぼる。うち「八〇后《バーリンホウ》（一九八〇年以降生まれ）」「九〇后《ジウリンホウ》（一九九〇年以降生まれ）」の新世代の農民工は六五％、一億五〇〇〇万人を占めると言われる。彼らの平均年齢は二三歳。地方の中学校を卒業後、家を離れて季節労働者となっている。八割近くが独身で、都市部の製造業、飲食店などのサービス業で多く働いている。建築業で働く者は少ないという。(8)

中国ＧＤＰが日本を追い抜く

中国国家統計局は二〇一一年一月二〇日、一〇年通年の国内総生産（ＧＤＰ）が、前年比で一〇・三％（後に一〇・四％に修正）増加したと発表した。前年〇九年の九・二％を一・一ポイント上回った。一〇年一〇〜一二月期のＧＤＰは対前年比九・八％増だった。通年のＧＤＰ成長率が二ケタ台に戻ったのは三年ぶり。〇八年の世界金融危機を乗り越え、中国が再び二

ケタ台を達成したことになる。(9)

一方、中国の一〇年通年の名目GDP（物価上昇分を含む）の規模は三九兆七九八三億元だった。これを年平均の米ドルレートで換算すると五兆八七九〇億ドル。日本の名目GDPは五兆五〇〇〇億ドル前後と見られており、中国を下回ることは確実になった（最終的に五兆四九七八億ドルだった）。日本のGDPが一九六八年に西ドイツ（当時）を追い抜き、世界第二位となって以来、四二年間でその座を中国に譲ることになった。中国のGDP規模は〇七年にドイツを追い抜き、世界第三位となっていた。二〇一〇年は世界経済の歴史的転換の年だったことになる。

ただ、一人当たりのGDPで見れば、中国のそれは日本の一〇分の一以下であり、世界で一〇〇位以下となっているのも現実である。貧富や地域の格差をはじめ国内では課題山積の状態であり、中国内では評価は大きく分かれている。

このGDP数値の記者発表は、訪米している胡錦濤国家主席とオバマ大統領との会談（米東部時間では一月一九日）に合わせて行われた。「中国、GDP世界第二位」を話題にして自ら胡主席の訪米を盛り上げたかったのだろう。

一〇年の消費者物価指数は前年より三・三%上昇し、政府の通年目標だった三%を上回った。前年以来、インフレ対策が重要課題となっており、中国人民銀行（中央銀行）は一〇年一二月二五日、金融機関の貸し出しと預金の金利（期間一年）を翌二六日から〇・二五%引き上げると発表した。利上げは同年一〇月二〇日以来、約二カ月ぶりだった。中国政府はさらに金融対策を強いられよう。

米中は〈協力パートナーシップ〉

胡錦濤国家主席が一一年一月一八～二一日にかけ米国を公式訪問した。胡主席は一〇年四月に核安全サミットに参加のため首都ワシントンを訪れているが、公式訪米は〇六年四月以来四年九カ月ぶり、胡―オバマ会談は通算八回目だった。中国国家元首の米国公式訪問は一九九七年秋の江沢民国家主席以来となった。

国賓としてワシントン入りした胡主席は初日の一八日夜、ホワイトハウスでオバマ大統領との非公式な夕食会に招かれた。翌一九日午前、ホワイトハウス南庭での歓迎式典に出席した後、オバマ大統領と正式な米中首脳会談を行った。

同日夜には公式晩餐会が催された。ブッシュ前大統領時代だった前回の訪米は、米側が公式訪問と認めなかったため、昼食会だけ。晩餐会は、今回の訪米のもうひとつのハイライトだった。オバマ大統領は胡主席を最大限に歓待したことになる。背景には中国が世界第二位の経済力と軍事力をつけ、米中の相互依存がかつてなく深まっている現実があるだろう。

一〇年一月のオバマ政権の対台湾武器供与で悪化した米中関係だったが、今回の首脳会談で両国は「相互尊重と互恵に基づく協力パートナーシップ」の樹立に向け努力することで一致した。基本的な価値観と政治体制を異にする双方は、このパートナーシップに基づいて、「二十一世紀のチャンスと試練に対処し、両国の共通の利益を促進して行く」とした。「米中関係強化のために互いの戦略的信頼を育み、深化させる」ことでも合意した(10)。

オバマ大統領は歓迎式典の挨拶の中で、「今回の胡主席の訪米で、われわれは次の三〇年間の（米中関係の）基礎を築くことができる」と、国交正常化以来の三〇年余りの米中関係を回顧しながら述べたが、公表された共同声明は極めて幅広い、中・長期的な米中協力の道筋を示したものになった。

新たな「協力パートナーシップ」は、〇九年一一月のオバマ訪中で合意された「二十一世紀の前向きで協力的、包括的な米中関係」を前進させたものである。ただ、台湾、人権、チベット、南シナ海などで波乱が起きれば、関係悪化は免れず、不安定要因を抱えたままの「米中新時代」を余儀なくされたとも言えよう。

会談後の両首脳の共同会見[11]と共同声明によれば、双方は人民元切り上げ、人権、軍事交流、南シナ海、台湾海峡、朝鮮半島情勢、核不拡散、イラン核問題、エネルギー、気候変動など二国間問題から国際協力にいたる幅広い分野について協議した。

焦点のひとつである人権問題について、米政府当局者の説明によれば、オバマ大統領は会談でノーベル平和賞受賞者の劉暁波氏＝中国内で服役中＝の釈放を求めたという[12]。会見で大統領は、チベット仏教の最高指導者ダライ・ラマ一四世の代表者と中国政府の対話を米国として支持して行くと語った。

ホワイトハウスで共同記者会見するオバマ大統領（右）と胡錦濤国家主席（2011年１月19日）（CNP/PANA）

胡主席は会見で「中国は人権の保護と発展に取り組んでいる。人権の普遍的価値を認め、尊重している。だが同時に、国によって異なる状況も考慮しなければならない。中国は巨大な人口を持つ途上国として、様々な問題を抱えており、人権の面でやり遂げねばならないことがまだまだ多い」と語り、米中人権対話の促進に言及するにとどまった。

人民元問題ではオバマ大統領が会見で、「過小評価されている」と改めて指摘、「胡主席は（人民元を）市場主導の方向に委ねるとして来たが、そのスピードは期待外れで遅い」と強く批判した。胡主席はこれには反応せず、共同声明では「国際経済への影響を十分に勘案しつつ、両国は前向きの通貨政策をとる」と記されただけだった。米国側には大きな不満が残ったものと見られる。

朝鮮半島情勢では、北朝鮮のウラン濃縮計画に対し、米中両国が共同声明で懸念を表明した。ただ、北朝鮮による韓国延坪島砲撃事件などに触れられることはなかった。

オバマ大統領は会見で、「中国の台頭」を脅威と見なさず、チャンスであるとの主張を繰り返した。胡訪米に同行した中国経済人代表団（約四〇〇人）がボーイング社の航空機二〇〇機など総額四五〇億ドル（約三兆七〇〇〇億円）の米製品・産品を買い上げ、数十億ドルの対米投資を誓約したことを明らかにした。そのうえで大統領は「米国内で約二三万五〇〇〇人分の職が得られた」と成果を誇って見せた。〇九年秋のオバマ訪中で公表された共同声明では、台湾など領土・主権問題は互いの「核心的利益」であるとしたが、今回の声明ではこの表現は消えた。中国が譲歩したのだろう。ただ、胡主席は歓迎式典での挨拶の中で「（米中双方が）相手の核心的利益を尊重しなければならない」[13]との表現で触れたほか、首脳会談の中で、「台湾問題は中国の核心的利益に関わる」と言及した[14]。大統領は「一つの中国」の原則を順守することを重ねて誓約したが、米国内法「台湾関係法」と米中関連文書を守るとも主張、米国としての一線は譲らなかった。米中対立の火種は温存されたとも言える。

加えて胡主席は一月二〇日昼、ワシントン市内の滞在先ホテル・マリオットで開かれた米中友好団体主催の歓迎宴で演説し、「台湾やチベットなど中国の主権と領土保全に関わる問題は、中国の核心的利益であり、一三億中国人民の民族感情に影響を及ぼすものだ」と言明した[15]。

米中首脳の往来では、バイデン米副大統領が一一年中に訪中し、その後、習近平国家副主席が訪米することも原則的に決まった。胡訪米に先立ち、楊潔篪外交部長が一月三～七日にかけて訪米し、主席訪米の準備・調整を行った。

米中軍事交流も全面復活

ロバート・ゲーツ米国防長官が一一年一月九～一三日に訪中し、同一〇日に梁光烈国防部長、徐才厚・中央軍事委員会副主席、習近平国家副主席と個別に会談した。同一一日には胡錦濤国家主席（中央軍事委員会主席）とも会談した[16]。ゲーツ長官は同一二日、北京市郊外にある人民解放軍第二砲兵部隊（戦略ミサイル部隊）の司令部を視察した。これら一連の会談によって、米国の対台湾武器供与が原因で冷却化していた米中軍事関係は約一年ぶりに正常化した。

北京市内の八一大楼で行われた梁光烈―ゲーツ会談では、新たな軍事対話の枠組み作りを行う米中の作業部会を設置し、年内に行う次官級国防協議で合意を目指すことで一致した。会談の終了後には両国防相による共同記者会見が行われ、台湾への武器供与を問われた梁国防部長は、「中国の立場は明確であり、一貫している。われわれはそれには反対だ。台湾への武器売却で中国の核心的利益はひどく害された」などと強い調子で語っており、米国が再び台湾に武器を供与すれば、中国が猛反発する構図は消えていないことを改めて示した。胡主席の訪米を目前に控え、米中間の最大の懸念を先送りしただけだった[17]。

胡―ゲーツ会談が行われた一月一一日には、次世代の新鋭ステルス戦闘機「殲（J）20」試作機が四川省成都で試験飛行に成功したことがネット上で流れた。会談はその数時間後に行われたこともあり、ゲーツ長官は胡主席に対し、自らの訪中に合わせて実施したものかどうかを直接確認した。これに対して胡主席は「長官の訪中とは全く関係がない。事前に計画されていたものだ」と回答したという[18]。制服組を除き胡主席らは、試験飛行成功のニュースを知らないようだったと米メディアが報道した。その後、来日したゲーツ長官は一月一四日朝、東京・三田の慶應義塾大学で講演し、党・政府指導部の軍制服組への文民統制（実質的には党による統制）の弱さについて懸念を表明した。長官は講演後の質疑応答の中で、Ｊ20の試験飛行について、胡主席ら文民高官は「明らかに知らされていない様子だった」と語った[19]。

これより先、一〇年一二月九日、馬暁天・副総参謀長がワシントン入りし、同一〇日、国防総省内でフロノイ国防次官（政策担当）と第一一回目の米中軍事協議を行った。米中軍事交流の再開だった。会談では、ゲーツ長官の訪中日程や陳炳徳・軍総参謀長の一一年訪米などが決まった。ゲーツ長官は一〇年六月のアジア歴訪の際に訪中する意向があったものの、中国側が受け入れを拒否していた。

〈一つの中国〉を拒否したインド

温家宝総理が一〇年一二月一五～一七日まで、インドを公式訪問した。温総理の訪印は〇五年四月以来、五年八カ月ぶり。マンモハン・シン首相は〇八年一月に訪中している。シン首相と温総理との首脳会談は、ニューデリーの政府迎賓館で同一六日に行われ、終了後に共同声明が発表された[20]。

それによれば、中印両国は世界最大の途上国として、重要で歴史的な責任を担っており、アジアだけでなく世界全体における平和と発展の促進に死活的な貢献をして行くことで合意した。両首脳は、中印関係が地球的で戦略的な重要性を帯びているとの認識でも一致した。こうした流れを受け、両首相間のホットラインの設置や首相（国家元首）の相互訪問の定例化や外相の相互訪問を毎年実施することで合意した。

インドの国連安保理常任理事国入りについては、「中国は国際社会におけるインドの地位が増大していることを重視し、安全保障理事会を含む国連で、より大きな役割を果たそうとするインドの願望を理解し、支援する」とした。この問題では訪印したオバマ大統領がインドの国連安保理常任理事国入りを支持したほか、キャメロン英首相やサルコジ仏大統領も支持を表明した[21]。

経済分野では、中印貿易の総額を二〇一五年までに一〇〇〇億ドル（約八兆四〇〇〇億円）に拡大し、経済関係の協力強化を目指す「中印戦略経済対話」を始めることで合意した[22]。

インドにとって中国は最大の貿易相手国で、両国間の貿易総額は、〇九年度（〇九年四月～一〇年三月）が四三〇億ドル、二〇一〇年度は六〇〇億ドルに達する見通し。過去二〇年間で二三〇倍に増えたとされる。しかし、インドの赤字額は〇九年度で一九〇億ドルに上っており、貿易不均衡の是正が課題となっている。今回、温総理に同行した中国の企業家約四〇〇人らによって、インドの鉄鋼、ＩＴ（情報技術）製品や薬品、農産品などの買い付けのほか、インド大手発電会社リライアンスが中国国家開発銀行から六六億三〇〇〇万ドルの低利融資を受けるのを含め、総額一六〇億ドル（約一兆三〇〇〇億円）の契約に調印した(23)。

興隆著しいインドへは一〇年、英国のキャメロン首相が七月に訪問したのをはじめ、オバマ米大統領が一一月五〜八日にアジア歴訪の一環として、一二月四〜七日にサルコジ仏大統領、一二月二一、二二日にはメドベージェフ露大統領がそれぞれ訪れた。オバマ訪印では、Ｃ17輸送機一〇機やボーイング737型旅客機一〇機など総額一〇〇億の商談が成立した。

一方、中印間の懸案事項として、インド北東部のアルナチャルプラデッシュ州と北部ジャム・カシミール州の領土・国境問題があるが、大きな進展はなかった。ジャム・カシミール州では、地元住民が中国に入国する際、中国政府は〇九年から入国査証（ビザ）を別紙に押してパスポート（旅券）に挟む方式を取っている。同地区の領有権を主張している中国側の対抗措置だが、同州はパキスタンとも係争状態にあることから、中国と緊密なパキスタンを配慮した措置と見られる。中国は最近、アルナチャルプラデッシュ州でも同様な査証方式を採用し始めたため、インドが強く反発している経緯があった。

首脳会談では、シン首相より先に温総理側が、この査証問題を取り上げたが、事務レベルの協議とすることに止まった。インド側は一〇年一一月、訪印した楊潔篪外交部長に対し、「インドにとってのカシミール問題は、中国にとっての台湾、チベット問題と同様に繊細な問題だ」と配慮を求めていた。今回の首脳会談でも、シン首相は「チベットと同様にジャム・カシミール州はインドの不可分の領土である」として「一つのインド」政策の確認を求めたが、温総理は同意しなかったようだ(24)。

この結果、今回の共同声明では、〇五年の温総理の訪印や、〇八年一月のシン首相の訪中の際の共同声明で言及されていた台湾をめぐる「一つの中国」政策や、チベットは中国の一部などの諸原則は触れられなかった[25]。中印関係の限界を示すものと言えよう。

インド国内では、「(温総理からは)インドの国連安保理常任理事国入りを支持する明確な発言は聞かれなかったし、(〇八年一一月二六日の)ムンバイでの同時多発テロに対する哀悼の言葉もなかった。パキスタンがテロに関与していることへの言及はなく、国境問題解決への確固とした保証もなかった」(元インド外交官)と手厳しい見方が出ている[26]。

温家宝総理はインド訪問に続いて、一二月一七〜一九日までパキスタンを訪れた。温総理の訪問は五年ぶり。インド、パキスタンの滞在日程はともに三日間で、温総理はイスラマバードでザルダリ大統領やギラニ首相らと会談した。パキスタン政府の発表によれば、両国政府間でエネルギー、鉄道運輸、建設、農業、文化面など一三項目の協定・覚書に調印した。また、パキスタン国内の三六項目のプロジェクトに中国は今後五年間、協力することでも合意した。これらの関連費用の総額は一四〇億ドルに達するという。このほか民間レベルでの商談契約額も一五〇億ドル余りに上った。官民合わせると総額約二九〇億ドルで、インドでの一六〇億ドルを大きく上回った[27]。

中国の新海洋戦略が判明

中央党校が刊行する週刊新聞『学習時報』は一月三日、「海洋紛争を解決するための鄧小平の戦略思想を完璧に理解せよ」と題した「聞航」による署名論文を掲載した[28]。最高実力者だった鄧小平氏の「韜光養晦、有所作為(才能を隠して機会を待ち、少し行動に出る)」の外交理念が〇九年後半から、「堅持韜光養晦、積極有所作為(才能を隠して機会を待つ方針は堅持するが、積極的に行動に出る)」に転じ、中国の外交姿勢が強硬なものへと変化したが、今回は海洋戦略においても強硬姿勢へと転じることを示すものだ。

論文は、鄧小平氏が語った「擱置争議、共同開発(紛争棚上げ、共同開発)」を海洋紛争の処理の方針として結論づけるのは「大きな誤りである」とした。鄧氏は「主権問題は議論する問題ではない。国家の主権と安全保障は終始、最優先しなければならない」と指摘しており、南シナ海や東シナ海について語った際に、いつも明確に主権問題に言及し、「主権問題では中国が最も発言権を持っている」と考えていた。したがって、「主権は中国に属し、紛争を棚上げし、共同開発する」というのが完璧な考え方だとした。そのうえで、中国当局の今後の方針として、(1)海洋法規の立法強化、(2)海上での法執行の強化、(3)「主権が中国にある」ことの宣伝強化——の三点を挙げた。

(1)について、中国は一九九六年に大陸領海の一部の基準線と西沙諸島の領海基線を宣言したものの、周辺諸国との関係を配慮し、釣魚島（尖閣諸島）、南沙諸島などの海域では領海基線を宣言していない。「一部の国」は領海基線が識別できないことを口実にして、中国の領海や領空を勝手に侵犯し、中国の海洋資源を略奪している。中国は一歩進んで領海基線を宣言し、明確に管轄する海域内で、海上の法執行ができるようにすべきだ、とした。こうした目的に沿って新たに立法措置を講じる可能性があるだろう。

(2)については、「海監」（国土資源部の国家海洋局所属）、「漁政」（農業部漁業局所属）、「海事」（交通運輸部の国家海事局所属）、「海関」（税関総署所属）、「辺防海警（国境海上警察）」（公安部所属）と、それぞれが海上艦艇を保有している現状を改め、海上管轄部門を統合し、「多機能化、準軍事化」を逐次進めて行く方針という。(3)は国内外メディアを活用した情報宣伝戦の強化である。さらに紛争の平和的解決と同時に、戦えば必ず勝つという信念を打ち立て、軍事闘争の準備を深め、武力行使に対する世論と法律面での準備を整えておく必要性も指摘した。

具体的に日本の尖閣諸島への対応を暗に取り上げ、「ある国は『紛争は存在しない』と断言し、絶えず問題を作り出している。こうした局面は必ずや変えなければならない」と強調している。米国との関連にも言及し、「金融危機の後、米国経済の回復が中国経済に依存している機会を十分に利用し、米中経済・貿易関係を一層緊密なものにし、釣魚島（尖閣諸島）や南シナ海問題で米国が中立の立場を保ち、威嚇や直接介入をしないよう求めて行かねばならない」とも指摘している。

中国漁船は韓国でもトラブル

一二月一八日午後一時頃、韓国全羅北道・群山市沖の於青島《オチョンド》近くの韓国の排他的経済水域（ＥＥＺ）で、中国の漁船「遼営漁３５４３２」（六三トン）が不法操業しているのを韓国海洋警察庁の警備艦（三〇〇〇トン）が発見し、停船命令を出した。警備艦の職員四人が漁船に乗り込んだところ、中国人船員が鉄パイプで襲いかかり、さらに漁船は警備艦に体当たりし、転覆した。この事件で中国漁船の李永寿船長（29）が死亡、漁船員二人が行方不明になった。[29]

韓国の検察当局は一二月二五日、救助後に身柄を拘束して、特殊公務妨害容疑などで取り調べ中だった中国人の朱港機関長（44）ら乗組員三人を不起訴処分にし、三人は釈放されて中国側に引き渡された。対中配慮を優先させた韓国政府の措置と見られた。しかし、韓国の海洋警察庁には、中国政府が再発防止に向けた措置を何ら約束しないままの状態で乗組員を釈放したことに、挫折感が広がった。[30]

韓国内のＥＥＺ内で拿捕された中国漁船は過去四年間で一七四六隻にのぼっている。違法操業は後を絶たない状態が続いている。

中国の尖閣・宣伝戦が始まった

清華大学現代国際関係研究院の劉江永・副院長は一月一三日の党機関紙『人民日報』に、尖閣諸島の領有権に関する論文「歴史的事実から見た釣魚島（日本名・尖閣諸島）の主権帰属」を発表した。[31] 日本問題の専門家である劉氏は、過去に靖国問題などで論陣を張っており、最近では尖閣に関して、『産経新聞』（一〇年一二月八日）で中国側の論理を展開した。[32]『学習時報』が報じた情報宣伝戦が始まったと見られた。

『人民日報』の一面全段を使った劉論文は、一九七二年三月八日に発表された「尖閣諸島の領有権問題についての外務省基本見解」など日本側が過去に発表した文書に疑問を呈し、中国領であることを論証しようとしていた。

日本より五〇〇年以上も前に中国は尖閣諸島を発見していたという歴史カードを振りかざし、明・清時代の文献『大清一統志』、『順風相送』、『使琉球録』、『重編使琉球録』、『使琉球雑録』などを引用しているほか、大陸、香港、台湾で発刊された最近の尖閣研究書にも依拠している。

明・清時代の文献に記載があるとか、島嶼に命名していたとの指摘は、領有権問題とは別の次元の話である。住民が居住していた歴史や、住居跡の有無などの方がより重要だろう。歴史を笠に着た虚仮威《こけおど》しは、国際法上の有効な論拠とはならない。

劉論文は琉球王国時代の文献や日本政府の文書も俎上に載せている。ハーバード大燕京図書館に所蔵されているという当時の日本の文献を引用し、一八九五年の日清戦争以前は、沖縄の管轄する島嶼三六の中に尖閣諸島が含まれていなかった、などとしている。

中国側の基本的な考えは、尖閣諸島は日本が日清戦争の混乱に乗じて窃取したというものである。日本政府が閣議決定で尖閣諸島を正式に日本領土に編入したのは一八九五年（明治二八）一月一四日。当時、古賀辰四郎氏が尖閣にアホウドリが生息しているのを発見し、当局に国有地借用願いを申請した。その翌年の一八八五年から日本政府は現地調査を行い、清国の支配が及んだ形跡がない「無主地」として閣議決定したが、この間、一〇年余り放置されていた、と疑問を呈している。日清戦争は日本が一八九四年八月一日に清国に宣戦布告し、日本が勝利した一八九五年四月に下関条約が調印された。

劉論文は、一九五二年四月発効のサンフランシスコ講和条約で、尖閣諸島は日本が放棄した領土の中には含まれていない点や、南西諸島の一部として米国の施政下に置かれた際に、中国側はなんら異議を唱えなかったことについて、「サンフランシスコ条約の草案が公表された直後に、周恩来外交部長が声明を発表し、中華人民共和国が参加していないなら、内容と結果如何にかかわらず、中国人民政府は不法であり無効であると考える、との声明を出している」と反論している。

一九五三年一月八日付の党機関紙『人民日報』が、尖閣諸島を沖縄の一部であると記載している点に関しては、「日本語で書かれた本から翻訳していたことが分かった。嘉手納を〈卡台那（カータイナ）〉と日本語の発音から訳していることからも証明できる。従って中国政府の立場を代表していない」との詭弁を弄している。

一方、沖縄県石垣市議会が一〇年一二月一七日、尖閣諸島を日本領土に編入する閣議決定をした一八九五年一月一四日を「尖閣諸島開拓の日」とする条例を可決・成立させたが、これについて『人民日報』（一月一四日）は、「開拓の日か窃取の日か」との挑発的タイトルで「鐘声」の署名入り批判記事を掲載した(33)。

防衛大綱に批判的な中国

菅直人政権は一〇年一二月一七日の閣議で、長期的な防衛のあり方を示した新たな「防衛計画の大綱（防衛大綱）」と「中期防衛力整備計画（中期防）」を決定した。防衛大綱は東西冷戦期の一九七六年に初めて策定されて以来四回目、前回からは六年ぶり。中期防は防衛大綱に基づき、二〇一一～一五年までの五年間の防衛費総額と主要装備数量を決めたもの。

今回の防衛大綱は、中国の軍事力に初めて懸念を表明し、南西諸島への自衛隊配置と即応性と機動性を重視した「動的防衛力」の構築を打ち出したのが特徴だ。尖閣諸島沖での中国漁船衝突事件（九月）や、北朝鮮軍による韓国哨戒艦撃沈事件（三月）や韓国延坪島への砲撃事件（一一月）など東アジア情勢が急変したことも影響した。

中国の軍事力への脅威については、以下のように言及した。「大国として成長を続ける中国は、世界と地域のために重要な役割を果たしつつある。他方で、中国は軍事費を継続的に増加し、核・ミサイル戦力や海・空軍を中心とした軍事力の広範かつ急速な近代化を進め、戦力を遠方に投射する能力の強化に取り組んでいるほか、周辺海域において活動を拡大・活発化させており、このような動向は、中国の軍事や安全保障に関する透明性の不足とあいまって、地域・国際社会の懸念事項となっている」[34]。

これに対して、中国外交部報道局の姜瑜副局長は一二月一七日の定例会見で、「中国は平和発展の道を歩んでおり、防衛的な国防政策を採用している。われわれはいかなる人に対しても脅威となるつもりはない。事実、改革開放以来の中国の発展は、日本を含む世界各国に対し、ともに繁栄する巨大な機会をもたらした。これは国際社会において衆目が認めるところである。一部の国が国際社会の代表を気取り、無責任に中国の発展についてアレコレ言う権利などない」と強く反発した[35]。

さらに党機関紙『人民日報』は一二月二三日、于青東京支局長の署名で反論を掲載、新防衛大綱は、米国の意向を受けている点で「創意」に欠け、南西諸島への部隊配備は六年前の大綱でも触れており「新味」に欠けている。さらに大綱は一人称ではなく、他人の口を借りて述べており、その面で「自信」も欠けていると批判した[36]。

現代中国社会の価値観は何か

米国に次いで世界第二位となった経済大国・中国には、核となる社会的価値観が存在しているのか。あるとすればどんな価値観なのか。国際時事問題紙『環球時報』（北京）の編集部が一二月四日、こんなテーマで座談会を催し、有識者十数人がそれぞれ見解を述べた[37]。党中央が「社会主義の核心的価値体系」を呼びかけていることに呼応した動きと見られる。座談会では、中国社会がアイデンティティを喪失、混迷している現実が浮き彫りになった。

中国社会の核となる主流の価値観は、歴史とともに変化してきた、と指摘したのは雑誌『文化縦横』の楊平社長だ。中国近・現代史を一九一九～七九年までの六〇年間と、一九七九～二〇〇九年までの三〇年間に分類する視点を提起した。「中華民国」と「中華人民共和国」を合併した大胆な時代区分だ。

これは蔣介石時代と毛沢東時代をある意味で同一と見なす視点でもある。楊氏は、前半の六〇年間について、「中国が貧しく、ひ弱な状態に置かれた時代で、革命で社会を変革し改造してきた。しかし、後半の三〇年間は、非革命の価値観が主流になっている」と指摘した。改革・開放の時代の現在、未だに「革命」に代わる新たな価値観が見出せず、社会全体がさまよっているのだろう。

パブリック・ディプロマシー（中国語「公共外交」＝広報・文化外交）を研究する民間活動団体（NGO）「チャハル学会」の柯銀斌・秘書長は「商業文明が、現代の主流となる価値観を構成するだろう」と語る。「新しい時代は、市場経済と情報化の発展、市民社会の勃興の三点が際立っている。この三大要素のもとで、将来の中国社会は商業文明が中核になるだろう。したがって、われわれは伝統的な官僚本位を止揚せねばならない。同時に西側のビジネス上の規則も学んで、両者を融合させねばならない」とも指摘した。

北京大学文化資源研究センター副主任の張頤武教授は、次のように語った。「核となる価値観は、中産階級の人々の共通認識だが、いまはそれが分裂している。九〇年代に中国には相対的に共通の認識が形成され、経済が発展し、みなが良いところを享受できた。しかし、いまの中国社会は大きく分岐し、若者たちの心は引き裂かれている」。

そして、「ひとつは中国ドリームで、実現できるという考え。もうひとつは、激烈な言葉とともに恨みを抱くこと。いまの社会は中国ドリームと恨み文化の競争になっている。大衆文化の中で夢を抱けるようにすることが必要だし、それが中国の未来社会の核となる精神になるべき。アメリカン・ドリームを超える夢にしなければならない」と語った。

『人民日報』高級記者の丁剛氏は、「中心となるべき社会と価値観は最近、混乱を来たしている。社会がますます多元化し、まとまりや共通認識がいっそう弱まっている。利害が異なり、核となっていた価値観が分化し、社会が脆いものになったのは問題だ」とした。

また、「ネット時代になり、バーチャルな世界が現実の世界をかき回している。ネット上に溢れる恨みや批判が、現実の世界のすべてになっている。中心となる中国の民意は、現実の世界にあり、基層社会から来ている。ネットの世界から来ているわけではない。基層にいる多くの人々はネットと無縁であり、意見を開陳することもない。世界でも、ネット上の意見がその国の中心的な民意になっている国はあまりないだろう」と自国の特異性を指摘した。

春秋研究所の寒竹・研究員は、「現在の中国社会が直面している深刻な問題は、社会がまとまる上で核となる意識が、現実から遊離していること。国内のネットを見てみれば、社会が爆発寸前であることがよく分かる。再建には愛国主義を堅持し、ともに豊かに発展して行く二つの核心的考え方が必要だ」と結論づけた。

スイスの「チューリヒ・バンク・インターナショナル」の北京首席代表を勤める劉志勤氏は、「歴史上、中国には一貫して中心的社会が存在していた。現在の改革は、中心的な社会の求めに応えたものだから、改革・開放の三〇年間は大きな成果があったのだろう」と分析した。

そして、「目下の中国の主流は、鄧小平氏が唱えた『発展は硬い道理』だ。数十年来、中国はこの主流をきちんと捉まえ、発展を取り巻く形で、中心的な社会を形成したと思う。中国社会の仕組みは、長期にわたって君（皇帝）、臣（家臣）、民から成ってきた。指導層、政府機構、市民によって中国の主流社会は構成されている」と語った。

軍事科学院の羅援少将は、「次なる価値体系は現在、構築中だ。（軍事を重んじる）尚武の精神と、恐れを知らない革命英雄主義への思いを国民教育システムに取り組み、重要な民族精神としなければならない。英雄を尊重しない民族は、英雄を輩出しない。英雄を輩出しない民族は、尚武の精神のない、希望のない民族である。当然だが、尚武は好戦的ではなく、戦争に備えて、戦争をしないことだ」と軍事的側面からまとめた。

（二〇一一年二月）

4　中国版・軍人と文民の違いが鮮明に

卯年（二〇一一年）の春節が明けた。膨張する中国軍を党がコントロールできるかどうかは、今後の中国の出方を探る上での重要なポイントだ。年末から年初にかけて、軍民双方を代表する戦略家の論文が登場した。ともに中国「平和発展」論に依拠しながらも、互いに相容れない発想の違いが浮き彫りになった。軍事委主席を兼ねる胡錦濤総書記の手綱さばきが改めて問われよう。

胡錦濤総書記の春節視察は保定

今年の春節（旧正月）は二月三日が「初一（元日）」で、一般国民にとっての春節休暇は、二月二日から同八日までの一週間だった。恒例となった地方視察で胡錦濤総書記は、大晦日を挟む二月一日から同三日にかけて河北省保定市（人口一一四五万）を訪れた[1]。同市から約一四〇キロ南西に位置する省都・石家荘市まで足を伸ばすことはなかった。総書記が訪れた先は「保定」であり、今年の党中央のメッセージは「安定を保つ」ことだと感じ取った中国人もいたようだ[2]。若干深読みし過ぎるのかもしれないが、党総書記が春節に地方視察するのには、それなりの政治的意味合いがあるのは事実だ。総書記引退の二〇一二年秋の党大会を控え、一一年は是非とも〈安定・平穏〉な年にしたいとする思いが、胡氏を保定に向かわせたのかもしれない。

一〇年二月中旬の春節では、胡総書記は福建省龍岩、漳州、アモイの三市を訪れ、台湾の実業家が経営する企業を訪れるなどした。一年前は中台経済協力枠組み協定（ＥＣＦＡ）の調印に向けた両岸の話し合いが始まっており、それを意識していたことをうかがわせた。

胡総書記は、保定市内の高度新技術開発区・茗暢園社区に住む病弱な老女、趙鶴楼さんの自宅を訪れた。居合わせた趙さんの外孫の男児（六歳）が、胡氏に両手で抱きつき、胡氏が思わず目を細めた。微笑ましい写真が春節の新聞の第一面を飾ったが、党機関紙『人民日報』は採用しなかった。力強い党総書記のイメージに合わないと考えたのだろう[3]。

もう一枚の新華社配信の写真も印象的だった。中山服に着替えた胡主席が保定市内にある武装警察部隊第四連隊を慰問し、武装警官と一緒にギョーザを包むパフォーマンスを演じたのだ。食堂の机上には包み終えたギョーザが並べられ、胡主席が笑顔で「武警」たちと作業に興じる光景は、暴動鎮圧の兵士といった負のイメージを払拭しようとする狙いがあっただろう。しかし、総書記の武警部隊慰問の箇所は『人民日報』の記事では削除された。おめでたい春節記事にはそぐわない、との判断だったのか。

温家宝総理は山東省へ

温家宝総理は二月二、三両日、山東省の済寧市嘉祥県（人口八二万）と済寧市曲阜市（同六四万）を視察した[4]。山東省では旱魃が発生しており、温総理は被災地となっている嘉祥県の麦畑を訪れ、農民を慰問した。温氏は〇三年三月に総理に就任して以来、毎年のように春節を地方で過ごす〝人民宰相〟となっている。

これに先立って温総理は一月二四日、北京市内にある庶民の陳情窓口である国家信訪局を訪れ、中央政府に不満をぶつける陳情者たちの声に耳を傾けた。〝政治的ショー〟に過ぎないとの批判もネットに登場したが、信訪局を訪れた中華人民共和国の総理は温氏が初めてだった[5]。温総理は農民工の給料未払い問題や、農地の強制収用問題など陳情者八人から、時にメモを取りながら話を聞いた後、次のように語った。

「三月に開かれる全人代（国会）で、私は政府活動を報告するし、第十一次五カ年計画も制定する。これらは大衆の意見を聴いたうえで決める。われわれの政府は人民の政府であり、われわれの権力は人民によって付与されたもの。われわれは手中にある権力を人民の利益を図るように使用し、人民大衆の困難と問題について責任を持って解決しなければならない」。発言は陳情者に対してというよりも、政府と党の幹部に向けたものだったろう。

さらに温総理は一〇年一二月二六日朝、中央人民ラジオ放送局を訪れ、一時間半余りの対話番組に生出演し、聴取者からの質問に答えた。温総理はこの中で、「国民生活を尊厳あるものにするため、憲法に基づく自由と権利の保障、法の下の完全平等、弱者の生活保障、犯罪者を含む個々人の人格の尊重に努めねばならない」と言明した。[6] ノーベル平和賞を受賞した民主活動家、劉暁波氏（刑事犯として収監中）を「犯罪者」としている中国政府だけに、温総理の発言は注目されたが、囚われの身の劉氏に変化は起きていない。

拡大するか〝茉莉花革命〟

一〇年末から一一年初にかけ、北アフリカのチュニジアで、独裁政治や物価高に不満を訴える若者を中心にした反政府デモが沸き起こり、一月一四日、ベンアリ大統領が海外に脱出して二三年間続いた長期政権が崩壊した。その過程は「ジャスミン（中国語で茉莉花）革命」と呼ばれた。

これに触発されたエジプトでも、一月二五日から首都カイロはじめ各地で大規模な反政府＝民主化要求デモが相次いだ。当初、九月の大統領選挙に出馬を断念すると宣言したムバラク大統領だったが、国民は即時退陣を求めてデモを拡大させ、社会混乱が頂点に達した二月一一日夜、「現代のファラオ（王）」と揶揄された大統領は、副大統領を通じて辞任を表明し、ムバラク政権は崩壊した。アラブの要衝国エジプトで三〇年続いた独裁政権は、わずか一八日間で打倒された。

チュニジア、エジプトを発生源とした〝中東波〟は、中国にも波及し始める兆しが見られた。

一一年二月二〇日午後、北京、上海、広州、成都、瀋陽など全国一三都市で、民主化を求める集会やデモを行おうと、一部の若者たちが集まった。事情が分からず、通りがかりのやじ馬も加わり混乱したケースもあった。集会の情報は、数日前からネット上で出回っていたことから、大量動員された公安警察によって解散させられ、各地とも大きな騒動にはならなかった。新華社（英文）が、北京・王府井での騒動を報道した。異例だった。香港の人権団体などによれば、北京や上海では、数百人規模の活動家や人権派弁護士らが拘束された。外出制限を受けた活動家もいた。

ネット上では「周囲で傍観するのも一種の力。目的を果たせなくとも、自由のタネは人々の心の中に広く蒔かれた」などと〝茉莉花集会〟の意義が強調された。今後、毎週日曜日の午後に集まる呼びかけも出回っており、先行きは不透明だ。

今回、全国で日曜日の午後二時に集まるよう、誰が指示したのかは不明だが、米国在住の華人が主宰するネット「博訊」が発信元になっていた可能性がある。同ネットは集会と前後してハッカー攻撃を受けて炎上、ただちに臨時サイトを立ち上げ、その後は各地での状況を写真や動画サイト入りで発信している。〝茉莉花革命〟は、じわりと浸透し始めたようだった(7)。

党機関紙『人民日報』は一月二八日、カイロとワシントン両特派員による連名記事で「（中東）地域の〝安定器〟がバランスを崩すのは、誰にとっても好ましくない」との見出しでエジプトの政情不安を詳しく伝えた。記事にはカイロ市内で警官隊と対峙するデモ隊の写真も掲載され、第二一面の「国際」面ながらトップの扱いである(8)。記事は、蜂起した大衆が独裁政権の腐敗・不正を追及し、民主化を求めている点を割愛し、秩序破壊によるマイナス面ばかりを描くネガティブ方針が貫かれている。しかし、一昔前のように報道自体を抑え込むのではなく、否定的な情報を積極的に流して、〝情報封鎖〟の対外イメージを打ち消したいとする当局の狙いをうかがわせた。

ちなみにムバラク大統領の辞任表明を伝える新華社電は、二月一二日午前二時一〇分（北京時間）、カイロ発で速報された。事実だけを淡々と伝えるものだった。[9] 政権崩壊を受け、中国外交部の馬朝旭報道局長は二月一二日、「中国はエジプト情勢の進展、変化を常に注意深く見守っており、最新情勢の展開が、エジプトの国家安定と正常な秩序のすみやかな回復に寄与するよう希望している。エジプトは中国の友好国であり、中国とエジプトの関係が引き続き健全で、安定して発展するものと信じている」との談話を発表した。わずか二文の短いものだが、ムバラク政権崩壊に言及する言葉は慎重に排除されており、中国当局がきわめて神経質になっていることをうかがわせた。[10]

強化された国内の報道規制

二月一二日夜、筆者は準ツイッターである「新浪微博（SINA マイクロブログ）」にアクセスしてみた。中国語で「埃及（エジプト）」と入力しても、「関係の法律、法規と政策により検索結果は表示できません」との文章が現れ、エジプト革命についての見解を書き込むことができない状態になっていた。

米カリフォルニア大学バークレー校ジャーナリズム大学院を拠点とする在米華人、蕭強氏が主宰するネット新聞『チャイナ・デジタル・タイムズ（CDT）』（一月二八日）によれば、中国国務院新聞弁公室と公安部第十一局は、エジプト騒乱の報道に関し、新華社電を使用し、外電などを独自に翻訳して報道することを禁ずるとメディア各社に通達した。さらにインターネットHPにエジプト情勢をアップしたり、フォーラム（論壇）の形や、「ブログ」や「微博（マイクロブログ）」上で報道することも禁じ、管理体制が不十分な場合は強制的に削除すると伝えた。[11]

英週刊誌『エコノミスト』（二月五日号）によれば、党中央宣伝部は国内各メディアに対して、エジプト情勢に関しては新華社電の使用を義務付けたほかに、中東で発生するデモ関連ニュースを扱わないようにするか、報道する場合でも騒乱の代価がいかに高いかを強調するよう指示した。[12]

中国の〝網民（ネチズン）〟は、エジプト情報に全くアクセスできないように見えるが、そうでもない。

当局の規制をかいくぐる特殊ソフトを入手する一方で、外資系企業を中心に普及している「ＶＰＮ（仮想的プライベートネットワーク）」システムでは海外のＨＰの閲覧のほか、ツイッター、フェイスブックなども利用できるからだ。ＶＰＮは中国当局のネット規制で業務に支障が出る外資系企業向けに広がっているが、勤務する中国人スタッフを通じて情報が外部に広がる可能性は大きい。〇九年夏以来、当局が禁止している「ツイッター」だが、中国内での利用者は約一〇万人にのぼると言われる。規制があれば、それをかいくぐる方法も工夫されているようだ。

ネットではないが、普通話（北京語）で放映される香港系衛星の「鳳凰（フェニックス）テレビ」の二四時間報道チャンネルもある。視聴できるのは党・政府幹部や研究者らに限定されるが、ほぼリアルタイムで動きを知ることができる。

一方、中国政府はエジプト国内で足止めになった中国人旅行客らに対し、航空機を臨時派遣して帰国の便宜を図った。この中には香港人や台湾住民も含まれており、こういった話は中国内のメディアでも盛んに伝えられた。

馬暁天論文VS戴秉国論文

人民解放軍の馬暁天・副総参謀長（61、上将）が執筆した論文「戦略的チャンスの時代的意味を把握し、われわれの歴史的使命と責任を明確にせよ」が、党校主宰の週刊新聞『学習時報』（一一年一月一七日）の一面に掲載された[13]。一方、外交分野における最高実務責任者である戴秉国・国務委員（69、副総理級）が一〇年一二月六日、「平和発展の道を歩むことを堅持せよ」と題する論文を公表した[14]。中国外交部ＨＰにアップされているほか、党機関紙『人民日報』（一二月一三日）にも掲載された。

戴氏も馬氏も、台湾政策の最高意思決定機関である「党中央対台湾工作指導小組」（組長＝胡錦濤総書記）のメンバーである。戴氏は外交政策の最高意思機関「党中央外事工作指導小組」（同）の外事弁公室主任も務めるキーパーソンだ。両者の地位に不足はない重量級戦略家の論戦である。特徴的なのは、馬論文は戴論文に対するアンチテーゼである点だ。党と政府で長年対外関係に従事した文民政治家の戴氏が繰り出す「中国平和発展論」は、武力行使を強く戒めており、その矛先は軍に向けられているように見える。

例えば、「自分のことだけで他人を顧みず、武力で征服したり、他人を威嚇したり、あるいは非平和的な手段で発展の空間や資源を求めるようなやり方は、ますます通用しなくなっている」、「中国の戦略的な意図は、四文字〈平和発展〉にある。われわれは数世代、十数世代、数十世代にわたり、この方針を百年でも千年でも揺るがせにしてはならない」と強調して見せたのである。平和発展以外の道はないと決めつけられれば、軍人からは異論も出よう。

そこで馬氏が軍人の立場から反論に乗り出したようだ。一月中旬に訪中したゲーツ米国防長官は中国の文民統制（党による統制）の危うさを指摘したばかり。両論文は図らずも軍民間の対立が根深いことを炙り出した。

馬論文は、「平和発展」論に立脚したうえで、中国の経済発展と国際的な地位向上が今ほど進んだ時期はなく、「重要な戦略的チャンス」を迎えている、と主張する。一〇年一〇月の党五中全会で、胡錦濤総書記が強調した「国内外の情勢を総合的に判断すれば、わが国の発展は、大いに余地がある重要な戦略的チャンスの時期にある」との未公開発言を紹介して、自らの主張の墨付きとしている。

戴論文も、「平和発展の道を歩み続けることは、胡錦濤同志を総書記とする中央指導グループが、時代の特性と中国の国情を深く把握し、国内、国際双方の大局を見据えて計画し、他の大国の発展経験と教訓を研究・検討して打ち出した斬新な発展の道だ。わが国の発展戦略の重大な選択であり、対外戦略の重大な宣言である」と、党の墨付きである点を強調している。

馬論文は「戦略的チャンス」について四点を挙げた。

第一に、国家発展と密接に関係する政治的概念であり、国際的な環境が穏やかな中で、初めて戦略的チャンスが開けるとした。

第二に、全体的、長期的に総合判断しなければならない。部分的に安定していても全体で動揺し、短期的に平静でも、長期的に不安定では、戦略的チャンスは生まれない、と指摘した。

第三に、戦略的チャンスは、客観的条件と主観的発想が有機的に結合していなければならない。一九七〇年代、八〇年代に最高実力者だった鄧小平氏が「発展は硬い道理」として国家発展、民族復興にまい進したころは、米ソ両国が互いに競っており、鄧氏は「世界大戦は回避できる」、「平和発展が時代の主題だ」と判断し、これが改革開放の理論的基礎となった。

第四に、戦略的チャンスの維持と運営には細心の配慮が必要とした。九〇年に鄧小平氏は「われわれは絶対に先陣を切らないことが基本的国策だ」と語った。それが国家の戦略的チャンスを促進し、維持する上での基本条件の一つでもあるが、安全確実を求めることは、無為に過ごすことではない。戦略的チャンス全体の中で、積極的に打って出ることが同じように重要である。

その例として、台湾の李登輝総統が一九九五年に訪米し、九九年には「二国論」を打ち出したことを引き合いに出し、わが国の核心的利益を断固守るとともに、外部環境の相対的安定も守った、とした。暗に三軍による大規模演習の実施を指しているのだろう。

これは戴論文が「われわれの根本政策は、先陣を切らず、覇を争わず、覇を唱えないことが基本国策であり戦略的選択だ」とし、鄧氏が唱えた「韜光養晦、有所作為（実力を隠し、少しだけ行動に出る）」を引き合いに出していることに対する、軍人＝馬氏の最大の反論だろう。

二一世紀の最初の二〇年間が、中国の発展にとって重要な戦略的チャンスであり、これをしっかり摑み、大胆に行動せよと主張する馬氏。平和発展論に終始する戴氏の両者ともに中国の発展レベルは「社会主義の初級段階」との認識では一致している。守りの姿勢を強調する戴氏に対して、攻めも必要だと主張する馬氏の違いは、文民政治家と軍幹部の違いと言ってもよいだろう。この違いが実際の政策面で、どのような形で現れるかが最大のポイントだ。注視しなければならないだろう。

鉄道部長の解任と軍の人事異動

中国鉄道部部長で同部党組書記の劉志軍氏（58）が突然、党組書記の職を解かれた。後任の党組書記には盛光祖・税関署署長（61）が就任した。劉氏は鉄道部長の職も解任された。国営新華社電が二月一二日夕、劉部長に「重大な規律違反があった」として解任を伝えた[15]。詳細は不明だが、劉氏には高速鉄道建設など数十億元に上る汚職と、女性一八人との性スキャンダルがあると見られた[16]。エジプトの政権崩壊翌日を選んだ現職部長（大臣）の解任発表は、国民の目をそらす狙いもあったのだろう。

劉氏は一九歳で鉄道部に入った叩き上げの鉄道マンだった。〇二年九月に鉄道部副部長に、〇三年三月に鉄道部長、党組書記に就任した。十六期、十七期と二期連続で党中央委員を務めている。部長就任時は五〇歳で、最も若い部長の一人ともてはやされた。胡錦濤―温家宝体制の発足時でもあった。

実弟の劉志祥も鉄道部武漢鉄路分局副局長で、総額二億一九〇〇万円（一二二七万人民元、五八万米ドル、一三万五〇〇〇ユーロ）の賄賂や公金横領などの汚職罪と収賄罪、多額資産の出所不明罪、傷害罪などで、〇六年四月、湖北省宜昌市中級人民法院で、執行猶予付きの死刑判決を受けた。

この裁判に関連しては次のような未確認情報もあった。武漢（湖北省）―広州間を結ぶ高速鉄道「武広線」（〇五年六月着工、〇九年一二月開通）は、北京―瀋陽線の後で着工する計画だったのだが、当時、鉄道部長だった劉氏が実弟の減刑を画策し、地元湖北省の実力者、兪正声省委書記（現上海市党委書記）とかけ合い、優先して開通するよう計画を捻じ曲げたのではないかとの疑惑である[17]。公判では審理の対象になるかもしれないが、結果が明らかにされる可能性は低いかもしれない。

劉部長の抜擢は、胡─温現政権によるものではなく、総書記時代の江沢民氏の影響が大きかった可能性がある。劉氏は江総書記の地方視察や外遊にも同行し、深く食い込んでいたようだ。〇九年七月、江氏が長春にある「中国北車股有限公司（CNR）」を訪れ、高速鉄道を視察した際にも駆けつけるなど、劉氏は引退後の江氏にも寄り添っていた[18]。

劉氏の失脚は十八回党大会を前に、胡錦濤派が江沢民派の一掃を目指した権力闘争と見ることが出来るかもしれない。ただ、劉氏の素行には普段から問題が多かったことや、事実上の〝独立王国〟化していた鉄道部の閉鎖性にも原因があるのだろう。

一方、一一年年明け早々に人民解放軍で将軍級の人事異動があった。新華社電によれば、劉少奇の子息である劉源・軍事科学院政治委員が、軍総后勤部政治委員（上将＝大将）に昇格した[19]。蘭州軍区の劉暁榕・副政治委員が総后勤部副政治委員（中将）に就任したほか、規律検査委員会書記も兼務した。

第二砲兵（戦略ミサイル）部隊の魏鳳和・参謀長が、総参謀部の副総参謀長（中将）に異動し、副総参謀長は五人体制になった。武装警察部隊の魏亮・政治部主任が総政治部の主任助理（中将）となった。総政治部の許耀元・主任助理は武装警察部隊の政治委員（中将）に、中国科学院の劉国治院士は総装備部副部長（少将）にそれぞれ異動した。

劉源氏は一〇年秋に中央軍事委員会副主席に就任した習近平・国家副主席（党政治局常務委員）と親しい関係にある。一連の将軍級の異動について、習氏が影響力を行使したとの見方もある。

中国海軍の増強に貢献した劉華清・元中央軍事委員会副主席が一月一四日朝、北京市内で病死した。九五歳だった。劉氏の葬儀は一月二四日、北京の八宝山革命公墓で行われ、胡主席らが出席して、遺族に哀悼の意を伝えた。葬儀には前軍事委主席の江沢民氏の姿はなかったが、党機関紙『人民日報』第一面の葬儀に関する記事には、江氏の名前が、胡錦濤氏に続いて序列二位で掲載された[20]。党内で重要事項がある場合には江氏に相談する、との党内秘密決議が依然として生きていることをうかがわせた。

着々と進む中国の北朝鮮支援

国際的孤立を深める北朝鮮に対する中国の援助が着々と進んでいる。国際社会が望んでいる北朝鮮に対する中国の影響力行使といった状況とは、ほど遠いことを物語っていよう。

北朝鮮との国境沿いにある中国遼寧省丹東市で、一〇年一二月三一日の大晦日、北朝鮮平安北道新義州市とをつなぐ「新鴨緑江大橋」の着工式が行われた。鴨緑江の川中でも、金属性の作業用やぐらに運搬船が横付けされ、色とりどりの幟を掲げて着工を祝う光景が目撃された。真冬にもかかわらず両国が着工を急いだのは、中朝関係の進展ぶりを韓国などに誇示する狙いがあったのだろう[21]。

鴨緑江を跨ぐ現在の「中朝友誼橋」(全長九四六メートル)は、鉄道と車両が往来できる鉄道・道路併用橋で、一九四三年(昭和一八)四月に建造された。ふもとには国境税関の事務所がある。中朝間を行き交う物資の約七割が同橋を通過しており、文字通りの大動脈である。この橋の一〇〇メートル下流側に架かる「鴨緑江橋梁」は、一九〇九年(明治四二)八月に日本の朝鮮総督府鉄道局が着工し、同一一年(明治四四)一〇月に完成した。朝鮮戦争中の五〇年一一月八日、米軍機の爆撃を受け、全体の三分の一に当たる北朝鮮側橋板が破壊された。現在、残っている中国側部分は「鴨緑江断橋」と命名され、観光名所となっている。客は橋の突端から対岸の北朝鮮側を眺めることができる。

新たに着工された「新鴨緑江大橋」は、全長五・一キロ(中国側三・六キロ、北朝鮮側一・五キロ)、接続道路部分が一二キロになる。幅は最大三八メートルで、左右計四車線の計画だ。総工費一七億人民元(約二一六億円、一元=一二・七円換算)は、全て中国の負担で、工期は約三年。〇九年一〇月に温家宝総理の訪朝で合意した。北朝鮮側は現在の「中朝友誼橋」が位置する旧市街地に建造することを希望したが、交通渋滞の解消と、将来の開発を視野に入れた中国側が、約一〇キロ下流にある丹東市浪頭鎮の丹東新区を提案し、最終的に中国案で決着した。

羅津港―日本海ルートが始動

新鴨緑江大橋の起工式に先立つ一〇年一二月下旬、「朝鮮海外投資委員会」の金日英・副委員長が北京を訪れて吉林省幹部と会談し、北朝鮮・羅津港（羅先市）の第四号、第五号埠頭について、中国企業が五〇年間使用する権利と開発についての投資協定に調印した。金正日総書記が一〇年八月に訪中した際に、胡主席との間で決定していた[22]。

訪中した金日英氏は、新設の朝鮮労働党羅先担当局局長も兼ねる高官だ。この協議では、中国側の事務所を平壌に開設することでも合意した。

羅津港は総面積三八万平方メートルで、第一号から第三号まで三本の埠頭が基本的に完成している。クレーンなど設備が導入された後は、五万トン級の貨物船の接岸、停泊が可能になる。不凍港のため冬でも使用が可能だ。今後、第四号埠頭の工事が始まるが、完成後は三〇〇〇万トンにのぼる貨物の取り扱いができるという。

吉林省琿春市から羅津港までは九三キロの距離で、琿春市内の日系工場で生産された衣類などの製品も羅津港から日本向けに船積みが可能になる。ただし、日本政府の対北朝鮮制裁が続く限り、荷物の積み出しは難しい状況だ。

羅津港の第一号埠頭は、琿春市内の中国企業二社が五〇年間の使用権を得ているが、さらに一〇年間延長し、六〇年間の使用権になる見通しという。この二社は、国境税関から羅津港までの北朝鮮内を通る未舗装の道路（約六〇キロ）の改修工事も手がける。第二号埠頭は北朝鮮側が使用し、第三号埠頭はロシアが使用する予定だという。

一〇年一二月七日、吉林省延吉市内から琿春市内で採掘された石炭三八〇トンが一一輛の貨車に積み込まれ、「圏河」（中国側）と「元汀里」（北朝鮮側）の両国境税関を経て羅津港に運ばれた。同石炭は貨物船に船積みされて上海に運ばれた。このほかの分を併せて計二万トンの中国東北産の石炭が、上海と寧波（浙江省）に運ばれた。中国東北産の天然資源が羅津港から積み出されたのは初めてで、日本海を経由する海上輸送ルートが動き始めたことになる。[23]遼寧省の営口（遼東湾）や大連まで陸路で運んだ後、船積みしていた現在のルートと比べれば、日本海ルートは輸送にかかる時間もコストも大幅削減が可能だ。

羅津市と先鋒市が合併した羅先市は一〇年一月に「特別市」に昇格した。北朝鮮政府は九四年、「羅津―先鋒経済貿易地帯」を設立していたが、両市の合併、特別市への昇格に伴って「羅先自由経済貿易区」と改変した。同貿易区は、北朝鮮内で唯一の外国人がビザなしで入れる地域になっているという。

さらに中国の国有企業「商地冠群投資有限公司」が一〇年一二月二〇日、北朝鮮・平壌で、同国の「朝鮮投資開発連合体」と総額二〇億ドル、一〇項目にわたる投資同意書に調印した。「商地冠群」は今後二、三年以内に羅先市内で、火力発電所や道路、埠頭、石油精製工場などを備えた東アジア最大規模の工業特別区を建設する計画だ。この計画の実現には五年から一〇年かかるとしている。このほか北朝鮮咸鏡北道・茂山の地下資源開発や国際金融銀行の開設も始めるという。

一方、中朝貿易が一〇年後半から増加に転じた。同年三月の哨戒艦撃沈事件で、韓国は同年六月以降、対抗措置として北朝鮮との貿易を停止したが、その分を埋めるように中朝貿易が急増した。

中国側の通関統計などによれば、一〇年一～五月の中朝貿易総額は約九億八三六三万ドルだったが、同六～一〇月の五カ月間だけで一七億四四三万ドルと約一・七倍に増加した。中国から北朝鮮への輸出では、一～五月は約七億二七二〇万ドルだったが、六～一〇月には約一〇億五三六二万ドルと約四五％増加した。国際社会の対北制裁を事実上、骨抜きにする中国の行為といえる。[24]

こうしたなか、韓国紙『朝鮮日報』（一月一五日）が、羅先市に中国軍が駐屯している、と報じた。韓国大統領府（青瓦台）関係者は同一四日、「中国が羅先に投資した港湾施設を警備するため、少数の中国軍を駐屯させることを中朝で話し合ったと聞いている。中国軍が駐屯したとすれば、政治的、軍事的理由というよりも、施設の警備や中国人保護が目的と見られる」と同紙に指摘した。駐屯している中国軍の規模など詳細は不明だが、異例の措置と言えた。

同紙はほかに、一〇年一二月一五日頃の夜半、吉林省延辺朝鮮族自治州三合から中国軍の装甲車が豆満江対岸の北朝鮮・会寧に入って行く光景を目撃した地元住民の話を紹介している。同じ時期に中国軍の四輪駆動車が丹東市内から鴨緑江対岸の北朝鮮・新義州に入った、との目撃情報も伝えた[25]。

これに対し中国外交部の洪磊・報道局副局長は一月一七日、『朝鮮日報』の報道について、「全く根も葉もない作り話だ」と否定した[26]。

上海、重慶で不動産税が導入される

中央銀行である中国人民銀行は二月八日、金融機関の貸出金利と預金金利を同九日からそれぞれ〇・二五%引き上げると発表した[27]。追加利上げにより、貸出金利は六・〇六%、預金金利は三・〇〇%になった。利上げは一〇年一二月二六日以来で、引き締め後に最初に利上げを実施した同年一〇月二〇日から三回目。春節休暇の最終日に合わせた発表だった。初回から二回目の利上げまで約二カ月、二回目から三回目は一カ月半弱だった。中国金融当局は利上げとともに、市中銀行から強制的に預かる資金の比率を示す預金準備率の引き上げの両面作戦で金融引き締めに入っている。

二月一五日に公表された一月の消費者物価指数（CPI）は、前年同月比四・九%の上昇となった。食品価格の上昇率は一〇・三%で、このうち穀物・豆・イモ類価格だけでは一五・一%になり、卵類価格は二〇・二%上がった。

中国政府が掲げるインフレ抑制目標の四％を一〇年一〇月から四カ月連続で上回り、物価の騰勢は続いている。ちなみに一〇年一〇月は四・四％、同一一月は五・一％、同一二月は四・六％だった。市場関係者の間では一一年一月のCPIは、「五％台半ば」と予想されていたが、それを下回った。

国家統計局は年明け一一年一月から、五年に一度実施しているCPI算出のもとになる構成品目を変更した。最近では二〇〇〇年と〇五年に変更している。今回は全体の三分の一を占める食品の比率を二・二一ポイント引き下げ、高騰する家賃など住宅関連比率を四・二二ポイント引き上げた。また、調査地点も一万三〇〇〇カ所を増やし、計六万三〇〇〇カ所とした。数値が低くなったのには、こうした要因が背景にあると見られた(28)。

一方、国務院常務会議は一月二六日、不動産市場の管理強化のための八項目を決めた。住宅価格の高騰を防止するため、投機目的の売買を制限し、住宅ローンの規制強化などが主な内容となっている。具体的には、二軒目の住宅をローンで購入する場合、自己資金支払い率を価格の六割以上にすることや、金利も基準の一・一倍以上にする。購入してから五年以内に転売した場合、売却額全額に対して課税することなども決まった。

試験的な試みとして上海市と重慶市で一一年一月二八日から不動産税（固定資産税、中国語では房産税）が導入された(29)。中国では個人住宅に対する固定資産税は免除されていた。上海では二軒目の住宅に対して価格の〇・六％を課税するが、家族一人あたりに換算して六〇平方メートル以内の場合は課税されない。また、上海在住以外の住民が購入した住宅は〇・四％が課税される。重慶市ではビラ形式の別荘や高級マンション、非重慶市民の場合、二軒目の住宅に対し、価格の〇・五～一・二％を課税する。これらの課税措置が、どの程度の効果があるのかは不明だ。

また尖閣に現れた中国監視船

沖縄県・尖閣諸島沖で一〇年九月に発生した中国漁船の巡視船への体当たり衝突事件以降、中国監視船が頻繁に尖閣諸島に現れるようになった。中国の海洋政策は変更されている。中国監視船の接近は一〇年一一月を最後に途絶えていたが、一一年一月になって再び活発化した。事件以来、通算六回目だった。

一月二七日午前七時五〇分頃、尖閣諸島の久場島から北西約二九キロの沖合で、中国農業部管轄の漁業監視船「漁政２０１」が航行しているのを海上保安庁の航空機が発見した。現場海域は、日本領海の外側約二二キロに当たる「接続水域」内であり、海上保安庁は「漁政２０１」に対し、領海内に侵入しないよう警告した。これに対して同船は「釣魚島（尖閣諸島の中国名）は中国固有の領土である。われわれは正当な任務を遂行している」と回答、尖閣諸島を中心に時計の針と逆周りに航行した。海上保安庁は複数の巡視船と航空機で警戒に当たったが、「漁政２０１」は同日午前一一時二五分ごろ、接続水域を離れて、西北西方向に立ち去った。接続水域に滞留したのは三時間半余りで、日本の領海内に侵入することはなかった。(30)

これに先立ち、漁業監視船を管理する農業部の韓長賦部長は一月二四日、（衛星）テレビ回線を通じて、南極海域でエビの捕獲作業をしている遠洋漁船の乗組員や、東シナ海の尖閣諸島、南シナ海のミスチーフ礁（中国名・美済礁）を管轄する漁業担当者を対象に、春節向けの挨拶を送った。

農業部と中国漁政漁港監督管理局によれば、今年の春節期間に、漁業監視船「漁政３０３」はミスチーフ礁へ、同「漁政２０１」は尖閣に向けてそれぞれ航行し、中国漁船の操業の保護任務に当たることになっている。尖閣付近に「漁政２０１」が出現したのはこの任務の遂行だったようだ。(31)

韓部長は「漁政３０３」の王漢楚船長と「漁政２０１」の施冬船長とそれぞれ話した中で、「苦労をいとわず、戦いに挑み、成果を出す中国漁政の精神を引き続き発揮し、祖国の海洋を守り、使命をまっとうし、いっそう励んで功績を挙げるよう希望する」と激励した。

なお、ミスチーフ礁は一九九五年までフィリピンが実効支配していた岩礁であり、中国当局は、同礁を奪取した後、戦略的重点として死守している様子がうかがえる。

海保が巡視船衝突で賠償請求

前年の尖閣事件で、損傷した巡視船二隻を保有する第十一管区海上保安本部（沖縄・那覇）は二月一〇日、中国漁船の詹其雄船長（41、中国福建省在住）に対して、一四二九万円の損害賠償を求める請求書類を国際書留郵便で送付した。第十一管区本部長名で、船長個人に対して賠償請求したものだが、当然である[32]。

請求の内訳は、修理費は巡視船「みずき」が七〇八万円、同「よなくに」が五三一万円の計一二三九万円。修理ドックまでの燃料代や乗組員の旅費などが一九〇万円となっている。

船長側の対応が注目されるが、中国外交部の馬朝旭報道局長は二月一二日、「釣魚島および付属の島嶼は中国固有の領土である」と主張したうえで、「日本側は今回の事件における行為を深く反省すべきで、いわゆる賠償を請求する権利はない」と述べた。賠償請求権を認めれば、尖閣の領有権が日本にあり、中国の主権が及ばないことになるとの論理なのだろうが、ことは衝突事件で発生した損害賠償である。常軌を逸した外交感覚と言わざるを得ない。悪化した日中関係の修復は、依然として前途多難であることを思わせる対応と言えた[33]。

詹其雄船長は事件翌日の一〇年九月八日未明、石垣海上保安部によって公務執行妨害容疑で逮捕され、那覇地検へ身柄送検されたが、同年九月二五日未明に釈放されて帰国していた。那覇地検は一一年一月二一日、「巡視船の乗組員に負傷者がなく、船体の被害も軽微だった」として、船長を起訴猶予（不起訴）処分とした。

同事件をめぐって衝突の模様を撮影した捜査ビデオをネットの動画サイト「ユーチューブ」上に流出

させた第五管区海上保安本部（神戸）の一色正春・元海上保安官（44）＝退職＝も起訴猶予処分となった。二人の処分が同時に発表された。那覇地検は船長の釈放に際し、「今後の日中外交関係を考慮した」[34]としたが、国内で政治問題化したこともあり、起訴猶予の発表では外交関係への言及は一切なかった。

（二〇一一年三月）

第五章　アラブ民主化に怯える中国共産党

1　ジャスミン革命騒動の中での「両会」開催

――中東・北アフリカでの民主化要求の動きが中国にも波及するかどうか微妙な状況の中で、今年の全人代と政協会議の「両会」が開催された。

集会呼びかけはどう行われたのか　中東で発生中の民主化要求の動きに連動した中国版「茉莉花（ジャスミン）革命」集会は二〇一一年二月二〇日の初回に続いて、同二七日、三月六日、同一三日、同二〇日と五週連続で日曜日の午後二時（日本時間午後三時）からの開催が呼びかけられたが、いずれも不発に終わった。

三月は中国人民政治協商会議と全国人民代表大会の「両会（二大会議）」の開催期間と重なり注目されたが、いずれも大量の警察官ら治安要員が動員されて封じ込められた。集まった人々は単なる野次馬だったのか、呼びかけに応じて集まった人々なのかすらはっきりしないまま、外国報道陣と警察官ばかりが目立つ奇妙な光景となった。

インターネット上で、最初に行われた呼びかけは、次のような内容だった。(1)「あなたが毒ミルクで結石のできた赤ん坊を抱える世帯主であっても、家屋取り壊しに遭った者や人員整理された勤労者でも、政府への陳情者、〇八憲章の署名者、（非合法の）法輪功の実践者でも、共産党員、民主諸党派の党員、中国社会に不満を持つ者、冤罪者、あるいは傍観者に過ぎないとしても、集会でのひと時は、未来に対して夢を抱く同じ中国人だ。われわれはともに自己の未来に責任を持ち、子孫の未来に責任を負わなければならない」。

集会で叫ぶように指示されたスローガンは、「住宅が欲しい」、「公正な道理が必要だ」、「一党独裁を終結させよ」、「報道規制を解禁し、報道に自由を」、「自由万歳、民主万歳」などだった。同時に、「ゴミは残さないように。中国人は素質が高く、民主や自由を条件付きで求めているに過ぎないことを証明しよう」などとも訴えた。指定された繁華街に集合し、スローガンを叫んだり、三月一三日からは散歩するよう求めたが、デモを呼びかけるでもなく、緊迫感や悲壮感は感じられなかった。遊び心やユーモアすらうかがえる内容だった。

米政府系のHP「ラジオ自由アジア（RFA、中国語版）」が二月一七日午後一時二七分（北京時間二月一八日午前二時二七分）現在で報じた情報によれば、ツイッター上で最初の「茉莉花革命」集会の呼びかけが行われた際のメッセージは、「二月二〇日、日曜日の午後二時に、全国の各大都市に集まろう。具体的な集合場所は一日前にネット〈博訊〉で通告する」との内容だった(2)。

RFA記者が同記事を執筆する際に参照したツイッター画面は「forskyer（寂寞飛行）」、「内以利馬、Jiaweili（Justin Jia）」、「UK322CF（潘国瑛）」、「choujn（仇今）」、「ioola（兎爺）」などだった。これらの画面を通じて前記の集会メッセージが流されたのである。発信元が中国か海外なのかは不明だった(3)。

「博訊」は米ノースカロライナ州ダーラム在住の華人、韋石氏が主宰する中国語のネットで、テキサス州と首都ワシントンの三カ所から発信されている。韋氏が二月二六日、米政府系「ボイス・オブ・アメリカ（VOA、中国語版「美国之音」）」の取材に答えたところによれば、具体的な開催市と集合場所を知らせる情報は二月一九日午前二時頃（北京時間）、「博訊」にアップされた。その直後に「博訊」はハッカー攻撃を受けて炎上した。『明報』など香港紙は同二〇日付紙面の一面トップでデモ集会の予告記事を掲載した。

韋石氏はＶＯＡの取材に対して、「〈博訊〉は今回の集会を呼びかけた発起人ではない。私は発起人を知らないし、協力した事実もない」と釈明した。「博訊」は結局、第二回目の集会の呼びかけを流した後の二月二六日未明（北京時間同二七日夕刻）、自らのネット上で集会関連情報を流すことを中止したと宣言した。ハッカー攻撃を受けただけでなく、中国内の多くの民主活動家が呼びかけに関与したとして当局の摘発を受けた事態を重く見たためだった（4）。

中心的活動家四人を拘束

ネットを通じた民主化集会呼びかけに対する中国当局の動きは素早かった。社会不安を煽る情報として、ただちに弾圧に乗り出し、初回集会に合わせ、全国各地の民主活動家ら一〇〇人余りを一網打尽に拘束したり自宅に軟禁したりした。中心的人物として、作家の冉雲飛（46、四川省成都）、丁矛（45、同省綿陽）、陳衛（42、同省遂寧）、華春暉（47、江蘇省無錫）、梁海怡（黒龍江省ハルビン＝女性）の五氏が身柄拘束された。いずれもツイッターを駆使する活動家だが、どのように組織したかなどは不明だ（5）。中国政府が電子化計画「金盾行程」を通じて完成させたネット検閲・遮断機能を備えた「グレート・ファイヤーウォール（防火長城）」をめぐり、これを「翻墻《ファンチアン》（乗り越える）」する網民（ネチズン）と、軍総参謀部第三部や公安部所属ネット警察との間で熾烈な攻防が繰り広げられたものと見られた。

二月二三日には「博訊」を通じ、全国一八都市で同二七日午後二時に、再び集会に参加するよう呼びかけられた。開催地の数は二三都市だったが、最終的に二八都市に拡大した。その他のサイトを通じて拡大した模様だ。

二回目の開催地は、北京が王府井通りの「マクドナルド店」前、上海は人民広場の映画館「和平影都」前、天津は鼓楼前、広州は「天河スポーツ・センター」前、南京は鼓楼広場の「秀水街デパート」前、西安・北大街の仏系スーパー「カルフール」前などだった[6]。

その後、ネット「中国茉莉花革命（微笑行動）発起者」、「〇八憲章」[7]などで三月六日、同一三日、同二〇日、同二七日の集会開催が呼びかけられた。同一三日はチベット・ラサも含む国内四四都市と香港、台北、高雄、ニューヨークが開催対象地になった。

中国では過去、何度も反日デモが吹き荒れた。最近では一〇年一〇月一六～一八日の三日間、党五中全会の開催に合わせたかのように、成都、西安、鄭州（河南省）、綿陽（四川省）、武漢（湖北省）の内陸五都市で反日デモが突如行われた。「茉莉花革命」集会がすべて封じ込められた事実は、過去の反日デモは中国当局による容認や支援があったことが逆証明されたことを意味している。中国では治安当局が動けば、いかなるデモも実行できないことが明白になった。これが改めて実証された意義は大きいだろう。

集会が呼びかけられた北京中心部の王府井で，メディア関係者らに退散を要求する警官（2011年2月20日）（EPA＝時事）

なぜ茉莉花革命は不発なのか

中東での勢いに乗った「茉莉花革命」集会は、目下、中国内では広がる勢いにない。なぜなのか、その理由は分析に値しよう。

まず、文化的な違いが指摘できる。中東・北アフリカ諸国はイスラムが主流であるのに対し、中国はイスラム系のウイグル族らを抱えているものの、多数派を構成する漢族の文化とは異なる。影響力のレベルがおのずと違ってこよう。

中国でも一党独裁が続いているが、最高指導者は一〇年間で交代する。毛沢東、鄧小平に続く江沢民氏は一三年間、党トップの座に就いたが、胡氏は一二年秋に一〇年間で総書記を引退する。チュニジアのベンアリ前大統領が二三年間、エジプトのムバラク前大統領が三〇年間、リビアのカダフィ大佐が四一年間（一一年一〇月二〇日、反体制派によって殺害された）、最高権力者の座にあり、庶民の憎しみが長期独裁者に向かったのとは若干事情が異なる。

中国でも貧富の格差は拡大したが、過去三〇年余りの改革・開放策で、ＧＤＰ（国内総生産）は一〇九倍に成長し、一人当たりのＧＤＰでも五〇倍余りに増えた。発展の恩恵は末端にも及んでいると言わねばなるまい。

呼びかけの対象となった都市は、沿海の大都市や、地方の中核都市だった。住民の生活は当該域内でも比較的恵まれている。改革の恩恵を最も受けている中産階級は、民主化運動への原動力ともなるが、現在の生活を犠牲にしてまで政治的変革を求めてはいない側面もある。庶民は当局に対して様々な不満を抱いているが、食うに食えない切羽詰まった状況にはない。

そして最も重要な要素だが、中国には自由にメッセージを発したり、それを追いかけたりするツイッターの愛好者は一〇万人程度しかいない点だ。中国当局がツイッターを禁止しているため、利用するには妨害回避ソフトなど特殊な方法を講じなければならない。現在、合法的な〝準ツイッター〟「微博（マイクロブログ）」が複数存在しており、約五〇〇〇万人の愛好者がいるが、いずれも中国当局の監視下に置かれ、取り締まりの対象になっている。

圧倒的多数の人々に重要な情報が、規制なく瞬時に行き渡る「ソーシャル・ネットワーキング・サービス（SNS）」革命といわれる社会状況とは異なる現実がある。携帯電話のショートメールなどでメッセージを転送する方法もあるが、ツイッターとは雲泥の差だ。中国のネット社会は「グレート・ファイヤーウォール」の厚い壁に阻まれているのである。(8)

その意味では、治安対策予算が二〇一一年に初めて国防予算を上回ったように、当局の警察・武装警察など治安部隊への補給とコントロールは行き届いている。末端の民間の治安要員らの指揮・密告機能も管理・制御されている。

最高指導者は、「調和社会」の実現を掲げ、表向き庶民の味方というポーズを崩していない。汚職は蔓延しているが、当局は現職鉄道部長を拘束したように、汚職に一定の反対姿勢を示している。これら様々な要因が、「茉莉花革命」集会を目下のところは、不発に追いやっているのだろう。

だが、中国当局が今後も国民の不満を制御し続けられるかどうかは不明だ。人々の覚醒は密かに拡大し、当局が一時的に抑え込んでいるだけなのかもしれない。

いずれにせよ「茉莉花革命」騒動は、一本のメールで中国社会を攪乱できることを示した。一見強固に見える中国社会はきわめて脆い側面を引きずっている。問題の行方は胡錦濤―温家宝・現指導部と習近平・次期指導部が、党内民主化に道を開く政治改革の推進に、どこまで踏み込むかがカギとなろう。

高成長ピークだった二〇〇六～一〇年　第十一期全国人民代表大会（全人代＝国会）第四回会議が北京・人民大会堂で、三月五～一四日まで一〇日間にわたり開催された。前後して三月三～一三日まで、中国人民政治協商会議（政協）第十一期全国委員会第四回会議も開かれた。全人代代表（定数）二九七九人と政協委員（同）二二六〇人の大多数が出席した。中国の国内総生産（GDP）が日本を追い抜き世界第二位が確定してから初めての「両会」であり、焦点の一一～一五年までの国家運営の指針である「国民経済と社会発展のための第十二次五カ年計画（規劃）綱要」が採択された。

温家宝総理は全人代初日に政治活動報告を読み上げ、まず前期、〇六～一〇年までの「第十一次五カ年計画」の成果を総括した。国内総生産（GDP）は過去五年間、年平均で一一・二％増え、総合国力が著しく向上し、国際金融危機にも有効に対処できた。有人宇宙飛行や月面探査プロジェクト、スーパー・コンピューターの開発など先端科学技術面で進展が見られ、国防と軍隊の現代化建設でも重要な成果を収めた、とした(9)。

都市部の新規就業者数は五七七一万人（年平均で一一五四万人）に上り、農業から非農業分野への労働力の移動＝就業者数は四五〇〇万人（同九〇〇万人）となった。都市部住民の一人当たりの可処分所得は九・七％、農村住民の一人当たりの純収入は八・九％それぞれ増えた。農業分野では、一〇年の食糧生産高が五億四〇〇〇万トンに達し、七年連続の増産となった。農民への課税がなくなり、農民負担は毎年一三三五億元以上が軽減された。

温総理は過去五年の実績を踏まえ、「わが国は今なお、しかも今後長期にわたって社会主義の初級段階にある」と位置づけ、「あくまで経済建設を中心とし、科学的発展をしっかり堅持していかねばならない」と訴えた。温総理は「わが国の国際的地位と影響力は目に見えて向上した」、「全方位外交は大きな進展を勝ち取り、わが国は北京五輪と上海万博を成功裏に開催し、中華民族の百年来の念願を実現した」と総括した。

同時に過去五年間における反省点も列挙した。「一部の大衆が強く不満を抱く問題が根本的に解決されておらず、質の高い教育や医療の資源は不十分であり、配置も不均衡である。物価上昇の圧力が高まり、一部都市では住宅価格が高騰した。違法な土地収用や家屋取り壊し、立ち退きなど社会的矛盾が増えている。食品の安全（不足）問題が目立っている。一部の分野では腐敗現象が深刻化している」などと指摘して、善処を呼びかけた。

第十二次五カ年計画の目標成長率は七％　次に今後五年間の「第十二次五カ年計画」に関しては、「小康（ややゆとりのある）社会を全面的に建設するうえで最も重要な時期である」と位置づけ、「わが国は今なお大きく発展できる重要な戦略的チャンスに恵まれた時期にある」と指摘した。年平均の経済成長目標を「七％」に設定し、「第十一次五カ年計画」期よりも〇・五ポイント引き下げた。高度成長時代から持続可能な安定成長を目指し、社会保障の充実に代表される民生重視に転換して行く方向性を示したものだった。

年率七％の成長が今後五年間続けば、一〇年の価格基準によるGDP値は、一五年に五五兆元を上回る見通し。日本を上回った一〇年の名目GDP（物価上昇分を含む）は、三九兆七九八三億元（年平均レートで五兆八七九〇億ドル）だった。

温総理は、経済の発展方式と経済構造の調整を急いで行くとし、成長の原動力となった対外輸出と固定資産投資に加え、内需拡大のため消費の必要性を指摘し、三者のバランスを取るよう求めた。製造業を改造し高度化するほか、サービス産業を発展させGDPに占める比率を四ポイント引き上げるとした。

国民生活分野では、今後五年間の都市部の新規就業者数を四五〇〇万人にするとした。年平均では九〇〇万人になる。経済発展（七％）と同じペースで住民所得の増加を図り、労働報酬も引き上げる。都市部住民の一人当たりの可処分所得と、農村部住民の一人当たりの純収入の双方の年平均実質伸び率七％超を目指すとした。

最低賃金の引き上げは前年から相次いでいる。新華社電によれば、三月一日から吉林省、寧夏回族自治区、山東省、広東省で最低賃金が引き上げられた。過去一年以来、三〇の省・市・自治区で最低賃金がアップし、引き上げ幅は一〇～二五％という。ほぼ全国で一斉に引き上げられたことになる(10)。山東省では平均二六％増で月額一一〇〇元に、広東省では一八・二％増で一三〇〇元になった。吉林省長春市の場合は、一〇年五月に二六％増の八二〇元に引き上げられているが、今年に再度二〇％前後アップし、一〇〇〇元に近づく見通しという。

先送りされた政治改革と戸籍改革

前年（一〇年）春の全人代に際して国内新聞一一社が社説で一斉に呼びかけた、戸籍制度の改革にはほとんど触れずじまいだった。胡―温指導部は、都市戸籍と農村戸籍に固定化されている現在の戸籍制度を根本的に改革することには慎重な姿勢がうかがえる。戸籍制度を抜本改革すれば、二億三〇〇〇万人余りに上る農民工の都市部への移動がさらに増えることを懸念しているのだろう。だが、戸籍制度改革に踏み込まない限り、指導部が提言する産業構造の大幅な転換は進展しないし、農村の発展や農民の所得向上も進まず、社会の底上げは一段と困難になるだろう。

環境対策としては、エネルギー消費量に占める非化石エネルギーの比率を一一・四％に引き上げ、単位GDP当たりのエネルギー消費量を一六％、二酸化炭素排出量を一七％、それぞれ減らすとした。

政治体制改革は「積極的かつ着実に行う（中国語・積極穏妥地推進政治体制改革）」と一三文字で述べられただけだった。経済体制、文化体制、社会体制の改革と並列され、政治体制改革だけが突出しないよう配慮された。どのように政治体制改革を進めるか、五カ年計画では指針などを含め一切言及されなかった。今後、胡―温指導部の任期終了となる一三年春の全人代までに、実質的進展を望むことは難しい情勢だ。

温総理は三月一四日の全人代終了直後の内外会見で、米CNN記者に政治体制改革の見通しについて聞かれた。総理は、政治体制改革は経済体制改革と一体である点を改めて強調し、県レベルでは人民代表を直接選挙で選出している例を引き合いに出しつつ、「選挙制度問題は、順序立てて行う漸進的な過程だと考えている。大衆は村をきちんと管理できるし、郷や県も管理できる。ただし、これにはプロセスが必要だ。一三億の大国で政治体制改革を進めるのは容易ではない。安定した調和社会の環境の中、党の指導の下で秩序立って行わねばならない」と答えるにとどまった[11]。次期政権を担う習近平氏も慎重な構えと見られ、焦眉の課題は先送りされ続ける可能性が高い。

中国国防費二ケタに逆戻り　一一年の国防予算は六〇一一億五六〇〇万元で、対前年実績比で一二・七％増と二年ぶりに二ケタの伸びに逆戻りした。李肇星・全人代スポークスマン（前外交部長）が三月四日の記者会見の中で明らかにした[12]。

中国の国防予算は一九八九年以来、〇九年まで連続二一年間、二ケタの伸びを示したが、一〇年は世界同時不況の影響や、建国六十周年の軍事パレード（〇九年秋）の費用増額などの影響で一ケタに下がっていた。八九年の国防予算は二五一億四七〇〇万元（実績）だったので、過去二二年間で二四倍近くに膨れ上がったことになる。

全人代開会直前には、軍兵士の給与を五％から四〇％アップするとの報道が流れた。下士官クラスは一律四〇％、約一〇〇〇元賃上げされる。尉官の場合は月額四〇〇〇元に、将軍級では月額二万二〇〇〇元になるという。給与額では、陸軍が最も低く、海軍、空軍の順に高く、戦略ミサイル部隊が最高の給与という。今回の給与アップは建国以来七回目の全面改正だった[13]。

軍事委主席を兼務する胡錦濤総書記は三月一二日、解放軍・武装警察の全人代代表による全体会議に出席して演説した。胡主席は代表八人の意見を聴いた後、今後五年間が軍現代化の重要な時期に当たるとしたうえで、「軍は国家の安全保障上、発展戦略全体の中で重要な地位と作用を備えており、わが国の重要な戦略的チャンスの中で、光栄ある使命と神聖なる職責を有している」と発言、軍の役割を高く評価してみせた。

そして党が軍を支配する基本原則の重要性を改めて指摘し、現代の革命軍人としての〈核心的価値観〉を培わねばならないと指摘した。会議には中央軍事委副主席を兼務する習近平・党政治局常務委員

（国家副主席）も同席した[14]。

一方、一一年の治安関連予算（当初額）は六二四四億二一〇〇万元で、国防予算を二三二億六五〇〇万元上回った。治安関連予算が国防予算を上回ったのは初めて。国内で頻発する住民の抗議行動などを抑え込む治安対策に、政権がいかに力を注いでいるかが分かる数字である。

〝空母キラー〟の呼称を持つ中国の対艦弾道ミサイル「東風（DF）21D」が配備された。国際時事問題紙『環球時報』（二月一八日）が報じたもので、台湾海峡有事に際して、米国の空母が台湾海峡に接近するのを阻止することを主目的とした新型ミサイルだ[15]。伊豆諸島―グアム、サイパン―パプアニューギニアを結ぶ太平洋上の第二列島線内の制海権を目指す一環として中国軍が研究・開発を進めていた。今回配備が明らかになったことにより、米国や日本などに強い警戒心が起きるものと見られる。

「第十二次五カ年計画綱要」では、新たに「海洋経済の発展推進」と題した項目が設けられ、海洋権益の保護と拡大をいっそう重視して行く方針が打ち出された。「海洋産業構成の改善」と「海洋相互管理の強化」で構成されている。天然ガス、石油を含む資源開発や漁業、観光業を発展させ、環境保護や離島の管理強化などを盛り込んでいる。

中国人のリビア退去で政府・軍が支援

チュニジア、エジプトでの大衆反乱が、両国に挟まれたリビアにも飛び火した。最高実力者カダフィ大佐の退陣を求めた反体制派勢力によるデモが二月中旬から活発化し、当局側と内乱状態となった。このため中国政府はリビア在住の中国人の脱出を支援するため、民間航空機の増派だけでなく、空軍機イリューシン76輸送機四機や、軍用艦艇を動員し、三月二日夜までに、約三万五八六〇人の国外脱出を実現した。この中には一二カ国、約二一〇〇人に及ぶ外国人も含まれていた[16]。

リビアに滞在していた中国人らは、石油開発などインフラ関連事業に従事していたが、リビアにある中国の石油関連施設が内乱状態の中で破壊攻撃を受けた。中国政府が海外在住の中国人の緊急脱出で軍用機や艦艇までを動員したのは初めて。中国外交部のHPでは、在トリポリ中国大使館に設けた二四時間サービスの電話番号も案内された。過去には見られなかった変化である。

カダフィ大佐は二月二二日、国営テレビを通じた演説で、「最後の一滴の血が尽きるまで戦う」と発言した際に、一九八九年の天安門事件を引き合いに出し、「天安門事件のようにたたきつぶす」と豪語した[17]。思わぬ場面で天安門事件が登場し、注目を引いた。

中国軍機が日本の防空識別圏内に侵入

中国のヘリコプターが海上自衛艦に異常接近する事件が起きた。防衛省統合幕僚監部の発表によると、一一年三月七日午後一時二五分頃、沖縄本島の北西約五〇〇キロの東シナ海中部海域で、中国国家海洋局所属のヘリコプターが海上自衛隊の護衛艦「さみだれ」(総排水量四五五〇トン、約一六〇人乗組)に異常接近し、同護衛艦の周囲を一周して西方に飛び去った。最も接近した水平距離は約七〇メートル、高度は約四〇メートルだった。ヘリ内部では乗員がVTRとカメラで撮影していた。ヘリは「Z—9」型で、機体の外部には「中国海監」と書かれていた。母船である「中国海監」は確認されなかった。

護衛艦「さみだれ」は同海域を警戒監視中だった。現場は東海艦隊司令部のある寧波に出入りする中国艦艇の航路に当たり、日中共同開発の対象である海底ガス油田の付近でもあった。日本政府は三月七日、危険な行為として中国側に抗議し、再発防止を求めた[18]。

中国の潜水艦や駆逐艦など一〇隻の艦艇が一〇年四月、沖縄本島と宮古島の間を通過して沖ノ鳥島西方の海域に進出する行動を取った際に、東シナ海と太平洋で二度にわたって海上自衛艦二隻に対し、水平距離約九〇メートル、高度約三〇~五〇メートルまでヘリを接近させる事件が起きていた。

一方、中国軍所属のプロペラ式哨戒機「運(Y)8」と同情報収集機「運(Y)8」の計二機が三月二日、沖縄県・尖閣諸島の北方五〇キロ付近まで接近し、航空自衛隊のF15戦闘機がスクランブル（緊急発進）をかける事件が起きた。中国軍機は日本の防空識別圏内に侵入し、東経一二五度線を、ほぼ直線状に南下して尖閣諸島に接近、五〇キロ手前で九〇度方向転換し、中国福建省の方向に飛び去った。日中中間線も越えていた。中国軍機の尖閣諸島への接近は初めてだった[19]。

この異常接近飛行の背景には、劉夢熊・政協委員（香港代表）が中央軍事委員会と国防部に対し、漁業監視船「漁政」を使って釣魚島（尖閣諸島）への派遣常態化を図るのではなく、中国の軍艦を派遣して釣魚島の主権を示すべきだ、と緊急提案していた事実があった。

香港誌『亜洲週刊』（三月二〇日号）によれば、劉委員は今回の政協会議に参加のため上京し、北京飯店貴賓楼に滞在していた際に、解放軍のある少将と親しくなって意気投合し、この緊急提案を急遽、書き上げた。提案には政協委員八人が連署しており、関係方面が重視し、中国軍事科学院の羅援・世界軍事研究部副部長の全面的な支持を得た。こうした動きが三月二日、中国軍「運（Y）8」二機による尖閣諸島への接近飛行につながったという[20]。

また、農業部の漁業監視船「漁政202」が三月九日午前九時一五分頃、尖閣付近の魚釣島の北西四四キロの接続水域（領海の外側二二キロ）を航行した。海上保安庁の航空機が上空から発見し、警戒中の巡視船が警告した。

これに対して「漁政202」は、「釣魚島は中国の領土であり、妨害は許されない」と応答した。「漁政202」は同日午後零時半頃、接続水域の外に出た。三時間一五分間、日本の接続水域内を航行したことになる。枝野幸男官房長官は三月九日午前の会見で、「関係省庁の連携強化のもと必要な警戒監視を行う」と述べた。

南シナ海でも問題引き起こす

南シナ海では、中国とフィリピン、ベトナムとの間で海事トラブルが発生した。

フィリピンのアキノ大統領は一一年三月四日、スプラトリー（南沙）諸島で、石油資源探査中の同国エネルギー省の船舶が中国の哨戒艇二隻の妨害を受けたとして、在マニラの中国大使館を通じて、中国政府に抗議したと発表した。[21] 事件は三月二日、フィリピンが領有権を主張しているリード礁付近で発生した。比軍幹部によると、中国の哨戒艇が少なくとも二回異常接近し、フィリピン船は衝突を避けるために、後退せざるをえない状態になったという。こうした妨害行為は初めてだった。比軍は事件後、海軍艦艇一隻と空軍機二機を現場海域に派遣した。中国哨戒艇は発砲することなどなく、その後、現場海域を立ち去ったという。

一方、ベトナム政府は三月二日、中国海軍が二月にスプラトリー諸島で実施した初の海賊対策演習について、「ベトナムの主権を侵害した」として中国政府に抗議した。[22]

国家海洋局は二月二七日、中国の海洋権益が侵されたと見られるケースが前年、二〇一〇年に約四〇〇件発生したことを明らかにした。同局が所有する監視船「海監」は「第十一次五カ年計画」の期間中、のべ一六六八回出動したという。年平均で三三三回になり、ほぼ毎日のように出動した計算になる。

発表によれば、〇六年に東シナ海での海底油田探査開発に対する特別護衛活動を実施し、〇七年には南シナ海における「特別法執行行動」を二回実施した。〇八年に南シナ海のスプラトリー（南沙）諸島とマクレスフィールド（中沙）諸島にある他国に占拠されている島嶼に出動し、尖閣諸島付近へも出動した。北京五輪期間中には光ケーブルの保護活動などを実施した。ほかに外国の軍事調査測量船の中国管轄海域での活動に対する監視活動として、〇七年から一〇年にかけ四年間で延べ一〇〇隻余りの艦艇を出動させたという。

国家海洋局の監視船「海監」の任務は、海域の使用、海洋環境の保護、海砂採掘、海底ケーブル保護、離島保護などとされる。現在、連日九隻以上の「海監」と四機以上の航空機を出動させ、警戒行動に当たっているとした[23]。

米国大使と日本外相が交代

オバマ米大統領は一一年三月九日、ゲーリー・ロック商務長官(61)を次期駐中国大使に任命する、と発表した。ロック氏は広東省出身の米国移民の子息として、ワシントン州シアトル市に生まれた。一九九六年から二〇〇四年まで、全米初の中国系知事としてワシントン州知事を務めた。知事時代は地元企業の対中輸出を倍増させるなど貿易振興策を推進した。〇九年三月のオバマ政権下で商務長官に就任して以降は、米製品の対中輸出拡大を目指し、対中交渉を率いていた。現役の商務長官を中国大使に起用したのは、対中貿易拡大を目指すオバマ政権の意欲を示したものだろう。

ロック氏の中国系夫人、李蒙さんの祖母・藍妮さんは、孫文の長男・孫科氏に嫁いでいるが再婚だったため、李蒙さんは孫家と直接の血縁関係はない[24]。ハンツマン現駐中国大使は次期米大統領選への出馬を目指し、二月に辞意を表明していた。新たな米駐中国大使の発令は四月一日付だった。

前原誠司・外相が在日韓国人の焼肉店経営の女性から二五万円の政治献金を受け取っていたことなどが三月四日の国会審議で発覚し、同六日夜、前原氏は責任を取って外相辞任を表明、受理された。菅総理は同八日、後任に松本剛明・外務副大臣(51)を昇格させることを決め、同九日午後、皇居で認証式が行われた。前原氏の外相辞任以降は、枝野幸男官房長官が外相臨時代理を兼務した。〇九年九月の民主党政権発足以来、松本剛明氏は岡田克也氏(現党幹事長)、前原氏に続いて三人目の外相となった。

松本外相は三月一〇日、中国の楊潔篪外交部長と約二〇分間、電話会談し、双方が「ことしは日中関係のカギとなる年」として、戦略的互恵関係の発展に努力することで一致した[25]。

東日本大震災で中国から国際救援隊　東日本一帯を襲った巨大地震（M9・0、三月一一日発生）で、中国の国際救援隊（尹光輝隊長）一五人が三月一三日午後、羽田空港に到着した。医師を含むレスキュー隊員は被災地のひとつ岩手県大船渡市入りし、同一四日早朝から同二〇日午後まで、救援活動を展開した。[26]一行は同二〇日夜、中国に帰国した。〇八年の四川省大地震では日本の国際緊急援助隊が現地入りしたが、中国の援助隊の日本国内での活動は初めてである。

今回の東日本大震災をめぐって日本は、世界一二六カ国・地域・国際機関からの支援物資と一七五億円以上の寄付金＝民間を除く＝を受けた（一二年二月六日現在。外務省調べ）。このほか台湾からは二〇〇億円余りが贈られ、世界一の額となった。

胡錦濤国家主席は三月一四日、天皇陛下に見舞いの電報を送り、同一八日には北京の日本大使館内に設けられた記帳所を訪れ、遭難者に哀悼の意を示した。温家宝総理は同一四日午前の内外会見で、同震災の被害を取り上げ、「四川省で巨大地震が発生した際には、日本政府は救援隊を派遣し、物資の支援をしてくれた。われわれの救援隊は昨日（一三日）、日本に到着し、中国の救援物資も日本に届いた。われわれは日本の必要に応じて、引き続き必要な支援を提供したい」と語った。[27]

中国紅十字会は三月一二日、日本赤十字社に対して、慰問の電報を送ると同時に一〇〇万人民元を寄贈した。[28]同一五日には五〇〇万元を追加で緊急援助した。中国政府は同一四日、日本政府に対し、毛布やテントなど三〇〇〇万人民元相当の緊急人道支援物資を提供すると発表した。[29]

（二〇一一年四月）

2　富国と強国を同時に目指す中国

――中国の国防白書が二年ぶりに発表された。米国と日本など周辺諸国が中国軍の増強ぶりに抱く懸念が解

――消されるにはほど遠く、透明度は前回よりも後退した。

説得力を欠く中国国防白書

中国政府は一一年三月三一日、国防白書「二〇一〇年中国の国防」を発表した。前回（〇八年版）から二年ぶりで、同白書が公表され始めた一九九八年以来では七回目だった。[1]二年に一度のペースのため、今回は一月にも公表されると見られたが、胡錦濤国家主席の公式訪米（一月）や「両会」の開催（三月上～中旬）などでずれ込んだようだ。

「白書」は目次と前言のほか、「安全保障情勢」「国防政策」「人民解放軍の近代化建設」「武装力の運用」「国防動員と予備兵力建設」「軍事法制」「国防科学技術工業」「国防経費」「軍事的信頼醸成の構築」「軍備管理と軍縮」の十章で構成されている。

「白書」では、基本的な認識として、今世紀の最初の二〇年間（二〇〇一～二〇年）を「中国にとって国家発展の重要な戦略的チャンスの時期」との見方を示し、その間は「平和発展の道を堅持し」、「独立自主の平和外交政策と防御的な国防政策を実行し、経済建設と国防建設をバランスよく調整し、小康社会を全面的に建設する中で、富国と強軍を統合的に実現する」と明確に打ち出した。世界第二位の経済大国にふさわしい、強力な軍を構築するという意思表示なのだろう。

当面の国防の主な目標と任務として以下の四点を列挙した。

(1)国家主権、安全保障、発展の利益を守る。領土や内水域、領海、領空の安全を守り、国家の海洋権益、宇宙、電磁空間、サイバー空間の安全上の利益を守る。「台湾独立」「東トルキスタン（新疆）独立」「チベット独立」などの分裂勢力に反対し、国家の主権と領土を保全する。

(2)社会の和諧（調和）安定を守る。中国の武装勢力は誠心誠意、人民に奉仕することを旨として、国家の経済社会建設に積極的に参加、支援し、法律に従って国家の安全と社会の安定を守る。社会の安定維持を重要な任務とし、敵対勢力による転覆破壊活動には断固として打撃を与え、暴力テロ活動にも打撃を与える。

(3)国防と軍部隊の近代化を推進する。二〇二〇年までに軍の機械化と情報化による大進展を達成するという基本目標を視野に入れ、機械化を基本とし、情報化を主体とする方針を堅持する。情報技術の成果を広範に運用し、機械化と情報化を複合的に発展させ、有機的な融合を推し進める。機械化を条件とする軍事訓練から、情報重視の軍事訓練へと転換する。全面的に近代化した後方支援を強化し、情報化での局地戦に打ち勝つ力を核心とする多様な軍事的能力を高め、新世紀の新たな軍事的使命をまっとうする。

(4)世界平和と安定を維持する。相互信頼、互恵、平等、協力の新たな安全保障観を堅持し、平和的方法によって地域紛争と国際紛争を解決するよう主張する。武力を勝手に行使したり、武力で相手を威嚇したりすることに反対する。侵略拡張に反対し、覇権主義と強権政治に反対する。国連平和維持活動やアフリカ東部ソマリア沖のアデン湾で海賊攻撃を防ぐ海上護送、国際的な反テロ協力、災害救援活動に参加する。

そして、「中国は中華民族の優秀な文化伝統と平和を貴しとする理念をしっかり受け継ぎ、紛争は非軍事的手段で解決するよう主張し、戦争には慎重に対処し、一歩引いて敵の弱点を確かめてから制圧する戦略にも慎重に対処する。現在であれ、将来であれ、中国はどう発展しようとも、永遠に覇を称えないし、永遠に軍事拡張しない」と宣言した。

一方で、上海や大連などで建造・改修中と言われる航空母艦については一切記述がないほか、今年一月に試験飛行に成功した次世代ステルス戦闘機「殲(J)20」、実戦配備された〝空母キラー〟の対艦弾道ミサイル「東風(DF)21D」など新鋭装備には全く触れられなかった。近代装備が現実に着々と強化され、その実態や意図の説明もない中で、国防白書の主張は、さほど説得力を持たないだろう。

中国軍は世界の目を意識し過ぎるあまり、兵力増強への回答を回避したため、公開度・透明度の点で一段と後退した印象を与えたと言える。中国軍の主張する「平和尊重」は、実際の中国の行動と裏腹であり、自己宣伝の空虚な響きしか伴わない。この程度のレトリックで、周辺国家や世界の懸念が解消できると考えているのなら、中国軍首脳は甘いと言わざるをえない。

中台間の軍事信頼醸成を提起

今回初めて登場した分野が「軍事的信頼醸成の構築」である。冒頭の「安全保障情勢」と「国防政策」の章で台湾問題が取り上げられた。これは最近の中台関係の改善を受けたものと見られ、「適当な時期に、軍事問題について接触、交流し、軍事安全面での相互信頼醸成システム構築の問題を検討することができる。台湾海峡情勢をさらに安定させる歩みをともに進め、軍事安全面での憂慮を軽減する措置を取る。（中台）両岸は〈一つの中国〉の原則の基礎に立ち、正式に敵対状態を終了し、和平合意を達成せねばならない」と指摘した。国防白書でこのような指摘がされたのは初めてであり、軍が台湾問題に深く関与していることを改めて示したものと言えた。

前回の白書では、三軍や第二砲兵部隊（戦略ミサイル部隊）について個別に説明があったものの、今回は「軍の近代化建設」で一括説明となった。具体的な装備の種類や兵員数については明らかにしていない。陸軍の機動作戦部隊は、十八集団軍と独立した合成作戦師団（旅団）が含まれる。注目の海軍の説明も曖昧な内容だが、「近海防衛の戦略的要求に照らし、遠海での協力と非伝統的な安保上の脅威に対応する能力を発展させる」としている。

「武装力の運用」では、辺境海域の防衛任務に関して、人民解放軍国境海域防衛部隊と、公安部国境防衛海警部隊の「海警」、国土資源部国家海洋局の監視船「海監」、農業部漁業局の同「漁政」、交通運輸部の国家海事局の同「海巡」、税関総署の同「海関」などが役割分担しているとした。

また、国務院と中央軍事委員会の指導の下に、中央レベルで「国境海域防衛委員会（中国語で〈辺海防委員会〉）」が設けられ、各分野にまたがる組織を管轄、調整している。同委員会は各軍区と、沿海各省、市、県の三地方レベルにもそれぞれ設置されている。

安定維持を担う人民解放軍

人民解放軍と武装警察で構成される「武装勢力」は、中国の社会秩序や治安維持を担うことが、今回の白書で明確に規定された。北京五輪や上海万博での警備、治安維持活動の経験を踏まえたものと見られる。具体的には、地方の党委員会と政府の統一指導のもと、公安部管轄の警察官とともに社会秩序維持の任務を担うと説明している。

とりわけ武装警察は、突発的な公共事件に関して中心的な突撃部隊になるとした。一九八九年の天安門事件では、軍が鎮圧活動に乗り出し、国際的な批判に晒されたこともあり、軍と警察の中間的存在と言える武装警察が鎮圧に当たっている。治安維持は軍を含めた「武装勢力」が担うことが改めて確認された。北朝鮮との国境地帯などでは、軍が治安維持に当たらざるをえないかもしれない。

「国防経費」では、〇九年の国防予算の支出内訳が示された。それによれば、国防予算は「人員生活費」「訓練維持費」「装備費」に三分類される。支出総額四九五一億一〇〇〇万元の内訳は、「人員生活費」が一六八五億二八〇〇万元、「訓練維持費」が一六六九億九五〇〇万元、「装備費」は一五九五億八七〇〇万元だった。総額に占める比率は、それぞれ三四・〇四％、三三・七三％、三二・二三％とほぼ三分の一ずつだった。過去数年間で支出が増大した費目は、兵士への各種手当て、辺境海域での部隊運用費のほか、災害援助費、ソマリア沖海賊対策出動費、ハイテク兵器調達費などとしている。

中国製の通常兵器の輸出分野の数字も示された。それによれば、〇八年にルワンダへ装甲戦闘車両二〇輛、パキスタンに作戦機六機をそれぞれ輸出したほか、〇九年は装甲戦闘車両がガーナに四八輛、ナミビアに二一輛、コンゴ共和国に九輛、作戦機がナイジェリアに一五機、パキスタンへ一一機、ベネズエラへ六機、タンザニアへ二機。ミサイル及び同発射機ではマレーシアに一六基、タイに一二基をそれぞれ輸出した。輸入は唯一、ロシアから攻撃型ヘリコプター六機を購入したとしている。

一方、国防部報道官の耿雁生・新聞事務局局長（大佐）、総参謀部作戦部戦略規劃局の蔡懐烈・副局長（大佐）、総政治部群衆工作弁公室の楊慶堂・副主任（大佐）、総后勤部司令部戦勤計劃局の彭振海・副局長（大佐）、総装備部総合計劃部総合局の範建軍・副局長（大佐）の軍幹部五人が三月三一日、「白書」公表に合わせて、北京市内にある国務院新聞弁公室で記者会見した[2]。

米CNN記者が空母建造について確認を求めたが、耿雁生局長は「国防部の会見では、毎回必ず出る質問だ。すでに回答済みであり、補充するような新たな内容はない」と突き放した。香港鳳凰テレビ記者がステルス機や空母艦載機「殲11B」、対艦弾道ミサイルの開発を取り上げ、攻撃性武器の開発が将来の重点になるのかと質したのに対し、範建軍副局長は「攻撃と防御は対立するが統合もする。互いに入れ替わることもあり、純粋に防衛的な武器は存在しない。中国の防衛的な国防政策は永遠に変わらないし、どの国とも絶対に軍事競争はしないし、国力以上に武器装備を発展させない」などと語り、対中懸念の打ち消しに懸命だった。

軍事的信頼醸成の構築に関連して、中国が台湾海峡沿岸に配備しているミサイルを撤去する動きがあるか、と台湾記者が質問したが、耿局長は「あるとすれば正常なこと。われわれが常に強調しているのは、大陸の軍事配備は決して台湾同胞に向けたものではないということ。この問題は両岸が軍事信頼醸成を構築する話し合いをする際に協議することができる」と回答するにとどまった。中台双方が現実に軍事信頼醸成の段階に進むまでには、なお曲折があるものと見られる。

また、福島第一原発の放射能漏洩事故に関連して、蔡懐烈・副局長が「われわれは福島原発の事故後、直ちに全面的な軍事用核施設の検査を行ったが、安全な状態にある。核安全保障手段を改善し、核兵器、核装備、核施設及び核活動の全過程に対して効果的な管理を行っている」と安全を強調した。耿局長も

「われわれは核専門の緊急救援分隊を八隊保有している」ことを明らかにした。

対リビア武力行使の国連決議には棄権

国連安全保障理事会は三月一七日夜（日本時間三月一八日午前）、リビア上空の飛行禁止空域設定などを盛り込んだ対リビア武力行使容認決議案一九七三を賛成多数で採択した。一五理事国のうち、賛成は一〇カ国、反対はゼロ。棄権は中国、ロシア、ドイツ、インド、ブラジルの五カ国で、ドイツを除く四カ国は「BRICS」と呼ばれる新興国だった[3]。

「BRICS」の中国、ロシア、インド、ブラジル、南アフリカの五カ国は四月一四日、海南島の三亜市博鰲（ボアオ）で第三回首脳会議（サミット）を開催し、リビアへの武力行使の停止を求める「アフリカ連合（AU）」の見解を支持し、平和的解決を追求する「三亜宣言」を採択した[4]。

米英仏など多国籍軍が対リビア空爆を開始したのは、三月一九日夜（同三月二〇日未明）だったが、リビア情勢はその後も一進一退の膠着状態が続いた。多国籍軍のリビア攻撃について、姜瑜・中国外交部報道局副局長は三月二〇日、遺憾の意を表明し、「中国は一貫して国際関係における武力行使に賛成しておらず、国連憲章の主旨と原則及び関連する国際法の準則に基づき、リビアの主権、独立、統一と領土の保全を尊重する。われわれはリビア情勢が早急に安定を回復し、武力衝突がエスカレートして多くの一般庶民が死傷することがないよう希望する」と語った[5]。台湾への武力行使を放棄していない中国が、欧米諸国の武力行使に頑固に反対する姿勢は自己矛盾だが、将来、同様の立場に陥りかねない事態を想定しているのだろう。

リビア国内での石油掘削や鉄道建設などで働く中国人三万人超が混乱を避けて急遽、脱出したが、リビアには中国企業七五社が進出し、五〇項目の大型建設事業を展開し、契約総額は一八八億ドルに及んでいることが分かった。中国商務部などによると、プロジェクトの大半は着工されており、契約総額のうち一一〇億ドルは〇八年までに調印した分で、〇九年、一〇年に契約した分は七七億ドルにのぼるという。今回の内戦で停止した工事の契約額は約六二億ドルになるとの試算があり、商務部の姚堅・報道官は三月二二日、「(リビア内乱で中国企業は)相当大きな影響を受けた」と語った。[6]

リビアに進出している中国のゼネコン「北京宏福建工集団」の廖麗英・国際プロジェクト部副総経理によれば、同社従業員約二〇〇〇人がリビアから撤退した(二月中旬〜三月上旬の)時点で、工事の完成率は三六%、使った工事費用は一〇億元(一元＝一二・四円、三月二二日現在)で、未回収の代金は六億六〇〇〇万元に上るという。

リビアでは「北京宏福建工集団」のほか、「北京建工」、「中国建築」のゼネコン三社が操業しており、工事の進捗率は三割を超えていた。「中国建築」の場合、リビア政府の国民住宅(二万戸)を建設中で、契約総額は一七六億人民元、工期は三年四カ月。すでに五割が完成していたという。

鉄道建設の「中国鉄建」はリビア進出中国企業の中では最大規模を誇る。投資総額は四二億三七〇〇万米ドル(約三四二二億円、同日現在のレート)で、首都トリポリと製鉄業の地ミスラタを経て、行政機関の移転が進むシルトを結ぶ「沿海鉄道」(約四〇〇キロ)、トリポリとラスアジルを結ぶ「西線鉄道」(約一七〇キロ)、ミスラタと内陸部セブハを結ぶ「南北鉄道」(約六〇〇キロ)の三幹線の建設工事を請け負っているが、完成したのは契約額の一六%分にしか満たないという。[7] リビアのハラレ銀行は「中国水利水電建設集団」や「北京宏福建工集団」など中国企業に対し、賠償金を支払うよう求めているという。

リビアは北アフリカ有数の産油国であり、同国の国内総生産(GDP)の六割以上を石油輸出に依存している。〇九年統計では、リビア石油の最大の輸出先はイタリア(三二%)で、次いで第二位ドイツ(一四%)、第三位のフランス(一〇%)となる。中国はフランスと肩を並べ、一〇%の輸出先国となっている。

中国の日本震災支援をどう見るか

東日本大震災を契機に対日関係を改善させたいとする中国側の動きが続いた。中国の『環球時報』は三月一六日、日本の震災に対する募金やボランティア活動への参加を呼びかける中国人学者・研究者一〇〇人の連名による異例の呼びかけ文を掲載した[8]。
名を連ねたのは北京大学国際関係学院の王緝思院長や中国人民大学国際関係学院の金燦栄副院長、牛大勇・北京大学教授、李文・社会科学院アジア太平洋研究所副所長、馮昭奎・社会科学院日本研究所研究員、林暁光・中央党校戦略研究所教授ら。日本研究者だけでなく、医療関係者を含み幅広く網羅されている。

呼びかけ文は、「近代における植民地主義戦争の傷は深く、今日に到るも歴史が残した問題はたびたび両国間の政治的摩擦をもたらしているが、宿命と困難を克服し、互いに良心と仁愛を練り鍛え合うことが必要だ。われわれ両国では、常に草の根の国民、インテリ、企業家、政治家が努力している」と前置きした。そして、〇八年の四川大地震では日本の援助を受け、今回の大震災では中国政府が支援を差し伸べた点を指摘したうえで、「個人としてわれわれもただちに行動し、日本大衆と一緒に痛みを分かち合い、災難に打ち勝たねばならない」とした。募金先や援助先は明記されておらず、実際にどのような具体的な支援があったのかは不明だ。

中国の程永華・駐日大使は三月二九日、東京都港区元麻布の中国大使館で会見し、中国側からの日本の震災への援助物資第一陣として、毛布二〇〇〇枚、テント九〇〇〇張りが三月一四日に空路届けられ、第二陣としては三月二四日、ミネラルウォーター六万本、ゴム手袋三二五万組が支援されたことを明らかにした。

第三陣は中国からの無償援助のガソリン一万トンとディーゼル油一万トン（一億五〇〇〇万元＝一八億六〇〇〇万円相当）で、タンカー「盛池号」が四月二日、広島県江田島市にある原油備蓄基地港にガソリンを、四月三日には愛媛県今治市の波方港にディーゼル油をそれぞれ届けた[9]。

程大使は第二陣の援助物資に関し、日本政府から中国側の責任で目的地まで届けるよう求められた事実を明らかにし、「被災地までの運搬も頼られると、（東北地方の）通過可能な道を調べる必要があり、戸惑いがある」と不快感を表明した。このほか、中国海軍の大型病院船の派遣も申し出たが、「（日本側の）港が壊れているので船が近づけない」との理由で断られたという[10]。

これについて日本外務省中国・モンゴル課は、「多くの国からの援助物資が相次いで到着する混乱の中で、手が回らなかった部分がある。病院船については、被災地の自治体に打診したが、流血など緊急治療の必要性がなく、実際に受け入れを求める声はなかったためだ」としている。イスラエルからの医療団を受け入れたのは、日本にイスラエルと交流のある日本人医師がおり、同医師を通じて手配した病院が受け入れ先となって実現した特殊ケースだったという[11]。

一方、被災地となった東北地方には、約三万三〇〇〇人の在日中国人が居住しており（在日中国大使館）、うち五人が震災で死亡したが、三月中旬に約八〇〇〇人が成田空港から帰国した。また、約三六〇〇人が新潟空港に集合し、チャーター便などで相次いで帰国した。中国大使館や領事館が帰国便の増発などを手配し、側面支援し、最終的には約九二〇〇人が帰国した[12]。

トモダチ作戦優先に不満の中国

大震災をめぐる一連の日本の対応について、中国政府は公式にコメントしていないが、中国社会科学院日本研究所の李薇所長は「中国は一〇〇人規模の国際援助隊を日本に緊急派遣する準備を整えていたが、日本側が許可したのはわずか一五人だった。国防部の梁光烈部長は、日本側の要請があれば、支援のヘリコプターを派遣する用意があると表明したが、日本は要請しなかった。日本は依然として米国への信頼（米軍の「トモダチ作戦」を指す）を最優先させている。中日間の緊密化している経済的連携は決して戦略的互恵関係の深化をもたらしていない」と分析した。

清華大学現代国際関係研究院の劉江永副院長は、「中国の国際援助隊派遣について、一部の日本メディアと日本人は『一三億もの大国は一五人だが、台湾は三〇人の援助隊を送った』と悪意ある歪曲した情報を日本で流している。昨年来、日本政治の右傾化思潮が一貫して進行している」とした。こうした見解を伝えた香港の親中国紙『文匯報』（三月二八日）は、「中国側の援助の申し出を一定程度断ったことは、安全保障戦略における中国に対する日本の守りの姿勢を反映している」と分析したが、日本と同盟関係の米国と、同盟関係にはない中国との間で、おのずと援助受け入れについて相違があったのはやむをえないだろう。[13]

在日華字紙『日本新華僑報』編集長の蔣豊氏は『環球時報』（四月二日付）で、震災翌日には中国の国際救援隊一〇〇人近くと救助犬一七頭が北京空港などに待機し、三月一六日には海軍病院船の派遣を申し出て、同二七日に日本が拒否を決めた、と指摘している。蔣氏は「被災民が毎日、握り飯一個で我慢している時に、対日支援がこのように制限されたのは理解し難い。中国だけでなく対日支援を申し出ていたシンガポールや欧州連合（EU）も同じような気持ちだった。過去四〇年以上、政府開発援助（ODA）を与え慣れしている日本は、自分が罹災し援助を受ける側に落ちぶれ、どう振る舞ったらよいか分からなくなったのだろう」と皮肉っている。[14]

中国も原発を再点検へ

福島原発の核物質漏洩事故に関連し、温家宝総理は三月一六日、国務院常務会議を開催し、(1)中国国内の原子力施設に対する全面的な安全検査を実施する。(2)稼動中の原子力施設の安全管理を強化する。(3)建設中の原発を全面的に点検する。(4)新規の原発プロジェクトの審査・承認を厳格にする――ことを決めた。[15]

中国には原発が六カ所、原子炉が一三基あり、一〇八三万キロワット（全電源の一・二％）の発電出力を備えている。現在、建設中の原子炉は二八基を数え、世界でも有数の建設規模となっている。[16]だが、情報公開や耐震対策は万全とは言えない状況だ。一〇年五月と同一〇月に、広東省の大亜湾原発で放射性物資が漏れ出す事故が発生した。情報は公開されず、香港メディアの報道で騒ぎになったが、中国国家エネルギー局は「国際基準の正常値内」と説明しただけだ。

今回の国務院の措置は、福島原発の事故を受け、ドイツなど欧州や米国で原発に慎重論、警戒論が強まる中で、中国政府も慎重路線を取らざるを得なくなっている現実を反映したものと言える。

中国では三月中旬、広東省や上海市、浙江省のスーパーマーケットで、塩を買い求める中国人で混乱が生じた。ヨウ素入りの塩が放射性物質の沈着を防ぐ効果があるとの根拠のない説明を信じた消費者が殺到したもので、一方では海水から作る塩が日本からの放射線で汚染されているとのデマも広がった。このため通常五〇〇グラム入りの一袋で一・三元から一・五元だった塩の価格が一〇元以上にも跳ね上がる騒ぎとなった。国家発展改革委員会は三月一七日、「デマを広めたり、買い占めたり、価格を釣り上げる不法行為を断固取り締まる」よう求めた緊急通達を出した。[17]

中国外交部の洪磊・報道局副局長は四月八日、東京電力が福島第一原発の敷地内で出た低濃度放射性汚染水一万一五〇〇トンを海中に放出、投棄したことに対して、「日本側から中国側に正式に通報があった。日本側が関係する国際法に照らして適切な措置を取り、海洋環境を守るよう希望している。同時に中国側も専門の評価を行い、引き続き日本側と接触を保ち、適切な時に、全面的で正確な関連情報を中国側に提供するよう要請して行く」と、抑制したトーンに終始した。対日配慮が色濃く出ており、汚染水投棄が始まった翌日の四月五日に対日批判をした韓国などとは違いが際立った。[18]

芸術家・艾未未氏が拘束される

北京在住の著名な芸術家、艾未未《アイ・ウェイウェイ》氏（53）が四月三日、香港経由で台湾に向かうため北京国際空港で出国手続きをしていたところ、治安当局者に連行、身柄を拘束された。[19] 艾氏の夫人と甥、事務所の中国人スタッフ八人も北京市内の事務所で治安当局者によって身柄拘束された。艾氏を除く夫人や従業員は翌四日朝までに釈放された。ジャスミン革命集会を警戒する中国当局が予防的に拘束したものと見られる。米国政府や欧州連合（EU）は艾氏拘束を非難する声明を発表、早期釈放を訴えた。

艾氏は毛沢東と往来があった著名な詩人・艾青の子息で、ニューヨークの芸術界で一〇年間にわたって活躍した後、一九九三年に帰国、以降は中国内で活動している。北京五輪ではメイン会場の巨大スタジアム「鳥の巣」の中国側デザイナーの一人になった。〇八年五月の四川大地震では校舎倒壊の手抜き工事に抗議、その真相を求めて、犠牲となった児童五〇〇〇人以上の名簿をネット上で公表するなど反政府的な姿勢を強めていた。中国当局は艾氏の拘束は脱税など経済犯罪が理由だとして、思想的弾圧であることを否定している[20]。

四月一〇日朝には北京市海淀区内で、中国当局の公認を受けていないプロテスタント系地下教会「守望教会」の信者数十人が公安当局に連行、拘束された。同日朝の礼拝で、艾未未氏を支援する集会が計画されていたとの情報があったという[21]。中国治安当局はジャスミン革命集会をきっかけに、反政府活動が盛り上がることを極度に警戒しているようだ。

ダライ・ラマが政教分離の引退宣言

チベット亡命政府の最高指導者ダライ・ラマ一四世は一一年三月一〇日、インド・ダラムサラで演説し、自らが保持する政治的指導者としての権力を首相に移譲する方針を発表した。今後は宗教的かつ精神的指導者としてのみとどまる意向を示した。北京では「両会」が開催中のタイミングであり、中国政府は「国際社会を欺くためのペテンだ」(外交部報道官)と冷ややかな反応だった[22]。

亡命政府では三月二〇日にダラムサラをはじめ世界一四カ所で、首相と議会議員の選挙を実施した。新たに選出された首相が政治上の最高指導者になるものと見られる。約二万人の亡命チベット人が住むネパールでは、中国側の圧力で選挙が実施できなかった。

〇八年三月一四日、北京五輪開催を控え世界の耳目が中国に集まる中、チベット自治区ラサで漢族支配強化への反発からチベット族僧侶らによる騒乱が起きた。当時、騒乱は周辺の四川省、青海省、甘粛省へと波及した。あれから三年、国内のチベット族居住地では、信教の自由などを求める僧侶らの集会が計画され、四川省アバ・チベット族チャン族自治州のキルティ僧院では、若い僧侶の抗議の焼身自殺をめぐり混乱が生じた。厳しい報道管制もあり、外部世界には明確に伝わってこない。今回のダライ・ラマの動きが、中国国内とどう連動しているかは定かでないが、中国当局と亡命政府との話し合いが頓挫している中で、ダライ・ラマ側には焦りがあるようだ。

中国政府はチベット政策として、貧困人口の解消に力を入れている。二〇二〇年までに絶対貧困層を解消し、「社会主義小康チベットの建設」が目標だ。年収一七〇〇元以下の人口五〇万二〇〇〇人、一二万二〇〇〇世帯が対象という。開発資金二五億二一〇〇万元をかけ、二一六〇項目の貧困対策事業を実施して、農牧業が主体の住民らの所得を上げて行くという。しかし、肝心の宗教政策やチベット語・文化教育についてのプログラムは示されておらず、開発一辺倒の少数民族政策では問題解決にはつながらないだろう[23]。

賈慶林が民政移管のミャンマー訪問

中国人民政治協商会議の賈慶林主席が一一年三月末に民政移管したミャンマーを訪れ、四月四日、首都ネピドーでテイン・セイン大統領、トゥラ・シュエ・マン下院（国民代表院）議長やキン・アウン・ミン上院（民族代表院）議長らと相次いで会談した[24]。セイン大統領は賈慶林氏が民政移管後、最初に同国を訪れた外国の賓客だと持ち上げ、歓迎の意を表した。賈氏は胡錦濤国家主席から託された大統領就任の祝意を伝え、先に同国内で発生した地震の被災者への慰問の辞を述べた。

賈氏は「中国とミャンマー両国の国境線は二二〇〇キロに及ぶ。国境地帯の平和と安定は両国の利益に合致する」と語り、ミャンマーの主権と領土保全を尊重する意向を表明した。また、最近の原油・ガスパイプラインの敷設工事など両国の経済交流に満足していることを伝えた。

ミャンマーに対する中国の投資は一月現在で、九六億米ドルに上り、国・地域別でタイを追い抜いて世界一位となった。一〇年七月には、タイの投資額が九五億ドル、中国は六四億ドルだったが、わずか半年の間に中国からの投資額は一・五倍に増えた。

貿易面では一〇年の両国の貿易総額は四四億ドルで、対前年比で五割増となった。第三位の香港を合わせると一五五億ドルに上る。ミャンマー最大の輸出品である天然ガスは、輸出総額の四割を占め、全量がタイ向けに出されている。しかし、〇九年一〇月から同一一月にかけて始まった沿海ラカイン州チャオピューと中国雲南省昆明を結ぶパイプライン建設工事は、二〇一三年には完成し、中国向けに石油・天然ガスの輸送が始まると見られており、ミャンマーの対中傾斜は一段と深まるようだ[25]。

両国の経済緊密化を受け、賈氏は四月五日、ラングーン市内のホテルにミャンマー駐在の中国企業八社の代表を集めて懇談した。現在、同国に進出している中国企業は大小併せて一七五社を数え、雇用する職員数は一万人を超えている。パイプライン工事を担当している「中国石油天然ガス集団（CNPC）」は、賈氏のミャンマー訪問中に六〇〇〇万米ドルをかけ既存の病院を改修する事業計画に調印した。同社の蔣潔敏・総経理は、「双方は互恵互利、共同発展の理念で協力している。当地の環境や民生の改善を目指し、社会責任を果たし、経済・社会の発展に貢献している」と語った[26]。

ミャンマーでは三月二四日夜、タイ、ラオス両国境に近い東北地方で、マグニチュード（M）七・二の地震が発生し、住民ら七〇人以上が死亡、一〇〇人以上が負傷、約三九〇棟の家屋が倒壊し、寺院一四カ所と政府事務所九棟が倒壊した[27]。中国政府は国際援助隊を緊急派遣する用意があると表明したが、実際に派遣されたかどうかは不明である。

影響力を誇示する江沢民

前党総書記、国家主席、中央軍事委員会主席だった江沢民氏（84）の養父で叔父の江上青氏の生誕百周年記念祭が四月一〇日、故郷の江蘇省揚州市内で約一五〇人の関係者が参列して行われた[28]。翌日の党機関紙『人民日報』（四月一一日）の第二面には、江沢民氏が作った詞「満江紅　江上青百年誕辰祭」と、江上青氏（一九一一年四月一〇日〜三九年八月二九日）の顔写真が新華社によって配信された[29]。記念式典では、メガネ姿の江上青は江沢民氏を髣髴とさせるが、二人の関係を示す記述は見当たらなかった。

同式典には劉延東・国務委員、袁貴仁・教育部長、韓正・上海市長、王明方・安徽省政治協商会議主席、孫志軍・中央宣伝部副部長、南京軍区の呉剛・副政治委員、江蘇省軍区の孫心良・司令官のほか、前軍事委副主席・張震氏の子息である張小陽・元軍外国語学院院長、元国防部長の張愛萍氏の長男である張翔・元第二砲兵部隊副司令官や、長女の張小艾氏ら軍関係者らも出席した。江沢民氏本人は姿を見せず、妹の江沢玲氏や長男の江綿恒・科学院副院長らが一族代表として参列した。劉延東氏は四月一〇日から同一六日まで、クリントン国務長官の招きで訪米した[30]。

「満江紅」は南宋時代の愛国英雄、岳飛（一一〇二〜四二）の原作として知られているが、毛沢東が一九六三年一月九日に「郭沫若同志に和す」として詠んだことで、中国人の間では最も有名な詞の一つとなっている[31]。江沢民氏があえて「満江紅」を選んで養父を顕彰したことは、自らが毛沢東と肩を並べる存在になっているとアピールしたかったのかもしれない。一二年秋の次期党大会を控えたこの時点で、共産党員だった養父の功績を持ち上げ、党・軍内に対する影響力を誇示しようとしているのかもしれない。

江上青氏は安徽省泗県小湾村で地主勢力の待ち伏せ攻撃を受け、二八歳で死亡している。江沢民氏は一九二六年八月に江蘇省揚州市田家巷で生まれた。父親の江世俊氏の五人の子供のうち三番目だった。

一三歳の時に、叔父である江上青氏のもとに養子に出された。江上青氏は中共党員となり、東北地方などで抗日運動を指導した。張愛萍将軍の助手として働いた経歴があるという。〇九年九月、「新中国成立のため、多大な貢献を果たした英雄模範人物百人」に選ばれている。

一方、香港の鳳凰テレビのネット版「鳳凰網」が四月六日、元党主席だった華国鋒氏の墓が故郷の山西省交城県に間もなく完成すると、写真付きで報じた。[32]

華国鋒（原名・蘇鑄）氏は〇八年八月二〇日に八七歳で死去し、遺骨は北京市の八宝山革命墓地に安置された。華氏の遺言として家人によって生まれ故郷に運ばれ、〇九年九月に子息の蘇彬、蘇華両氏と秘書の曹万貴氏らが県当局者と相談のうえ、墓地建立が決まった。その際に遺族らは墓地選定について、「（農民の）耕地を占領しない、文物を破壊しない、環境を破壊しない、住民と争わない」の四原則を貫いたという。〇九年に着工され、近く完成の見通し。八月二〇日の四回忌に納骨と華氏の銅像が建立されるという。

同墓地は山半分、面積一〇ヘクタールに及び、サッカー場一四面に匹敵する巨大なもの。全般的なデザインは、南京にある国父・孫文の中山陵を参考にしたという。正面に花崗岩の階段三六五段が敷設され、頂上に安置されている墓碑は、正面から眺めると「H」形になっている。「華国鋒」の「華（Hua）」の頭文字であり「家（Home）」を意味しているという。総工費は一億元と言われている。

華国鋒氏は、毛沢東が生前に残したとされる「あなたがやれば安心だ」との遺言をもとに党主席、総理、軍事委主席の三権を手中にし、後継者となった人物。北京・天安門広場に毛の遺体を永久保存する毛主席紀念堂を建設した指導者で、毎年毛の誕生日（一二月二六日）と命日（九月九日）に毛主席紀念堂を訪れ、哀悼の意を表することでも知られた。華氏は晩年に党中央に対し、自分が毛の実子であることを認知してほしいと申し出たと一部香港メディアが報道したことがあるが、真偽は不明である。

台湾南部を狙う中国の統一戦線工作

中国の王毅・国務院台湾事務弁公室主任は一一年三月二二日夜、公式訪中した台湾の元高雄県長、楊秋興氏と北京・釣魚台国賓館で会談し、「大陸の対台湾政策と台湾優遇措置は、中・南部の民衆を含む全台湾住民に向けたもの。対台湾交流協力の大門は終始開いている。まだ大陸を訪れたことのない台湾同胞が大陸を見て回り、相互理解を深め、互恵、協力を促進することを歓迎する」と述べた[33]。

三月二一日夜には、中国海峡両岸関係協会の陳雲林会長が楊氏一行と会見した。陳会長は前年の一〇年一二月二一日、台北で開催された第六回海峡両岸関係協会の陳雲林会長が楊氏一行と会見した。

楊秋興氏ら一行八人は三月二〇日から同二八日まで九日間にわたり訪中し、北京、南京、上海などを訪れた。楊氏は省議会議員だった一四年前に北京を、立法委員だった一〇年前に深圳をそれぞれ訪れたことがあるが、今回が初の公式訪中だった。

楊氏は高雄県が高雄市と合併した後の初の高雄市長選挙（二〇年一一月二七日投票、直轄五大市長選）に出馬し、次点で落選した。再選された陳菊市長（女性）と民進党の公認争いに敗れ、同党を離党して無所属候補として立候補し、国民党の黄昭順候補（女性）が地盤とする票を奪った。中国当局は民進党系ながら、対中政策では与党・国民党に近い楊氏を招くことで、台湾南部に強い反中意識への懐柔工作を開始したと見られる。

王毅主任と会談した楊氏は、「（中台）両岸は既成概念を捨てなければならない。争いをやめて、小異を残して大同につくことが必要で、（双方勝利の）ウィンウィン状態を作り出さねばならない」と語った。北京市政府を視察した後に楊氏は「北京の変化はきわめて大きい。非常に国際化された都市だ」と感慨を述べ、「台湾は現実を直視すべきだ。台湾の民主、自由に対しても、台湾住民はもっと自信を持つべきだ」とも指摘した。

中国は一月二九日に対台湾工作会議を開催し、台湾の南部社会の基層を対象とした統一戦線工作を活発化させることを決めた。この「一・二九会議精神」が全国に伝達されているのだという。[35]

続く中国軍機の対日異常接近

沖縄本島の北西約四五〇キロの東シナ海で四月一日午後零時三六分、中国国家海洋局所属と見られる小型プロペラ双発機「中国海監、運(Y)12」(機体番号B3837)が、付近を警戒監視中の海上自衛隊艦「いそゆき」に水平距離九〇メートル、高さ約六〇メートルまで接近、同艦の進行方向を二度にわたって横切り、周囲を二周した後に飛び去った。[36]日本政府は「危険な飛行に当たる」として外交ルートを通じて中国政府に抗議した。

東シナ海では三月二六日、中国国家海洋局所属のヘリコプター「中国海監、Z9」が同じ護衛艦に水平距離約九〇メートル、高さ約六〇メートルに接近し、一周して飛び去る接近行為があったばかり。[37]

中国外交部は三月三一日、「中国のヘリコプターは正常な飛行活動をしており、日本側の艦艇と必要な安全距離を保っていた。今回の出来事は日本国内で行われている(東日本大震災の)救難活動とは全く関係ない。中日両国は東シナ海での主張が異なっている。日本側は関係する課題で、責任ある態度を取るべきであり、状況が一段と複雑化し、両国関係の大局に影響するようなことは止めるべきだ」と語った。[38]

中国のヘリは三月七日、護衛艦「さみだれ」にも異常接近していた。一方、ロシア軍機が今年二月二日以来、日本海上空で日本の防衛識別圏内への侵入飛行を七回繰り返しており(三月末現在)、中露両国による日本への挑発行動が続いている。

(二〇一一年五月)

食料や石油などの国際価格の上昇が中国内の物価上昇に跳ね返る輸入インフレを防ぐため、人民元切り上げを含めた物価対策が、当面の胡錦濤―温家宝政権の課題になっている。一方、中東民主化《アラブの春》の波及を恐れ、当局に批判的な知識人らを相次いで拘束する中国治安当局の強硬姿勢が続いている。

3 輸入インフレ防止で人民元切り上げへ

米中戦略・経済対話は信頼醸成で進展

「米中戦略・経済対話（S&ED）」の第三回会議が一一年五月九、一〇の両日、ワシントンで開催された。初回（〇九年七月）、第二回（一〇年五月）に続くもので、経済分野は王岐山・副総理とガイトナー財務長官が、外交・安保分野は戴秉国・国務委員（副総理級）とクリントン国務長官がそれぞれ共同議長を務め、協議は並行して行われた。ブッシュ前政権時代は経済分野だけを対象にした「戦略経済対話」だったが、オバマ政権は外交・安保分野も含めた幅広い協議の場へと拡大させた。

今回は一一年一月の胡錦濤訪米での合意を受けて話し合いが進んだ。外交・安保分野では、「戦略安全保障対話（Strategic Security Dialogue＝SSD）」会合が新たに設けられ、軍関係者も参加する初の協議が行われた。アジア太平洋地域の平和や安定をめぐる課題を話し合う米中協議の場が新たに設けられ、「年内の早い時期に」初回協議が行われることで一致した。[1] 経済分野では双方の共同議長が署名した二〇項目に及ぶ「包括的枠組み」文書が発表された。[2]

人権はS&EDの正式議題ではないが、米側はオバマ大統領（九日の中国代表団との会見）、バイデン副大統領（九日夜の歓迎宴挨拶）、クリントン国務長官（一〇日の閉幕演説）の指導者三人がそれぞれに触れ、芸術家・艾未未氏らが身柄拘束中であることを踏まえ、中国の人権侵害が悪化している状況に強い懸念を表明した(3)。

世界経済・金融、地球環境・エネルギー、ビンラーディン殺害後の反テロ戦に加え、北朝鮮やイランの核開発などの地域問題、人民元や通商摩擦など米中間の課題など幅広く意見交換が行われた。価値観を異にするため対立が避けられない米中だが、相互の信頼醸成に向け一定の前進につながったと言えよう。

初のSSD会合に参加したのは、米側はスタインバーグ国務副長官、キャンベル国務次官補（東アジア・太平洋担当）、フロノイ国防次官（政策担当）、カートライト軍統合参謀本部副議長、ウィラード太平洋軍司令官ら、中国側は張志軍・外交部筆頭副部長、馬暁天・軍副総参謀長らだった。

会議終了後に行われた米中双方の共同議長による記者会見や発表文によれば、会議は「率直で、建設的な雰囲気」で行われたというが、会談内容は不明である。

アジア太平洋問題でも米中協議へ　S&ED全体会議終了後の五月一〇日の記者会見で、中国の戴秉国氏は「米国側は今回の会議で、強大になり成功している中国、国際関係で多大な役割を果たしている中国を歓迎し、中国の核心的利益を尊重し、中国封じ込めを図らず、中国を混乱させる意図がないことを重ねて表明した。一方、中国側は平和的発展の道を歩むことを堅持し、米国を挑発する意図がないことを強調した」と明らかにした。そのうえで、「S&EDは引き続き開催して行く。双方はさらに実務協力を進める道を探り、協力の度合いを深めている。共通の利益を生むパイは一段と大きく、美味なものとなっている」と表現した。

開催が決まったアジア太平洋地域に関する米中協議について戴氏は、「中国は従来から、太平洋が中米両国の利益に資する広大な海洋であると考えている。われわれは手を携え、この地域の他の国々とともにアジア太平洋の平和と安定を維持しなければならない。域内の繁栄を持続させることを促進し、各国の共同の発展を実現し、太平洋を永久に平和なものとしなければならない」と述べ、新たな話し合いが太平洋の安全保障問題になることを示唆した。④

経済分野に関する合意文書として公表された米中の「力強く、持続可能で均衡の取れた成長と経済協力を促進するための包括的枠組み」では、幅広い経済パートナーシップ構築を目指して尽力することが謳われた。注目の人民元問題では、「米中両国は他国とともに、国際的な通貨環境の安定維持に向け努力することを誓約する。米国は為替レートが乱降下しないよう警戒を続ける一方、中国は人民元の為替レートの弾力性を継続して強めることを誓約した」とした。

中国金融当局は人民元を連日のように小刻みに切り上げている。一日「〇・五%」の範囲内で為替レートを変動させる「管理変動相場（管理フロート）制度」を採用し、二〇一〇年六月以降、それまで一時固定していた為替レートを再び変動させ始めた。「人民元の弾力性の強化」は切り上げを意味する。S&ED終了翌日の五月一一日も、一米＝六・四九人民元と三日連続で最高値を更新した。米国からの圧力というよりも、食料や石油などの国際価格の上昇による輸入インフレを抑えるために切り上げているようだ。⑤

ガイトナー財務長官は五月一〇日の閉幕挨拶で、「米国は中国がもっと早い速度で、米ドルだけでなく他の通貨に対しても人民元を切り上げるよう希望している。元の切り上げは、インフレ圧力を封じ込めたり、資本が信用・資産市場に流入する危機を管理したりする中国当局にとって必須であるだけでなく、内需主導の成長戦略にとっても有益だ」と語り、中国の国内要因を持ち出して、さらなる人民元切り上げを迫った。財務長官は一〇年六月以来、人民元は五%以上切り上がったと指摘、「インフレが米国を上回るスピードで進展している事実を考慮に入れれば、年率で一〇%ほど切り上げた勘定になる」

との評価を示した。[6] 今回のS&EDでは、人民元切り上げが争点になった気配はなく、米側は中国の政府調達時や新政策実施の際の差別待遇の禁止、対中進出している米国企業の待遇改善、知的所有権保護などを重ねて要求した。

中国側は、台湾やチベットなどが譲れない「核心的利益」であることをオバマ政権に理解させることに力を注いでいる。原則を踏まえたうえで、米国との貿易・通商関係を拡大させ、地球的規模の課題に協力姿勢を示すことで国際的影響力を高めようとしている。今後も、そうした方向にS&EDを誘導して行くだろう。

一方、オバマ政権は発足当初、人権・台湾などで対中融和姿勢だと批判されたが、一〇年初めから対台湾兵器供与を決定するなど軌道修正を図り、関与と対決という硬軟両面の対中姿勢に回帰している。今回のS&EDは、そうした新たな環境のもとで開催された。経済パワー世界一の米国と同二位の中国が、体制の違いを越えて様々な課題を論じる戦略対話が、今後どのような成果を生んで行くか、引き続き見守る必要があろう。

温家宝総理が人民元切り上げを容認

温家宝総理は四月一三日の国務院常務会議の席上、経済工作について演説した。この中で温総理は当面、物価安定とインフレ抑制を最優先課題とするとし、人民元の為替レートの弾力性を強化し、インフレとなる通貨の条件を排除する、と語った。[7] 温総理がインフレ防止のために為替変動をテコとすることを公言したのは初めて。人民元の切り上げを容認する発言だった。

人民元の対ドル・レートに関しては、中国人民銀行（中央銀行）が一〇年六月一九日、「元の弾力性を強める」と表明して以降、上昇傾向にあり、同年秋から切り上げが顕著になっている。上げ幅やスピードに関してはなお問題があるものの、米国からの人民元切り上げ要求をかわす効果を生んでいるのは間違いない。

英週刊誌『エコノミスト』が毎年実施している世界各地のマクドナルド・ハンバーガーの価格を比較した経済指標がある。一〇年秋のデータだが、人気のビッグマックの価格は、北京や深圳の店舗では平均で一四・五元だった。これに対して米国内では三・七一ドルである[8]。マクドナルドのハンバーガーは、世界各地の人々の味覚に合わせて味付けが微妙に異なっているが、ほぼ同じ品質で作られており、それぞれの国における原材料費や店員の労賃など様々な要因を勘案して価格が設定されている。中国の一四・五元と米国での三・七一ドルは同じビッグマックの価格であり、計算すれば一ドルは三・九一元になる。これが「ビッグマック指標」である。一方、市場の為替レートでは、一ドルは六・六五元だ。二つの数字を比較すると、人民元は四割ほど安くなっていることが分かる。ガイトナー米財務長官は、人民元が昨年来、五％切り上がったと指摘したが、米国が適正と見なす人民元相場には、まだまだ距離がある。

ちなみに『エコノミスト』誌が調査した一五カ国・地域で、ビッグマックの価格が最高だったのは、スイスの六・七八ドル、二位はブラジルの五・二六ドル、三位はユーロ圏内国の四・七九ドル。日本は三・九一ドルで五位、米国は六位だった。安い順では、中国の二・一八ドルが最低で、マレーシアの二・二五ドル、ロシアの二・三九ドル、タイの二・四四ドル、メキシコの二・五八ドルと続く。スイス製マックと中国製マックでは三倍以上もの価格の開きがある。

中国国家統計局は四月一五日、一～三月の国内総生産（ＧＤＰ）の実質成長率が九・七％増だったと発表した。前期四半期（一〇年一〇～一二月）の九・八％増を〇・一ポイント下回ったものの引き続き高い伸びを維持した。今回からは季節調整済みの前期比成長率も公表され、一～三月は二・一％増だった。これは一〇年一〇～一二月の同二・四％と比べると、〇・三ポイント低下した[9]。

固定資産投資の伸びは前年同期比で二五・〇％、不動産開発だけに限ると同三四・一％となる。四月分の数値を加えた一～四月期で見ると、固定資産投資の伸びは二五・四％となり、国内企業による同投資は五兆八〇二八億元、二六・四％増、香港・マカオ・台湾資本による同投資は二一八〇億元、二四・五％増、外国資本は二二八五億元、一三・八％増だった[10]。消費の伸びでは、名目小売売上高が前年同期比で一六・三％となり、一〇年通年の増加率一八・三％と比べても冷え込み、物価上昇によって消費意欲が落ち込んでいる様子が浮き彫りになった。

中国人民銀行は四月六日、金融機関の貸し出し金利と預金金利をともに〇・二五％引き上げた。前日に発表していたもので、利上げは二月九日以来だった。金融引き締めが始まった一〇年一〇月からは四回目。今回の利上げで、年間で貸し出し金利が六・三一％、預金が三・二五％となった。

中国人民銀行は五月一八日、利上げと並ぶ引き締め策として実施している市中銀行から強制的に預かる資金の比率を示す預金準備率を〇・五％引き上げた。同一二日に引き上げを発表していた[11]。前回四月二一日に続くもので、一〇年一一月以来、七カ月連続の引き上げとなった。大手金融機関の準備率は二一・〇％となり、現制度下での過去最高を更新した。利上げと預金準備率引き上げによる金融引き締め策は、もうしばらく続きそうだ。

騰勢続きの消費者物価

中国国家統計局の五月一一日の発表によると、四月の国内消費者物価指数（ＣＰＩ）の上昇率は前年同月比で五・三％だった。これは三月の上昇率五・四％とほぼ同じ水準だった。二カ月連続で五％を突破したことになる。三月の五・四％は、〇八年七月の六・三％以来、二年八カ月ぶりの高い水準だった。年初以来、政府が今年の抑制目標とする四％を大きく上回っている[12]（表５‐１参照）。

輸入インフレの圧力で、国内の幅広い商品が値上がりしていることや、労働賃金の上昇で製造コストが上っていることも消費者物価の騰勢要因と見られる。食品価格だけで見ると、四月は一一・五％も上昇しており、貧困層を中心に国民生活を圧迫している様子がうかがえる。国家統計局の盛来運報道官は四月のＣＰＩが五・三％と三月をわずかながら下回ったことで、とりあえず上昇を抑え込むことができたと指摘したが、上昇圧力は依然として強いことを認めている。[13]

表５-１　消費者物価指数の変遷とGDP

年	消費者物価指数（CPI）前年比上昇率（年平均，％）	国内総生産（GDP）実質成長率（年平均，％）
2000	0.4	8.4
2001	0.7	8.3
2002	−0.8	9.1
2003	1.2	10.0
2004	3.9	10.1
2005	1.8	11.3
2006	1.5	12.7
2007	4.8	14.2①
2008	5.9	9.6
2009	−0.7	9.2
2010	3.3	10.4②
2011	5.4	9.2

（CPI 月別上昇率，％）			
2008年１月	7.1	2010年４月	2.8
２月	8.7	５月	3.1
３月	8.3	６月	2.9
４月	8.5	７月	3.3
５月	7.7	８月	3.5
６月	7.1	９月	3.6
７月	6.3	10月	4.4
８月	4.9	11月	5.1
９月	4.6	12月	4.6
10月	4.0	2011年１月	4.9
11月	2.4	２月	4.9
12月	1.2	３月	5.4
2009年１月	1.0	４月	5.3
２月	−1.6	５月	5.5
３月	−1.2	６月	6.4
４月	−1.5	７月	6.5
５月	−1.4	８月	6.2
６月	−1.7	９月	6.1
７月	−1.8	10月	5.5
８月	−1.2	11月	4.2
９月	−0.8	12月	4.1
10月	−0.5	2012年１月	4.5
11月	0.6	２月	3.2
12月	1.9	３月	3.6
2010年１月	1.5	４月	3.4
２月	2.7	５月	3.0
３月	2.4		

注：①ドイツ追い抜きGDP世界３位。②日本追い抜きGDP世界２位。
出所：内閣府編『月刊海外経済データ』による。オリジナル数値は『中国統計年鑑』，『中国経済景気月報』などから。

ただ、山東省、遼寧省、内蒙古自治区などでは野菜の卸値が下落する現象も起きている。一〇年に野菜の卸値が高かったことから生産農家が野菜作りに殺到したことや、南方での生産野菜と北方の生産野菜の市場への出荷時期が重なったことが値崩れした原因らしい(14)。

南京市内で五月一二日、経営破綻したブラウン管製造工場「華飛彩色顕示系統公司」の従業員ら数千人が「物価高、住宅高騰」を不満とし、「解散手当」の増額を求めて工場前から市政府に向けてデモ行進した。しかし、途中に一五〇〇人余りの警察官によって解散させられ、負傷者や逮捕者が出た模様だ。主要都市での大規模な労働争議は、四月下旬、上海市宝山港近くの港湾トラック運転手約六〇〇人が、ガソリン価格の高騰や職場の待遇改善などを求めて敢行した抗議ストに続くもの(15)。

流行の液晶テレビに押された同社は、労働者七〇〇〇人を抱える大規模な工場だった。会社側は倒産に際して、労働者一人あたりにつき、一年＝二九六〇元の「解散手当（中国語・遣散費）」を提示した。過去二〇年間勤務した場合は、二〇倍の五万九二〇〇元（約七四万円）になる仕組みだ。これに対し労働者側は「組合との協議を経ていない会社側の一方的な提示額。昨今の住宅価格高騰など物価高を考えれば、受け入れられる金額ではない」として抗議行動を起こした。

北京理工大学の胡星斗教授（経済学）は、（北京、上海、広州など都市部では）ＣＰＩ五％が一般大衆の我慢の限界ラインだと指摘、「インフレは経済問題だけでなく政治問題でもある。庶民の強い不満が騒乱を引き起こすことがある」と指摘している(16)。

物価対策に乗り出した国家発展改革委員会は、食糧など国内の関連一七業界に対し、消費者向けの販売価格を上げないように直接、行政指導に乗り出しているほか、食品の値上げに対する監視や取り締りも強化している(17)。

四月の中国内での自動車の新車販売台数は一五五万二〇〇〇台で、前年同期比で〇・二五％減り、リーマン・ショック後の〇九年一月以来、二年三カ月ぶりのマイナスとなった。

トヨタ自動車はじめ日系メーカーの販売台数は、東日本大震災の影響で日本からの部品調達が滞り、生産台数が減少し、販売台数に波及した。五月一〇日にデータを公表した中国自動車工業協会は「日本の震災の影響は明らかだ」と説明している。中国政府が小型車を対象にしていた減税措置を一〇年末で打ち切ったこと、北京市で渋滞解消のために新規登録を大幅に制限したこと、さらには政府の金融引き締め策や燃料費の高騰などが影響している模様だ。中国の年間の新車販売台数は〇九年、一〇年と二年連続で世界最高を記録した[18]。

四月の日本からの輸入は対前年同月比で四・六％増の一五九億八八七九万ドル（約一兆三〇〇〇億円）で、前月までの二ケタの伸びから一気に減速した。中国税関総署が五月一〇日に公表した。福島第一原発の事故で日本の農産物に輸入規制がかかっており、日中貿易にも影響が出始めていることが確認された[19]。

これが中国の対外援助の全貌

国務院新聞弁公室は一一年四月二一日、「中国の対外援助」白書を発表した[20]。国は国際機関「経済開発協力機構（OECD）」の「開発援助委員会（DAC＝二三カ国と欧州委員会で構成）」に加盟しておらず、援助の内容を報告する義務はない。しかし、日本などから多大な援助を仰ぐ一方で、自国の対外援助の内容は一貫して非公開だった。今回初めて全容が明らかになったが、さらなる援助情報の公開、透明化が求められよう。

建国直後から始まっていた中国の対外援助は、これまでに世界一六一カ国、約三〇の国際・地域機関を対象とし、総額二五六二億九〇〇〇万元（いずれも〇九年末までの累計数値）に上った。ちなみに援助総額を現在のレート一元＝一二・五円で単純換算すると、三兆二〇三六億円になる。日本が過去、中国に供与した円借款の総額とほぼ同じになるのは実に興味深い。

白書は目次と前文に続いて、「対外援助政策」「対外援助資金」「対外援助方式」「対外援助の分布」「対外援助の管理」「対外援助の国際協力」の六つの章と「結語」で構成されている。

「対外援助政策」の章によれば、中国の対外援助は建国直後とも言える一九五〇年代からスタートした。経済援助もあれば技術援助もあった。中国自身が途上国であり、いわゆる「南南援助」として継続してきた。六〇年代には「対外援助八原則」を打ち出し、現在の援助の基本原則として、以下の五項目を明らかにした。

(1)被援助国の自主的発展能力の向上を支援する。被援助国の人材と技術力を養成し、インフラ建設を支援する。当該国の資源を開発・利用し、発展の基礎を打ち固め、自力更生で独立した発展の道を歩めるよう尽力する。

(2)いかなる政治的条件もつけないことを堅持する。「平和共存五原則」を守り抜き、被援助国による発展モデルの自主選択権を尊重する。援助の提供を通じて他国の内政に干渉したり、政治的特権を求めたりする手段にしない。

(3)平等・互恵・共同で発展させる。対外援助を途上国間の相互支援と見なす。ウィンウィン（共に勝利＝互恵）を促進することに力を入れる。

(4)分相応のことを力の及ぶ限りする。援助の規模と方式について、中国は自国の国情を踏まえ、国力に応じて可能な援助を行う。

(5)時代とともに歩み、改革と革新を行う。対外援助方式を革新し、管理メカニズムを適時に調整・改革して対外援助活動のレベルを絶えず向上させる。

これまでの援助の総額二五六二億九〇〇〇万元の内訳は、「無償援助」が一〇六二億元、「無利子借款」は七六五億四〇〇〇万元、「優遇借款」は七三五億五〇〇〇万元だった。

「無償援助」とは主に学校、病院、低価格住宅、揚水井戸などの中・小型の社会福利事業の支援に用いられる。「無利子借款」は主に社会公共施設や民生事業などの建設支援に用いられる。貸し出し期限は一般的には二〇年間で、内訳は使用期限が五年間、その後の支払い猶予期限が五年間、最後の償還期限が一〇年間となっている。主に経済条件が比較的良好な途上国に提供されている。

「優遇借款」とは、被援助国を支援して経済的効果、社会的効果のある生産事業や、大・中型インフラ建設やプラント、機械・電気製品、技術サービスなどを提供する。中国輸出入銀行が市場を通じて調達し、金融当局の基準金利よりも低い利率で提供し、利息の差額は国家財政で補填する。一般に金利は二～三％で、返済期限は一五～二〇年（五～七年の猶予期間を含む）である。

〇九年末現在で、中国は七六カ国に優遇借款を供与し、三二五項目の事業を支援し、すでに一四二項目が完成している。

中国の援助の一割は返済免除

援助の方式には、「パッケージ・プロジェクト」「一般物資」「技術協力」「人的資源開発協力」「対外援助医療隊」「緊急人道援助」「対外援助ボランティア」「債務減免」の八種類がある。

「パッケージ・プロジェクト」は最も一般的な方式。一九五四年からベトナム、北朝鮮で、戦争によって破壊された鉄道、道路、港湾、橋梁、交通などの諸施設を修復し、両国の戦後再建と経済発展に貢献した。現在、この方式は対外援助支出の四〇％前後を占め、二〇〇〇件余りを支援してきたという。

「債務免責」では、アジア、アフリカ、中南米、カリブ・大洋州の五〇カ国と中国は債務免除議定書を結んでおり、返済期限が来た債務三八〇件を免除し、その総額は二五五億八〇〇〇万元に達しており、援助総額の一割余りに相当する。

前述したように援助の対象国は累積一六一カ国だが、恒常的に中国の援助を受けている国は一二三カ国。地域別の内訳は、アフリカ五一カ国、アジア三〇カ国、中南米・カリブ一八カ国、太平洋一二カ国、東欧一二カ国となっている。とりわけアジアとアフリカ諸国は貧困人口が多く、中国の援助の八割前後を受けているという。

次に挙げる国際協力は、二〇〇五年から始まった比較的新しい分野である。国連開発資金国際会議、国連ミレニアム開発目標ハイレベル会議、国連発展協力フォーラム、主要八カ国（G8）と発展途上国五カ国のハイリゲンダム・プロセス発展対話などに代表団を派遣し、援助国側との交流・意思疎通を強化し、南南協力を積極的に推進している、としている。援助内容は気候変動、クリーン・エネルギー分野にも及んでおり、レバノン、モロッコ、モンゴルなどを対象に太陽光や風力発電などで協力している。従来の南南協力とは異なるような側面もあるようだ。

西側民主は絶対拒否の呉邦国

党内序列ナンバー2の呉邦国・全人代常務委員長（政治局常務委員）は四月八〜一〇日、重慶市の企業や農村、経済開発区「両江新区」などを視察した[21]。共産党礼賛のための革命歌や毛沢東称揚とヤクザ追放・汚職撲滅の「唱紅打黒」と呼ばれる社会キャンペーンを指揮する薄熙来・重慶市党委書記（政治局員）に御墨付きを与える狙いがあるものと見られた。

一〇年八月以来、政治局常務委員による重慶視察は、李長春、習近平、賀国強、周永康の各氏に続いて五人目だ。重慶を訪れていないのは、胡錦濤総書記と温家宝総理、賈慶林政協主席、李克強副総理の四人である。胡、温両氏とその周辺は一線を画しているようだ。当初は重慶に追いやられた薄熙来氏の悪足掻きと冷ややかな見方が強かったが、三年半を経て党内保守派の支持を受け、「重慶モデル」と、もてはやされるまでになったのは太子党・薄氏の政治的指導力だろう。中央政界返り咲きを狙っていると見られる薄氏の去就を含め、一二年秋の次期党大会に向けた水面下の駆け引きが激しさを増している。

呉委員長は三月一〇日、全人代第二回目全体会議での演説で、「五個不搞（五つの不実行）」を提唱した。「実行しない」ものは、⑴指導的思想の多元化、⑵複数政党による政権交代、⑶三権分立と両院制、⑷連邦制、⑸私有化――である。三権分立と両院制を分けて「六個不搞」とする説もある。[22] また呉氏は、過去三〇年余りの中国の法律制度で最も重要な経験として、⑴共産党の指導、⑵中国の特色ある社会主義理論体系、⑶中国の国情と実情からの出発、⑷人民を基準に据えた立法、⑸社会主義法律制度での統一――の「五つの堅持」を提示した。鄧小平時代の「四つの基本原則」を彷彿とさせる演説で、党内保守派の見解を代表するものだった。

当然ながら、その基調は政治改革の重要性を訴える温家宝総理とは明らかに違っていた。さらに不思議なのは、温総理は違いを強調するどころか、三月一〇日の福建省代表団の会議に出席し、「(呉報告に)完全に賛同する」と全面支持を表明したのである。[23] 呉報告は「五個不搞」以外に幅広い内容に言及していたこともあるが、指導部内の一致団結を装う口先の支持表明と見られた。

『人民日報』は三月一二日付一面で全人代代表による「五個不搞」発言の支持を表明する記事を掲載し、保守派に擦り寄る紙面作りを行った。[24]

同時に『人民日報』は四月二六〜二九日、四回にわたって大衆工作の重要性を強調する評論員論文を掲載した。二回目は「広範な人民の根本利益を代表するのか、一人あるいは一部の人の利益を代表するのか？」と、党内の特殊利益集団の専横ぶりを揶揄した。党内保守派には見られない問題提起であり、改革派の主張と言えるだろう。次期党大会に向けた権力闘争の存在を示唆する動きかもしれない。[25]

「五個不搞」発言に最も活気づいた保守派の一人が、中国社会科学院の陳奎元院長だった。陳院長は三月一六日、同社会科学院内でのマルクス主義理論研究などに関する工作会議の席上、「五個不搞」を称賛する講話を行った。

四月二九日付の『中国社会科学報』[26]に掲載された「マルクス主義を信奉し、確固としたマルクス主義者となる」と題した演説で、陳院長は「呉邦国同志の講話は、中国の特色ある社会主義理論の本質的要求を体現し、党の基本路線を堅持する鮮明な立場を体現したものだ。全員が真剣に学習、研究しなければならない」などと語った。普遍的価値観に反対を唱えるなど保守派として知られる陳院長のボルテージは上がったが、改革志向の知識人からは批判が相次いでいるのは当然だろう[27]。

中国軍総参謀長が七年ぶりの訪米

中国の陳炳徳・総参謀長（中央軍事委員、上将）が五月一五〜二二日まで訪米した。中国総参謀長の訪米は二〇〇四年秋以来ほぼ七年ぶり、当時は現国防部長の梁光烈氏が総参謀長だった。中国軍高官としては、〇九年秋に徐才厚・中央軍事委副主席が訪米している。今回はゲーツ米国防長官の一一年一月の訪中に続く米中軍事ハイレベル交流となった。

陳総参謀長は五月一七日、米軍制服組のトップであるマレン統合参謀本部議長と会談した。この中で陳総参謀長は「互いの核心的利益を尊重、重視し、対立と敏感な問題を適切に処理してこそ、両軍の関係は健全な安定と発展を確保できる」と語った。双方は朝鮮半島の核問題や海賊防止、反テロ戦、ネット安保問題などを話し合った[28]。

両氏は同一八日、国防総省内で共同会見し、海賊対処活動の共同訓練をアデン湾で実施し、人道支援・災害救助訓練を一一年中に実施することなどで合意したと発表した。席上、陳総参謀長は台湾問題に触れ、「米国の（国内法）台湾関係法は中国の内政に干渉する法律だ。米国の国内法で外国の内政をコントロールしている。不愉快であり、きわめて専横なことだ」と対米非難を展開した[29]。

陳総参謀長は同一八日、ゲーツ国防長官やクリントン国務長官と会談したほか、一部の議会議員と朝食をともにして懇談した。さらに同日午後には、米国防大学で講演した[30]。陳総参謀長は東部バージニア州ノーフォーク海軍基地なども見学した。

陳総参謀長には、張海陽・第二砲兵部隊政治委員（上将）、戚建国・総参謀長助理（中将）、鄭勤・広州軍区副司令官（中将）、蘇支前・南京軍区副司令官兼海軍東海艦隊司令官（中将）、張建平・済南軍区副司令官兼済南軍区空軍司令官（少将）ら将軍級八人を含む二四人が同行した。

遼寧省大連で建造中の中国初の空母「ワリャーグ」の就役は一二年一〇月一日の建国記念日となる見通しだ、と香港の親中国系月刊誌『鏡報』（五月号）が伝えた[31]。一一年の建国記念日との説も流れていたが、一年後に修正された。同誌は米英軍事専門家の見方としながら、中国が今後、潜水艦や他の水上艦艇で構成される空母戦闘群を三グループ、空母は五隻建造するだろうと紹介している。中国国防部は空母戦闘群の建造計画など詳細を明らかにしていない。

中国国防部は四月二七日、北京市内の国防部で初の定例会見を行った。会見した耿雁生・国防部新聞事務局長（同部報道官）は、今後、毎月一回、最後の水曜日に実施すると発表した[32]。国防部は長期にわたって外部に閉ざされていたが、〇八年初めに国防部に報道局を新設し、四川省汶川地震で初めて国防部報道官が会見した。月一回の定例会見は、外交部の週二回（現在は土・日を除く毎日）と比べれば少ないが、開かれた中国軍をアピールする狙いがあろう。

中央軍事委員会委員、北京軍区司令官などを務めた軍人、李徳生氏の葬儀が五月一四日午前、北京の八宝山革命公墓で行われ、胡錦濤総書記はじめ党政治局常務委員九人全員が参列した。李徳生氏は五月八日に北京市内で死去した。享年九六。新華社電によれば、生前、入院中の李徳生氏を見舞ったり、死後に遺族に弔意を伝えたりした党幹部の名前が公表されたが、前総書記の江沢民氏は胡総書記に続いて二番目に列挙された。葬儀参列者の中に江氏の名前はなかった[33]。

老齢化の中国、流動人口は二億人

中国国家統計局の馬建堂局長は四月二八日、第六回国勢調査の結果を公表した。

中国の総人口は一三億四〇〇〇万人（一〇年一一月一日現在、香港、マカオ、台湾を除く三一省・自治区・直轄市）で、前回二〇〇〇年一一月一日現在の国勢調査に比べ、約七三九〇万人、五・八％増えた。平均して一年間に七三九万人が増えた計算になる。この人口規模は日本なら愛知県（七四〇万人＝二〇一〇年）に相当する。(34) 前回調査までの一〇年間では、約一億三〇〇〇万人が増えていた点を考えれば、今回の増加幅は半減したことになる。人口抑制策が効果を上げたのだろう。

もうひとつの特徴は老齢化である。六〇歳以上の人口は一億七七六五万人、全人口に占める比率は一三・三％、六五歳以上が一億一八八三万人、同八・九％だった。両者を合わせた高齢者は二億九七〇〇万人、同二二・二％となる。一〇年前の調査よりも六〇歳以上は二・九ポイント、六五歳以上は一・九ポイントそれぞれ増加した。「未富先老（豊かになる前に老いてしまう）」状況が着実に進んでいる。

民族別では、漢族は一二億二五九三万人で、全人口に占める比率は九一・五％。少数民族は一億一三七九万人、同八・五％だった。二〇〇〇年の調査時と比べて、漢族は六六五四万人、五・七％増え、少数民族は七三六万人、六・九％増えた。

流動人口については、戸籍のある居住地を離れて半年以上を経過したケースで、二億六一三九万人に上ることが判明した。このうち都市部において戸籍地を離れている三九九六万人を除いた二億二一四三万人が「農民工」として地方から都市に移動した流動人口である。一〇年前より一億三六万人、八二・九％も増えた。ほぼ倍増であり、巨大な人口移動の流れが確認された。様々な規制の下でこれだけの人数が移動したことを考えると、戸籍改革の行方に影響を与えることが予想される。(35)

地域別人口では、広東省の一億四三〇万人が最も多かった。第二位は山東省の九五七九万人、第三位は河南省の九四〇二万人だった。逆に最も少なかったのはチベット自治区の三〇〇万人、青海省の五六三万人、寧夏回族自治区六三〇万人などである。

中国独自の方式として「現役軍人」が二三〇万人と発表され、「定住地確定困難者」が四六五万人計上された。首都・北京市は一九六一万人、上海市は二三〇二万人、天津市は一二九四万人、重慶市は二八八五万人だった[36]（表5－2参照）。

世帯数は四億一五二万戸、一世帯当たりの平均人口は三・一人だった。前回調査では三・四四人なので〇・三四人減少したことになる。中国でも核家族化は着実に進んでいる。

教育関連では、一五歳以上で文字の読めない文盲人口は、なお五四六五万人いる。全人口に占める文盲率は四・一％で、過去十年間で三〇四一万人減ったという。年齢別や地域分布など詳細な文盲者のデータ公表が望まれる[37]。

大学教育を受けた人口は一億一九六四万人で、一〇年前の前回調査では一〇万人中で三六一一人だったものが、今回は八九三〇人に増えたという。

都市と農村の比率では、都市居住者が六億六五五八万人で四九・七％、農村居住者は六億七四一五万

表5－2　中国人口統計省別

地　区	人口数（人）
広東省	104,303,132
山東省	95,793,065
河南省	94,023,567
四川省	80,418,200
江蘇省	78,659,903
河北省	71,854,202
湖南省	65,683,722
安徽省	59,500,510
湖北省	57,237,740
浙江省	54,426,891
広西チワン族自治区	46,026,629
雲南省	45,966,239
江西省	44,567,475
遼寧省	43,746,323
黒龍江省	38,312,224
陜西省	37,327,378
福建省	36,894,216
山西省	35,712,111
貴州省	34,746,468
重慶市	28,846,170
吉林省	27,462,297
甘粛省	25,575,254
内蒙古自治区	24,706,321
上海市	23,019,148
新疆ウイグル自治区	21,813,334
北京市	19,612,368
天津市	12,938,224
海南省	8,671,518
寧夏回族自治区	6,301,350
青海省	5,626,722
定住地確定困難者	4,649,958
チベット自治区	3,002,166
現役軍人	2,300,000
全国合計	1,339,724,852

出所：『人民日報』（2011年4月30日付）

人、五〇・三％だった。過去一〇年間で、都市居住者が二億七一四万人増加し、農村居住者は一億三三二四万人減少した。流動人口の増加とともに、経済発展に伴う動きだろう。

一方、中国大陸在住の香港住民は二三万五〇〇〇人、台湾住民は一七万人、マカオ住民は二万一〇〇〇人、外国人は五九万四〇〇〇人だった。国別での最多は韓国人で一二万一〇〇〇人、続いて米国人七万一〇〇〇人、日本人六万六〇〇〇人、ミャンマー人四万人、ベトナム人三万六〇〇〇人などだった。

四川大地震で復旧宣言

死者・不明者八万七〇〇〇人にのぼった四川省汶川地震の発生三周年に当たる五月一二日、広東省広州市の新聞『南方都市報』が追悼の社説を掲載したところ、同社説が当局によってネット版から削除される騒ぎになった。身柄拘束中の現代芸術家、艾未未氏の作品名が書き込まれていたことが原因と見られた[38]。

一四〇〇華字の社説は「時の流れに身を任せ、彼らを懐かしく思う」との見出しで書かれていた。検閲を逃れるために艾氏の名前は出さず、氏の作品名「十二生肖（干支の動物）」、「瓷做的爪子（磁器で作ったひまわりのタネ）」を載せ、「われわれにできるのは展示して敬意を表すことだけ」とした。ネット上では若者たちを中心に同社説の転載が始まったが、同じ一二日の昼前には削除されたという。

艾氏は手抜き工事などで崩壊した校舎の下敷きとなり死亡した児童・生徒の実態を自身のボランティアに独自調査させ、四川省当局が発表した犠牲者五三三五人を上回る七六〇五人の身元を捜し出して公表した。こうした行為や党・政府に対する衣着せぬ批判が逆鱗に触れたものと見られた。

社説掲載の前日には、英ロンドンで艾氏の展覧会が始まり、鉄製の「十二生肖」が展示された。

艾氏の夫人である路青さんは五月一五日夜、当局から突然の連絡を受け、四月三日に拘束されて以降、初めて夫との面会を一五分間だけ許された。路さんによれば、艾氏は当局の取調べで虐待を受けた形跡はなく、健康状態はまずまずだった。面会中に事件について語ることはできなかったという。五月九、一〇日の米中戦略・経済対話でオバマ大統領らが中国側に人権状況の改善を促していた[39]。

中東民主化の波及を恐れる中国当局は、ネットでの集会・散歩呼びかけに関わり、反体制的な言動に出た活動家や作家、法律家を相次いで拘束している。人権団体「アムネスティー・インターナショナル」（本部・ロンドン）が五月一六日現在で公表した行方不明者の名簿には、六一人の名前が掲載されている。実際に拘束されているのは数百人に上るものと推定されている[40]。

マグニチュード（M）八・〇を記録した四川省汶川地震では、死者約六万九〇〇〇人、行方不明者約一万八〇〇〇人、負傷者約三七万五〇〇〇人を出した。温家宝総理は五月七～九日、震災以来一〇回目となる現地入りし、被災地の復旧・復興事業が「成功裏のうちに勝利した」と宣言した[41]。

（二〇一一年六月）

第六章　南シナ海問題で反中連携の米国と東南アジア

1　南シナ海で越・比両国と衝突する中国

中国が南シナ海でベトナム、フィリピン両国を相手に強硬姿勢に出た。領有権と海洋権益をめぐる中国との争いは、東シナ海でも無関係ではない。

海洋管轄権でベトナムを排除

ベトナムの国営石油会社「ペトロベトナム（PVN）」の石油・ガス探査船「ビン・ミン02」が一一年五月二六日、中部フーイエン省の沖合約一二〇キロ（約一二〇カイリ）の南シナ海で作業中、近づいて来た中国国家海洋局の監視船「海監84」など三隻によって探査用ケーブルを切断された。

中国外交部は五月二八日、「中国の管轄海域で行ったベトナムの石油・ガス探査活動は南シナ海における中国の権益と管轄権に損害を与え、両国が南シナ海問題で合意した共通認識に背いており、中国は（同活動に）反対を表明する。中国の主管部門による（ケーブル切断の）行動は、中国の管轄海域で行った完全に正常な海洋での法執行の監察活動だ」との姜瑜・報道局副局長の談話を発表した[1]。問答無用とも言える強硬な姿勢だった。

これに対してベトナム外務省のグエン・フォン・ガー報道官は五月二九日に記者会見し、「事件発生の海域は国連海洋法条約で規定されているベトナムの排他的経済水域（EEZ、二〇〇カイリ＝約三七〇キロ）内の大陸棚である。紛争点でないことは明白であり、中国が〈管轄する〉との主張は成り立たない。中国は紛争海域でないものを、そうであるかのように主張して、国際世論を意図的に誤った方向に誘導している」と強く非難した。同国外務省は中国監視船のビデオ映像なども公表して正当性をアピールした[2]。

会見に同席したPVN社のドー・バン・ハウ副会長は、「中国船が接近して来たため、わが方から無線交信したが無視された。ケーブル切断後に先方は『中国の領海に不法に侵入した』と女性の声で応答し、現場海域を立ち去るよう要求してきた。ケーブルは水深三〇メートル付近で切断されており、特別な装置がなければ無理だ。意図的で事前にしっかり準備していた」と当時の模様を語った[3]。

ベトナム政府は五月二七日、在ハノイの中国大使館に抗議し、再発防止と損害賠償などを要求した。賠償請求額は約一〇万ドル（約八一〇万円）という[4]。

六月一日、フーイエン省の軍当局者は、スプラトリー（南沙）諸島で操業中の同省のベトナム漁船四隻に対し、中国軍の艦艇三隻が自動小銃を海面に向けて威嚇射撃して来たと発表した。

首都ハノイの中国大使館前の公園に六月五日、ベトナム人約三〇〇人が集まり、探査船への妨害活動に対し、中国側に抗議する集会デモを行った。南部ホーチミンの中国総領事館前でも約一〇〇人が抗議デモを行った。ハノイのデモ隊は若者らが中心で、参加者は「ベトナムの島嶼に対する中国の侵略を止めよ」などと書かれたポスターを掲げた。デモ隊は三〇分後に警察官らによって追い払われた。その後もベトナム国歌を歌ったり、反中スローガンを叫んだりしながら市内をデモ行進した。ベトナムでは市民のデモは原則禁止されており、反中デモは当局による官製デモの色彩が濃厚だった[5]。

同じような反中抗議デモは六月一二日と同一九日もハノイで行われた。中国大使館前の公園に約一〇〇人が集まり、「スプラトリー（南沙）諸島やパラセル（西沙）諸島はベトナムのものだ」などと叫んで、市内をデモ行進した。ホーチミンでも六月一二日、一九日とデモが行われた[6]。

六月一七日には、米ワシントンで第四回目の米越次官級協議（政治・安保・国防対話）が行われ、「航行の自由」の呼びかけと海上での武力行使を拒否する共同声明を発表し、米越双方が中国を牽制した[7]。

なお、この間ベトナムの地震調査船が六月九日、中部沖合の南シナ海で作業中に、中国漁船一隻と中国監視船二隻の妨害行為を受け、ベトナム側の調査ケーブルが損傷した[8]。

ベトナム海軍は六月一三日、中部クアンナム省の沖合の南シナ海で、実弾を使用した軍事演習を実施した。ベトナム軍は「毎年行う通常の訓練」（外務省報道官）と慎重な言い回しだったが、探査船ケーブル切断などを受け、中国を牽制する狙いが込められていた[9]。ベトナムのグエン・タン・ズン首相は同一三日、徴兵制に署名した。同国が徴兵制を実施するのは一九七九年の中越戦争以来だった。

ベトナムは三週続けての抗議デモを通じて、被害国としての立場を世界にアピールする一方で、米国カードや軍事カードを畳み掛けて北京に圧力をかける巧みな外交戦術を展開した。超大な隣国を相手に、歴史的試練に耐えてきた外交巧者としてのベトナムの面目躍如である。なお、反中デモは八月下旬まで、毎週末のように首都ハノイなどで行われた。

フィリピンとも紛争に

フィリピンが領有権を主張している南シナ海のスプラトリー諸島北東部の砂の浅瀬エイミーダグラス・バンク（中国名＝安塘灘）付近に一一年五月二一日、中国の海軍艦艇と海洋調査船が相次いで侵入し、鉄柱やブイを設置した。同二四日にも中国海軍の艦船などが現れ、付近には「中国」と記された多数の鉄柱やブイが見つかった。いずれも比外務省が六月一日に公表した[10]。

南シナ海の同海域で中国が七月から石油・天然ガスの新たな探査を始める方針と見て、比政府は五月二七日、中国に対して探査場所を明確にするよう伝え、「フィリピンが主張する領海内での探査は許されない」と抗議した。アキノ大統領は六月二日、「中国が年初以来六、七回にわたり、（比）領海を侵犯した」として国連に解決を訴える意向を表明した。

比海軍のオマール・トンサイ報道官は六月一五日、スプラトリー諸島の岩礁ボクスオール・リーフ（同＝牛車輪礁）、エイミーダグラス・バンク、リード・バンク（同＝礼楽灘）に建造された標識を撤去したと発表した。どこの国の物か不明としたが、中国の可能性は高い。比政府はパラワン諸島とスルー海の一五鉱区（約一〇万平方キロ）を石油掘削の目的で外国系企業に売却する方針という[11]。

比軍は六月一三日、同国海軍が米海軍とともに六月二八日から七月八日までの一一日間にわたり、同国のスルー海で定期の米比合同軍事演習を行うと発表した。比政府は同日、「南シナ海」の呼称使用を中止し、「西フィリピン海」と呼ぶことを決めたと発表した[12]。

こうした中、交通運輸部系中国海事局の大型巡視船「海巡31」（約三〇〇〇トン）が六月一三日、広東省珠海を出発、南シナ海を経て同一九日にシンガポールに到着した。米国のゲーツ国防長官が同四日、米海軍の新型艦艇「沿岸海域戦闘艦（ＬＳＣ）」をシンガポールに配備すると公表したことが同国寄港のきっかけとなったのかもしれない[13]。

中国海軍は海南島周辺海域で大規模な軍事演習を実施した。中国中央テレビ（ＣＣＴＶ）が六月一六日のニュース番組で発表した。いつ実施されたのかは不明だが、演習には海軍艦艇に加え、「海警」（公安部国境防衛海警部隊＝China Coast Guard）、「海監」（国土資源部国家海洋局）など海上警備の艦艇なども動員され、三夜連続で行われた。中国海軍関係者は「事前に計画した通常の軍事演習」としているが、ベトナム、フィリピンの動きを牽制する狙いがあるものと見られた[14]。

海の憲法とも呼ばれる国連海洋法条約は一九八二年一二月に採択され、九四年一一月に発効した。中国政府は九六年五月一五日にこれを批准したが、同条約が規定する排他的経済水域（ＥＥＺ＝二〇〇カイリ）の境界線画定に関しては、中国大陸の沿岸部の一部と南シナ海の西沙（パラセル）諸島のみを行っただけで、南沙（スプラトリー）諸島や尖閣諸島、台湾などの周辺海域に関しては、「引き続き行う」として線引きを持ち越している。中国が南シナ海で「管轄権」と称する「U字型＝舌の形、あるいは九段線（ナイン・ドット）」と称される境界線の国際法上の根拠は、曖昧としたものである。[15]

中国の温家宝総理は四月二七～三〇日、マレーシアとインドネシアを公式訪問した。ジャカルタでの演説で、温総理は「（南シナ海問題について）いくつかの領土主権、海洋権益をめぐる係争が存在するが、善隣友好、対等協議の原則に基づき、二国間ルートでこうした問題を適切に解決するため努力しなければならない」（四月三〇日）と語った。[16]

梁光烈国務委員兼国防部長は五月一五日から約一〇日間にわたり、シンガポール、インドネシア、フィリピンの三カ国を訪問した。同二三日にはマニラで、アキノ大統領、ガズミン国防相とそれぞれ会談した。比大統領報道官は、スプラトリー諸島問題について、「個別の事案は論議しなかった」としたものの、「二国間だけでなく領有権を主張する他国も交え、対話を通じた問題解決を目指すことで双方が一致した」と述べた。[17]

梁国防部長の訪比とほぼ同時進行の形で、中国がフィリピン近海で実力行使に出ていたことに対し、同国内では中国への強い反発と警戒心が高まった。今回の中国の行動は、二〇〇二年に東南アジア諸国連合（ASEAN）と中国の間で調印した「南シナ海行動宣言（DOC）」にある、「新たな建造物などの建設は自制する」との規定に違反していた。

一方、梁光烈国防部長は六月五日、シンガポールで開催されたアジア安全保障会議（英国際戦略研究所主催）で演説し、「中国は南シナ海の平和の維持に尽力しており、情勢は安定している」と述べ、問題は存在しないとの一方的な認識を示した。ベトナムやフィリピンの両国防相が相次いで反論したのは当然だった。

米中間では五月上旬にワシントンで開催された戦略・経済対話（S&ED）で、アジア太平洋域内での安保対話を始めることで原則合意しており、ASEANは五月七〜八日、ジャカルタで開催した首脳会議で、「南シナ海共同宣言」のガイドライン（指針）策定に向けた議論をまとめ、法的拘束力を伴う「南シナ海行動規範（COC）」へと格上げする協議を始めることで合意している。中国が強硬姿勢に転じた背景には、こうした内外での新たな動きを牽制する狙いも込められていよう。

沖縄―宮古島を突破する中国艦隊　中国海軍の艦艇一一隻が一一年六月八日未明から翌九日にかけて、沖縄本島と宮古島の間の公海上を東シナ海から太平洋に向けて通過した。監視中の海上自衛隊の護衛艦やP3C哨戒機が海と空から発見した[18]。

中国艦隊は〇八年一一月、〇九年六月、一〇年三月、同年四月に沖縄本島と宮古島の間を抜けて西太平洋に進出している。とくに一〇年四月には、監視中の海自の護衛艦に中国の艦載ヘリコプターが異常接近する事態が発生した。この時の中国艦隊は一〇隻編成だったので、今回はそれを上回る過去、最大規模と見られた[19]。

制服組トップの折木良一統合幕僚長は六月九日の定例会見で、「中国海軍が活動を活発化させているのは事実であり、大きな関心を持っている。必要に応じて警戒監視を実施する」と語った[20]。

一方、中国国防部は六月九日、西太平洋で六月中・下旬に軍事演習を実施する予定だと発表した。国防部報道事務局では、「軍事演習は年度計画にある恒例の訓練だ。国際法のルールに基づくものであり、特定の国家と目標に向けたものではない」と反論した[21]。防衛省統合幕僚監部の発表によれば、六月八日午前零時ごろ、中国海軍の補給艦「陽湖（882）」、大江級潜水艦救難艦「崇明島（862）」、艦隊航洋曳船の計三隻が、宮古島の北東約一〇〇キロの海上を航行しているのを海自第二護衛隊群（佐世保）所属の護衛艦「くらま」が発見した。同八日正午にはイージス艦「ちょうかい」が、ソブレメンヌイ級ミサイル駆逐艦「杭州（136）」、「福州（137）」、「泰州（138）」の三隻、フリゲート艦「益陽（548）」と（電子偵察）情報収集艦「東調二三二（851）」各一隻の計五隻を確認した。

六月九日午前九時には、江衛Ⅰ級フリゲート艦「淮北（541）」など三隻を海自第一航空群（鹿屋）所属のP3C哨戒機が発見した。一一隻はいずれも同じ方向に航行中だった。演習海域の西太平洋とは、「第一列島線」（九州―沖縄―台湾―フィリピン―ボルネオ島）と「第二列島線」（伊豆諸島―小笠原諸島―グアム、サイパン―パプアニューギニア）とに狭まれた間、フィリピン東方沖に位置する沖ノ鳥島南方の海域と見られた。[22]なお、中国艦隊は六月二二日から同二三日にかけ両島間を抜けて、再び東シナ海に戻ったことが海自護衛艦に確認された。

中国の呉勝利・海軍司令官は五月二〇日、シンガポールでの国際防衛展示会に出席した際に、「中国海軍は東シナ海で大規模艦隊演習を実施する予定だったが、日本で（三月一一日に）大震災が発生したので中止した」と語っており、震災後三カ月余りを経て実施されたことになる。

一方、中国国家海洋局は六月一六日、海洋調査船「南鋒」（一九五〇トン）が福建省アモイ市の高崎埠頭を出港したと発表した。同船は六月二三日午前、宮城県石巻市・金華山の東方沖約三三〇キロの日本のEEZ内に現れ、採水作業などを行った。海上保安庁の巡視船「やしま」が事前許可のない調査活動は認められない、と警告したところ、中国船は約四時間後に同水域内から出た。日本政府は同日、北京の日本大使館を通じて中国政府に抗議した。国連海洋法条約によると、他国のEEZ内で海洋調査を行う場合には該当国の同意が必要としている。

「南鋒」は福島県第一原発事故による放射性物質の海洋への影響を調査するために日本近海に現れた。同船には調査隊員約四〇人が乗り込んでおり、航海は約三〇日間、五〇〇〇カイリ（約九二六〇キロ）の距離に及ぶという。[23]

双方が満足な中国—ミャンマー関係

ミャンマーのテイン・セイン大統領が一一年五月二六〜二八日、中国を公式訪問した。過去二〇年余り続いた軍政が同年三月末で終了し、軍政下で首相を務めたセイン氏が民政移管後の初代大統領として訪中した。セイン氏は軍政下で序列ナンバー4だった。軍政トップだったタン・シュエ前国家平和発展評議会（SPDC）議長が、民政移管後も隠然たる影響力を保持しており、海外で「軍政なき軍政」と批判を浴びている。民政がスタートして大統領の最初の外遊先が中国だった事実は、両国関係の緊密さを象徴している。

胡錦濤国家主席は五月二七日、北京・人民大会堂でセイン大統領と会談し、双方の間で「包括的戦略協力パートナーシップ」を構築することで一致した。[24] 会談終了後には共同声明が発表された。セイン大統領は同じ日、温家宝総理、賈慶林人民政協主席らとも個別に会談した。

中国とミャンマーは一九五〇年六月八日に国交樹立、本年で六一年目を迎え、両国の友好関係はきわめて順調に発展している。共同声明でも「双方が両国関係の発展ぶりに満足している」と表記した。ミャンマーとの「包括的戦略協力パートナーシップ」は、中国が二国間で結ぶ外交関係としては最高レベルの表現となった。これまで最高だったロシアとは「戦略的協力パートナーシップ」だが、ミャンマーとは「包括的（中国語＝全面的）」の三文字が加わった。共同声明では以下の七点が強調された。[25]

(1)両国指導部は密接な往来を保持し、戦略的相互信頼を不断に高める。
(2)両国外務省間の不定期協議を継続し、多国間協議の場でも会談し、戦略的往来を強化する。
(3)両国の経済・貿易関係の協力規模とレベルを引き上げ、健全、安定、持続可能な協力関係とする。
(4)教育、文化、科学技術、衛生、農業、旅行などの各分野で友好協力を深める。
(5)国境管理分野における協力を強化する。
(6)中国側はミャンマーの独立・主権と領土保全を改めて尊重し、同国が自国の国情に応じて発展の道を歩んでいることを支持する。ミャンマーは「一つの中国」政策を引き続き実行し、台湾は不可分の中国領土であることを認め、両岸の平和発展と平和統一の大業を引き続き支持する。

(7)東南アジア諸国連合（ASEAN）、ASEAN＋3（中日韓）、ASEAN＋中国、メコン河流域経済協力など多国間協議の中での協力を強化し、途上国の利益を共同で維持する。

この後、李源潮・党中央組織部長（政治局員）がミャンマーを訪れ、六月二日、首都ネピドーでテイン・セイン大統領と会見した。[26] 民政移管後に同国を訪れた中国指導者として、賈慶林・全国政治協商会議主席に続く訪問となった。

熱狂的毛主義者と孔子像の百日天下

極左派の中国人グループが五月下旬、毛沢東を批判する改革派の経済学者、茅于《マオユィ》軾《シー》氏（82）と元軍人の辛子陵《シンヅーリン》氏（76）を刑事訴追するよう求め、ネット上で署名を集めるキャンペーンに乗り出した。[27] 極左派ネット「烏有之郷《ウーヨウジーシアン》」によれば、茅氏は四月二六日、辛氏が著した著作『紅太陽的隕落《ホンタイヤンディユンルオ》（赤い太陽の凋落）』に関連して、「毛沢東を人間に戻せ」と題した文章を発表した。これに対し、毛支持派からは「事実を捏造《ねつぞう》しており、極めて陰険悪辣な言葉で攻撃している」などの批判が沸き起こった。

とりわけ極左派は、茅氏らが党史や党指導者を否定し、人民共和国の初代指導者を否定しているのは偶然でなく、中東民主化のジャスミン革命に乗じて、「米帝国主義」勢力とともに中国に混乱を持ち込み、党の指導を覆し、中国転覆の世論を作り、社会動乱を煽るものだと糾弾している。[28] 両氏を訴えている人々の中には、毛沢東の親族らも含まれ、五月二四日から始まった署名呼びかけは、六月一三日現在で五万人を超えたという。[29]

党中央が党創設九十周年を記念して一月一一日、中共中央党史研究室著『中国共産党歴史（一九四九年～七八年）第一巻、第二巻』（中共党史出版社）を発売した。一九二一年から四九年までを扱った『中国共産党歴史』は二〇〇二年に出版されているが、一連の党史の記述をめぐっても異論が出ているという[30]。

天安門事件二十二周年の六月四日夜、香港で約一五万人の市民が集まり、追悼大会が開催された。香港の民主化団体「香港市民愛国民主運動支援聯合会（支聯会）」が主催したもので、中心的指導者だった司徒華・前主席が本年一月に死去したこともあり、同氏の追悼を兼ねた集会となった。会場の香港島・銅鑼湾のビクトリア公園を埋め尽くした参加者が灯したロウソクの炎は、民主派活動家らを相次いで身柄拘束している中国当局への怒りを表していた[31]。香港警察当局の発表では、参加者数は七万七〇〇〇人で、主催者側発表の半分になり大きな開きがあった。支聯会の李卓人主席は不満を表明した。会場には中国内で使用する簡体字による中国語の落書きが残され、大陸からの参加者もいたことを示していた[32]。

天安門事件で長男が犠牲になり天安門の母と呼ばれている丁子霖さんによると、中国公安当局は一一年二月、四月、五月と三回にわたって遺族側と接触し、「賠償金をいくら払えば問題解決ができるか」と打診してきた。天安門事件の真相や責任問題などには一切触れなかったという。丁さんは「遺族側の分断を許さない。カネですべてを買えると考えるべきではない」と強い調子で当局を非難した[33]。

新華社電によると、北京市公安局は六月二二日、身柄拘束中だった芸術家の艾未未氏（53）を約二カ月半ぶりに保釈した。人権活動家でもある艾氏の弾圧が狙いと見られたが、当局は「艾氏が事実上、管理している会社が故意に会計書類を破棄した巨額の脱税事件だった」と強調し、保釈理由として「本人が罪を認め、態度が良かったことや、慢性疾患を煩っている点を考慮した」とした。

艾氏にはその後、税務当局から一五〇〇万元（約一億八〇〇〇万円）という巨額の追徴課税が通告され、支持者ら一万人以上が支援を申し出たという。艾氏は四月三日、北京空港内で理由不明のまま突然、拘束され、欧米諸国や人権団体などが不当な拘束だとして早期に釈放するよう求めていた。

北京の天安門広場に面した中国国家博物館前に、全長九・五メートル、重さ一七トンもある巨大な孔子像が設置されたのは年初の一月一一日だった。三年半の期間と二五億元の費用をかけて三月に正式オープンした同博物館の記念モニュメントとして製作され、孔子像の作者である中国芸術研究院美術研究所の呉為山所長はじめ、全人代、人民政協の幹部や文化担当の党・政府幹部らの出席のもとで落成式が行われた[34]。

しかし、この孔子像は四月二一日未明に密かに同博物館内の中庭に移され、天安門広場を臨む場所から忽然と姿を消した[35]。理由は明らかにされなかった。天安門の城楼壁面には毛沢東の肖像画が掛けられており、天安門広場には毛の遺体が今も安置される「毛主席紀念堂」がある。社会主義革命家・毛沢東と封建時代の儒者・孔子がほぼ同じ空間を共有するというきわめて風変わりな光景は、ちょうど一〇〇日間で幕を閉じた。

中国国家博物館前の孔子像（2011年１月18日，北京）
（Imaginechina/PANA）

胡錦濤政権が提唱する「和諧（調和）社会」は、孔子が主張した調和の取れた世界と一脈通じるものがある。同政権が中国語と中国文化の伝播役として海外に設置した施設を「孔子学院」と称し、劉暁波氏が受賞したノーベル平和賞に対抗して設けられた賞の名称が「孔子平和賞」だったように、「孔子」は民族主義が高揚する現代中国において、国のシンボルとして受け入れられている。文化大革命の末期、一九七〇年代に発生した「孔子批判（批林批孔）」運動は、晩年の毛沢東が発動した一大政治キャンペーンだった。毛沢東にとって孔子は終始打倒の対象だった。

中国国家博物館の呂章申館長は、孔子像を設置した同博物館の北門広場が、「政治的、文化的地位を説明するに足る場所であり、このような特殊で、非凡な意義のある広場に何を設置するのがふさわしいのか、意見を集約して最終的に孔子像を立てることに決定した」として、政治的配慮のもとで慎重に決めたと説明していた。この館長発言は同博物館のＨＰにも掲載されていたが、像の撤去とともに削除されたという[36]。

孔子像の撤去の背景に何があったのか。真相は不明だが、毛沢東主義者たちの狂信的とも言える行動や、党政治局員の薄熙来氏率いる重慶市で見られる革命歌や毛思想の礼賛キャンペーンなどが示すように、勢いづく左派＝保守勢力からの強い突き上げによって、党中央指導者内に意見の不一致が出現し、最終的に撤去となったと見るのが妥当だろう。少なくとも孔子像の設置決定は、胡錦濤―温家宝指導部によって行われたことは間違いない。

決着ついた政治改革論争

政治改革を訴える党内最大の改革派、温家宝総理の動向について、『炎黄春秋』雑誌社の杜導正社長が、香港紙『明報』（六月五日）のインタビューに答え、「一〇年九月に中南海で行われた政治改革に関する会議の席上、左派がまとまって圧力をかけ、温総理はあっと言う間に孤立した」と語った。温総理を支持する一部指導者は温氏支持の発言をしなかった。これら指導者が誰なのかは不明だが、杜氏は「ある者は心の中で支持し、行動でも支持した。ある者は心の中では支持しながらも、行動では右顧左眄するなど、廬山会議さながらだった」と表現した[37]。

廬山会議は一九五九年七～八月に江西省の避暑地、廬山で開かれた党中央政治局拡大会議と八期八中全会を指す。当時、急進的な社会主義路線に基づく増産活動を求め大衆動員された大躍進政策を問題視し、最高指導者の毛沢東を諫めた彭徳懐氏が国防部長を解任され、失脚したことで知られる。温氏は現在も総理の座にあり、政治状況は大きく異なるが、各指導者が態度表明の踏み絵を迫られたのだろう。政治改革論争は決着がつき、温氏は党指導部内で事実上、敗北したと言えよう。その延長線上に、本年三月の呉邦国氏の「五つの不実行（五個不搞）」発言があるのだろう。

温総理は四月二三日、自らの執務室がある中南海に、香港の左派系人士で元全人代代表の呉康民氏を招いて面談し、両夫人を交えて会食した。この間、約一時間半。会食には温総理夫人の張培莉さんも姿を見せた。宝飾界を牛耳る富豪の夫人は人民宰相の伴侶にそぐわないとの批判があり、温夫妻は離婚したとのウワサもあったが、二組の夫婦が揃った記念写真の公表で、離婚情報には根拠がなかったことが判明した[38]。

呉氏は会談内容について、温総理の承諾を得たうえで公表したが、その中で温総理は自らの政治改革問題に触れ、「中国には二大勢力がある。ひとつは封建時代の残滓であり、もうひとつは文革時代の害毒だ。この二大勢力は官界において本当の話をせず、大法螺を吹き、ウソを語ることを好む」と批判した。が、時すでに遅し、遠吠えの印象は免れなかった[39]。

党機関紙『人民日報』で四月二一日から五月二六日まで五回にわたり、中面（二四面構成のうち第一四面など）にある「観点」面に連載された「本報評論部、社会の心理に注目する」シリーズは、党内改革派勢力の執筆と見られた[40]。「本報評論部」による『人民日報』を舞台にしたシリーズは、六月二日から新たに「人民の観点、社会の関心にどのように対応するか」と題して始まった。前回と同じように中面の「観点」で、毎週木曜日付に掲載された[41]。なお、党幹部と大衆との関係についての評論部論文シリーズは本年三月から始まっているほか、単発でも年初から始まっている[42]。

六月の初回は「大衆との良き性質の相互反応の中で、善良な統治を探し求める」と題し、社会で発生する諸々の問題に対し、中央や地方当局はきちんと対応し、当局に対する住民の信頼を高めねばならないと主張した。二回目は、政府に対する住民の信頼度は無形の資産であるとして、党・政府幹部は社会の関心事に適切に応えねばならないと主張した。三回目はメディア時代を迎えたなかで、人民大衆の利益を守るよう指摘した内容だ。このシリーズは年内ずっと継続掲載のようだ。全般に改革派が保守派を痛烈に批判するといった印象は薄く、改革派による巻き返しなのかどうかは不明である。党内指導部における左右両派のさやあては激しさを増しているのだろう。

内モンゴルと広州市で騒乱相次ぐ

内モンゴル自治区中部のシリンゴルで、一一年五月二三日から同二九日まで、断続的に抗議デモが続いた。きっかけは五月一〇日、同市内を自転車で走行中だったモンゴル族の遊牧民男性が、トラックに一四五メートル引きずられて死亡したことだった。被害に遭った遊牧民は牧草地を横切ろうとしたトラックの運転手と言い争いになっており、同運転手によって殺害された、との疑惑が浮上し、真相解明を求める動きも出た。運転手は「故意殺人罪」で起訴され、六月八日に死刑判決を受けた。当局は民族問題ではなく、刑事事件として処理した。チベット族やウィグル族による漢族との衝突はしばしば発生しているが、モンゴル族と漢族の対立が表面化したのは珍しい。

五月二四日のデモは、亡くなった遊牧民の追悼集会となり、携帯電話のショートメールなどを通じた呼びかけに、学生や住民ら一〇〇〇人余りが集まった。同二五日はモンゴル族の高校生らを中心に数千人が集まり、「人権尊重」などを求めた横断幕を掲げて市街地を行進した。(43)

党機関紙『人民日報』は五月二九日、内モンゴル自治区の胡春華・党委書記が、一一年だけで総額七八八億四〇〇〇万元(九七六〇億円)、前年比で五四%増の開発事業を実施する予定だと語ったと伝えた。温家宝総理は六月一五日に開催した国務院常務会議で、内モンゴル自治区の経済・社会発展をさらに促進するための方策を検討した。(44) 胡春華氏は胡錦濤総書記の直系とも言える共青団出身のポスト習近平を見据えた「第六世代」のホープであり、事件処理をしくじっては団派の後退を招く恐れもあった。

内モンゴル自治区では、モンゴル族の人口比率はわずか一七％で、漢族が八割を占めている。近年は鉱山開発やレアアースの生産などが盛んに行われており、牧草地の減少・悪化、環境破壊が深刻化している。中国政府は少数民族対策として、開発一辺倒だけに、環境問題などをきっかけとして、今後、遊牧民を中心としたモンゴル族との対立が一段と深まることが予想される。

一方、広州市郊外の増城市新塘鎮で六月一〇日、四川省出身の女性の露天商（20）と営業取り締まりの治安関係者の間でトラブルが発生し、同地区で働く四川省出身の出稼ぎ農民らを巻き込んだ大規模な暴動に発展した。騒ぎは三日連続で起き、一時は一万人以上の群集が集まり、路上のパトカーなど警察車両が横倒しにされたり放火されたりした。当局は武装警察ら五〇〇〇人余りを動員して鎮圧した[45]。

地元には「治安保衛会（治保会）」と呼ばれる治安組織が存在しており、担当者は「管理費」などの名目で、毎月数百元を露天商らから取り立てているが、評判はすこぶる悪く、露天商らかは「土匪（土着の悪者）」と非難されていたという。事件当夜も露天商夫妻の店舗の設置場所をめぐってトラブルとなり、同郷の仲間に加えて、たまたま地域の停電で操業中止となり、手持ちぶさたの工場労働者らが野次馬で集まり暴動に発展した。身柄拘束された二十数人の仲間を取り戻そうと、翌日以降に暴動が拡大した。増城市当局は同一二日、記者会見し、妊娠していた露天商と胎児は無事だったと発表したが、夜になって再び群衆が暴徒化し、路上の自動車などに放火して回った。

増城市の人口は約八三万、市内は一九八〇年代末期から急速に拡大した。しかし、新塘鎮の派出所には警察官が二十数人ほどしかおらず、特別に雇用していた「治保会」の担当者らが、露天商との間で頻繁にトラブルを引き起こしていた。同市は東莞市に隣接しており、ジーンズなどの縫製工場が多数ある。発端となった露天商のように、多くがジーンズなど衣料品を販売しているという。出稼ぎ労働者は四川省のほかに、湖南省、河南省、広西チワン族自治区などからも来ていたという。特定の地域の出稼ぎ労働者が中心になって発生した暴動は珍しかった。

金総書記が二年間で三度目の中国詣で

北朝鮮の金正日総書記が一一年五月二〇～二六日まで七日間、中国を非公式訪問した。金総書記の訪中は一〇年五月と同八月に続くもの。首脳が交互に訪問する外交儀礼や、金総書記の健康状態からすれば一年間で三度の訪中は異例だった。注目された後継者、三男の金正恩・党中央軍事委員会副委員長は父親に同行していなかった[46]。

政権安定のため金父子への権力継承を容認する中国としては、北朝鮮への経済援助と引き換えに、改革開放策に踏み出すよう促し、経済建て直しに導く戦略の一貫としての金総書記の訪中を受け入れたのだろう。それが異例の長旅訪問になったものと見られた。

二六日夜に発表された新華社電と朝鮮中央通信電などによると、金総書記は専用列車で国境の都市・図們市から中国側に入り、牡丹江（黒龍江省）、長春（吉林省）、瀋陽（遼寧省）、揚州（江蘇省）と南京（同省）を経て北京を訪れた[47]。途中、車中泊も含む総延長六〇〇〇キロに及ぶ大移動だった。

金総書記と胡錦濤総書記（国家主席）との中朝首脳会談は五月二五日、北京・人民大会堂で行われた。会談で胡総書記は、(1)ハイレベル交流の強化と北朝鮮指導者の訪中を歓迎する。(2)党と国家の統治についての経験交流を強化する。(3)互恵関係の協力を拡大する。(4)文化、教育、スポーツ分野の交流深化と青年交流を通じた世代間の中朝友誼を促進する。(5)国際・地域情勢や重大問題を話し合い、協調を維持し、地域の平和と安定を維持する――などを提言した[48]。

これに対して金総書記は、「経済と文化、先端科学技術分野はじめ中国各地で収められている成果から、急速に変貌している中華の大地の躍動する発展ぶりを直接目撃することができた」と述べた。さらに「同志的で真摯かつ友好的な雰囲気の中で、自国の状況を通報し合い、両党、両国の関係をよりいっそう発展させることについて、虚心坦懐に意見を交換し、完全に見解の一致を見た」とした。[49] 温家宝総理ら党・政府首脳と金総書記の会談も行われた。

金総書記は〇八年に脳卒中で倒れて以降、健康状態が完全回復したとは言えないようだ。揚州市内のスーパーマーケット「華潤蘇果超級市場」を視察した際には、歩みがのろく左足を引きずり、案内の王燕文・揚州市党委書記に支えられる場面が目撃された。ただ、全体の印象としては元気で、三〇歳前後の若い短髪女性が金総書記の身の回りの世話役として同行していたという。[50]

揚州は一九九一年一〇月、金日成主席が最後に訪中した際に、江沢民総書記（当時）の案内で視察した都市だった。今回、江沢民氏の故郷でもある揚州で、金総書記が江氏と会ったかどうかについて、『国際先駆導報』（五月三〇日）は「国務委員以上のハイレベル指導者と会った」との韓国報道に対し、「揚州の消息筋は否定した」と伝えた。ただ、金正日—江沢民会談が行われたかどうかは依然として不明である。[51]

牡丹江では「海林農場」を視察し、長春では「第一汽車（自動車）工場」のセダン、〈解放〉トラックの生産ラインを視察した。南京では「中国電子パンダ集団」の工場で液晶テレビなどを見て回った。北京市では「神州数鷹（デジタル）控股有限公司」などのハイテク企業を訪れた。首都での先端科学技術企業の視察は一〇年五月の訪中でも行われており、重複の感はまぬかれない。中国側が重ねて金総書記に最先端企業の現場を視察するよう促したのだろうか。

金総書記訪中は、東京で開催された日中韓首脳会談（五月二一、二二日）に合わせたかのような日程で行われた。温家宝総理は五月二二日、都内のホテルで李明博・韓国大統領と会談した際に、金総書記が中国を訪問中であることを認め、「中国の発展状況を理解し、（北朝鮮の経済）発展に活用する機会を与えるためだ」と狙いを説明した。[52] 金総書記の訪中が終了していないにもかかわらず公表されたのは異例だった。

金総書記が帰国して二週間後の六月八日、中国丹東市に近い鴨緑江河口付近の北朝鮮領の島「黄金坪」で、中朝共同開発事業の着工式が華やかに行われた。両国の政府関係者や企業幹部、工事関係者ら一〇〇人余りが出席した。今後、中国資本によって工業団地が建造され、同島を経済開発区として〈北朝鮮版の香港〉のように整備することを狙っているという。中朝間では初めての試みであり、北朝鮮の最高人民会議常任委員会は六月六日の政令で、同島から約二〇キロ上流にある「威化島」と合わせ「黄金坪・威化島経済地帯」を設置すると発表した。[53] 中露の国境地帯に近い北朝鮮・羅先《ラソン》経済特区の羅津港と合わせて、今後、北朝鮮経済がどう発展するかが注目される。[54]

日本震災対応の日中韓サミット

第四回目の日中韓首脳会談が五月二二日午前、東京・元赤坂の迎賓館で開催された。

中国の温家宝総理と韓国の李明博大統領は会談に先立ち同二一日、仙台空港（名取市）から日本入りした。温総理は名取市閖上地区の漁港を訪れ、魚市場跡地の前で白いユリを献花して哀悼の意を表した。李大統領も同地区や韓国派遣の救助隊が活躍した同県多賀城市を訪れ、被災者らを激励した。[55]

温総理は名取市内で記者団に囲まれた際に、中国人の技能実習生二〇人を津波から避難させた後に亡くなった水産加工会社役員の佐藤充さん（享年55）（宮城県牡鹿郡女川町）について問われ、「国籍を問わず友人、親類として救助した彼の正義のための行為を、私は非常に高く称賛する」と語った。[56]

温総理はその後、仙台市と福島市にある避難所を訪れ、パンダのぬいぐるみなどの土産を配って被災者を見舞い、激励した。福島市内では、福島第一原発事故が発生した同県で生産されたサクランボやキュウリなどを李大統領と一緒に頬張り、安全性をアピールした。中韓両首脳が菅総理の強い要請に応えた結果のパフォーマンスだった。菅総理は当初、福島の安全性を強調しようと首脳会談の福島市開催案を打診したが、中韓双方が難色を示したという[57]。

二二日午前九時半から約二時間に及んだ日中韓サミットでは、原子力の安全協力、再生可能なエネルギー開発の推進と持続可能な経済発展、防災協力の三分野が話し合われ、それぞれ付属文書が公表された[58]。温総理は会談で、震災後の日本の復旧を支援、原発の安全性に関して三カ国の交流と協力体制の構築のほか、再生可能なエネルギー開発のため産学合同の協力体制を立ち上げることを提案した。また、三カ国の自由貿易区に関する産学合同研究を年内に完成させ、二〇一二年から協議を開始し、年内にも三カ国の投資協定協議を終えるため、努力するよう求めた。

三カ国首脳会談に先立ち、二二日午前八時一五分から約一時間一五分あまり、迎賓館で行われた日中首脳会談で、温家宝総理は、中国が福島第一原発事故を受けて、食品輸入禁止措置を取っていた一二都県から山形、山梨両県を対象から外す緩和方針を表明した。中国が引き続き輸入禁止措置を取るのは、宮城、福島、茨城、栃木、群馬、埼玉、千葉、東京、新潟、長野の一〇都県となる。中国が一二都県以外でも求めてきた放射性物質の検査証明書は、乳製品、野菜、水産物を除く食品では不要とする方針も明らかにされた[59]。温総理は同二二日夜に空路、帰国した。

（二〇一一年七月）

2　創立九〇年を迎えた中国共産党

国力の増強に伴って、自己主張を強める中国共産党の統治継続は内外に何をもたらすのか。不確実さと危うさを孕んだ中で、党創立九〇年を迎えた。周辺諸国との関係がギクシャクする一方で、欧州や中央アジア諸国などとは微笑み外交や人民元外交で関係を強化する「遠交近攻」を繰り広げている。

中国共産党は一一年七月一日、創立から九〇年を迎えた。人に例えれば、天寿を全うする齢《よわい》だが、いまの共産党にその気配は見られない。

民族主義政党への変質を確認

胡錦濤・党総書記は同日午前、北京の人民大会堂で行われた記念式典で、約一時間にわたって演説し、党による統治の正当性を誇示した。[1]しかし、拡大する貧富の格差や、蔓延する腐敗と汚職、日常的光景になった社会騒乱などの矛盾をどう解決して行くのか、最大の課題である政治改革をどう着手するのかなどについて、斬新な方向性は示せなかった。

〇一年七月の党創立八〇周年では、江沢民総書記（当時）が演説し、重要思想「三つの代表」[2]に言及し、新たな社会階層になった私営企業経営者の入党を認めることを宣言するなど新機軸を打ち出したが、胡演説にはとりたてて新味はなかった。共産党は体制護持の爛熟期にある。ただ、全国の党幹部や党員にとり、今回の胡演説は「綱領的文書」（中国党幹部談）であり、真剣に読まれている。

胡演説では、中国が列強に侵食されるきっかけになった一八四〇年のアヘン戦争から現在までの約一七〇年間の歴史を概観した。「孫中山（孫文）氏が指導した辛亥革命（一九一一年）は、数千年来の封建統治を終結させたものの、半植民地、半封建的な社会的性質や中国人民の悲惨な運命を変えることはできなかった」と、歴史的限界を指摘した。こうした延長線なのだろう、「中華民国」誕生につながる一〇月一〇日の辛亥革命百周年に関しては、言及すらされなかった。

大躍進政策の失敗と続く自然災害で数千万人の餓死者が出た暗黒の時代に触れられることはなかった。[3]新中国建国以来、最大の悲劇だった「文化大革命」の五文字も登場せず、ただ、「過去の一時期、われわれは誤りを犯し、重大な挫折を被ったが、根本原因は当時の指導思想が中国の現実からかけ離れていたことにある」と、なおざりに指摘されただけだった。

共産党の九〇年の歩みの位置づけとして、(1)民族の独立と人民の解放を勝ち取った、(2)社会主義革命を成し遂げ、社会主義の基本制度を確立した、(3)改革・開放の新たな革命を行い、中国の「特色ある社会主義」を堅持・発展させた――と三つの重要な成果を成し遂げたとした。そして、これは「五千年来の文明の歴史をもつ中国の様相を一変させ、中華民族の偉大な復興に前人未到の明るい展望を切り拓いた」と絶賛した。

演説では「マルクス主義」の用語が二四回、「中国の特色ある社会主義」が三七回、「中華民族の偉大な復興」の表現が一一回、それぞれ登場した。胡氏が提唱している「和諧（調和）」の言及は一三回、「科学的発展（観）」は一〇回にとどまった。歴史的人物として「李大釗、孫中山」が、「重大な貢献のあったプロレタリア（無産階級）革命家」として「毛沢東、周恩来、劉少奇、朱徳、鄧小平、陳雲」の名前を挙げた。これに続く指導者として「江沢民」が登場し、演説者本人である胡錦濤氏自らの名前はなかった。

今回の胡演説は、九〇歳になった中国共産党が、なおマルクス主義を拠り所とする政党であるものの、目指すは共産主義社会ではなく、「中国の特色ある社会主義」であり、「中華民族の偉大な復興」であることを改めて確認した点に意義がある。共産党は「強権体質の民族主義政党」に変質しているのである。

具体性欠く腐敗防止と政治改革指針

胡演説での腐敗防止と政治改革への言及は次のような内容だった。

腐敗防止については、「わが党は旗幟鮮明に一貫して腐敗に反対し、反腐敗と清廉を訴え、明確な進展を不断に勝ち取ってきた」、「反腐敗闘争の情勢は依然として厳しく、任務は依然として非常に困難なものだ」など精神論ばかりが強調され、具体策は示されなかった。

この関連で、「各級の指導者は、われわれの手中にある権力は人民から付与され、人民の利益を図るためだけに用いるものであることを銘記せよ。権力の行使は人民に奉仕するためであり、人民に責任を負い、人民の監督を受けねばならない」と指摘したが、実態は大きく乖離しており、求められているのは、それをどう埋めるかの発想だろう。

政治改革については、従来から強調されている「政治体制改革は、前向きに穏当無事に進めねばならない」との表現が繰り返された。「国家のあらゆる権利は人民に属する。民主制度を健全化し、民主形式を豊富なものとし、民主的パイプを広げ、人民が法に基づいて民主的な選挙を行い、民主的な決定を行い、民主的に管理し、民主的に監督することを保証しなければならない」としたが、共産党支配の枠内の中で、どのように改革するのか、こちらも言及がなかった。

議会に相当する全国人民代表大会（全人代）は、「共産党が指導する多党間協力と政治協商制度であり、民族自治と基層大衆の自治制度などから成る基本的な政治制度である」と改めて強調された。だが、代表選出制度の改革などに触れられることはなかった。民主集中制度に関しても、「党代表大会制度や党内選挙制度、党内の民主的政策決定システムを改善する」としたが、改善の方向性は示されなかった。

一方、共産党の優位性を誇るものとして、「社会主義の先進文化」を発展させるため、「社会主義の核心的価値体系を国民教育や精神文明建設と党建設に取り入れなければならない」と主張した。さらに「マルクス主義を中国化させた最新の成果を用いて全党を武装し、人民を教育し、広範な幹部大衆を導いて党の理論が生んだ成果を深く理解させ、理想や信念を確固としたものにしなければならない」としたが、主張は漠然としていた。

最後に胡演説は、党創立百周年となる二〇二一年に言及し、「十数億の人口に恩恵を及ぼすより高いレベルの小康社会を達成する」とし、「新中国成立百周年（二〇四九年）には、豊かで強大、民主的で文明化し、調和の取れた近代的社会主義国家を成し遂げる」と謳い上げた。

コミンテルンの影響下で党創設

七月一日付の党機関紙『人民日報』は、党創立九十周年にちなんで九〇頁建てとなった。分厚い紙面に驚いた党員読者は多かっただろう。同紙は建国六十年を迎えた〇九年一〇月一日には六〇頁建て紙面を発行したが、今回はそれを凌ぐもので、一九四八年六月一五日の同紙創刊以来、初の試みだった。(4) 各頁は全段ぶち抜きの特集記事などで埋まり、祝賀ムードを盛り上げた。中国中央テレビ局（CCTV）でも特集番組が放映された。

これに先立ち党組織部の王秦豊副部長が六月二四日、最新の党員数について、八〇二六万九〇〇〇人と発表した。(5) 党勢は拡大しているが、党員は全人口の約五％に過ぎないエリート集団である。党加入の動機は、共産主義への共鳴ではなく、党員でなければ企業や組織で出世できないという実利を求めたものが多いだろう。

党員（一八歳以上が資格）の内訳を見ると、農民が二四〇二万人（三一％）、企業・事業体管理者・専門技術者が一七七二万五〇〇〇人（二二・七％）、退職者が一四五二万五〇〇〇人（一八・六％）、労働者が六九三万七〇〇〇人（八・九％）、党・政府機関職員は六五九万六〇〇〇人（八・五％）、学生は二二六万九〇〇〇人（二・九％）、その他が五九二万三〇〇〇人（七・六％）となっている。依然として農民が最多の共産党である。(6)

前出の『中国共産党歴史』によれば、第一回党大会は一九二一年七月二三日から同八月上旬まで、上海市のフランス租界望志路一〇六号（現・興業路七六号）の李漢俊の兄、李書城の住宅で開催された。(7) 胡錦濤総書記は北京・人民大会堂での記念式典で、「九〇年前のきょう（七月一日）、中国共産党が結成された」と発言した。七月一日が党誕生記念日に指定されたのは一九四一年の創立二〇年の際だったとされるが、正確ではないだろう。(8)

当時、参加したのは、地元上海の李達、李漢俊、武漢から董必武、陳潭秋、長沙から毛沢東、何叔衡、済南から王尽美、鄧恩銘、北京から張国濤、劉仁静、広州から陳公博、日本滞在中だった周佛海の計一二人だった。そのほかに、陳独秀が指名した代理として包恵僧が加わった。これら一三人は全国の党員五十数人を代表していた。会議は七月二五、二六両日を休会としたほかは連日討論し、七月三〇日に仏租界の官憲に見つかったため、浙江省嘉興の南湖に移り、遊覧船の船内で会議を継続した。(9)

初の党大会では、党綱領を承認し、党の名称を「中国共産党」とすることを決定した。党員数が足りず、地方組織も未整備なため中央執行委員会は作れず、臨時指導機構として陳独秀、張国濤、李達から成る「中央局」を設置、会議に参加していなかった陳独秀をトップの書記に選出した。

共産党発足については、当時、共産主義革命を目指す国際組織「コミンテルン（中国語・共産国際）」（本部・モスクワ）の代表だったマーリン（オランダ人）と同極東書記局代表のニコルスキー（ロシア人、本名・ウラジーミル・ネイマン）が二一年六月に上海入りし、李達や李漢俊らと接触し、党創設の準備を整えた。中共創設はコミンテルンの主導によるものだった。

マーリンとニコルスキーとの協議を経て、李達や李漢俊らが広州在住の陳独秀や、北京大学図書館主任・教授だった李大釗らと書面で連絡を取りながら党大会開催の準備を進めた。マーリンとニコルスキーは第一回党大会にも参加し、マーリンは冒頭に挨拶し、中国共産党の成立を祝うとともに、コミンテルンを紹介し、会議の進行状況をコミンテルン極東書記局に速やかに報告するよう求めたという。(10)

初期の中共は、人材だけでなく、財政的にもコミンテルンに強く依存していた。陳独秀書記がコミンテルンに宛てた当時の報告書によれば、党創立直後の一九二一年一〇月から翌二二年六月までの九カ月間の党経費支出は総額一万七六五五元で、歳入としては国内からの寄付金一〇〇〇元があっただけで、残りはすべてコミンテルンからの資金だった。(11)

温州で高速鉄道が大事故

浙江省温州市鹿城区で一一年七月二三日午後八時半（日本時間同九時半）頃、北京発福州（福建省）行きの高速鉄道・下り「和諧号」（Ｄ３０１＝一六両編成）が、温州南駅―永嘉駅の間で止まっていた杭州（浙江省）発福州行きの同「和諧号」（Ｄ３１１５＝一六両編成）に追突し、双方の計六車両が脱線したほか、D301の先頭四車両が高架橋から約一五メートル下の地面に落下した。この事故で乗客・乗員ら四三人が死亡、二一一人が負傷した[12]。

同路線は、杭州―深圳（広東省）間を結ぶ南東部の沿岸「杭深線」（全長約一六〇〇キロ）で、D3115には一〇七二人、D301には五五八人の乗客が乗っていた。中国の高速鉄道で大規模な事故が発生したのは、〇七年の開業以来初めてである。事故に伴う復旧作業は七月二三日深夜から翌二四日も続き、付近の住民ら数千人が遠巻きに見守った。二四日の高速列車は、計五八本が運休した。

高速鉄道衝突事故で，高架橋から転落した車両の撤去作業を進める作業員ら（2011年７月24日，浙江省温州市）
（Imaginechina/PANA）

追突されたD3115は「落雷による（信号システム）設備故障のため」（王勇平鉄道部報道官）、現場で停車中だった。付近の反対側上り線路でも、アモイ発杭州行き「和諧号」（D3212＝一六両編成）が落雷で停止したという。

胡錦濤国家主席と温家宝総理は、張徳江・副総理を団長とする事故処理・調査団を現地に派遣した。張副総理は、国務院に事故調査グループが設置されたと宣言した[13]。鉄道部の盛光祖部長や浙江省の呂祖善省長も現場入りした。

中国版新幹線である高速鉄道は、日本、ドイツ、フランス、カナダの四カ国の鉄道メーカーから購入した車両をもとに、中国が技術改良を加えて走らせている。今回追突された車両はカナダのボンバルディア社製をもとにした改良型で、北京発の追突列車は川崎重工製車両を中国が独自に改良したものだったという。また、列車の衝突を防ぐ自動制御システムは中国製で、これらバラバラな組み合わせの運行は、事故発生にどう影響したのかも重要な解明点となろう。

中国鉄道部党組は七月二四日、今回の重大事故の発生を受け、所管の上海鉄路局の龍京局長、李嘉党委書記、何勝利・副局長の三人を解任した[14]。

中国は川崎重工製車両を改良し、六月末に営業開始した北京―上海線で運用しているが、開業以来二週間で、電気系統のトラブルによって三回も緊急停止した。

江沢民氏の死亡説が流れる

香港のテレビ「亜洲電視（ATV）」は七月六日午後六時半（日本時間同七時半）過ぎ、ニュース番組の中で、健康悪化が伝えられていた江沢民・前総書記（84）が同日午後、死去したと伝えた。同テレビは同日午後九時半から予定していた特別追悼番組は中止したが、同日午後一〇時半のニュース番組でも江氏死去の報道を伝えた[15]。

国営新華社（英語版）は七月七日昼過ぎ、江氏の死亡報道を「全くのうわさだ」とする権威筋の談話を伝えた。これは国内向け中国語版では報道されず、香港・外国メディア向けだった。同日午後の中国外交部の定例会見で洪磊・報道局副局長は、江氏の病状について「新華社の報道で十分に説明している」と答えただけだった[16]。

「亜洲電視」は同日午後四時半、「（死亡説を否定した）新華社電に注意を払い、前夜の江沢民氏の逝去報道を撤回、視聴者の皆さんと江沢民氏の家族に謝罪する」との声明を発表し、誤報を認めた[17]。同テレビの大株主で執行董事高級顧問の王征氏（48）（政協委員、不動産業主）は声明発表に先立ち、「私自身、テレビを観て（江氏死去を）知った。このような情報が本当でないことを希望している」と他人事のように語り、同社内の担当記者らは騒然となったという[18]。

異例だったのは中国山東省のネット「山東新聞網」が七月六日、「敬愛する江沢民同志は永遠に不滅である」との訃報を受けたような画面を流し、直後にＨＰから削除されたことだった。事前に各報道機関に江氏重篤の情報が提供されていたのだろうか[19]。

江氏死亡説が流れたきっかけは、七月一日の党創立九十年の記念式典に姿を見せなかったことだった。江氏は〇九年一〇月一日の建国六十年記念式典では、胡錦濤国家主席と並んで天安門楼上に登場しており、当日の壇上には李鵬元総理や朱鎔基元総理らの元気な姿があったことも火に油を注ぐ形になった。重要な党・国家行事に参加しないことは考えにくい状況があるためだった。

完全引退してから七年近くを経て、なお江氏の生死が騒がれる理由は、引退後も政治的影響力を行使しているからだ。江氏が総書記を引退した〇二年一一月の党十六回大会での内部会議で、後継総書記となった胡錦濤氏が、江氏には引退後も「助言を求め、その意見に耳を傾けて行く」との秘密決議の存在を明らかにした[20]。

江氏はこの決議に基づき、一定の影響力を行使することができた。秘密決議は公表されていないが、江氏と親しい米実業家ロバート・Ｌ・クーン氏が明らかにした。党機関紙『人民日報』が党指導者の葬儀関連記事の中で、江氏の名前を胡錦濤氏に続く事実上の党内序列二位で扱っていることからも裏付けられる。胡氏にとって江沢民氏は、背後で実権を握る「太上皇（皇帝の父）」のような存在なのである。

江氏の動静については、七月一三日夕、上海市内で行われた韓哲一・元同市党委書記（七月七日死去、享年98）の葬儀に、江沢民氏が夫人の王冶坪氏と連名で贈った花輪が上海のテレビ「東方衛視」で映し出されたが、本人の姿は見えなかった。同日の香港紙『サウス・チャイナ・モーニングポスト』は江氏が死去と騒がれた時点で、退院して自宅で治療を続けていた、と伝えた。江氏は六月に発熱症状などで北京の「中国人民解放軍総医院（通称三〇一病院）」に入院したが、七月一日前には退院したという。同紙は「消息筋によれば、病名は不明だが、心臓発作や脳卒中よりは軽症なもの」としている。[21]

オバマ大統領がダライ・ラマと会談　米オバマ大統領は七月一六日午前（米東部時間）、米ホワイトハウスで、チベット仏教の最高指導者ダライ・ラマ一四世と会談した。両者の会談は一〇年二月以来二度目。前回と同様に大統領は執務室であるオーバルオフィスではなく、私的な会見用のマップ・ルームで行われた。ダライ・ラマは一一日間の日程でワシントン滞在中で、最終日に大統領との会談が実現した。オバマ大統領は最後まで決めあぐねていたことを伺わせた。

ホワイトハウスによると、二人の会談は「四四分間」で、大統領は「在中国のチベット人たちの人権保護の重要性を強調した」という。大統領の娘のマリアさんとサーシャさんの二人も同部屋に現れ、ダライ・ラマと会った。ダライ・ラマは「幸せです」と声を上げ、「オバマ大統領には人間的親しみを感じる」と語った。

ダライ・ラマは会談後、報道陣に対して、「最も偉大な民主国家の大統領として、基本的な人間の価値、人権、宗教の自由について関心を示した。当然、大統領はチベットや他の地域で苦しんでいるチベット人たちに真の意味で懸念を表明した」などと語った。ホワイトハウス側は、報道陣をシャットアウトするなど神経を尖らせた。[22]

米側もダライ・ラマ側も「チベットは中国の一部」であることを認めたというが、中国政府は強く反発した。中国外交部の洪磊・報道局副局長は七月一六日午前、「チベット問題は中国の主権と領土保全に関わる問題であり、中国はどのような政治的要人であれ、いかなる方式でもダライ・ラマと会見することに断固反対する」との談話を発表した。また、中国外交部と在米中国大使館は、米政府に抗議したことも明らかにした。ただ、報復については触れなかった。[23]

中国の習近平国家副主席は七月一七日、ラサ入りし、同一九日に開催された「チベット解放六〇周年祝賀式典」に出席し、演説した。ダライ・ラマと米大統領との会談は、これに対抗する亡命チベット政府側の政治的意図が込められていたのかもしれない。

一方、米中両国間で合意していた米中間の州知事・省長会談が七月一五日、米ユタ州ソルトレークシティーで開催されたほか、胡総書記は七月一五日午前、訪中したシカゴ市の孔子学院で学ぶ中・高校生、教師たちと北京・中南海で歓談した[24]。表面上の外交抗議とは裏腹に、米中関係を維持したいとする胡政権側の意向も伺えた。いずれも一月の胡錦濤訪米で決まった事項であり、簡単にキャンセルするわけには行かなかったのだろう。米中関係が再び冷却化するかどうか微妙な情勢だ。

太平洋の安全保障問題を米中で協議する「アジア太平洋協力協議」の初会合が六月二五日、米ハワイの東西センターで初めて開催された。米国からカート・キャンベル国務次官補（東アジア太平洋担当）、中国から崔天凱・外交部筆頭副部長（北米州担当）が出席した[25]。

この会合は、米中経済・戦略対話で合意したもので、背景には南シナ海でベトナムやフィリピンなど東南アジア諸国と摩擦を繰り返す中国の海洋進出の動きを牽制しようとする米国の狙いがあったが、双方の主張は平行線を辿り、際立った成果はなかった。

一方、米軍制服組トップのマレン米統合参謀本部議長が七月九〜一三日まで訪中し、同一一日に北京で郭伯雄・中央軍事委員会副主席、陳炳徳総参謀長、梁光烈国防部長らと相次いで会談した。また、中央軍事委副主席を兼ねる習近平・国家副主席とも会談した。陳総参謀長との会談では、南シナ海問題やインターネットの安全性などについて協議し、終了後に共同会見が行われた。陳総参謀長は「（南シナ海の）航行の自由では何の問題もない。一部の国は米国の力を借りて南シナ海問題を解決しようとしているが、現実的ではない」とベトナムやフィリピンとの領有権問題に米国が介入することを牽制した。米軍機が中国近海で行っている偵察活動について、「中国人民の感情を考慮すべきだ」と、強く非難した[26]。

欧州で経済カード切る温総理

温家宝総理が六月二四～二九日までの六日間、ハンガリー、英国、ドイツを公式訪問した。温総理には楊潔篪・外交部長、張平・国家発展改革委員会主任、陳徳銘・商務部長、周小川・中国人民銀行総裁、謝伏瞻・国務院研究室主任、項兆倫・温家宝弁公室主任（国務院副秘書長）らが同行した。温総理の欧州訪問は一〇年一〇月二～一〇日のギリシャ、ベルギー、イタリア、トルコの四カ国歴訪に続くもの。ベルギーではアジア欧州会議（ASEM）の第八回首脳会議（一〇月四日）に出席した。今回の訪欧でも、欧州が不況から脱しきれないなかで、中国は経済カードを切り、GDP世界第二位の地位を活用した。

首都ブダペストで六月二六日、ハンガリーのオルバン・ビクトル首相と会談した温総理は、「一定額のハンガリー国債を購入したい」との意向を示し、「両国相互の投資を促すため、中国は特定項目を対象にした一〇億ユーロ（約一一〇〇億円）の借款を供与する」と述べた。[27]

ロンドンの首相府で六月二七日にデイビッド・キャメロン英首相と会談した温総理は、「中英間には戦略上での大きな衝突はない。世界で重要な影響力を持つ国同士として、共通の利益は不一致よりも大きい」と率直に語りかけた。[28]

温総理は二五日夕、バーミンガムから英国入りし、「南京汽車（自動車）」（現在は上海汽車〈SAIC〉の傘下）が〇五年に買収した「MGモーター」工場を視察し、劇作家シェークスピアの故郷であるストラトフォード・アポン・エイボンを訪れ、代表作「ハムレット」を観賞したことにもそれは現れていた。温総理は、「二〇一五年に中英貿易の総額を一〇〇〇億米ドルとする目標達成に向けて努力しよう。中国企業が英国の基盤（インフラ）建設に加わり、中国の金融機関が英国での業務を拡大することを中国政府は奨励する」などと語った。[29]

キャメロン首相によれば、総額一四億ポンド（約一八〇〇億円）に上る商談の契約で合意した。「ジョニーウォーカー」などで知られる英国の酒造メーカー「ディアジオ（Diageo）」が中国四川省の酒造会社「水井坊」を買収する案件や「中国銀行」による信用供与のほか、英企業による中国地方都市のインフラ建設投資や英中間の貿易とサービスの増加などが含まれているという[30]。

共同会見で、中国の人権問題について問われたキャメロン首相は、「政治的発展と経済的発展は、ともに支え合い、一緒に進めて行くべきものであることは非常に明白だ。昨年一一月に訪中した際にも私は北京で主張した」として、中国に人権改善を求め続ける方針を示した。これに対して温総理は「中国には五〇〇〇年の歴史があり、曲折と困難な過程を辿ってきた。われわれは他人に対して、教訓を垂れるような口調は用いたことがない。わが国と民族に対し平等な態度で接して来るすべてに対して、われわれは平等に対応する」と反論した。

さらに温総理は六月二七日、ベルリン郊外の別荘でメルケル独首相との会談と晩餐会に臨み、翌二八日には公式会談を行った[31]。会談の終了後、双方は一五〇億ドル（約一兆二〇〇〇億円）を超える商談契約に調印した。エネルギー関連分野を中心にした三六の協力協定、合意文書の中には、エアバスA320型機八八機の売却、フォルクスワーゲンの中国工場の建設、電気自動車計画などが含まれていた。双方は二〇一五年に両国貿易の総額を二八〇〇億米ドルにすることでも一致した[32]。

中国が対欧州外交を重視する背景には、中国貿易にとって欧州連合（EU）が最大の市場になっているほか、元安維持の市場介入で生じる外貨を用いて購入している米国債などの保有割合を、少しでも減らすリスクヘッジの狙いがある。財政危機に陥っている欧州の国債を購入すれば、協調のアピールになると同時に、低迷する米経済とドル安傾向のなかで、米国債依存体質の改善にも役立つとの利点がある。

中国の外貨準備高は一一年一～四月で約二〇〇〇億米ドル増え、総額三兆ドルを超えているが、このうち米国債で保有している比率は「六〇～七〇％」（英スタンダード・チャータード銀行のステファン・グリーン中国担当主任エコノミスト）と見られる。しかし、年初以来の四カ月間で異変が顕著になっているようだ。中国が香港やロンドンなどの市場で購入した米国債は四六〇億ドルに過ぎず、同時期の中国の外貨準備高一九六〇億ドルの二四％にしかならないという。中国は米国債以外の外国債の購入に走っている、ということだろう(33)。

中央アジア諸国と戦略関係を強化

胡錦濤国家主席は一一年六月一二〜二一日、カザフスタン、ロシア、ウクライナの三カ国を公式訪問した。カザフスタンの首都アスタナでは「上海協力機構（SCO）」創立十周年記念の首脳会議に、サンクトペテルブルクでは国際経済フォーラムにそれぞれ出席した。胡主席には劉永清夫人のほか、令計画・党中央弁公室主任、王滬寧・中央政策研究室主任、戴秉国・国務委員、楊潔篪・外交部長、張平・国家発展改革委員会主任、陳徳銘・商務部長、陳世炬・胡錦濤弁公室主任らが同行した。

SCO首脳会議に先立ち胡主席は六月一三日、アスタナでカザフスタンのヌルスルタン・ナザルバエフ大統領と会談し、双方は「包括的戦略パートナーシップ発展に関する共同声明」を発表した(34)。両国は〇五年七月四日に「戦略的パートナーシップ」を構築し、発展させることで一致していた。今後は政治、経済、安全保障、文化分野で、さらに高いレベルを目指すことになった。共同声明によれば、両国は石油・天然ガス供給の協力を強化する。石油・天然ガスのパイプラインの工事を順調に続けることや、核エネルギーの平和利用の協力、太陽エネルギー、風力などクリーン・エネルギーの開発協力も実施する。

安保面では、国際テロ、分離主義、原理主義、国際犯罪組織の活動に対する取締りでの協力強化でも合意した。エネルギーと安保の両面で、中国はカザフスタンを引き付けておく必要性を感じているようだ。

両国は「中国・カザフスタン・ホルゴス国際国境協力センター」を近く開設する。第三国も対象にして、ビジネスや貿易活動を交渉する場として機能させることを目指しているという。中国新疆ウイグル自治区ホルゴス側の三・三四平方キロ、カザフスタン側の一・八五平方キロで構成され、建設費は総額一億三六〇〇万ドル余りに上る。

上海協力機構（SCO）は六月一五日、アスタナでSCO創立十周年記念の首脳会議を開催した。中国の胡主席は「平和発展、世代友好」と題して講演した。会議は「SCO十周年アスタナ宣言」を採択し、閉幕した[35]。

胡主席は続いてロシアを訪問、六月一六日、モスクワでメドベージェフ大統領、プーチン首相とそれぞれ個別に会談した。クレムリンで行われた胡錦濤―メドベージェフ会談では、「当面の国際情勢と重大な国際問題に関する中露の共同声明」が発表された。

注目を引くのは、国連安保理改革に関して、「改革問題の討論に時間の制限を設けるべきでなく、提出されたすべての改革案について討論すべきだ。双方は段階的方式を取り、安保理改革を性急に推進するのは共通認識を得るのに不利だと考える」としている点だろう。安保理常任理事国である両国は、メンバー拡大につながりかねない改革案の受け入れには慎重な姿勢がうかがえる。

中露両国にインドを加えた中露印三カ国の協力関係をいっそう強化する、とした。国連やアジア太平洋地域の多国間メカニズムでの協力体制の構築を目指しており、インドに対する中露の働きかけが強まることになろう[36]。

胡主席は六月二〇日、首都キエフでウクライナのビクトル・ヤヌコビッチ大統領と会談し、双方は「戦略的パートナーシップ」を構築し発展させることで一致した[37]。

一方、訪中したモンゴルのスフバートリン・バトボルド首相は六月一六日、北京で温家宝総理と会談し、翌一七日に「中蒙戦略的パートナーシップの確立に関する共同声明」を発表した。モンゴルとは〇三年に「善隣相互信頼パートナーシップ」を構築しており、さらにレベルアップするものだ。鉱物・エネルギー資源開発の協力、インフラ整備の協力、金融協力を三位一体で進めることを強調している。内陸国モンゴルは港湾アクセスを含めた対中協力を求め、モンゴル経由の天然ガス用パイプラインや高圧送電線の敷設などでも協議した[38]。

中国は日韓両国やベトナム、フィリピンなどとの関係がギクシャクする一方、中央アジア諸国やモンゴルとの間では着々と関係強化を進めている。

引き締め下でも高成長

一一年四～六月の国内総生産（GDP）の実質成長率は、前年同期比で九・五％増加した。中国国家統計局が七月一三日に発表した[39]。伸び率は一～三月期の九・七％からやや鈍化したものの、引き続き高い成長率を維持している。一一年一～三月期統計から中国でも始まった前四半期との比較数値では、四～六月期は二・二％増で、一～三月期の二・一％とほぼ横ばい状態だった。

胡錦濤―温家宝政権は、政権維持のために安定成長を確保すると同時に、インフレ抑止の引き締めも実施しなければならないという両睨みの難しい舵取りを引き続き迫られている。中国の経済政策の成否は世界経済の動向にも影響するだけに、党政府の責任はいっそう厳しいものとなっている。

経済成長の牽引力である公共工事や不動産開発などの「固定資産投資」（都市部）は、今年一～六月期で、前年同期比二五・六％増と、一〇年通年の二四・五％を上回った。地域別では、沿海の東部地区二二・六％、中部地区三一・〇％、西部地区二九・二％で、内陸部での開発が一層進んでいることを伺わせる。このうち不動産開発投資だけでは三二・九％増で、さらに住宅建設の投資では三六・一％増と引き続き高い数値だった。投機的な住宅投資は政府の規制措置で抑制されつつあるが、中低所得者用の「保障性住宅」が建設されていることで、高い数値になったようだ。

一方、国内の消費では社会消費品小売総額が前年同期比で一六・八％と、一〇年通年の一八・四％増には及ばなかった。頼みの自動車販売は一五％増で、前年同期比を二二ポイントも落ち込んだ。金融引き締めで不動産取引が減ったため、家具の販売額も前年同期比で三〇％増と八・五ポイント下落し、家電や音響機材も二一・五％増で、七・三ポイント落ち込んだ。消費がやや冷え込んでいるのだろう。

国家統計局の盛来運・報道官は「党中央と国務院は積極的な財政政策と穏健な通貨政策の実施を堅持している」としたうえで、「物価安定を引き続きマクロ経済調整の重要策と位置づける」と語った。

中国人民銀行（中央銀行）は七月六日、金融機関の貸し出し金利と預金の基準金利（期間一年）を、それぞれ〇・二五％ずつ引き上げると発表し、同七日から実施した。利上げは四月六日以来、三カ月ぶりで、今年は三回目。引き締めに転換した昨年一〇月からは通算五回目だった。これにより貸出金利は六・五％、預金金利は三・五〇％になった。[40]

一方、国家統計局が七月九日に発表した六月の消費者物価指数（ＣＰＩ）は前年同月比で、六・四％上昇した。食料品だけの上昇率は一四・四％だった。都市部は六・二％なのに対して農村部は七・〇％とやや高かった。[41]五月のＣＰＩ上昇率は五・五％、四月は五・三％、三月は五・四％で、三カ月間五％台が続いた後、さらに六％台へと上昇した。

これは北京五輪前の景気過熱時の〇八年六月（七・一％）以来の三年ぶりの高水準で、政府が目標とする四％を大きく上回った。ＣＰＩは預金金利の一・八倍で、消費者にとっては大幅なマイナス金利状態が続いている。

中国人の食卓に欠かせない豚肉の市場価格は、年初から三八％も値上がりした。このため商務部は七月一五日、全国一〇省・市の一一カ所で貯蔵している冷凍豚肉二〇万トンを市場に緊急放出すると発表した。遼寧省など一部の省では六月下旬に豚肉を放出した。中国では豚肉の消費が全肉類の中で半分を占め、地域によっては七割に達している。生活水準の上昇とともに、豚肉の消費量は年々増加しており、〇七年の段階で一九九〇年代と比べて四倍に増えたという[42]。

レアメタル輸出規制はＷＴＯ違反

世界貿易機関（ＷＴＯ）の紛争処理小委員会（パネル）は一一年七月五日、中国による希少金属（レアメタル）など鉱物資源の輸出規制がＷＴＯ協定違反に当たるとした問題で、訴えていた米国、欧州連合（ＥＵ）、メキシコの主張を認める報告書を公表した[43]。

紛争の対象となっていた品目は、マグネシウム、ボーキサイトと希少金属マンガンなど九品目で、欧米は〇九年六月、中国がこれら鉱物資源の輸出数量を不当に制限したり、輸出税をかけたりしているとしてＷＴＯに訴えた。その後にメキシコも加わり、同年一二月にパネルが設置されていた。

中国側は輸出制限について、ＷＴＯの例外規定である「環境への配慮」や「天然資源の保護」を理由に挙げたが、認められなかった。中国商務省は七月六日、「遺憾である。ＷＴＯの手続きに従い適切に対処する」との声明を発表し、上訴する可能性を示唆した[44]。

今回の紛争対象になっていないレアアース（希土類）は希少金属の一つだが、昨秋の尖閣事件で中国が船長の釈放を求めて、対日禁輸措置に出たことで一気に世界の注目を集めた。自動車や家電のモーターなどハイテク製品に欠かせない戦略上の重要物資であり、世界の埋蔵量の三割程度に過ぎない中国が、安い価格を武器にして生産量では世界の九割を占めるまでになった。現在は、価格上昇を狙い、輸出制限をかけている。欧米諸国を中心にレアアースでもＷＴＯに提訴する動きがある。

日本はこの紛争で、利害関係を持つ第三国としてパネル審議に加わったものの、ＷＴＯ提訴国にはならなかった。日本は過去、「途上国」の中国をＷＴＯに提訴したことはない。訪中した海江田万里経済産業相は七月一八日、北京で陳徳銘商務部長と会談し、レアアースの価格高騰など改善を求めた。陳部長はレアアースの輸出量の減少について、拡大に向けて譲歩する姿勢を示したという[45]。

国際通貨基金（ＩＭＦ）は七月一二日、朱民・特別顧問（前中国人民銀行副総裁）（59）が、同二六日付

でＩＭＦナンバー2の副専務理事に就任すると発表した。(46) 朱氏は一〇年五月、ストロスカーン前ＩＭＦ専務理事が新設した特別顧問に就いていた。中国人が副専務理事に就任したのはＩＭＦ史上初めてである。これで副専務理事は、ジョン・リプスキー氏（64）（米国）、篠原尚之氏（58）（前財務省財務官）、ネマット・シャフィク氏（48、エジプト、米国、英の三国籍）の三人に加えて四人体制となった。リプスキー氏は筆頭副専務理事だが、八月末に任期満了で引退。後任には元米財務次官でホワイトハウス顧問のデービッド・リプトン氏が九月一日付で就任することも併せて発表された。

ニューヨークのホテルの女性従業員（32）に対する性的暴行容疑（五月一四日）という不祥事でＩＭＦ専務理事を辞任したストロスカーン氏（62）に代わり、七月五日に新たな専務理事に就任したクリスティーン・ラガルド氏（55、前仏経済・財政・産業相）が、各理事国に朱氏就任案を提示して最終的に決定した。副専務理事の任期は四年。

これまで歴代のＩＭＦ専務理事は、欧州出身者が独占してきた経緯があり、後任の専務理事決定選挙ではメキシコのカルステンス中央銀行総裁が出馬するなどしたが、専務理事を決定した六月二八日の理事会の直前に、周小川・中国人民銀行総裁が訪問先のロンドンで、ラガルド氏支持を表明した。これに先立ってラガルド氏は六月上旬に訪中し、中国に自身への支持を要請していたが、その際に朱民氏の副専務理事昇格を取引条件にした可能性が伝えられていた。(47) 結果として、ラガルド氏は専務理事への選出・就任と同時に朱民氏を副専務理事に推挙しており、こうした見方が当たっていたことを裏付けた。

（二〇一一年八月）

3 「独立王国」鉄道部と中国版ツイッターの戦い

高速鉄道「和諧号」の追突事故は中国鉄道部の独立王国ぶりを改めて炙り出し、国民の批判が集中した。触媒となったのが急速に普及する中国版ツイッター「微博（マイクロブログ）」だった。既存メディアも鉄道当局の隠蔽体質と人命軽視を非難した。「微博時代」を象徴する出来事は、同時に「中国モデル」の危うい体質もさらけ出した。

高速鉄道事故で露呈した隠蔽体質

浙江省温州市で七月二三日夜に発生した高速鉄道(1)の列車追突・脱線事故の処理は、きわめて杜撰なものだった。事故発生翌日の同二四日早朝、現場の農地に穴を掘り、破損した車両を地中に埋めてしまったのだ(2)。しかも「証拠隠滅だ」との強い非難の声がネットなどで沸き起こるや慌てて掘り起こし、世界を二度も唖然とさせた(3)。

鉄道部の王勇平報道官（56）は同二四日夜、温州市内のホテル「水心飯店」で記者会見を開き、事故車両を埋めた事実について問われると、「当時の現場での緊急事態は極めて複雑だった。足元は泥沼の状態で、作業するのに非常に不便だった。他の車両も処理しなければならず、先頭車両を埋め、上から土をかぶせた。解体するのに便利なようにやった。目下、彼ら（現場責任者）の釈明はこのようなものだ。（これを）信じるどうかはあなた次第。私は信じるけどね」と言い訳にもならない奇妙な論理を展開した(4)。

鉄道部の官僚的体質については、国内の大規模駅の某駅長が、国内メディアに率直に語った。「鉄道部門は、常にこういうやり方だ。問題が生じて最初に考えるのは、どうやって責任を逃れるかだ。これまでも、いつもそうだった。事故が発生したら先に車両を埋める。今回はメディアの注目度が高かったから（話題になった）に過ぎない」[5]。内外記者たちの眼前で平然と埋めている事実から判断すれば、証拠隠滅は常態化しているのだろう。

事故原因について、この駅長は「可能性が最も高いのは、信号システムのトラブルだ。高速鉄道の緊急適応能力が低いことは、部内では秘密でもなんでもない」と語った。

死者四〇人、負傷者二〇〇人以上の惨事となった高速鉄道が走行した「甬温（寧波―温州）」線は、事故発生から一日半後の七月二五日朝に運転を再開した。事故原因の究明や再発防止より、いかに早く営業再開させるかを優先していた様がうかがえる。だが、同線の列車はその後も運行の乱れが続いた。

捜索・救出作業も早々に打ち切られた。事故発生から二〇時間余りが経過した七月二四日午後五時ごろ、高架橋に残された事故車両の中から二歳八カ月の女児、項貎伊ちゃんが発見された。市内の温州医学院付属第二病院に運ばれたこの女児は、肺と肝臓などに挫傷が見られたものの一命を取りとめたのは不幸中の幸いだった[6]。

鉄道部の王勇平報道官は先の会見で女児が発見されたことについては、「奇跡だ」などとウソぶいて責任を認めようとしなかった。このため記者から追及を受けた王報道官は、「そうした事実が発生したと答えるしかない。われわれは確かに（捜索終了）後になって生存している女児を見つけた。そういう状況だった」と、鉄道部の無責任ぶりを余すところなくさらけ出したのだった[7]。

王氏の強弁はネットや「微博」でも再三取り上げられ、嘲笑の的になった。さすがの鉄道部も八月一六日になって王勇平報道官を更迭した。理由は明らかにされなかったが、不適切・無責任発言をそのまま放任することができなくなったのだろう[8]。鉄道部の責任者によれば、王氏は東側諸国の鉄道事業に関する国際組織「鉄道国際協力機構」の執行本部（ワルシャワ）駐在の中国代表に就任するという。王氏の後任には、鉄道部ハルビン鉄路局党委書記の韓江平氏が就任した[9]。

温家宝総理が事故発生六日目の七月二八日に温州市入りし、「私はこの間病気だった。一一日間にわたり病床に臥せっていた」と現場の高架橋下で行われた内外記者会見の冒頭に述べた。[10] 重大な自然災害が発生すると必ずと言ってよいほど現場に駆けつけた温総理だが、列車事故のためか出遅れたことを釈明するものだった。中国の要人が自らの健康状態に言及したのは珍しいが、この発言には首を傾げた国民もいただろう。

温家宝総理は病気だったか

なぜなら温総理は過去一一日間、外国の要人らと頻繁に会見していたからだ。七月一八日に北京・人民大会堂で、イラクのマリキ首相と会談したほか、同二一日には北京・中南海でカメルーンのビヤ大統領と、同二四日には人民大会堂で前衆院議長の河野洋平会長が率いる「日本国際貿易促進協会（国貿促）」代表団と会見し、参加者から質問も受けた。[11] テレビニュースの映像を見ても笑顔で河野氏と握手する温総理は病人には見えない。現地入りする前日の七月二七日には温総理は国務院常務会議で、事故調査に関して指示を出していたのである。[12]

北京の消息筋によれば、温総理はこの間、「風邪で発熱状態にあった」という。そうだとすれば、風邪を押して外交日程をこなしていたことになる。[13]

重大事故の処理を担当する張徳江・副総理（政治局員）が事故翌日、胡錦濤総書記と温総理の指示で、事故処理・原因究明の調査団長として現場に急派されていたが、真相究明と謝罪を求める被害者や遺族たちの抗議がエスカレートして騒ぎは収まらず、温総理の出番となったというのが真相だろう。

当時、中央指導者は河北省北戴河での重要会議に参加しており、張副総理は同地から温州に駆けつけていた。[14] 張氏は現地で指示を出し、被害者らを見舞った後に北戴河に戻っていた。張副総理の事故処理を巡る指示や判断が適切だったかどうか、疑問視する声もあったと見られるが、張副総理は八月一五、一六日に北京で開催された高速鉄道の安全検査に関する会議に姿を見せ、安全対策の指示を出していたことが報じられた。事故発生から約三週間ぶり、張氏は政治的に健在であることが判明した。[15]

張徳江氏は、〇三年春のＳＡＲＳ（新型肺炎）蔓延騒動の時の広東省委書記だった。当時、患者隠しで被害拡大を招いたと非難された現場の最高責任者で、忠実な江沢民派である。十八回党大会を控え、鉄道部の利権を擁護する江沢民派と胡―温指導部派との権力闘争がらみの動きも加わり、事故処理を契機とした第二幕が始まった。

大活躍した準ツイッター微博

事故発生を知らせる第一報は、中国版ツイッター「微博」（マイクロブログ）のつぶやきだった。乗客の中に「微博」のユーザーがおり、携帯端末を通じて、事故発生や現場写真などが次々と流された。第一報をつぶやいた「袁小莞」さんは、追突した北京発温州行き「Ｄ３０１」号の最後部車両に乗り合わせていた。

袁さんは、「Ｄ３０１は温州で事故発生。突然、緊急停止した。非常に強烈な衝突で、二度ぶつかった。全部停電だ！　私は最後部車両にいる」と緊急発信した。事故発生から四分後の七月二三日午後八時三八分だった。[16]

一方、国営新華社が温州発で事故発生を伝えたのは午後九時三六分、発生から一時間二分を経過していた。「微博」に遅れること一時間余りだった。[17]「微博」が鉄道部の隠蔽体質や人命軽視の旧体質を次々と暴き、幅広い国民の支持の声を形成する大きな力となったことは間違いない。本格的な「微博時代」の幕開けを告げるエポックメーキングな事故でもあった。中国当局は今後、急増する「微博」ユーザーへの規制・監視の強化を一段と進めるのだろう。

中国の「微博」の利用者は二〇一〇年末に六三一一万人だったが、その後の半年余りでアッという間に一億九五〇〇万人と三倍以上に膨れ上がった。目覚しい変化である。[18]「微博」には個人ブログがあるが、政府当局者が開設している個人ブログで、人気が最も高いベスト5は、サイト「騰訊微博

(t.qq.com)」では、(1)蔡奇・浙江省組織部長(フォロアー＝四八〇万人、以下同様)、(2)伍皓・雲南省紅河哈尼族彝族自治州宣伝部長(四七三万人)、(3)王永・品牌中国産業聯盟秘書長(二一〇万人)、(4)朱永新・全人代常務委員、民進中央副主席(一二一〇万人)、(5)劉志列・全国政協医院、研祥高科技控股集団董事局主席(一二一万人)である。

もうひとつのサイト「新浪微博(weibo.com)」では、(1)朱永新＝「騰訊微博」に同じ(一一五万人)、(2)李濱虹・重慶市互聯網協会副秘書長(一〇六万人)、(3)伍皓＝「謄訊微博」に同じ(一〇一万人)、(4)張海迪・中央障害者聯盟主席(七一万人)、(5)金中一・浙江省海寧市司法局長(七〇万人)となっている。[19]

「騰訊微博」で人気トップの蔡奇氏の発言が、今回の事故の地方紙の報道姿勢に決定的な影響を与えたと見られている。党中央系の雑誌『小康』によれば、蔡奇氏は自己のブログで今回の事故を最初に論評した地方指導者だった。[20]蔡氏は事故発生の約四時間後、「この脱線事故に大いに注目せよ。浙江省衛生部は支援の手を」とつぶやいたのをはじめとして、温州市の政府・党指導部、党組織部、温州の病院、呂祖善・浙江省長、趙洪祝・省委党書記らの対応も伝えた。そして翌七月二四日午前、蔡氏は「このような大事故をどうして天候や技術のせいにできるのか。誰が責任を取るのか。鉄道部門は失敗を反省し、深い教訓を汲み取らねばならない。鉄道は速度を上げても、安全第一でなければならない。生命に損傷を与えることはできない」など痛烈に鉄道部を批判した。

一方、党中央宣伝部は七月二四日午後五時四七分には、事故に関して「大災害に臨み大きな愛情からの視点を持った報道を行い、(事故に)疑問を呈したり、大々的に報道したりしない。(事故をもとにした)連想記事を書かず、個人の〈微博〉発言を引用してもいけない。番組の中で、事故に関連した乗客向けの情報は提供してもよい。放送で流す音楽の種類にも気を配れ」など詳細な通達を電子メールなどで出していた。[21]

七月二四日夜の段階で、中央の党宣伝部とは異なる地方指導者の声が歴然と存在していたことになる。メディアの編集責任者たちが、どちらの声に従ったかは明らかだろう。少なくとも事故直後は、鉄道部を批判する国民世論と歩調を合わせた地方指導者の声があったわけで、蔡奇・浙江省党組織部長の今後の動きが、中国社会を見るうえでの一つのバロメーターになるだろう。

一方、死者に対する賠償問題では、鉄道部は七月二六日、鉄道事故の補償限度額の三倍に当たる一人あたり五〇万元（約六〇〇万円）を早々と提示していた。しかし、温総理が現地入りしていた同二九日になって賠償額を九一万五〇〇〇元（約一一〇〇万円）に引き上げたと発表した。[22]一〇年八月に黒龍江省で発生した航空機事故の犠牲者には一人当たり九六万元が支払われており、航空機並みの賠償額が支払われることになった。温総理は会見のほかに、現地のホテルを訪れ、遺族や被害者代表と会って謝罪を表明しており、賠償額の引き上げと併せ、高速鉄道事故をめぐる騒動はこれを機に一気に鎮静化した。

鉄道部「独立王国」の真相

中国鉄道部については解体を求める国民世論が高まっているが、現実にはさほど簡単ではないようだ。中国では現在でも、対空砲などの兵器や軍用車両などを載せた貨車が、客車に連結されて平然と走行し、鉄道と軍が一体となっている光景によく出くわす。鉄道部の歴史を振り返ってみると、何度も解体の動きを阻止してきたことが分かる。

鉄道部は新中国建国に先立つ一九四九年一月一〇日に党中央政治局の決定に基づき、中央軍事委員会の指示で「中央軍事委員会鉄道部」として発足した。[23]

東北地方（旧満州）における国共内戦で国民党軍の北進を阻むため、鉄橋の爆破活動なども行った「鉄道兵」は四六年五月、ハルビンに初の「東北民主聯軍司令部」ができるなど鉄道部の成立より前から存在していた。戦場で線路を応急修理したり、突貫工事で建設したりするだけでなく、破壊工作にも従事した。鉄道兵は建国後も、朝鮮戦争や中越戦争などで、戦場の兵器・装備や物資の輸送、部隊展開などを支援したという[24]。

実際に手足となった鉄道兵は事実上の軍部隊であり、これを統括する部署としての鉄道部が、軍組織として誕生したのは当然だった。軍事委鉄道部の任務は、軍が支配した各解放区内での鉄道建設、輸送業務を一元的に管理することで、初の軍事委鉄道部部長には、滕代遠・華北軍区副司令官が任命された。「鉄道兵」はその後、五三年九月に軍部隊として正式編入された。鉄道兵は七五年に鉄道部に編入する案が浮上したものの、鉄道兵党委員会の強い反対で実施されなかったが、八四年になって事実上解体され、鉄道兵はその後、主に鉄道部の技術分野を担当している。

新中国が成立して以降は、軍事委鉄道部は政府の管轄になり、初代鉄道部長には、滕代遠氏が横滑りの形で就任した。当時、国共内戦は収束しておらず、「解放軍が出撃するところには、必ず鉄道部が進出して鉄道を建設する」との合言葉があった。鉄道部は四九年末までに全国の鉄道を支配した。「大躍進」時代と重なる五九～六〇年にかけて、規律の乱れによる事故の発生、線路や車両への破壊活動などが頻発し、鄧小平総書記が乗り出して鉄道部門を直接管轄した。

六一年一月には、鉄道部内に軍と同じように「政治部」も設けられた。現在も鉄道部弁公庁に「政治部弁公室」や、別の「政治部宣伝部」が存在している[25]。初代鉄道部政治部主任は呂正操・鉄道部長が兼務した。「鉄道部は国民経済の大動脈であり、高度に集中した企業。軍事的性格を伴い、あらゆる権力を鉄道部に集中しなければならない」とする党中央の報告（六一年二月四日）が作成された。

鉄道裁判所に相当する「鉄路沿線専門法院」は五四年三月に設置された。翌年に「鉄路運輸法院」と改称され、五七年に一度廃止されたものの、文革終了後の八二年になって三審制による「鉄路運輸法院」が復活した。「鉄路運輸検察院」も五四年に「鉄路、水上運輸人民検察院」として設置され、その後の変遷を経て、八〇年から現在の「鉄路運輸検察院」となっている。そのほか清国末期から存在する鉄道警察「鉄路公安（当初は鉄路巡警）」と併せ、鉄道部内で警察・司法制度が完結し、独立王国化が達成された[26]。

これに対し、人材をすべて鉄道部内で調達するのには限界があるとの声や、鉄道関係者は鉄道司法機関を見下す傾向や、法律知識の欠如などが指摘されてきたという。八七年四月には、最高法院と最高検察院が「鉄道運輸法院」と「鉄道運輸検察院」を廃止するよう通告したものの、実行されずに現在に至っている。

鉄道部に関しては、ダフ屋組織など切符の販売制度に関する不透明さや、職員の汚職のウワサが絶えず、国民の評判は悪い。高速鉄道建設が決まって以降は、膨大な利権が生じ、鉄道利権をめぐる腐敗・汚職の構造は急拡大した。〇八年三月に国務院機構改革案が出された際に、鉄道部を交通部に合併して「大交通部」とする構想が検討されたが、最終的に同案に鉄道部は含まれなかった。鉄道部の解体に立ちふさがる既得権益勢力が、江沢民派と軍とされている。

二月一二日に発表された現職鉄道部長・劉志軍氏（58）の逮捕・更迭は、胡錦濤―温家宝主流派による江沢民派への攻勢の始まりと見られた。劉前部長が受け取った賄賂は、その後の取り調べで、約一〇億元（約一二〇億円）にのぼっていたことが分かった。これまでのところ副総工程師を兼ねた張曙光・鉄道部運輸局長（54）を含む鉄道部高官計八人が汚職で摘発されたが、張局長は米国とスイスの銀行口座に計二八億ドル（約二二八億円）もの巨額の不正なカネを保有していることが判明した。夫人と子息を米ロサンゼルスに住まわせ、同地には豪邸三軒を所有していたという。張局長は高速鉄道の車両や装備の導入に際し、中国側の交渉代表を務めており、北京市政府の年間予算の半分余りに匹敵する巨額の賄賂の出所が、内外の企業であることをうかがわせている[27]。

アモイ事件の主犯が北京送還

建国以来最大の密輸・汚職事件と騒がれた「アモイ事件」の主犯である頼昌星「遠華国際集団」元総裁（52）が一一年七月二三日午後、滞在先のカナダ西部バンクーバーから北京に強制送還され、直ちに拘束、収監された[28]。これに先立ちバンクーバーにあるカナダ連邦裁判所は同二一日、弁護士から申請されていた頼氏の本国送還中止を求める申請を却下していた。却下理由の一つは、中国政府が「頼氏に拷問や死刑を行わない」と保証する文書をカナダ政府に提出したためだった[29]。

中国外交部は同二二日、頼氏の本国送還を歓迎する声明を発表した[30]。偶然の一致だが、頼氏の北京到着から約四時間後に浙江省温州で高速鉄道事故が発生した。頼氏の中国送還をめぐり、中国、カナダ両国政府による水面下の交渉があったと見られた。

福建省アモイ市を舞台にした大規模な密輸・汚職事件の捜査が着手されたのが一九九九年四月二〇日。当時の最高指導部は、江沢民総書記（国家主席）、李鵬・全国人民代表大会常務委員長、朱鎔基総理らだった。朱総理が中心になり、「四・二〇事件特別捜査チーム」が編成され、全省庁に跨る大規模な捜査が展開された。同事件では自動車や各種電化製品のほか、タバコや酒などの嗜好品が大量に中国に密輸され、脱税金額は八三〇億元に上るとされた。密輸に伴い、アモイ市政府や税関、公安だけでなく、中央政府高官や軍幹部らにまで多額の賄賂が渡っており、関係者多数が逮捕、有罪判決を受けた。

頼氏は九九年八月、家族らとともに香港からカナダへ逃亡したが、翌年一一月に、カナダの司法当局によって出入国管理法違反で拘束された。だが、〇一年三月に釈放され、その後、カナダ政府に「政治難民」の申請を行い、自宅軟禁の状態にあった。一方で頼氏は、カナダ在住の華人ジャーナリスト、盛雪氏らに中国での体験を告白し、供述内容は『〈遠華案〉黒幕』（明鏡出版社、二〇〇一年）として出版された[31]。

頼氏はこの中で、江沢民氏の側近である賈慶林・政協会議主席（党政治局常務委員）の妻、林幼芳氏が頼氏の企業グループ「遠華集団」の理事だった事実を確認した。だが、「私と賈慶林は親密な関係にあるといわれるが、それほど深いものではない。確かに私がビジネスを始めたとき、賈は福建省党委書記だった。彼が私の会社を訪れた際、私と一緒に記念撮影したこともある。……ビジネスで、（賈と）一緒に金を儲けるようなことはなかった。私が林幼芳に三〇〇〇万元を渡したといわれているらしいが、まったく事実無根だ。これは私や賈慶林を陥れるための作り話に過ぎない」と否定的に話している[32]。頼氏はそのほかにも政府・党高官やその秘書たちと親密な関係にあった事実を赤裸々にしゃべっている。

今回、事件摘発から一二年を経て、頼氏の中国送還が実現した背景には、カナダのハーパー対中強硬政権（保守党、〇六年二月誕生）との関係改善があろう。中国の経済的興隆を前にして、ハーパー首相は〇九年一二月、初の訪中に踏み切り、その後は良好な関係へと変化しつつあった。

胡政権にとって、一二年秋の第十八回党大会での指導部交代を控えた絶妙なタイミングであり、頼氏の帰国は、対立する江沢民派からの人事要求を退ける強力な牽制カード、口封じカードになるだろう。江氏の病状が悪化したのは六月下旬頃と見られた。仮に江氏の健康状態に全く問題がなかったら、党指導部人事の協議が始まるこの微妙な時期に、頼氏の送還はありえなかっただろう。

米中両国が主従逆転の構図

ジョセフ・バイデン米副大統領が一一年八月一七日から同二二日までの六日間、初めて中国を訪問した。副大統領は北京に続いて四川省成都を訪れ、同二二日にモンゴルを訪問した後、同日夜にモンゴルから来日した。日本訪問は同二二～二四日の三日間で、東京では同月内にも辞任する菅直人総理と会談したほか、東日本震災で被災した宮城県を訪れた。

バイデン訪中は、米国債が史上初めて格下げされる（八月五日）というアメリカ衰退の兆しの中で行われた。最大の米国債保有国である中国としても、米国の金融・財政策を声高に批判し、金融不安を煽っては自国の利益にならないというジレンマの中で米副大統領を迎え入れた。

中国側は習近平・国家副主席（党政治局常務委員、中央軍事委員会副主席）が同一八日午前、北京・人民大会堂北大庁でバイデン副大統領の歓迎式典を執り行い、引き続き会談した。中国側の発表では、席上、習近平副主席は今後の米中関係を強化するための次の四項目を提案した(33)。

(1)米中協力パートナーシップの大きな方向を見つめ、動揺しない。戦略的相互信頼を増進させ、国際会議の場で首脳会談を行う。

(2)包括的互恵の米中経済パートナーシップを深化させる。米中は世界最大の経済実体であり、マクロ経済政策での協調を強化し、市場の信認を高めて行く責任がある。

(3)互いの核心的利益を尊重する。

(4)米中のグローバル・パートナーシップをさらに強化する。

とくに最後については、中国は引き続き大国として、建設的な役割を果たしたい、と表明した。また双方は、アジア太平洋地域での対話と協力を強化し、互いに良い方向に動き、共に勝利できる構造をさらに構築して行かねばならないとも語った。南シナ海も意識した発言だった。

米ホワイトハウス当局者の説明によれば、会談では中国側が、注目の米戦闘機F16C／Dの対台湾売却問題について取り上げた(34)。この当局者は詳細なやり取りを明らかにしなかったが、「中国側は米中関係において、問題が非常に繊細だと強調した。しかも、礼節をわきまえた調子で語った」と説明した。これに対してバイデン副大統領は、「米国はこれまでの誓約を順守する意向だ。台湾海峡の平和と安全を維持するために、それは長年培われてきた何よりも重要なものだ」と答えたという(35)。米政府はF16C／Dなど台湾への武器売却については一〇月一日までに公表する見通しである。

バイデン副大統領は同一九日、温家宝総理、胡錦濤国家主席と相次いで会談した。このうち温総理とは主に経済問題を協議した。互いに同じ年生まれ（一九四二年で今年六九歳）との話題でスタートした会談で、温総理は米連邦政府の債務上限引き上げ法案の採決や、格下げで米国債の信認が低下している点などを踏まえ、「米国は最大の先進国だ。強力な科学技術と質の高い人材を豊富に抱え、経済的な基礎が厚い。われわれは米国が必ずや現在の困難を克服できると信じている」と激励した。

さらに温総理は、「ここ数日間、あなたは中米関係の一層の発展が両国だけでなく、世界にとっても重要だというメッセージを送った。とくに中国の大衆に対し、米国は自国の政府の負債についての約束を守り、義務を果たすという明確なメッセージを発したことはきわめて重要だ」と指摘した。

バイデン副大統領は、「われわれは米国債に関しては非常に気をつけている。中国は全国債の八％（一兆一六〇〇億ドル）を保有しているだけで、米国人が八五％を持っている。『心配は無用です』と心より申し上げたい」と応じるのが精一杯だった。中国側に人民元を切り上げるよう強く迫ったこれまでの米指導者の姿とは様変わりだった。米国の財政悪化を機に、米中関係は逆転しつつあるのかもしれない[36]。

バイデン訪中に先立ち、国務院台湾事務弁公室の王毅主任が訪米し、七月二九日にワシントンで、ヒラリー・クリントン国務長官とウィリアム・バーンズ国務副長官と会談した。さらに王毅主任は、カート・キャンベル国務次官補（東アジア・太平洋担当）やダニエル・ラッセル国家安全保障会議アジア担当上級部長らとも会談した[37]。王毅氏の訪米は、中台関係の現状を伝えるとともに、台湾に兵器売却を中止するようオバマ政権を説得することに狙いがあった。

中国空母が初の試験航行

中国遼寧省大連の港で改装中だった中国の空母第一号が完成し、一一年八月一〇日早朝、港を離れて初の試験航行に出発した。同空母は同一四日に再び大連の港に戻った。五日間の試験航行は、黄海など近海で行われたと見られるが、どのような訓練を実施したかなどは明らかでない[38]。

同空母は旧ソ連製の「ワリャーグ」（総排水量六万七〇〇〇トン）で、一九九八年にマカオの中国系企業がカジノ施設に利用すると称してウクライナから約二〇〇〇万ドルで購入、二〇〇二年から大連港で改装作業が行われていた。今後、さらに試験航行を繰り返し、艦長はじめ二〇〇〇人と言われる乗組員の任命や、空母の名称などを決定するほか、艦載機の離着艦訓練などを行い、一二年秋に正式に空母戦闘群として就役するものと見られる。

中国国防部の耿雁生報道官は七月二七日の定例会見で、「中国は現在、旧式空母一隻を改装しており、（作業終了後は同空母を）科学研究用の実験と訓練に運用する」と正式に発表していた。(39) この日は浙江省温州での高速列車事故発生から四日目で、人命軽視だとして鉄道部を非難するネット世論が最高潮に達した時期だった。実際の試験航行は会見から二週間後だった事実から判断しても、国民の目を事故から早くそらしたいとする政府の思惑が働いていた可能性が強かった。

中国軍のSU27戦闘機が六月二九日、偵察のため台湾海峡上空を飛んでいた米軍U2偵察機に対抗して飛行した際に、同海峡上の中間線を越えて台湾側の管制空域に侵入し、台湾軍のF16戦闘機二機がスクランブル飛行をかけていたことが分かった。台湾紙『聯合報』（七月二五日）が伝えた。(40) マレン米統合参謀本部議長は七月二五日、ワシントンの外国プレス向け記者会見で、この事実を認めた。中国国防部の耿雁生報道官は同二七日の定例会見で、「米軍艦載機による中国に接近しての偵察活動は、両国の戦略的相互信頼をひどく損なうものであり、両軍の関係発展への主要な障害の一つだ。米国は中国の主権と安全保障上の利益を尊重するよう要求する」と米軍の対応を批判した。(41) 米軍U2偵察機が空母艦載機となっている様子がうかがえる。

マレン議長は七月九～一三日まで訪中し、郭伯雄・中央軍事委副主席、陳炳徳総参謀長らと会談していたが、台湾海峡上空での軍機接近事件が話し合われたかどうかは不明である。中台間では軍の「相互信頼醸成」が課題になっているが、実現はほど遠いようだ。

日本へ嫁いだ中国人女性二〇〇〇人の村

黒龍江省ハルビン市方正《ほうまさ》県郊外・炮台山の麓にある「中日友好園林」内に、旧満州開拓団の犠牲者約二五〇人の名前を記した「日本開拓団民亡者録」碑と、残留孤児を育てた中国人養父母一五人の氏名を記した「中国養父母逝者名録」碑が七月二五日に完成し、同二八日、松本盛雄・駐瀋陽日本総領事ら日中の関係者が現地を訪れた(42)。

黒竜江省方正県　中国ハルビン市方正県の中心街に完成した日本街。後方に見えるのは26階建ての新しいマンション。
（2011年８月11日，著者撮影）

二つの碑は地元の方正県政府が約七〇万元（約八四〇万円）を投じて建立した。同園林内には両碑の脇には、周恩来総理の許可を経て一九六三年五月に建てられた「日本人公墓」と「麻山地区日本人公墓」の二つの墓がある。「日本人公墓」には、全体で約五〇〇〇人の遺骨が埋葬されている。麻山地区の墓には、方正県から約一五〇キロ南東にある黒龍江省鶏西市麻山地区で亡くなった日本人開拓団員ら五三〇人分の遺骨が埋葬されている。麻山地区はソ連軍の侵攻を受け、開拓団員による集団自決などの惨劇が発生した場所で、関係者の努力で被害者の遺骨が集められ、八四年一〇月に「中日友好園林」内に墓が建立されたものだった。そのほかに元残留孤児の遠藤勇氏（71、横浜市在住）が九五年八月に建立した「中国養父母公墓」もある(43)。

以前から存在している二つの墓のそばに今回、それぞれ名前を記入した碑が建立されたのだった。これらの碑は地元県政府が独自に建立したことが思わぬ結果を招くことになった。

七月二八日午前に県中心部にある政府庁舎前で、地元の名物である「第十六回方正県ハス祭り」などの開幕式が催され、劉軍・方正県党委書記や松本総領事ら両国関係者が出席した。一行は式典の後、同県内の方正湖公園でハスの花を観賞し、その後、県内南東郊にある「中日友好園林」を訪れた。

碑が完成したニュース記事は共同通信が七月二八日に配信し、さらに中国語ネット「共同網」にもアップされたため、翌二九日には中国のネットでも広く引用された。それを読んだ中国人ユーザーの一人「章小斯文」は中国版ツイッター「微博」上で次のようにつぶやいた。

〈黒龍江省方正県は日本ビジネスマンの投資を呼び込もうと、七〇万元をかけて中国を侵略した日本軍の死者のため記念碑を建立した。GDPと政治的成果を求めて、地元政府はここまで卑屈になった。一週間前の温州の高速鉄道事故では、犠牲者名簿の調査すらはっきりしなかったのに、死後何十年も経過した人間の名簿が調査すれば分かるのか。反右派闘争、大躍進、文革で死んだ犠牲者ですら記念碑などないのに、中国侵略軍の記念碑は建立してやるのか。これはまさに中国式碑劇(「悲劇」と同音)だ(44)〉

このつぶやきは三日間で約一〇万回、転送(リツイート)され、コメントも二万三〇〇〇件余り書き込まれたという。浙江省温州で起きた高速鉄道事故による騒動の早期沈静化に頭を悩ませていた党中央宣伝部にとって、国民の関心を逸らせる格好の事件と映ったかもしれない。

方正県は旧満州時代の開拓団が多かった場所であり、現在でも日本とはきわめて密接な関係にある。だが、日本側ではほとんど認識されていない〝日中情報アンバランス〟のなかで事件は起きた。

中国側の報道によれば、方正県からは現在、約三万五〇〇〇～四万人の中国人が日本に移住している(45)。

「方正華僑」という言葉すらある。かつて日本で生活し、方正県に戻った帰国華僑は六万八〇〇〇人に上る。同県の人口は約二三万人なので、約三割は日本での居住経験があることになる。商店街の中国語の看板にはどれも日本語のルビが併記されている。こんな地方は中国でも珍しいだろう。

当然ながら在日華僑・華人による本国送金があり、方正県の貯蓄額は四八億元に達している。この金額は全国二八六一ある県の中で第三位という豊かさを誇っている。送金の八割は在日華僑・華人によるものと見られる。また、方正県からの出稼ぎ中国人による給与総額は四〇億元ほどになるそうだ。街の古老は「日本円が急上昇すると、地元の銀行の窓口には、手持ちの日本円を換金しようとする長蛇の列ができる」と説明する。

日本から方正県への投資も進み、日系企業は四〇社近くに上る(46)。同県の中心街に建設中の高層マンションなども在日華僑らの資本が投入されているのだろう。県内には見合い紹介所を兼ねた日本語・韓国語学校が複数存在している。これまでに約二〇〇〇人の中国人女性が日本人に嫁いでいるという(47)。

波紋広げる方正県ペンキ事件

碑完成の報道から一週間が過ぎた八月三日、民間の反日団体「中国民間保釣聯合会」の五人が「中日友好園林」に侵入し、高さ約三メートルの「日本開拓団民亡者名録」の日本人氏名が刻まれた部分に赤いペンキをかけ、碑の一部をハンマーで壊した。五人は近くにある「中国養父母逝者名録」碑には何もせず、同碑は無事だった。

五人は、陳福楽（35、河北省保定）、韓忠（24、湖南省株洲）、五佰（29、湖南省長沙）、謝少杰（別名・梁智。31、河南省許昌）、飛天燕子（30、江西省新余）で、江沢民時代の反日教育を受けた「八〇后《バーリンホウ》」（一九八〇年以降生まれ）世代が多かった。陳福楽と五佰が碑の表裏両面にペンキをかけ、飛天燕子と謝少杰が金槌で碑を壊した。碑は硬かったため、小さな穴しか開けられなかったという(48)。

五人は駆けつけた警察官に阻止され、近くの公安局（警察署）に連行され、数時間の取り調べを受けた後に釈放された。「県政府が侵略者である日本人開拓団のために碑を建立したことが許せない」というのが破壊行動の理由だった。民間人が主体の日本人開拓団と日本軍人を区別する視点はなかった。

その後、五人は列車で北京駅に戻ったが、駅頭で関係者約二〇人が〈迎接碑五壮士凱旋（碑を壊した壮氏五人の凱旋を出迎える）〉の横断幕を持って待ち構え、保釣運動のリーダー格である童増氏が五人にそれぞれ二〇〇〇元を手渡したという(49)。

ネット上では、五人に続いて、方正県に赴いて同碑を破壊するよう呼びかけが行われたこともあり、地元当局は八月五日夜から六日朝にかけて同碑を撤去してしまった(50)。

方正県の日本人公墓の存在をアピールし続けている民間団体「方正友好交流の会」（会員・支持者約一〇〇〇人、東京・神田小川町）の大類善啓・事務局長(66)は、完成した碑を現地で見た一人だ。大類氏は、日本人公墓を維持・管理する年間三万五〇〇〇元（約四四万円）の費用を日本政府が〇九年度下半期から方正県政府に毎年払っている事実を指摘する。中国人の多くは知らない話だろう。

戦前の満州開拓団は長野県や山形県などから約二五万人が入植したが、方正県は最も開拓団員の多い地方だった。同県には旧関東軍の補給基地があり、一九四五年八月九日に旧ソ連軍の侵攻が始まり、各地にいた邦人約一万五〇〇〇人が食糧などを求めて同県に殺到した。

「中日友好園林」から車で一〇分ほどの松花江沿いの桟橋からは約一八〇キロ上流に位置するハルビン市街地へ向かう船も出ており、無事帰国した人もいたが、飢えや寒さや感染症などで約五〇〇〇人が方正県で死亡した。戦後も同地に残った邦人の大半は婦人、老人や子供たちで、中国人に嫁いだ残留婦人、身寄りがなく中国人家庭にもらわれて残留孤児となったケースもあった。苦難と悲劇の歴史を経て、現在の方正県と日本との関係があると言えよう。

（二〇一一年九月）

第七章　米国の対アジア戦略大転換と中国

1　野田政権発足で日中仕切り直しへ

――菅政権から野田政権への権力移行期を見計らったかのように、中国の漁業監視船が尖閣周辺の日本領海を侵犯した。中国は新政権の対中政策を牽制しようとしたのだろう。

中国監視船が尖閣領海を侵犯

沖縄県尖閣諸島・久場《くば》島の北北東約三〇キロの海上で八月二四日午前六時一六分、中国の漁業監視船「漁政３１００１」が南南東に向かって航行しているのを第十一管区海上保安本部（那覇）の巡視船が発見した。さらに「漁政３１００１」から三キロ離れた海域で、同監視船「漁政２０１」が同じ方向に航行していた[1]。

二〇分後の午前六時三六分、先導していた「漁政２０１」が領海内に侵入、同七時九分までの三三分間、領海内を航行した。「漁政３１００１」も午前六時四四分から同七時一三分までの二九分間、日本の領海を侵犯した。「漁政２０１」は同日午前七時四一分から七分間、再び日本の領海に侵入した（航行経路は図７‐１の組込部分を参照）。

二隻は久場島と魚釣島などを基点とする尖閣諸島の領海（一二カイリ＝約二二キロ）線ぎりぎりの外縁海域を時計回りに一周した後、「漁政３１００１」は同日午後四時四七分、「漁政２０１」は同午後五時二分、それぞれ接続水域（領海の外側一二カイリ）を出て、同日午後八時過ぎに日中中間線を通過し、中

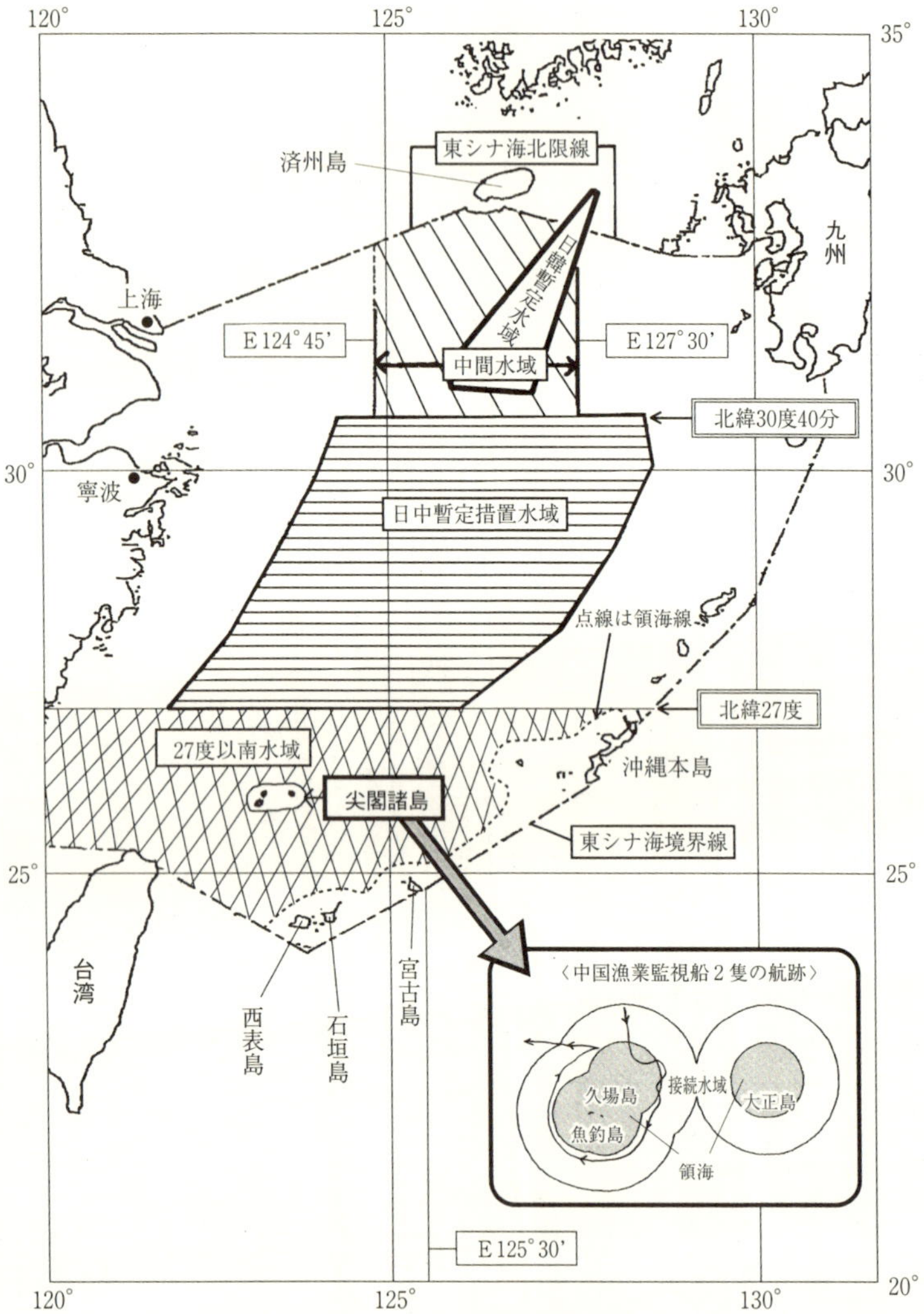

図 7 - 1　日中漁業協定水域図

出所：水産庁の資料を基に作成。

国大陸方向へ立ち去った。この間、約半日間に及んだ。国連海洋法条約などで治外法権が認められている公船を利用し、中国が日本を挑発する示威行動に出たことは明白だった[2]。

日本領海への侵犯は〇八年一二月一八日、中国国家海洋局所属の海洋調査船「海監46」と同「海監51」の二隻が、約九時間にわたって領海内に止まった事件以来だった。尖閣沖での中国漁船の海保巡視船への衝突事件（一〇年九月七日）以来、中国公船が尖閣周辺に出没したのは一二回目（三五八頁の表7-1を参照）。東日本大震災が発生した三月一一日から七月初旬まで、中国公船は出没しなかったので、平均して一カ月に二回以上現れた計算になる。中国漁業監視船による尖閣周辺への展開が常態化されつつあると言える。

中国東海区漁政局に所属する「漁政２０１」（九五四トン）は、最も多く尖閣周辺に現れているが、「漁政３１００１」は初めてだった。同船は上海市の所属とされ、〇八年一〇月に就航、地元管内では最大のトン数（詳細は未公表）を誇る最新鋭の漁業監視船とされる[3]。二隻の接近に対し、海上保安庁の巡視船「りゅうきゅう」と航空機が、領海に侵入しないよう無線で警告したが、中国公船は「釣魚島（尖閣の中国名）と周辺諸島は中国固有の領土。中国の管轄海域で正当な公務を行っている」と応答した。巡視船は「尖閣諸島は日本の領土で（中国側の）主張は受け入れられない。ただちに日本の領海から退去せよ」と再度警告した[4]。

日本政府は八月二四日、尖閣沖への中国公船接近情報を受け、首相官邸危機管理センターに情報連絡室を設置した。外務省の佐々江賢一郎次官が同日午前、程永華・駐日中国大使を同省に呼び、「中国公船が日本側の警告にも関わらず、尖閣諸島周辺領海に『進入』する事態は非常に深刻であり、きわめて遺憾である。国際法上、通常認められた無害通航とは見なせない」と抗議し、再発防止を求めた。程大使は「申し入れは至急本国に報告する」としたものの、尖閣は中国の領土だと改めて主張した[5]。

さらに松本剛明《たけあき》外相が翌八月二五日、程大使を再び外務省に呼び、「わが国として決して受け入れられず、誠に遺憾だ。国際法上認められた無害通航とは見なせず、強く抗議する。二度と発生しないよう求める」と伝えた。程大使は同島が中国の領土だと改めて主張した。(6)

尖閣周辺の東シナ海は、中国や台湾の漁船が漁を行っている。本来なら日本の排他的経済水域(EEZ)で外国漁船は許可なしで操業できないはずだが、日中漁業協定(一九九七年一一月調印、二〇〇〇年六月発効。旧協定は一九七五年八月調印)で両国の漁船が自由に操業できる仕組みになっている。

対象の海域は、北側から「中間水域」、「日中暫定措置水域」、「北緯二七度以南水域」となっている。「中間水域」だけは、日韓漁業協定(九八年一一月調印、九九年一月発効)で決められている「日韓暫定水域」の一部が重なり、日中韓三カ国の漁業海域になっている(図7-1を参照)。

一〇年九月、尖閣沖の領海内に侵入したうえに巡視船と衝突した中国トロール漁船「閩晋漁5179」の場合、船内に漁獲物が積まれていたが、「領海の外側で獲った」と主張すれば、違法性はないことになる。日本領海のすぐ外側は、中国漁船も操業可能な「北緯二七度以南水域」だからだ。海保が同漁船を密漁事件として立件せず、巡視船に衝突した公務執行妨害容疑で検挙した理由もここにあったようだ。

また、日本と台湾との間に漁業協定はない。現在、民間団体を通じて、交渉が断続的に行われているが、日本はEEZ内に入った台湾漁船を追い返したり、拿捕したりしている。台湾漁船が中国の国旗「五星紅旗」を掲げて密漁する理由は、中国船は操業可能という日中漁業協定にある。

政権移行期を狙った偵察行動　中国の漁業監視船による領海侵犯は、日本の政権移行期という微妙なタイミングで発生した。日本の出方をうかがった可能性が指摘できよう。

菅直人総理が六月二日、民主党代議士会で退陣を表明し、衆院で内閣不信任決議案が否決されたのに続いて、「再生可能エネルギー特措法案と特例公債法案の成立後に退陣する」と改めて表明したのが八月一〇日だった。民主党は八月二二日、同党代表選の日程を「八月二七日告示、同二九日投票」に決定した。この間、後継総理の誕生につながる党代表選に向けた駆け引きが激しさを増すなか、前原誠司・前外相が八月二二日深夜、代表選への出馬を表明した。同氏の出馬表明で野田佳彦財務相が最有力視されていた代表選の流れが一変した。

八月二九日の衆参両院議員による代表選では、小沢一郎元代表が支持した海江田万里・経済産業相がトップになった。だが、過半数を得られずに決戦投票に持ち込まれ、反小沢票を取り込んだ野田氏が逆転当選した。前原氏は敗れ、その後、党政調会長に回った。

前原氏は尖閣沖で中国漁船衝突事件が発生した一〇年九月七日当時の国土交通相（鳩山由紀夫内閣、〇九年九月一六日発足）だった。一〇日後の九月一七日には、菅改造内閣の発足に伴って外相に横滑り就任した。同事件では船長らが逮捕、拘留されており、中国側は前原氏を対中強硬派と見なしていた。今回の中国公船の領海侵犯事件は、一年前の尖閣衝突事件を想起させ、前原政権誕生を阻止する狙いがあったのかもしれない。いずれにせよ政権移行期に照準を定めた挑発行為だった。

野田政権が発足して六日目の九月八日、今度は東シナ海上空で中国軍所属のプロペラ式情報収集機「運（Y）8」一機が、日本の防衛識別圏内に飛来した。同機は最大一〇〇～一五〇キロ余り同圏内に侵入した。航空自衛隊の戦闘機F15がスクランブル飛行をかけ、中国機は同圏外へと飛び去った。中国機は二時間前後、日本の防空識別圏内を飛行した(7)。

同機は三月二日にも尖閣付近に飛来したが、今回は沖縄本島から約三〇〇キロ離れた東経一二五度付近の上空を同島と並行する形で一往復半（三回）、飛行を繰り返した。在沖縄米軍基地や自衛隊関連施設の偵察が目的と見られた。

一方、ロシアが極東地域で大規模な軍事演習を実施し、九月八日にはロシア軍のプロペラ式戦略爆撃機TU95二機が日本列島を一周し、南西諸島上空では、沖縄本島と宮古島の間を飛行した。サハリン（樺太）南端から北方領土の国後・択捉両島付近の上空には、給油機イリューシン（IL）78二機が飛来して空中給油した。(8) 中国機の飛来はロシア軍機の偵察が狙いだったとの見方もできるが、沖縄本島を対象にした偵察飛行を繰り返していたことから、その可能性は低いようだ。(9) 中露両国の軍が、野田政権の出方を試すために挑発行動に出たものと見られた。

海上保安庁は八月二六日、「海上警察権のあり方について」と題した報告書を取りまとめた。海上保安庁長官を議長とする「海上警察権に関する制度改正等検討会議」を一月七日に設置し、有識者・専門家の考えも聴取した上で、検討を重ねてきたものだった。海上保安庁の説明によれば、同検討会議は尖閣事件発生を受け、急遽検討を開始したものではないが、尖閣事件発生によって国民の注目が集まることになった。

同報告書のポイントは、不審船を発見した場合、立ち入り検査を実施してからでないと退去命令を出せない従来のルールを改正し、立ち入り検査なしでも退去命令を出せるようにする点にあった。多数の船舶が日本の領海内に押し寄せた場合、いちいち立ち入り検査していては対応できない事態を想定したものだ。また、台風などで不審船が日本近海に停泊した場合、巡視船が風波で不審船に近づけず、立ち入り検査するまで長時間待つなどの無駄も省ける、と海上保安庁は説明する。報告書では、老朽化した巡視船の更新なども提言した。今後、政府から国会に提案され、法案化される見通しという。(10)

北太平洋沿岸の日本、ロシア、韓国、カナダ、米国、中国の六カ国の海上保安機関の長官（級）が集まる国際会議「第十二回北太平洋海上保安フォーラムサミット」が九月一二〜一五日、横浜市内のパンパシフィック横浜ベイホテル東急で開催された。参加国の持回り形式で毎年開かれている同会議は、日本の提唱により二〇〇〇年一二月に第一回会合が開催された。海上保安機関のトップ同士による交流で、北太平洋上の安全確保や海洋環境の保全問題などについて情報を交換、協議している。海上保安庁の鈴木久泰長官のほか、中国からは公安部辺防管理局の郭哲男局長、米国は沿岸警備隊のマンソン・ブラウン太平洋司令官らが参加した(11)。

米国のブラウン太平洋司令官は六月二日、上海の農業部東海区漁政局漁政東海総隊を訪問し、漁業監視船「漁政２０１」の船上で、李富栄・東海区漁政局長や「漁政２０１」の施冬向船長らと会談、意見交換した。米国の海上保安当局は中国農業部漁政局とも交流を図っている。米中間で〇六年に調印した海上警備などに関する合意文書に基づく交流のようだ。とりわけ「漁政２０１」は中国側が尖閣付近への派遣常態化を進める中で中心的な役割を担う公船であり、今後の米中の動きが注目されよう(12)。

中国漁船衝突事件の真相浮かぶ

那覇検察審査会は七月二一日、尖閣沖中国漁船衝突事件に関し、那覇地方検察庁から不起訴（起訴猶予）処分を受け、中国に送還された詹其雄《せんきゆう》船長について、公務執行妨害など三つの罪で強制起訴すべきだと議決した。理由として同議決は、「船長の行為は人命を危険にさらす無謀なもので、謝罪や被害弁償もしていない。日本領海内での船長の行為は処罰に値する」とした(13)。

船長の不起訴を不満とした日本人ジャーナリストら五人と東京都内の会社員が、那覇検察審査会に審査を申し立てており、今回は二回目の議決だった。

那覇検察審査会は四月一八日に起訴相当を議決したが、那覇地検が六月二八日、不起訴の決定を下していた。二度の議決によって船長は強制的に起訴されることになった。四月に起訴相当と議決されて以降の那覇地検の対応について、七月の議決は、「海保に照会したが、中国当局に情報提供や捜査共助を申し入れておらず、再捜査を尽くしたとは言えない」と批判した。

この議決に基づき、検察官役の指定弁護士が一二年三月一五日、詹其雄船長を公務執行妨害罪などで那覇地裁に強制起訴した。

詹船長は一一年九月上旬現在、福建省晋江市内の自宅で軟禁状態に置かれている。地元の治安当局による監視が続き、邦人記者が船長宅を訪れても、取材はほとんどできない。船長は帰国した当初こそ「英雄」扱いされたものの、その後は当局にとって厄介者になっている。(14) 他の乗組員一四人の動静は全く不明で、中国・香港メディアによる追跡報道もない。これまでの経緯から推察する限りでは、衝突事件は中国軍や政府当局が背後から操ったものではなく、酔っ払った船長の個人的な暴走だった可能性が高い。最終的に断定はできないが、今後さらに時間が経過すれば、真相が炙り出されて来るだろう。

関連情報として、在米華人団体「米国中華商会」と「米国台湾大学校友会」が二〇一〇年春頃、米ロサンゼルス市内で同九月一八日に尖閣諸島の奪還と同島での国旗掲揚を目指す国際会議の開催を呼びかけていた事実がある。台湾の「中華保釣協会」も同年四月下旬、同会議への参加をアピールしていた。(15)

詹船長の行動は決行のタイミングからすると、この国際会議を盛り上げるなど連帯した可能性があるが、同会議が予告通りに開催された情報はなく、船長と国内外の保釣団体のつながりも不明である。

中国、香港、アモイ、台湾、米国、カナダ在住の保釣団体が連合した「世界華人保釣聯盟」が一一年一月二日に香港で設立された。台湾「中華保釣協会」秘書長の黄錫麟氏が会長に就任し、日米間で沖縄返還協定（尖閣諸島を含む）が調印された（一九七一年）「六月一七日」を「保釣日」とすることを決めた。(16) 一一年五～六月にかけて大量の船舶を動員し、尖閣の周囲を旋回航行する計画を呼びかけたが、その後、東日本大震災が発生したため中止された。

新華社電を使った対日世論工作

民主党の代表選挙が八月二九日に行われ、財務相の野田佳彦氏（54）が新代表に選ばれた。これを受け野田氏は八月三〇日午後、衆参両院本会議での総理指名選挙で、第九五代、六二人目の総理に選出された[17]。

民主党と国民新党による野田連立内閣は九月二日午後、皇居での総理任命式と閣僚認証式を経て正式に発足した。野田氏は〇九年九月一六日の民主党政権誕生後、三人目の総理となった[18]。菅直人内閣は八月三〇日午前に総辞職したが、野田内閣誕生までの間、「職務執行内閣」を務めた。

野田総理は九月六日、中国の温家宝総理と電話で会談した。温総理は野田氏に総理就任の祝意を伝えるとともに、「幅広い分野で中日両国は共通の利益を抱えている。両国関係の長期安定と健全な発展を保つことは、両国人民の福祉とアジアや世界の平和と繁栄を促進する上で利益となろう」などと表明した[19]。野田総理は九月二日午後、官邸で行った総理就任後の初会見で、「靖国（神社）参拝は、これまでの内閣の路線を継承し、総理・閣僚の公式参拝はしない[20]」と表明したことを受けた電話会談と見られた。

野田氏は月刊『文藝春秋』（九月号、八月一〇日発売）への寄稿で、中国について次のように記している。「中国の経済社会の発展が、国際社会と協調しつつ行われるならば、それは日本にとって大変な好機となることは間違いありません。一方で、中国の急速な軍事力の増強や活動範囲の拡大は、背景にある戦略的意図などの不透明性さとあいまって、日本のみならず、地域における最大の懸念材料になっています。南シナ海などで見せる最近の中国の軍事力を背景にした強圧的な対外姿勢は、域内の国際秩序を揺るがす恐れがあります[21]」

総理就任後、月刊誌『ＶＯＩＣＥ』（一〇月号）に「わが政治哲学」と題して書いた野田論文では、特定の国を名指しせずに、領土問題について次のように書いている。「いまなすべきは、領土領海に絡む重大な事件が発生した場合に日本がいかなる姿勢を打ち出すべきか、あらためてシミュレーションをしておくことだ。そこは、残念ながらこれまで民主党政権は、必ずしも十分とはいえなかった。けっしてわれわれから事を荒立てるものではないが、わが国の固有の領土を守り抜くために、主張することは主張し、行動することは行動しなければならない。そのための備えを、しっかりとしておかねばならないのである」

野田氏は第二次大戦のA級戦犯が「戦争犯罪人でない」と主張したことや、父親が元自衛官だったことなども加味して、中国では「タカ派」、「保守の対中強硬派」、「民主党内の小泉（元総理）」（中国新聞社電）などと指摘されている。「（野田氏は）民主党内における自民党的な右派分子であり、民主党内の左派勢力にとって不利になる。他党と連立して党内左派と対立し、日本の政治がさらに右傾化する可能性も排除できない」（日本問題専門家の馮昭奎氏）との見方もある。[22]

党機関紙『人民日報』は九月三日、「首相（総理）と閣僚は任期内、靖国神社に参拝しないと誓約」との見出しで野田内閣誕生を伝えた。

于青東京支局長の記事は、閣僚人事について、(1)党内派閥のバランスを重視した均衡型、(2)党代表選の論功行賞、(3)実務追求型であると分析した。外交では秋の国連総会が野田総理のデビューになるほか、国際情勢に詳しい友人に対して総理自身が「正直なところ自分は外交が分からない」と語っていたエピソードを伝えた。玄葉光一郎外相については「これまで米国や中国との接触は多くない」としている。[23]

野田政権の誕生の過程で、中国は新華社・英語版を利用して、不可解な行動に出た。民主党代表選の告示日前日の八月二六日夕、「中日関係は日本の政治的不安定さを乗り越えねばならない」[24]との論評記事を配信し、さらに野田氏が党代表に選ばれた八月二九日夕には、「日本の新総理は中国の核心的利益と発展の要求を尊重しなければならない」[25]との論評記事を配信した。いずれも無署名で、中国語版には見当たらないものだった。後者の論評記事は、厳しいトーンで貫かれている。総理就任前のタイミングを利用し、野田氏に影響を与えようとしたのだろう。民主党代表選挙が行われた八月二九日の論評記事は以下の内容だった。

「〇九年以降、中国は日本の最大の貿易相手国となったものの東アジアの二大強国はしばしば争い、域内の平和と安定を脅かしている。これについては日本に責任がある」。

「両国関係を改善するために、野田内閣は第二次大戦の過去の問題について、適切な政策を慎重に立案して実行し、中国の人々の間にある日本に対する憤懣を鎮めなければならない」。

「いかなる日本の政治家も、一四人の（A級）戦犯を含む二五〇万人の戦死者が祭られ、軍国主義の象徴である靖国神社を決して訪れるべきではない。そして中日関係が、これらの歴史問題の人質に取られることがあってはならない」。

「日本は中国の国家主権と領土保全を十分に尊重しなければならない。とりわけ不可分の中国領土である釣魚島（日本名・尖閣諸島）に関する時はそうだ」。

「釣魚島に対する中国の完全な主権を認めることを条件に、中国は日本との紛争を棚上げして、周辺海域の資源を共同で開発する用意があることを表明している」。

「拡大する国益を防衛せねばならない中国には、軍近代化を目指す合法的な必要性があることを日本は認めるべきだ。日本は中国を脅威と見なすことをやめ、中国の台頭を口実にして、自国の軍事拡張に向かうために戦後の専守防衛を放棄する危険な行動はやめるべきだ」。

新華社電を翻訳している「中国通信社」（東京・銀座）編集部によると、この論評記事に関しては、翻訳して配信するようわざわざ依頼があったのだという。通常はありえないことで、そうした要請自体が珍しいそうだ[26]。党中央は野田総理の対中姿勢に強い警戒心を抱いたのだろう。

翌八月三〇日には、新華社・日本語版で「野田新首相に〈レッテル〉は時期尚早」と題した記事を配信した。中国は硬軟取り混ぜた情報を流す〝両面作戦〟を展開した。

平和発展白書で六つの核心的利益

中国政府は一一年九月六日、中国の「平和発展」白書を公表した。[27] 〇五年一二月の「中国平和発展の道」白書に続くもの。中国の対外姿勢が強硬に転じた〇九年後半以降、東南アジアや米国、日本、欧州諸国などで、軍事・経済両面で大国化した中国は今後、どう出るのか警戒心が高まっている。中国政府は自国の台頭が平和的なものであることを改めて示す必要に迫られたと言える。

約一万三〇〇〇華字に及ぶ白書は、中国が歩んでいる平和発展の、(1)由来、(2)全体目標、(3)対外方針政策、(4)歴史的必然の選択、(5)世界的な意義――の五章から構成されている。

ポイントは、中国が対外拡張や侵略の道、戦争の道を歩まず、防衛的な国防政策を堅持し、いかなる国とも軍備競争せず、軍事的脅威となる意思もないと表明した点にある。「他国が中国を侵さない限り、中国が他国を侵すことはない」方針を堅持し、国際紛争の平和的解決のために尽力するとしている。

中国は核保有国だが、核攻撃を受けない限り、先行使用することはなく、非核国や核兵器のない地区に核攻撃を加えず、脅すこともしない、と公言している唯一の国だとも強調している。

平和共存五原則に基づき、あらゆる国と友好協力関係を発展させ、どの国や国家集団とも同盟を結ばず、社会制度やイデオロギーの違いを国家関係の親密度に影響させない。内政干渉をせず、大国が小国を侮ることに反対し、覇権主義や強権政治にも反対する。小異を残して大同につき、対話と協議を通じて矛盾や対立を解決し、自国の意思を他国に強制しない――などとした。

一方で、国家の「核心的利益」の維持は堅持すると主張し、中国の核心的利益の及ぶ範囲として、(1)国家主権、(2)国家安全保障、(3)領土保全、(4)国家統一、(5)中国憲法が規定する国の政治制度と社会の大局安定、(6)経済社会の持続可能な発展の基本的保障――と六つを挙げた。これまで「台湾とチベットは中国の核心的利益」といった具体的な表現だったのに対し、抽象的な法概念となった。内外からの批判に配慮したようだ。

それでも(3)はチベットや南シナ海などを、(4)は台湾を指していると見られ、曖昧になったぶん、地理的には拡大する恐れがある。いずれにせよ戦略用語「核心的利益」が、政府白書の中で初めて明確に規定されたことになる。

白書は、平和発展路線が「中国の歴史文化の伝承である」と位置づけた。中国人は古来より「人と自然の調和」(『荘子』)、「和を貴しとなす」(『論語』学而)などの理念を尊重し、調和の精神で隣邦と接し、善意で他者をもてなし、古代シルクロードが示すように各国の人々との友好交流を求め、明代の航海者・鄭和がアジア・アフリカ三十数カ国・地域を訪れ、中華の輝く文明と先進的科学技術を示した例などを挙げた。

「己れの欲せざる所を他人に施すなかれ」(『論語』衛霊公)との俚諺《りげん》を持ち出し、中国人は異なる文化、異なる概念を尊重してきたとし、中華文化の優秀な伝統を兼ね備えているとした。加えて、第一次、第二次世界大戦などを例に挙げ、中国の平和発展は「国が強大化すれば覇を求める」という伝統的モデルを打ち破ったと自讃した。中国は過去数十年来の実践から、今後もそうならないとした。

中国当局は同白書発表の翌九月七日、北京市内の外国記者プレスセンターで、背景説明会見を行った。登場したのは党中央外事弁公室政策研究局の王亜軍局長、中国国際問題研究所の曲星所長である。両組織・機関が中心になってまとめた文書なのだろう(28)。外交部は、ブラジル、ウルグアイ、ヨルダン、イスラエル、レバノンなど利害関係が比較的薄い国々の中国大使館で「平和発展」白書の説明会を実施している。外交部の定例会見も、九月一日から月曜から金曜まで毎日行われている。これまでは原則的に火曜と木曜の週二日だった。

中国は様々な分野で国際貢献しているにもかかわらず、世界から懸念の眼差しで見られるのはなぜか。

対中警戒論が容易に消えないのはなぜか。「平和発展」白書に欠落しているのは内省的な視点である。この「平和発展」白書で、国際社会の懸念を払拭することは難しいだろう。美辞麗句ではなく、実際行動が求められている。

金正日総書記が露中連続訪問

北朝鮮の金正日総書記が一一年八月二〇～二七日までの八日間、鉄道を利用してロシアと中国（内モンゴル自治区、黒龍江省、吉林省）を連続訪問した。金総書記のロシア訪問は〇二年八月二〇～二四日のウラジオストクなど極東訪問以来、九年ぶり。北朝鮮指導者が中露を連続訪問したのは、一九六一年七月の故・金日成主席以来、五十年ぶり。意表を突く金正日外交だった。

朝鮮中央通信と新華社電などによれば、金総書記は八月二四日、ロシア東シベリアのウランウデ郊外の軍施設でメドベージェフ大統領と二時間一〇分間、会談した。北朝鮮の非核化を目指す六カ国協議について、双方は「前提条件なく一日も早く開催し、〈九・一九共同声明〉を同時行動の原則に基づいて履行し、朝鮮半島全体の非核化を早めねばならない」との認識で一致した。また金総書記は、「協議が再開された場合には、核兵器の製造や核実験を一時凍結する用意がある」と大統領に明らかにした。大統領は、北朝鮮が一二年までに「強盛国家」（〈強盛大国〉からトーンダウン）の建設を達成し、さらなる成果を収めるだろうと持ち上げた。[29]

ロシア側報道官によれば、会談では北朝鮮を経由するロシア―韓国間の天然ガスパイプラインの建設方法を決めることで合意した。ロシアは担当部門が特別委員会を設置して、ガス輸送の規格などを決めるとした。パイプラインは全長一一〇〇キロで、年間一〇〇億立方メートルの天然ガスを輸送可能で、北朝鮮は通過手数料として「年間一億米ドル」を入手できるという。[30]

両首脳の合意を受け、ロシア政府系天然ガス独占企業「ガスプロム」のミレム社長は九月一五日、モスクワの本社で北朝鮮の金熙栄・原油工業相と協議、露朝合同作業部会を設置することで合意し、覚書に調印したことを明らかにした。同社長は同日、訪露中の韓国ガス公社の朱剛秀社長とも協議し、パイプライン建設構想の行程表（ロードマップ）に合意署名したという[31]。案件は具体的に動き始めたようだ。

金総書記は八月二五日午後、中露国境のロシア側ザバイカリスクから中国側の内モンゴル自治区満州里に入った。王家瑞・党対外連絡部長、盛光祖鉄道部長、胡春華・内モンゴル自治区党委書記らが出迎えた。金総書記訪中は本年五月下旬以来三カ月ぶりで、一〇年五月、同八月の訪中に続いて一年半余で四度目だった。

金総書記は八月二六日午前、黒龍江省チチハル入りし、胡錦濤総書記の名代として出迎えた戴秉国・国務委員と会談し、チチハルの「仙鶴迎賓館」で開かれた宴席に出席した。会談では戴氏が「三カ月前の胡総書記との会談では双方が関心を寄せる問題で、突っ込んだ意見交換を行った。われわれは朝鮮の同志とともに両国最高指導者が一致した重要な共通認識をきちんと実行に移し、中朝関係をさらに前進させたい」と語った。金総書記は朝鮮半島の非核化の目標を堅持し、無条件で六カ国協議に復帰する用意がある旨を伝えた[32]。

金総書記はコンピューター制御機械メーカー「チチハル第二工作機械集団有限公司」と大手乳製品メーカー「蒙牛乳業有限公司チチハル分公司」をそれぞれ視察し、その日のうちに大慶市入りし、同二六日夜は市内の「大慶九号迎賓館」での宴席に出席した。金総書記は翌二七日に吉林省通化県でワインメーカーを視察し、同日中に北朝鮮に戻った。

金総書記が対中外交に加えて対露外交に乗り出したのは、最大の課題である金日成生誕百年目に当たる一二年四月一五日に向け、両大国から金正恩後継＝三世代世襲体制への黙認と承認を取り付けると同時に、経済・エネルギー支援を確保することが狙いと見られる。

その意味から、ロシア―北朝鮮―韓国を結ぶ天然ガスパイプラインの建設が具体的に動き出したことは大きな成果だ。ロシアの経済協力カードを中国にちらつかせ、対中一辺倒を回避すると同時に、六カ国協議再開へのシグナルをロシア発で打ち上げた点に北朝鮮の屈折した心情が読み取れる。パイプラインは南北関係を促進するだけでなく、米朝関係改善への手がかりにもなると北朝鮮は期待していよう。

中国と越・比両国との関係修復へ

フィリピンのベニグノ・アキノ大統領が一一年八月三〇日～九月三日、中国を公式訪問した。一〇年六月に就任したアキノ大統領にとっては初訪中だった。直前に南シナ海で中比紛争が生じたが、大統領が主権問題で自国の立場を毅然と主張したり、中国側に遺憾表明を求めたりする場面はなかった。いささか拍子抜けだが、これがフィリピン対中外交の現実なのだろう。

アキノ大統領は八月三一日に北京・人民大会堂で胡錦濤国家主席と会談した。胡主席は、国交樹立以来三六年にわたりフィリピンが「一つの中国」政策を順守し、台湾問題で中国を支持し続けたことを称賛した。また、〇五年に中比両国が達成した「平和と発展の戦略的協力関係」と、〇九年一〇月に調印した「戦略的協力の共同行動計画」の枠組みに沿った形で関係を発展させると述べた。

アキノ大統領は、今回の訪中で調印された「中比両国の貿易・経済協力五カ年開発計画（二〇一二～一六年）」で対象になった農業、漁業、社会基盤、鉱業、エネルギー、情報・通信技術、加工・製造業、観光業、技術サービス、森林業など幅広い分野での経済協力に謝意を示し、中国企業の比市場への参入を歓迎した。(33)

また、焦点の南シナ海問題について、胡主席は「当事国同士が話し合いを通じて平和的な解決を得るべき、と中国は一貫して主張している。紛糾が解決するまで、関係国が争いを棚上げし、共同開発を前向きに検討することが共通の利益になる」と語った。発表文書を見る限り、フィリピンが領有権を主張する南シナ海の海域に中国が標識を打ち込んだことは言及されなかった。他国に占拠されている島嶼に対しては「共同開発」を呼びかける中国の戦略は、尖閣諸島をめぐるアプローチと同じだった。

これに対してアキノ大統領は、「南シナ海の問題が比中関係のすべてではなく、両国関係の発展と、各分野における両国の友好協力に影響させるべきではない。この問題が一日も早く解決し、両国人民の幸せとなるよう希望する」と述べるにとどまった。大統領の北京滞在中、両国間の共同声明や経済協力など九つの文書が調印された。

アキノ大統領に同行した代表団約三〇〇人のうち、二〇〇人余りが経済界代表で、中国側は八月三一日、大統領と代表団を招いた「中比経済貿易フォーラム」を北京市内で開催し、王岐山・副総理が今後五年間で両国貿易高を六〇〇億ドルに倍増し、両国間の直接投資額も一五億ドル以上にすると謳い上げた。中国は、南シナ海問題で紛糾するフィリピンとの関係改善のため、経済協力を最大の成果とすることで、同国内に広がった反中感情の封じ込めを狙ったと言えよう[34]。

中国の戴秉国・国務委員は、ハノイで開催された中越相互協力指導委員会の第五回会議に出席するため九月五〜九日、ベトナムを訪問した。グエン・ティエン・ニャン副首相と戴氏が共同議長を務めた。会議の合間に、戴委員はグエン・フー・チョン党書記長とも会談し、胡錦濤総書記のメッセージを伝えた。

九月七日に公表された第五回会議の声明文書によれば、中越双方は南シナ海の紛争解決について、「平和的、友好的な協議」を通じて解決することを確認したという。今後、双方が受け入れ可能な解決を得るために協議を加速化させ、早期に合意文書に調印することで一致した[35]。

これより先、「中越戦略防衛安保対話」の第二回会議が八月三一日、北京で開催され、馬暁天・中国軍副総参謀長（中将）とグエン・チ・ビン越国防次官（中将）が共同議長を務めた。同会議では、両国防部間での軍事ホットラインの開設、軍事代表団の相互訪問などで合意した。南シナ海の紛争問題では、国連海洋法条約など国際法に準拠して解決すべき、と越側は語ったものの、中国側が同意したかどうかは不明。また、ビン国防次官は梁光烈国防部長とも会談した(36)。

越比両国に対する中国の柔軟姿勢への変化の兆しは、七月一九～二四日、インドネシア・バリ島で開催された東南アジア諸国連合（ASEAN）の一連の外相会談でも見られた。七月二一日のASEAN外相との会談で、中国の楊潔篪外交部長は中国―ASEAN首脳会談（一一月の予定）で、双方の戦略パートナーシップをさらに高いレベルに引き上げるよう一緒に努力することを希望していると発言した(37)。

消費者物価に下落の動き

国家統計局の一一年九月九日の発表によると、八月の消費者物価指数（CPI）は六・二％で前年（一〇年）同月の六・五％よりも〇・三ポイント下がった(38)。食品だけの上昇率は一三・四％だった。中国人の食卓に欠かせない豚肉は四五・五％増と依然として大幅に上昇したが、七月の五六・七％増、六月の五七・一％増に比べれば、やや下落した。

九月一日から新たな税制改革が始まった。個人所得税の課税対象の最低額（月額）を二〇〇〇元から三五〇〇元に引き上げたのである。審議を進めていた全国人民代表大会（全人代＝国会）常務委員会が六月三〇日、「個人所得税法修正の決定」案を可決した(39)。

これにより、九種類あった税率区分が七種類になり、最低税率は五％から三％に下がった。所得税を支払う勤労者人口は八四〇〇万人から二四〇〇万人に減少し、比率も全勤労者の二八％から七・七％になった。納税人口は大幅に減少し、政府の税収減は、年額一六〇〇億元に上るという。

狙いは低・中所得者層の税負担を軽減すると同時に、可処分所得を増加させることで収入格差を縮小し、消費の増加や内需拡大を喚起することにある。二桁に近い経済成長による政府の税収増が背景にあり、胡錦濤政権が掲げる「和諧」、「親民政治」の具体的成果の一つとなった。

温家宝総理は九月一日発売の雑誌『求是』（第十七期）に「当面のマクロ経済情勢と経済政策について」と題した論文を寄稿した(40)。この中で温総理は、「今年に入り、わが国の経済成長は、政策による刺激から自主的な成長へと秩序立って転換しており、マクロ・コントロールは予期した通りの方向に発展している」との基本認識を示したうえで、年内の経済政策として六項目の重点課題を挙げた。すなわち、(1)物価の安定保持、(2)不動産市場の管理と実行、とりわけ北京、上海、広州など以外の地方都市での不動産価格の抑制、(3)農業、食糧生産の確保、(4)経済の構造改革推進と省エネ対策の推進、(5)農村や都市で試行中の年金制度「養老保険」や各種税制改革などの実施、(6)就業、社会保障、教育、医療などの民生部門の改善――などだ。物価の安定は冒頭に挙げられ、引き続き胡―温体制の最重要課題となっている。

（二〇一一年一〇月）

2　辛亥革命百周年と六中全会開催

――重体説がささやかれていた江沢民氏が、辛亥革命百周年記念式典に姿を見せ、健在ぶりをアピールした。中国は〈社会主義の核心的価値体系〉重視を打ち出した六中全会を経て、二〇一二年秋の十八回党大会に向けた人事の季節に入った。

民族主義に傾倒の胡錦濤演説

帝政崩壊のきっかけとなった辛亥革命から百周年を迎えた一〇月一〇日、台北の総統府前広場で、内外の参加者約二万二〇〇〇人が見守る中、軍事パレードを含む盛大な「中華民国」双十国慶百周年の記念式典が行われた。中国では一〇月九日、北京・人民大会堂で内外の関係者約三〇〇〇人が参加した辛亥革命百周年記念式典が開かれ、胡錦濤総書記が記念演説を行った。演説の狙いは、辛亥革命と孫文の正統な継承者が中国共産党であることを世界にアピールし、台湾との統一を呼びかけることにあった①。

当日午前の人民大会堂の会場には、孫文の巨大な肖像画が掲げられ、胡氏に続いて前総書記の江沢民氏（85）がゆっくりとした足取りで壇上に登場すると、場内からは驚きの声とともに、立ち上がって拍手する参加者も現れた。壇上から会場内に向かって手を振る余裕を見せた江氏は矍鑠とし、痩せ細った印象もなかった。しかし、介添え役の男性係員が一緒に歩き、着席や起立の際には手助けが必要で、体力の衰えは隠せなかった②。

江氏は主席台の最前列中央部、胡氏と温家宝総理の間に座り、約二〇分間に及んだ胡演説に聞き入った。翌日の『人民日報』には、出席した政治局常務委員九人全員の氏名が掲載され、江氏の名前は胡氏に続いて党内序列第二位で扱われた③。この日は江氏のほかに李鵬、李瑞環、宋平、尉健行、李嵐清、曾慶紅、羅幹の各氏ら引退した元幹部が出席した。『朱鎔基講話実録』を出版したばかりの朱鎔基氏と喬石氏の姿はなかった。

七月の共産党創立九〇年記念大会に欠席していた江沢民氏が姿を見せたのは、香港や日本で流布された死亡説や重病説を打ち消すとともに、自派勢力の既得権益を死守・拡大する狙いがあったのだろう。十八回党大会に向けた権力のせめぎ合いが激しさを増していることを予感させる光景だった④。

演説で胡総書記は、辛亥革命の意義を強調する一方で、「辛亥革命は旧中国の半植民地、半封建主義社会の性質を変えることはできず、中国人民の悲惨な境遇を変えることもできなかった。民族の独立や人民解放の歴史的任務を全うすることもできなかった」と歴史的限界を指摘した。そのうえで、一九二一年に成立した「中国共産党が孫中山（孫文）先生の切り拓いた革命事業の最も堅実な支持者、最も密接な協力者、最も忠実な継承者であり、孫中山先生と辛亥革命が掲げた先駆的偉大な志を絶えず実現、発展させた」と自賛した⑤。

演説では孫文の後継者・蔣介石の名前が触れられることもなく、「中華民国」の存在すら無視する徹底した共産党史観に基づく歴史解釈が貫かれた。台湾の馬英九総統が翌一〇日の演説で、「中華民国の存在は現在進行形である。中華民国が今も存在している事実を正視し、自由、民主、均富（等しく富む）の方向に邁進してこそ、両岸の距離を縮めることができる」と反論したのは当然とも言えた[6]。

孫文が唱えた「民族（漢族独立）」「民権（民国創立）」「民生（地権平均）」の「三民主義」については、一度言及されただけ。漢族、満州族、モンゴル族、回族（イスラム教徒）、チベット族の五つの民族の平等な共存を理想とする「五族共和」は無視された。ウイグル族やチベット族、モンゴル族との間で生じている民族対立の現実を見るまでもなく、孫文が理想とした姿とは程遠い状況にあることから、言及が憚られたのだろう。

辛亥革命百周年記念大会で，胡錦濤国家主席と笑顔で話す江沢民前国家主席（2011年10月９日，北京・人民大会堂）（EPA＝時事）

演説の最大の焦点は、台湾に向けた祖国統一への呼びかけだった。「（中台）両岸の同胞は血のつながった運命共同体であり、大陸と台湾は両岸同胞の共通の家庭だ。現代において、両岸の中国人は共に繁栄、発展し、中華民族の偉大な復興を共に図る歴史的チャンスを迎えている」、「孫中山先生はかつて『統一は中国全国民の希望である。統一できれば、全国民が幸福になり、統一できなければ、被害を蒙る』と語った。われわれは両岸の平和的発展という主題をしっかり把握し、台湾独立反対を強め、一九九二年コンセンサス（合意）[7]という共通の政治的基礎を堅持しなければならない」などと、改めて祖国統一を呼びかけた。

孫文が「統一」に言及した当時は「台湾問題」などがあるはずもなく、現代の統一に当てはめる論法には、無理があると言わざるをえないだろう。

胡演説では「中華民族の偉大な復興」の表現が二三回登場したのをはじめ、「中華民族」が一三回、「中華の振興」は八回言及された。民族主義な色彩が突出した演説で、胡総書記は「中華民族の偉大な復興を実現しよう」と繰り返した。情緒的、抽象的で曖昧なスローガンの先に、中国指導部はいかなる国家像を描いているのか。中国の崛起《くっき》は平和的という平和発展論は一回触れられただけ。共産党による強権支配が続くなか、民族主義を煽る姿勢には危うさが漂っていた[8]。

辛亥革命百周年を迎えるに当たり、中国側は台湾との祖国統一の動きを加速させることを狙っていた。「中台経済協力枠組み協定」（ＥＣＦＡ）に象徴される経済緊密化の流れに乗る形で話し合いを進めたものの、台湾の国民党政権は応じなかった。馬英九総統は第三次国共合作を連想させるような辛亥革命関連イベントには乗って来なかった。

それどころか馬総統は、「統一せず、独立せず、武力行使せず」の三不政策を維持し、守りの姿勢に入ってしまったのは中国にとって誤算だったろう。台湾の最大公約数の民意は「現状維持」であり、馬総統にとって民意に背く動きは一二年一月に迫った総統選での再選に不利に働く。台湾の民意が馬氏の手綱を引いているのかもしれない。

死亡説覆し復活した江沢民氏

江氏の死亡号外（ＰＤＦ電子版、七月七日）や死亡説記事（七月八日）を掲載した『産経新聞』は一〇月一〇日付紙面の第一面で、記事の取り消しと関係者に対して謝罪した社告「おわび」を掲載し、第三面に「〈江沢民氏死去〉報道の経緯について」と題した釈明記事を載せた。

それによると、『産経』は香港のテレビ「亜洲電視（ATV）」が七月六日夜に江氏死去を報道したことなどを受けて取材を開始し、「有力な日中関係筋」から江氏死去の情報を入手したという。しかし、「北京からは、江氏の入院先とされた人民解放軍総病院（三〇一病院）に目立った変化がないなど、〈死去〉に否定的な情報が入って来た」状況だった。

最初にキャッチした情報は日本国内で得たものか、海外なのかは明らかにしていないが、それを北京の中国総局に伝えて確認を取らせたようだ。しかし、最終的には「東京編集局で情勢を全般的に分析した結果、江氏が〈死去〉したと判断した」という。その後、中国外交部報道官の否定談話などもあり、本紙では「〈死亡説〉に和らげた」というが、数々の否定情報を押し切ってまで死亡と断定した原因は何だったのか。情報の処理方法を含め、東京本社サイドは判断を誤ったわけで、『産経』の釈明記事が核心的な部分に関しては何も説明していないのは物足りない。

産経新聞社は一〇月一三日、一連の誤報の責任を取って熊坂隆光社長ら役員三人を減俸処分とした(9)。中国報道をめぐり、社の最高幹部だけが処分されるという異例の事態の背景に何があったのか読者には分かりづらい。日ごろ「タブーに挑戦」が売り物の『産経』の報道姿勢としては、十分に説明責任を果たしたとは言えないだろう。

『産経新聞』が誤報を謝罪したことについて、『讀賣新聞』『日本経済新聞』『朝日新聞』『毎日新聞』『東京新聞』の在京五紙が一〇月一〇日付の社会面などで短く報じた。「亜洲電視（ATV）」は七月七日夕方の段階で誤報と認め、視聴者と江氏家族に謝罪した。さらに九月五日、同社ニュース・広報部門の最高責任者である梁家栄・高級副総裁が責任を取って辞任し、譚衛児・副総裁も辞表を提出した。記者出身の梁氏は九月一九日、香港立法会（議会）の情報科学技術・放送事務委員会の公聴会に出席し、誤報・辞任に至った経緯などについて証言した。[10]

六中全会は文化体制改革　中国共産党第十七期中央委員会第六回全体会議（六中全会）が一一年一〇月一五～一八日まで北京市内で開かれた。会議終了後に公表されたコミュニケによれば、会議は中央政治局が主宰し、中央委員二〇二人と中央候補委員一六三人が出席した。胡錦濤総書記が重要講話を行い、胡総書記が中央政治局の委任を受けて行った工作報告を中央委員らが聴取し、討論したうえで、「文化体制改革を深化させ、社会主義文化を大きく発展、繁栄させる若干の重要問題に関する決定」を審議、採択した。二〇一二年下半期に、ポスト胡錦濤＝習近平後継体制を決める十八回党大会を開催することも決定した。[11]

会議の日程については、七月二二日の党政治局会議で、「六中全会を一〇月に開催する」と公表し、九月二六日の同会議で詳細な日程を決め、中央電視台（ＣＣＴＶ）ニュースや新華社通信を通じて公表していた。[12]

六中全会のポイントは、国の総合力においてソフトパワーとしての「文化」が占める重要性が一段と増しているとの基本認識に立ち、「国家による文化的ソフトパワーを増強し、中華文化を発揚し、社会主義文化強国の建設に努める」との方針を打ち出したことだ。

「文化」重視の背景には、胡錦濤総書記が年頭・元旦の挨拶で言及した「われわれは社会主義文化の大発展、大繁栄を推進し、社会主義の核心的価値体系を築く」との決意があろう。党支配強化のための一手段としての「文化」重視という位置づけであり、閉幕翌日の党機関紙『人民日報』（一〇月一九日）の第一面全面を埋め尽くした記事の中で、「社会主義の核心的価値体系」の言葉が六回登場したことにも現れていた。文化制度改革の実現に向けた時間表も設定され、小康社会の実現に合わせる形で、二〇二〇年までに「社会主義文化強国の堅実な基礎を打ち立てる」ことを努力目標とした。

一連の文化体制改革の対象には映画・演劇・芸術・音楽などのほか、新聞・テレビのメディアやインターネットも含まれ、「ニュース世論工作を強化、改善する」、「健全で前向きなインターネット文化を発展させる」と指示された。

論議のやり取りや具体的指示は公表されていないが、劉雲山党宣伝部長が会議の終了した一〇月一八日に、北京市内で全国宣伝部長会議を緊急開催しており、報道規制など詳細な指示が出されたものと見られる。劉雲山部長は、「六中全会で提出された原則要求を操作可能な措置に変え、六中全会で確定した任務目標を実施可能な工作項目に変えねばならない」と督励した(13)。

会議コミュニケや翌日の『人民日報』社論（社説）においても、胡錦濤総書記の地位については、「胡錦濤同志を総書記とする党中央」と表現され、総書記に昇格した十六回党大会以来の位置づけに依然変化は見られなかった(14)。

経済成長鈍化傾向続く

国家統計局は一一年一〇月一八日、中国の七～九月期の国内総生産（GDP）の実質成長率が前年同期に比べて九・一％増えたと発表した(15)。依然として高い成長率を維持しているものの、一〇年一〇～一二月期の九・八％以来、一一年一～三月期の九・七％、同四～六月期の九・五％を下回り、四期連続でなだらかに下落し、景気が減速している様子が鮮明になった。前期（四～六月期）との比較では、七～九月期は二・三％伸びた。

成長率が鈍化しているのは、〇八年秋の金融危機以降から実施した金融緩和策が終了し、インフレを抑えるため金融引き締め策を一一年初めから継続しているためだ。加えて、最大の輸出先である欧州が債務危機で景気後退していることや、米国経済が低迷していることも影響していると見られる。

中国の輸出総額では、九月分は前年同月比で一七・一％増と、八月の二四・五％増から減少した。一〇年通年の三一・三％と比べると、落ち込み幅が大きいことが分かる。地域別では、米国向けは一月に三四・七%増だったものが、五月には七・二%増と大幅減となり、その後も六月＝九・八%、七月＝九・五%、八月＝一二・五%、九月＝一四・七%と低迷している。ちなみに一〇年通年の増加率は二八・三%だった。欧州連合(EU)向けでは、一月の二四・九%増以降、二月のマイナス八%を除いて二桁を維持しているものの、八月は二二・三%、九月は一七・四%で、一〇年通年の増加率三一・七%を大きく下回っている。(16)

消費動向を示す社会消費品小売総額について、九月は一七・七%で、一~九月でも一七%増、一〇年通年の一八・三%をやや下回った。九月の消費者物価指数(CPI)の上昇率は前年同月に比べて六・一%で、八月の六・二%、七月の六・五%と比べれば、わずかながら抑制されつつあるが、高止まり状態が続いている。インフレに押される形で消費が伸び悩んでいるようだ。

政府系シンクタンク「中国国際経済交流中心」の魏建国・事務局長(元商務部副部長)によれば、例年は欧米向け輸出がピークを迎える九、一〇月の数字が悪化しており、二〇一二年には一九九三年以来、九年ぶりに貿易赤字を記録する可能性もあるという。欧米輸出向けの企業の成約状況が悪化していることを根拠にしたひとつの見方だ。(17)

輸出向け製品を作る中小企業が多い浙江省や広東省では、多額の負債を抱えた企業主が、資金難に陥り、倒産や夜逃げなどが多発している。一〇月四日に浙江省温州市を視察した温家宝総理が中小企業向けの融資を緩和し、金融策の面からも早急に手当てするよう指示を出した。こうした事情から、再び緩和策に戻るのではないかとの観測も呼んでいる。

一方、不動産開発など過熱の原因ともなっている固定資産投資は、一~九月で二四・九%増と依然高い伸びを示している。ちなみに通年の増加率は、〇八年＝二五・五%、〇九年＝三〇・一%、一〇年＝二三・八%で、政府が低所得者向け住宅の建設を進めていることもあり、引き締め効果はさほど現れてない[18]。

GDP数値を公表した国家統計局の盛来運報道官は「経済における国内外の環境は一段と複雑になり、不安定であり、不確定要因が増えている。今後のマクロ経済調整は、政策の連続性と安定性を保持するだけでなく、政策の先見性、的確性、柔軟性を強め、安定した比較的早い経済発展を維持しなければならない」と述べた[19]。

初の宇宙ステーションが視野に

中国初の無人宇宙実験室「天宮1号」が二〇一一年九月二九日夜、内モンゴル自治区阿拉善盟にある酒泉衛星発射センターから打ち上げられた。中国政府は同夜、「天宮1号」の打ち上げに成功し、予定通り軌道に乗ったと発表した[20]。同夜は、胡錦濤総書記らが北京の宇宙飛行制御センターに、温家宝総理らは酒泉衛星発射センターに分かれて駆けつけ、党政治局常務委員九人全員で発射を見守った。一〇月一日の国慶節を前に、宇宙開発が中国の国家的事業であることを改めて国民に見せつけ、国威の発揚を図ったものと見られた。

「天宮1号」は宇宙ステーションの建設に向けてドッキング実験などを行うのを目的としている。全長一〇・四メートル、最大直径三・三五メートル、重さ八・五トンと小型で、本格的な実験室を打ち上げる前の「簡易実験室」と位置づけられている。打ち上げには、運搬ロケット「長征2号F」と同じ系列のものが使用された。一〇月七日午後五時過ぎには、日本の富山市天文台が「一メートル反射望遠鏡」を使用し、上空を横切る「天宮1号」が「太陽電池パネルを羽のように広げている姿」（林忠史主査学芸員）を確認した[21]。同一三日までに軌道上での観測作業や軌道変更などの基本的任務が完了した[22]。

中国は〇六年一〇月一二日、「中国の宇宙航空事業」と題した白書を公表し、五年間の宇宙開発の国家戦略を明らかにしていた。二〇〇〇年以来、二度目となった同白書では、宇宙開発が科学技術と経済・社会的発展の牽引役であることを強調し、五年間の目標として、宇宙船のドッキングや宇宙実験室の開発などを挙げていた[23]。

中国は二〇二〇年前後をメドに、人が長期滞在できる有人宇宙ステーションの建設を計画している。そのために宇宙でのドッキング技術向上を目指し、一〇月三一日に無人宇宙船「神舟8号」を打ち上げ、一一月三日に「天宮1号」とのドッキング実験に成功した。今後、「神舟9号」、「神舟10号」の打ち上げも予定しており、同10号では初の女性宇宙飛行士が誕生する見通しだ[24]。

中国は〇三年一〇月一五日、初の有人宇宙船「神舟5号」を打ち上げた。同船は地球を一四周した後、翌一六日朝、内モンゴルの着地点に帰還した。中国は旧ソ連（ロシア）、米国に続いて世界で三番目に有人宇宙飛行を成功させた国となった。

上海地下鉄で重大事故発生

一一年九月二七日午後二時五〇分（日本時間午後三時五〇分）頃、上海市内の地下鉄10号線で車両同士の追突事故が発生し、乗員・乗客ら二七〇人余りが負傷した。邦人五人も軽いケガをした。負傷者のうち大半は病院で治療を受けた後に帰宅し、約六〇人が入院した。死者は出なかった[25]。

事故が発生したのは「豫園《よえん》駅」と「老西門駅」の区間。事故発生の約四〇分前に、「老西門駅」の隣の「新天地駅」で信号制御システムが故障し、全線で手動運転に切り替わり、運転司令や各駅職員が電話で連絡を取り合いながら運行している最中に追突事故が発生した。

上海地下鉄10号線は上海万博の開幕一カ月前の一〇年四月に開通していた。開幕に合わせての突貫工事が指摘されているほか、使用された信号制御システムが浙江省温州市内で事故を起こした高速鉄道と同じものだったとの指摘も出ていた。

事故原因究明の調査チームは一〇月六日、事故に至るまでの経緯を明らかにすると同時に、運転司令の担当者たちに規則違反を伴うミスがあったとして、同地下鉄を運営する「申通集団」の幹部ら一二人に免職を含む懲戒処分を下したことを発表した[26]。

事故は人為的なミスだったことを認めた形だが、信号制御システムの欠陥については触れなかった。直接的な原因は、運転司令の職員が列車の位置を正確に把握しないまま、指示を出したうえ、駅職員も担当区間に別の列車がいないかどうかを正確に確認せずに発車を許可したためだった。当時、信号制御システムが停止した停電の原因は、地下鉄の電気ケーブルの関連工事だった。事故現場はカーブになっており、追突した列車は時速三五キロで停止中の先行列車にぶつかった。

新華社通信は九月二一日、死者四〇人を出した浙江省温州市での高速鉄道事故の政府調査報告書に関する途中状況を伝えた中で、「最終的な報告書の公表まではなお時間がかかる」との見通しを明らかにした[27]。鉄道部の権益にも影響が出るだけに、報告書は党中央指導部をも巻き込んでいることが予想され、難航しているようだ。

越書記長訪中、ホットラインで合意

ベトナムのグエン・フー・チョン党書記長が一一年一〇月一一～一五日にかけて中国を公式訪問した。一月のベトナム共産党第十一回大会で国会議長から党書記長に昇格したチョン氏にとって最初の訪問先は中国だった。チュオン・タン・サン国家主席は一〇月一一日にインドを訪問するなど、ベトナムは両指導者による絶妙な中印バランス外交を展開した。

一方、ロシアのプーチン首相も一〇月一一、一二日、中国を公式訪問した。与党「統一ロシア」の党大会（九月二四日）で、一二年三月実施の大統領選に出馬する意向を正式に表明して以来、最初の外遊先は中国だった。プーチン首相には企業家ら約一六〇人が同行した。一〇月一二日の党機関紙『人民日報』は、一面トップに胡錦濤＝チョン会談を掲げ、温家宝＝プーチン会談は同記事の下で扱った。中国はベトナムを優先し、対越改善を重視している姿勢を印象づけたかったのだろう。

チョン書記長は一〇月一一日、北京・人民大会堂で胡錦濤国家主席（総書記）と会談した。会談には

習近平国家副主席も同席した[28]。同書記長は同一二日に温家宝総理と会談したほか、李克強・副総理の案内で北京・中関村にあるIT（情報技術）展示施設を視察した[29]。

会談で胡主席は、「長期安定、未来志向、善隣友好、全面協力（中国語＝長期穏定、面向未来、睦隣友好、全面合作）」の一六文字方針と「良き隣人、良き友人、良き同志、良きパートナー」の「四つの良き（中国語＝四好）精神」に則り、「中越の全面的戦略協力パートナーシップを維持、発展させよう」と呼びかけた[30]。そのうえで胡主席は、(1)戦略的相互信頼の増進、(2)両党交流の強化、(3)実務協力の深化、(4)対話と協議を通じた適切な問題処理、(5)国連、アジア太平洋経済協力会議（APEC）、東南アジア諸国連合（ASEAN）＋中国関係などでの協調を強化するよう提案した。

双方は、南シナ海問題についても「率直に」話し合い、胡主席は「問題を迅速かつ適切に処理することが必要だ。海上紛争が最終的に合意する前に、争いを複雑化させたり、拡大させたりする行動を取ってはならない。冷静かつ前向きな態度で問題を処理し、両国の党と国家の関係や、南シナ海の平和と安定に影響させてはならない」と語った。

ベトナムが九月中旬、インドと一緒に南シナ海で石油・天然ガス開発に乗り出したことを牽制した発言だった。胡主席は「双方は共同開発について積極的に研究、相談し、早急に実質的な歩みを進めねばならない」とも語り、ベトナム側が実効支配する島嶼に対する共同開発を持ちかけた。

これに対してチョン書記長は、一九九一年以来の両国関係の正常化の歩みを振り返りつつ、国連憲章と国際法の基本原則に則った形での相互の尊重、信頼、理解と協力の重要性を強調した。また、南シナ海問題だけが両国関係を占めているわけではないとの認識を示したが、同時に「国家の主権に関わる（領土・領海）問題であり、微妙で複雑だ」と主張し、ベトナムとしても主権は譲れない立場を強調した[31]。

会談終了後、両首脳が見守る中、双方の外務次官によって、外交文書「中越間の海上問題を解決に導く基本原則に関する合意」の署名・調印が行われた[32]。この合意文書では、国連海洋法条約（一九八二年一二月採択、九四年一一月発効）などの国際法や、中国と東南アジア諸国が平和的解決を目指して調印した「南シナ海行動宣言（ＤＯＣ）」（〇二年一一月）を尊重し、海上紛争は「交渉と友好的な協議を通じて解決する」ことが確認された。

一〇月一二日の定例会見で、同文書の調印を発表した中国外交部の劉為民・報道局副局長は「（中越）両国には友好的な話し合いと交渉を通じて、海上紛争を解決する能力と決意があることを示すもの」と成果を誇った。多国間の枠組みよりも二国間で問題処理に当たりたい中国の思惑がうかがえる発言だった[33]。

チョン書記長は広東省広州や深圳を訪れ、帰国した一〇月一五日には中越共同声明が発表された[34]。それによれば、両党交流では二〇一一～一五年までの五カ年協力計画が調印され、理論や統治面で経験交流するほか、対外宣伝部門の協力も決まった。両国軍関係では、国防相間のホットラインの設置、指導者の相互往来、次官級戦略対話の継続、人材育成のための交流、陸上部国境線での共同警備、海軍によるトンキン湾共同巡視なども決まった。

なお、書記長に同行したフン・クアン・タイン越国防相（党政治局員）は一〇月一二日、北京市内で中国の梁光烈国務委員兼国防部長と会談した。

露大統領選意欲のプーチン氏が訪中

プーチン露首相は一一年一〇月一一日、北京・人民大会堂で温家宝総理と一六回目の定期協議を行い、終了後に共同コミュニケを発表した。同一二日には胡錦濤国家主席や呉邦国・全人代常務委員長（国会議長）と会談した。三時間に及んだプーチン＝温家宝会談の終了後に両者による共同記者会見が行われ、温総理は「双方は（ロシアが中国に供給する）原油価格で合意したほか、原油と天然ガスについて双方が積極的に協力することで合意した」と語った。

英字紙『チャイナ・デイリー』（一〇月一二日）によれば、ロシアは一一年一月一日から東シベリア太平洋パイプライン（露スコボロジノ——黒龍江省大慶の約一〇〇〇キロ）を通じ、日量三〇万バーレルの原油を中国側に供給しているが、「関税問題などがあり、中国は数千万ドルに及ぶ支払い不足が生じている」という。今回、原油価格でどのような合意があったのかは不明だが、プーチン首相は会見で、「天然ガスの供給問題は最後の段階に近づいている」と語り、天然ガスについては最終合意できていないことを認めた(35)。

ロシアの企業「ガスプロム」は〇九年、年間六八〇億立方メートルの天然ガスを三〇年間にわたり中国側の「中国石油天然ガス集団公司（CNPC）」に供給すると合意していたが、露側は、欧州向け価格である一立方メートルあたり三〇〇米ドルを主張したのに対し、中国側は中央アジア諸国並みの一立方メートルあたり二〇〇米ドル以下を要求し、交渉が難航しているという。

プーチン首相の訪中に先立って北京入りしたイーゴリ・セチン露副首相は王岐山副総理と一〇月一一日に事前協議し、中国側は一立方メートルあたり二五〇米ドルまで歩み寄ったものの、最近の天然ガス価格の変動もあり、最終合意に達しなかったという(36)。

定期協議では、ロシア国営「開発対外経済銀行（VEB）」と「中国国家開発銀行（CDB）」による、ロシア・イルクーツク州タイシェトでのアルミ精錬所建設の第一段階（七五万トン生産）工事用として一五億米ドルの投資や、「中国投資有限責任公司（CIC＝中投公司）」によるロシアへの直接投資基金（一〇億米ドル）を設けることでも合意した(37)。

両国共同コミュニケによれば、双方は経済近代化、観光や農業分野などの合意文書に調印した。このほか、企業同士での合意文書も調印された。うちエネルギー、鉱物資源を中心とした経済・貿易関連の合意文書は一六本で、総額七一億米ドルに及んだという。

ドル不信を背景に影響力の拡大を狙う両国は欧州における財政・金融危機への対応などG20内での協調の強化をはじめ、経済・エネルギー分野の協力を深めることで、中露蜜月を世界にアピールしたかったようだ。

中国とミャンマーとの関係に軋轢

ミャンマーのワナ・マウン・ルウィン外相が一一年一〇月一〇日、大統領特使として緊急訪中し、北京で習近平・国家副主席と会談した。中国の国有企業がミャンマー国内で進めていた水力発電用大型ダム「ミッソンダム」の建設が中止された問題などについて協議した。

習副主席は「近年来の両国関係は良好で、全面的戦略パートナーシップをしっかりと推進し、両国人民に幸福をもたらさねばならない」とした。そのうえで、「協力の過程で生じた問題については、友好的な協議を通じ、妥当な解決方法を模索し、各領域で進められている両国の交流が、健全で穏当に前進するようにしなければならない」と苦言を呈し、善処を求めた[38]。

ミャンマーのテイン・セイン大統領は九月三〇日、首都ネピドーの連邦議会で、同国北部カチン州のイラワジ川上流に建設中のミッソンダムについて、「大多数の国民の要求に応じ、建設を中止することを決めた」と表明していた。中国国慶節の休暇の終了を待つようにして行われたルウィン外相の訪中は、同ダム建設中止を中国側に説明する狙いがあったと見られた[39]。

同ダムをめぐっては、民政移管後のメディア規制緩和に伴って、生態系や周辺住民の生活環境に与える影響が大きいほか、発電された電力の大半が中国へ供給されるなどの反対意見が出ており、地元の少数民族カチン族や政府系自然団体などが建設の見直しを訴えていた[40]。

ミッソンダムは旧軍事政権が認可したもので、最高実力者タン・シュエ議長の右腕だったゾウ・ミン第一電力相（当時）らが開発を推進したと言われている。民政移管後のセイン政権が軍政時代の決定を覆すという異例の事態となった。ミャンマー側が〇六年にダム建設を提案し、軍政系企業「アジア・ワールド・カンパニー」が〇九年、中国の国有企業「中国電力投資集団公司」と契約を締結した。発電力は六〇〇〇万キロワットで、総工費三六億米ドル（約二七六〇億円）の大半は中国側の負担と見られる。

　中国は周辺地域に計七カ所の大型ダムを建設する予定で、発電量の九割を中国雲南省に送る計画という。「中国電力投資集団公司」は中止の決定に驚きを表明し、損害賠償など法的問題が生じると警告した。中国政府は、「（中国とミャンマー）双方による科学的な論証と厳格な審査に基づいた共同出資事業だ。建設最中の事柄であり、双方が友好的な話し合いを通じて、適切に処理されなければならない」（劉為民・外交部報道局副局長）(41)との態度を表明している。

台湾への武器売却でも米中破裂せず

　米国防総省は一一年九月二一日、総額五三億ドル（約四〇五〇億円）にのぼる台湾向けの武器売却案を議会に通告した。馬英九政権が〇九年一一月に申請していた新型のF16C／D戦闘機六六機の売却は見送られ、代わりに台湾空軍が保有する初期型F16A／B戦闘機一四五機分の改良部品（電子レーダーや全地球測位＝GPS＝システム）を供与するなどの折衷案に落ち着いた(42)。

　中国から強い反発を受けたオバマ政権が、対中関係を配慮した結果だった。米国の対台湾窓口機関である米国在台協会（AIT＝本部・ワシントン）のレイモンド・バッガード理事長は九月二〇日、「オバマ政権はブッシュ前政権時代の八年間での総量を超える武器を台湾に供与している。既存戦闘機の改良は、台湾内に多くの雇用の機会を生む」と成果を強調した(43)。

　これに対して中国の楊潔篪外交部長は九月二二日、訪問先のニューヨークで米国の親中団体「米中関係全国委員会」と「米中貿易委員会」の合同会合で講演した中で、台湾への武器売却決定は「誤ったものであり、ただちに撤回すべきだ」と強く反発した。さらに楊部長は、同二六日、開会中の国連内でクリントン米国務長官と会談し、重ねて同決定の撤回を強く求めた[44]。憤慨した中国は、米中軍事交流を再び中断するとの観測もあったが、結果的に強硬手段には訴えなかった。

一方、米議会上院は一〇月一一日、通貨・人民元についての対中国制裁法案「二〇一一年為替相場監視改革法案」を、六三対三五の超党派による賛成多数で可決した[45]。中国当局が為替を操作し、人民元が過小評価されているために対中貿易が歪められ、米国の雇用を脅かしているとの主張が支持された。同法案は下院に送付されるが、ベイナー下院議長（共和党）は「貿易戦争を招く深刻なリスクがある」とし、下院では審議しない意向を示した。下院も超党派で賛成論がくすぶっているが、廃案となる見通し[46]。

これに対して、中国商務部は一〇月一二日、同法案は「世界貿易機関（WTO）のルールに違反しており、断固反対する」との声明を発表して、強く反発した。

米国務省のキャンベル次官補（東アジア・太平洋担当）は一〇月一一日に訪中し、北京で中国外交部の崔天凱副部長と第二回アジア太平洋協力協議を行った。崔副部長は台湾への武器売却や人民元問題、チベット問題などを挙げ、「中国に対する内政干渉と国益に損害を与える誤った行為である」として、強い不満と断固たる反対を表明した。キャンベル氏は同一一日（米東部時間）にワシントンに戻った際、中国側から制裁法案に対する懸念を直接伝えられたことを明らかにした[47]。

尖閣諸島で 中国が海洋調査

沖縄県石垣市の尖閣諸島・久場島から北北東に一二一キロ離れた日本の排他的経済水域（EEZ）内で九月二五日午後五時五五分、中国の海洋調査船「北斗」が船尾から金属製ワイヤー状のもの三本、ロープ状のもの三本を曳航して、北西に向かっているのを海上保安庁の航空機が確認した。日曜日夕刻の出来事だった[48]。

第十一管区海上保安本部（那覇）によれば、中国側から事前に日本のEEZ内で海洋の科学調査を行うと通報があったものの、「北斗」は事前通報の海域から約二〇キロ離れて調査していた。海保航空機は無線を通じて「事前通報と異なる海域での調査は認められない」と警告したが、「北斗」からの反応はなかった。

外務省は同二五日夜、北京の日本大使館を通じて、事実関係の確認と、日本政府の同意のない海洋調査は認められない旨、中国外交部に申し入れた(49)。

現場に向かった海上保安庁の巡視船が同二五日午後九時過ぎ、久場島の北約一〇三キロの海上で「北斗」に追いついた。同日午後一〇時一三分、「北斗」は久場島の北約九七キロの海上で、曳航していたワイヤーなどを海中から引き挙げた。この間、「北斗」から「地質調査を行っている」、「調査海域の理解に相違があるようだ」、「作業を中断し、本国に確認する」などの応答が巡視船にあった。

その後、「北斗」は北東方向に航行して通報海域に入ったが、一〇月七日午前九時四分、尖閣諸島大正島の北約一五五キロの日本のEEZ内でワイヤー状のもの四本を垂らして航行中のところを海上保安庁の航空機が再度発見した。「北斗」は約二時間半後の同午前一一時二七分、再び通報海域に入った。この間、外務省が中国外交部に対して、同様の申し入れを行ったという。「北斗」は同日夕刻にも約三時間、ロープやワイヤーなど六本を垂らした状態で通報海域以外を航行した(50)。

一方、尖閣諸島・久場島から北北東一四五キロの日本のEEZ内で九月二六日午後四時五二分、中国の海洋調査船「科学3号」が、船尾からワイヤー状のもの一本を曳航して、南東へ向かっているのを海上保安庁の航空機が確認した。同船の活動に関しても日本側に事前通報があったが、実際には一八キロほど異なる海域で調査活動していた。

海上保安庁の巡視船が「日本の事前の同意内容と異なる海域での調査活動は認められない」旨を警告したが、応答はなかった。「科学3号」は同二六日午後五時四五分、久場島の北北東約一三九キロの通報海域に入った(51)。

しかし、「科学3号」は九月二九日午前八時五〇分ごろ、沖縄県久米島の北西約二四六キロの日本EEZ内で、ワイヤー状のもの一本を曳航して北西に向かっているのを海保航空機によって確認された。事前通報の海域から約四六キロ離れていたが、同日午後五時までに、再び通報海域内に戻った[52]。

外務省は、中国側が通報してきた調査用海域や調査期間について、「(日中)双方の申し合わせで公表できない」(アジア大洋州局中国モンゴル課[53])としている。在京消息筋によれば、中国の調査期間は、「九月から一一月までの三カ月間」だった。

〇一年二月に合意した日中両国間での「海洋調査活動の相互事前通報の枠組み」に従って行われている調査活動は、現実には中国側が中間線を越えた日本側で実施するケースが大半で、中国の活動に合法性を付与しただけになっている。当時から批判の声はあったものの、外務省が調査海域や期間を秘匿している現実は、日本の国益重視の立場からも大いに改善の余地がある。

注目されたのは、次に述べるように漁業監視船も同時期に現れた点である。国土資源部系の国家海洋局と農業部系の漁政局が連携する形で活動していることを示すものと言える。

九月二六日午後七時二七分、尖閣諸島・久場島北西約三六キロの「接続水域(領海の外側二二キロ)」内で、中国の漁業監視船「漁政32501」が東北東に向けて航行しているのを監視中の海保の巡視船が確認した。約四〇分後の同八時一〇分頃、今度は久場島の北北西約三七キロの海上で同「漁政202」が「漁政32501」とともに現れた[54]。海保巡視船が航行目的などについて無線交信で質したところ、「漁政202」は「われわれはこの海域で公務執行中である」と回答した。

二隻はその後も東北東に向けて航行し、「漁政202」は午後八時四六分、「漁政32501」は同八時五六分、久場島の北約四四キロのところで日本の接続水域を離れた。前年九月の尖閣諸島衝突事件以来、中国の漁業監視船が同周辺に出没したのは一三回目だった。

外務省アジア大洋州局中国モンゴル課によれば、九月二六日の二件について、在北京の日本大使館を通じて、中国外交部に対し、「事前通告の海域で調査するよう」申し入れ、漁業監視船については、「領海を侵犯しないよう」申し入れたという[55]。

防衛省統合幕僚監部のまとめによると、航空自衛隊機が領空侵犯の恐れがある中国機に対して緊急発進（スクランブル）した回数は、本年（一一年）四～九月の半年間で八三回に上った。これは前年同期（二四回）と比べて三・五倍に急増しており、一〇年秋の尖閣事件以降、中国軍機の接近も増えていることを裏付けている。ただし、領空侵犯のケースはないという[56]。

（二〇一一年一一月）

3　豪州に米軍駐留で中国が警戒

米国がアジア太平洋地域への関与、対中牽制策を打ち出した。通商分野では、中国を排除する「TPP（環太平洋経済連携協定）」を立ち上げ、安全保障面では南シナ海をにらむ豪州北部に米海兵隊を駐留させる方針を発表した。オバマ政権は対中危機回避（リスクヘッジ）へと方針転換した。対米協調路線で臨んでいた胡錦濤＝温家宝政権には戸惑いが隠せない。

人民元で火花の米中ハワイ首脳会談

中国の胡錦濤国家主席は一一月一〇～一四日まで米ハワイ州ホノルルを訪れ、同地で開催された第十九回アジア太平洋経済協力会議（APEC）首脳会議に出席し、各国首脳との個別会談を行った。

一八年ぶりにAPEC議長国となった米国は、首脳会議開催に合わせて「環太平洋経済連携協定（TPP）」加盟の九カ国による初の首脳会合（一一月一二日）を開き、基本的な協定の大枠に合意したと発表した。TPPは再選を狙うオバマ大統領が期待を込める高度な自由貿易の枠組みで、野田総理が「日本も交渉参加に向けて関係国との協議に入る」と表明したのに続いて、カナダのハーパー首相とメキシコのフェラリ経済相も交渉参加の意向を示すなど、米国にとって強い追い風となった。

一方、中国は米国に先駆け、東南アジア諸国連合（ＡＳＥＡＮ）と日中韓三カ国による広域貿易圏10＋3を推進中だ。そこに米国は含まれておらず、米国主導となったＴＰＰは中国を蚊帳の外に置いており、通商戦略における米中の違いが一段と鮮明になった。

オアフ島ホノルルのヒッカム米空軍基地に専用機で到着した胡主席は、一一月一二日午後、市内のハレ・コア・ホテルでオバマ米大統領と会談した。両首脳は仏カンヌで開かれたギリシャの債務危機に対応する主要二〇カ国（Ｇ20）首脳会議に出席した同三日に、議場内で立ち話をした程度で、本格的な会談はホノルルになった。

同席したマイケル・フロマン大統領副補佐官（国際経済問題担当）らによれば、会談では起爆実験など新たな疑惑が浮上したイランの核開発問題についても話し合われたが、中心的議題は、人民元、知的財産権、国有企業問題など中国の経済・通商問題だった。オバマ大統領は胡主席に対して、「米国民やビジネス界は（人民元など）中国の経済政策の進展ぶりにますます我慢できなくなっており、不満が高まっている」と強い調子で改善を迫った。[1]「大統領は胡主席に非常に直截に話した」（別のホワイトハウス高官）という。[2]失業率が高水準で推移するなど米経済が低迷するなかで、オバマ大統領は中国主導の域内経済統合では米国の利益は望めない、と判断したようだ。

これに対し胡主席は、「中国の為替制度は責任あるものだ。市場の需給に基づく、通貨バスケットを参考にした管理変動相場制である。人民元の為替改革は引き続き漸進的に実施して行く。米国の貿易赤字や失業問題は人民元によるものではない。人民元が大幅に切り上がったとしても、米国が直面する問題の解決にはならない。米国は早急に現実的措置を取り、中国に対する高度技術品目の輸出規制を緩和し、中国企業が米国に投資するうえでの便宜を図るべき」と反論した[3]。

南シナ海などについて胡主席は、「中国は米国のアジア太平洋地域における正当な利益を尊重し、米国がこの地域において前向きな役割を果たすことを歓迎する。米側も同じように中国の正当な利益を尊重し、互いの利益に関わる問題を適切に処理し、地域の平和と相互信頼、協力を促進するよう希望する」と述べた[4]。

大統領は同会談の数時間前に行われたAPECビジネス指導者サミットで、「米中貿易と経済関係において相互主義でないなら、米国は傍観するわけに行かない、というのがわれわれの最低線だ」、「（知的財産権問題などで）ルールが破られるのを目撃すれば、われわれは声を上げるし、場合によっては行動に出るだろう」と強い調子を打ち出していた。

APEC会議の全日程が終了した後の記者会見（一一月一四日）で大統領は、「米国は中国の平和的な台頭を歓迎する。何億人という中国人が貧困から抜け出すことは、米国にとっても利益だ。ただ、人民元は二〇％から二五％低く抑えられている。米国の対中輸出品はより高価になり、中国からの対米輸入品はより安価になる。昨年は米国の圧力で少し改善したが、まだまだ不十分。（人民元も）市場システムに基づいた方向へ進む時だ」と、公然と中国に不満をぶつけた。これまでのオバマ対中発言と比較してやや異例だった[5]。

中国のTPPへの基本的態度は、「域内の経済統合と共通の繁栄に役立つ協力的な提案であり、開放的な立場で臨んでいる。現状では、発展途上にある差異と多様性に十分配慮しなければならない。開放的な地域協力の政策を実行し、今ある制度や枠組みを十分に利用し、アジア太平洋地域の一体化の過程は、秩序立って、漸進的に推進すべき」（姜瑜・外交部報道局副局長）とやや消極的なものだ[6]。

中国商務部の兪建華・部長補佐はハワイでの関連会見でTPP加盟問題について問われ、「中国はどのメンバー国からもTPPの誘いを受けていない。もし、あれば真剣に検討したい」（一一月一一日）と語って注目された[7]。米側としては、TPPはFTA（自由貿易協定）よりも規制廃止が厳しく、関税撤廃だけでなく、知的財産権や国有企業への補助金など多くの課題を解決しなければならず、中国に交渉参加を持ちかけても、加盟は困難だろうと見ているようだ[8]。

なお、TPP（Trans Pacific Partnership）の用語について、日本政府は「環太平洋パートナーシップ」と素直に訳しているが、中国では「跨太平洋戦略経済伙伴関係」と、英文にはない「戦略」の二文字を挿入している。二〇〇六年にニュージーランド、チリ、シンガポール、ブルネイの四カ国の間でTPPが発効した際の名称が「環太平洋戦略的経済パートナーシップ（Trans Pacific Strategic Economic Partnership）だった名残と見られるが、中国は依然としてTPPを戦略的に捉えているようだ[9]。

温家宝総理、対中包囲網に反撃

ASEAN諸国と域内主要国の首脳らによる一連のASEAN関連会議が一一年一一月一八、一九日、インドネシアのバリ島で行われた。目玉は、初めて米露が加わり一八カ国になった「第六回東アジア首脳会議（EAS）」の開催だった。EASに出席した初の米大統領となったオバマ氏のほか、ロシアはメドベージェフ大統領が参加と見られたが、国内事情で欠席、代わりにラブロフ外相が出席した。

温家宝総理はEASに先立ち同一八日、ASEANと中国、ASEANと日中韓三カ国による首脳会議に出席したほか、インドのマンモハン・シン首相と会談した。

温総理は中国―ASEAN首脳会議で、南シナ海問題について、「長年にわたる問題であり、直接関係する主権国家が、友好的な協議と話し合いを通じて解決しなければならない」と発言し、「外部勢力は、どのような口実にせよ介入すべきではない」と米国などを強く牽制した[10]。そのうえで温総理は、〇二年に調印した「南シナ海行動宣言（DOC）」に加えて、ASEAN側は法的拘束力を持つ「行動規範

（ＣＯＣ）」の策定を求めていることを指摘。「中国としては、ＡＳＥＡＮ諸国が『行動宣言』を前向きに全面的に実施し、実務的な協力を強めたうえで『行動規範』の策定を模索する作業に着手することを望んでいる」と語り、中国政府指導者の口からＣＯＣについて前向きな意向が初めて示された。これまでの姿勢から一歩前進したものだった[11]。

さらに温総理は、相互の通報体制や航行の安全を目指した「海上協力基金」を中国とＡＳＥＡＮ諸国の間で創設するとし、そのための基金三〇億元（約三六〇億円）を拠出すると発表し、柔軟な姿勢を見せた[12]。

温総理は同日夜の晩餐会でオバマ大統領と隣り合わせになり、予定になかった米中首脳会談を行うことを申し入れ、同一九日午前、オバマ大統領と急きょ会談した[13]。

双方の発表によると、会談は人民元の為替問題や対中貿易赤字などの経済問題が中心になった。温総理はホノルルでの胡錦濤＝オバマ会談を受けた形で、「中米貿易の不均衡は構造的な問題であり、解決するには双方の経済貿易協力を深める努力が必要だ。人民元では九月下旬から今月初めにかけ、海外で市場を反映し、安値に振れる動きがあった。中国は今後も主体的に漸進的、制御可能な範囲という原則に基づいて、慎重に人民元改革を進めて行く」と改めて説明した[14]。

同日午後に行われた東アジア首脳会議では、参加一八カ国のうち、カンボジアとミャンマーの二カ国を除くすべての国が南シナ海の安全保障問題を取り上げ、国際的な枠組みで問題処理するよう主張した[15]。温総理は「本来、南シナ海問題は東アジア首脳会議での討論には適しておらず、わたしは話したくはなかった。しかし、一部の指導者が中国を名指しした。答えないと失礼に当たるので、わが国の立場について申し上げたい」と、若干挑発的な言い回しで釈明した。

温総理は「東南アジアとその経済の発展ぶりを見れば、南シナ海の航行の自由と安全は、同地域での紛糾の影響など受けていないことを実証している。各国は国際法に基づく航行の自由の保障を十分に受けている。南シナ海は中国と地域の国々、世界各国にとり重要な輸送経路だ。中国政府は南シナ海の航行の安全のために前向きな貢献をしている」と語った。紛争は中国と当事国との二国間協議で解決するとの原則論は持ち出さなかった[16]。

首脳会議で南シナ海問題の口火を切ったのは、シンガポール、フィリピン、ベトナムの三カ国で、これにマレーシア、タイ、豪州、インド、ロシア、インドネシアが続いたという。発言した指導者は明快に多国間の枠組みで問題解決に当たるべきだと訴え、オバマ大統領はこれらの国の発言を受ける形で見解を述べたという[17]。

オバマ大統領は「われわれは南シナ海における紛争国ではないし、どちらの立場に立つものでもないが、一般的に海洋の安全保障には強い利害関係を有している。とくに南シナ海問題の解決ではそうだ。われわれは太平洋に属する国であり、海洋国家であり、アジア太平洋地域の安全保障の保証人でもある」ときっぱり語った[18]。

EASで採択された「互恵関係に向けた原則」と「ASEAN連結性」についての両共同宣言[19]では、海洋に関する国際法の順守や、主権、平等、領土保全の相互尊重、武力威嚇や武力行使の放棄が謳われた。なにより圧倒的多数の国が南シナ海問題は多国間の枠組みで解決すべきだと主張したことで、中国の南シナ海外交は大幅な見直しを迫られよう。

オバマ政権が豪州に海兵隊駐留へ

オバマ大統領は一一年一一月一八日、滞在先のバリ島で会見し、クリントン国務長官をミャンマーに派遣する方針を発表した。これを受け、同長官は一一月三〇日～一二月二日にかけて同国を訪問した。米国務長官のミャンマー訪問は約半世紀ぶりで、米国は民政移管後のテイン・セイン政権の政治犯一部釈放など一連の改革を評価し、中国への依存を深めるミャンマーを引き離す外交攻勢に出た[20]。

これより先、オバマ大統領は一一月一六日、ホノルルからオーストラリアの首都キャンベラ入りし、ギラード豪首相と会談した。豪州北部の要衝ダーウィンに二〇一二年から米海兵隊員二〇〇～二五〇人を六カ月交代で駐留させ、将来的には常駐体制二五〇〇人に増やして行くことで合意したと発表した。また、米空軍機が豪州北部の空軍基地を利用する回数と規模を拡大させることでも一致した[21]。これは外洋に拡大する中国軍の作戦展開能力に対抗し、南シナ海を含む太平洋からインド洋への軍事的展開を想定した戦略の強化と見られた。

オバマ大統領は翌一七日に豪州議会で約三〇分間の演説を行い、「世界で最も速い成長と世界経済の半分以上を生み出すアジア太平洋地域」は、米国が「最も重要な課題を実現して行くうえで死活的な存在である」と語りかけ、「アジア太平洋地域における米国のプレゼンス（存在）と任務を最優先課題とするよう国家安全保障チームに指示した」と明らかにした。イラク、アフガンの両国からの撤退に伴い、米国防予算は削減の方向にあるが、大統領は「アジア太平洋地域は犠牲にしない」と強調した。演説は米国と豪州・ニュージーランド相互安全保障条約（ANZUS）の締結六十周年に合わせて行われた[22]。

一方、クリントン国務長官は一一月一六日、ハワイからフィリピンを訪れ、マニラ湾に停泊中の米ミサイル駆逐艦「フィッツジェラルド」上で、米比防衛条約六十周年を記念した「マニラ共同宣言」をロサリオ比外相との間で調印した。共同宣言は軍事、外交両面から米国のフィリピン支援を表明したもので、海上紛争の多国間枠組みの解決などを謳った。クリントン長官は会見で、二〇一二年初めにワシントンで、米比外交、防衛担当相による「2＋2協議」を初開催することを明らかにした[23]。

クリントン米国務長官は一一月一〇日、APEC会議参加のため訪れたホノルルの東西センターで講演し、米国のアジア太平洋地域への積極的関与を表明した。長官は一〇月一四日、ニューヨークの経済クラブでの講演で、「世界の重要な戦略的、経済的中心は東方に移動している」との表現で、米国のアジア回帰を表明した。さらに同長官は外交誌『フォーリン・ポリシー』(一一月号)誌上にも「米国の太平洋の世紀」と題した論文を寄稿、イラク・アフガニスタンへの軍事介入が終了したのに伴い、米国の外交、経済、戦略など対外政策の重点をアジア太平洋地域に移すことを明らかにした[24]。

ベン・ローズ大統領副補佐官(戦略広報担当)は「米国はアジアで軽く見られるようになった。過去一〇年余り、十分に焦点が当てられなかった。だから米国はイラク戦争を終え、アフガニスタンでの戦争が戦線縮小するのに合わせ、アジア太平洋に外交的関心を十分に振り向けている。アジアにおける政治的、安全保障における焦点をあてることになる」と明快に語った[25]。

オバマ政権の対中政策転換の背景には、中国の海軍力の増強と南シナ海での強硬姿勢に象徴される膨張中国への安全保障上の対応があるが、米国内の事情もある。米国の経済が低迷を続け、一二年秋に迫った大統領自身の再選に黄信号が見え始めたことで、米経済の建て直し、とりわけ雇用創出のためにアジア市場を取り込もうとする経済戦略との両輪なのだろう。

しかし、オバマ政権は一一年初めの胡錦濤国家主席の公式訪米を受け入れ、中長期的な米中関係の枠組みを築いていただけに、中国としては唐突な米国の対中姿勢の転換に戸惑いがある。

党機関紙『人民日報』系の英字紙『グローバル・タイムズ』(一一月一八日)は「(米国は)中国の周辺国に対して、中国に挑戦するよう仕向けている。これが米国流ソフトパワーの新たな適用だ」とし、「もし反中同盟がアジアで本当に形成されるのなら、米国は従属国に経済的恩恵を与えるべきだ。これらの諸国に対して、米国に加わることが利益であると思い込ませねばなるまい。紛争海域において主権に関する問題に、口先だけの支援を与え、安全保障上の保護も与えると文書に署名するだけでは十分ではないだろう」と皮肉っぽく論評している[26]。

「米国のアジア回帰に数多くの疑問」と題した新華社電（一一月一九日、英文）は、「他のアジア諸国だけでなく、中国も米国がアジア太平洋地域から去っていたとは考えていないし、米国を追い出したとも思っていない」と当惑気味だ。そして、「東南アジア諸国は米国が自国の価値観を押し付けるのを受け入れることはないし、米国が行使したがる指導力を認めることもないだろう」、「東南アジア諸国が必要としているのは信頼できるパートナーであり、やりたい放題の指導力を振るおうとする国ではない」、「米国が冷戦時代の感覚で、アジア諸国に自国の主張を押し付けるようにして関与を続けるなら、域内から反撃を受けるだろう」と決めつけている。(27)

米国防長官がアジア歴訪

米第七艦隊所属の原子力空母「ジョージ・ワシントン（GW）」（一〇万四一七八トン、約三五〇〇人乗組）がミサイル駆逐艦など随伴艦三隻とともに一一年一一月九日、香港に寄港した。日本の海上自衛隊との恒例の合同演習（一〇月二七日～一一月四日）を行った後に立ち寄っていた。GWは香港に五日間滞在し、乗組員の静養や水や食糧の補給を行い、同一三日に再び出港した。香港寄港はGWが神奈川県横須賀を母港とし始めた二〇〇八年九月以来では二度目だった。(28) GWを含む米軍艦艇の香港寄港は、年間四〇回前後にのぼるという。

本年九月に第七艦隊司令官に就任したスコット・スウィフト海軍中将は一一月九日、GW艦上で、「アジアで大きな紛争が起きることは心配していないが、南シナ海では、予測し難い結果となり得るミニ紛争が発生することを心配している」と語った。またスウィフト司令官は、「中国とは開放的で確固とした関係を築いているが、北朝鮮については、予測が難しく、長い時間考えることが多い」と語った。(29)

米国のレオン・パネッタ国防長官は一〇月二一～二八日、インドネシア、日本、韓国のアジア三カ国を歴訪した。同長官は本年七月一日に中央情報局（CIA）長官から国防長官に就任した。日本訪問は一〇月二四～二六日で、長官は同二五日、野田佳彦総理はじめ、一川保夫防衛相、玄葉光一郎外相らと相次いで会談した。野田総理は、米軍普天間飛行場を沖縄県宜野湾市から同県那護市辺野古へ移設する問題で、実現に向けた環境影響評価（環境アセスメント）の「評価書」を年内に沖縄県当局に提出する考えを示し、パネッタ長官も日本側の努力を評価した。長官は一川防衛相に対し、「米国予算は厳しい情勢だが、（米軍による）アジア太平洋でのプレゼンスは維持し、強化する」と述べた。

日米双方は、自衛隊と米軍の共同演習や基地の共同使用、共同の警戒監視活動を拡大させることで合意した。これは南西方面を中心に、海と空の両面から自衛隊と米軍が緊密に役割分担して情報を共有することを意味する。尖閣防衛を視野に入れた動きでもある。

なお、パネッタ国防長官のアジア初歴訪に中国は含まれなかった[30]。

中国、欧州債務危機に支援なし　中国の胡錦濤国家主席は一一月三、四の両日、フランス南部カンヌで開催された主要二〇カ国（G20）首脳会議に出席した。初日の会議で「力を合わせて成長を促し、協力してウィンウィン（共に勝者）を探ろう」と題して発言した胡主席は、欧州債務危機問題に関し、五項目の提案を行った。

(1)成長の中でバランスに配慮する。強靭、持続可能、均衡（バランス）の三つの目標では、力強い成長の確保が一番重要。

(2)公的債務や国境を越える無秩序な資本移動などの金融リスクを適切に解消し、（原油、農産品、石炭、鉱物など）国際商品の価格変動を抑え、世界的インフレ圧力を効果的に緩和し、各国の経済政策の効果が打ち消されることを回避する。

(3)国際通貨システムの改革を適切に推進し、国際通貨基金（IMF）特別引き出し権（SDR）の使用を拡大すべき。引き続き自由貿易主義の旗を高く掲げ、新たな保護貿易主義に反対し、世界貿易機関（WTO）のドーハ・ラウンドをしっかり推進すべき。国際商品の価格決定・管理の仕組みづくりを促し、価格の合理的安定を実現、維持しなければならない。

(4)マクロコントロールと社会の公平・正義を守るうえでの政府の役割を十分に生かす。所得の合理的分配を進め、社会の生産能力向上と大衆の生活改善が互いに促し合うようにすべき。

(5)新興市場国と途上国の経済発展の潜在力を掘り起こし、世界の総需要拡大を牽引しなければならない。グローバル経済における新興市場国と途上国の発言権を拡大すべき。中国は途上国の一員として、世界の永続的平和と共通の繁栄を図るために尽力する。[31]

首脳会議場では一一月三日夜、胡錦濤主席の発言テキストがメディア向けに配布されたが、中国語と英語訳では内容が微妙に異なっていた。英語版にあって中国語版になかった箇所は次の部分だった。[32]「新興国市場に通貨切り上げを迫り、輸出を減らすよう要請することは、均衡ある成長にはならない。逆に世界経済を均衡ある不況へと落ち込ませ、持続可能な成長を不可能にする」。

人民元切り上げへの圧力を少しでもかわしたかったのだろう。しかし、中国当局者は翌四日になって、胡演説の報道は、中国版に基づくようプレス側に求めた。その際に理由は説明しなかったという。さらに不思議なことには、新華社電（英文）が三日夜に配信された際には、前述のくだりが入っていたものの、翌四日に配信された発言稿では削除されていたのだという。[33]

採択されたG20首脳宣言（一一月四日）では、「為替レートは、より市場原理に基づくものへと迅速に移行し、通貨安競争を回避するとの誓約を確認する」と踏み込んだものになった。米国の意向が強く働いたとされる。人民元をめぐる米中の軋轢は、翌週のホノルル首脳会談での火花に向けた導火線となった。

胡錦濤主席はカンヌ入りに先立ち、初のオーストリア公式訪問中の一〇月三一日、ウィーンで会談したハインツ・フィッシャー大統領に対し、中国の「市場経済国」[34]としての承認が推進され、天安門事件以来の欧州連合（EU）の対中武器禁輸政策の見直しが進むよう希望すると述べた。大統領は胡主席の「市場経済国」認定の要請に対して、明確に支持を表明した[35]。

　G20首脳会議で胡主席が「欧州金融安定基金（EFSF）」への具体的な支援などに一切触れなかった背景には、水面下の交渉を通じて模索された中国側の具体的要求に対し、欧州側が明確な言質を与えなかったことが関係したのかもしれない。

　胡主席のG20首脳会議出席を控えた一〇月二八日、事前説明の会見をした傅瑩・外交部副部長（欧州担当）は、「欧州は世界最大の経済体であり、非常に強固な実力を備えている。一部の欧州企業の経営状況は非常に良好で、欧州が自らを救済する能力がないということはない。したがって中国が欧州を救済するという問題は成立しない」と、中国政府としての基本的立場を表明済みだった[36]。一〇月二七日までに最高指導部内で意思決定されていた様子がうかがえる。

　ギリシャの債務危機問題を協議していた欧州連合（EU）首脳会議の終了を待たないで訪中したクラウス・レークリングEFSF最高経営責任者（CEO）は、一〇月二八日に北京で財政部や人民銀行の幹部と会談した。会見したレークリング氏は、「中国は余剰資金があり、毎月のように外国債を購入する特別な必要性が生じている。わが基金（EFSF）は、中国にとって魅力ある商品を提供することができる」と語り、中国が同基金に出資するよう求めたが、期待したような回答は得られなかった[37]。

李克強副総理が南北朝鮮を連続訪問

　中国の李克強副総理（政治局常務委員）が一一年一〇月二三～二五日にかけて、北朝鮮・平壌を訪問、同一〇月二六～二七日までは韓国・ソウルを訪問した。中国の指導者が南北朝鮮を連続訪問したのは珍しい。〇八年一二月以降、中断している六カ国協議の再開に向けて環境整備を目指したものだったが、目ぼしい成果は得られなかった。

　李副総理は一〇月二三日、平壌・万寿台議事堂で崔永林首相（朝鮮労働党政治局常務委員、党内序列第四

位）と会談した。崔首相は九月二六〜三〇日に訪中したばかり。会談で李副総理は六年ぶりに訪朝したことを披露し、中朝関係の促進について、「双方は引き続き『政府の指導のもと、企業を主体に市場メカニズムで互いに利益を得る』原則に基づいて、中朝間の実務協力を深めて行きたい」と述べた。

六カ国協議の再開については、「北南関係と朝米関係を改善し、対話のパイプを強化して朝鮮半島の平和安定を維持することは、皆にとって利益となる。中国は（北）朝鮮が対話について正しい方向性を堅持している点を支持する。また、関係諸国との対話が早期に実現するよう促し、一日も早く六カ国協議が再開され、朝鮮半島の非核化が進み、半島情勢がいっそう緩和し、地域の平和と安定と発展が維持されることを支持している」と語った。

これに対して崔首相は、「（北）朝鮮は無条件で六カ国協議を再開するよう主張している。（〇五年）九月一九日の（全核兵器と既存の核計画の放棄などを盛り込んだ）共同声明を全面的に実行し、朝鮮半島の非核化を実現する立場には変わりがない」と答えた。[38]

同二四日の金正日総書記との会談でも李副総理は、六カ国協議の早期再開を促したが、金総書記は「（北）朝鮮は早期再開を主張している。各国は（北の核放棄と米国の敵視政策転換を一緒に実行する）同時行動原則に基づき、九月一九日共同声明を全面的に実施すべきである」と答えるにとどまった。会談には後継者の三男、金正恩氏も同席した。

李副総理はこの日、金永南・最高人民会議（国会）常任委員長（党内序列第二位）とも会談し、ジュネーブでの米朝高官協議（一〇月二四、二五日）に「支持」を表明した。金正日総書記は同日夜、歓迎の夕食会を催し、金正恩氏も参加した。[39]

一方、北京に戻った李克強副総理は一〇月二六日に訪韓、ソウル市内で李明博大統領、金滉植首相らと会談した。李副総理は李大統領に対して、中韓自由貿易協定（ＦＴＡ）交渉の促進、金融支援として緊急時にウォンと人民元を交換できる通貨スワップ協定枠を現行の一八〇〇億元から三六〇〇億元に拡大する、一二年に中国は三〇〇人の韓国人青年の訪中を招請し、一五年までに中国語教師一四〇〇人を派遣する、など両国関係強化への意向を伝えた。六カ国協議再開については、南北対話の促進に向けた韓国側の努力を求めた(40)。

韓国大統領府によると、李明博大統領は、北朝鮮の非核化と改革・開放に向けて、今後も中国が重要な役割を果たすよう求めた。また、李副総理は自らの北朝鮮訪問について、「(平壌では)金正日総書記と深い対話を行い、北朝鮮に前向きな対応を促した」と明らかにしたが、金総書記から李大統領へのメッセージなどは託されなかったという(41)。

尖閣で日中有識者会議に冷水

日中両国の有識者が意見交換する「新日中友好二十一世紀委員会」の第三回会合が一一年一〇月二三、二四日、北京市と湖南省長沙市で開かれ、日本側座長の西室泰三・東京証券取引所会長や中国側座長の唐家璇・元国務委員ら総勢二〇人余りが参加した(42)。一行は全体会議に先立つ一〇月二二日、北京・中南海紫光閣で、温家宝総理と会見、全員で記念写真に収まった光景が中国外交部HPにアップされた(43)。さらに同二四日に楊潔篪外交部長と会見し、会場を長沙市に移して議論を再開し、同地では胡錦濤総書記直系で「第六世代の三頭馬車」の一人としての呼び声が高い周強・湖南省党委書記(51)と会見するなどした(44)。

一方、同会議が開催中の一〇月二四日午前五時一五分頃、中国の漁業監視船「漁政201」と同「漁政35001」が沖縄県尖閣諸島・久場島沖の接続水域(領海の外側一二カイリ)に現れた。中国当局の艦船が尖閣諸島付近に出没したのは、一〇年九月の中国漁船衝突事件以来一三回目だった。

海上保安庁の巡視船「こしき」が「漁政201」に対して航行目的などについて無線交信したところ、「一般的なパトロールである」と回答してきた。両船はその後、日本の接続水域内を出たり入ったりし

表7-1　最近の中国公船の尖閣沖への接近

①	2010年	9月10〜17日	漁政201，漁政202，漁政204	接続水域を含む周辺海域を航行
②		9月24日〜10月6日	漁政201，漁政203	同上
③		10月24〜25日	漁政118，漁政202	同上
④		11月20〜21日	漁政201，漁政310	同上
⑤		11月28〜29日	漁政201，漁政310	同上
⑥	2011年	1月27日	漁政201	同上
⑦		3月5日	漁政202	同上
⑧		3月9日	漁政202	同上
⑨		3月11〜12日	漁政202	同上
⑩		7月3日	漁政201	同上
⑪		7月30日	漁政204	同上
⑫		8月24日	漁政201，漁政31001	接続水域を含む周辺海域を航行し，領海侵入
⑬		10月24日	漁政201，漁政35001	接続水域を含む周辺海域を航行
⑭	2012年	1月14日	漁政201	同上
⑮		2月12日	漁政202，漁政35001	同上
⑯		3月16日	海監50，海監66	接続水域を含む周辺海域を航行し，海監50は領海侵入

出所：海上保安庁資料。

た。同日午後六時頃、接続海域を出て、さらに約一時間半後には日中中間線を越えて大陸方向に姿を消した。領海侵犯はなかったものの、約一二時間に及ぶ挑発行動だった[45]。政府の藤村修官房長官は一〇月二四日午前の定例会見で、「わが国の領海内に侵入しないよう監視、警戒を続ける」、「尖閣諸島が歴史的に日本の領土であることは疑いがない」など中国を牽制した[46]。

「新日中友好二十一世紀委員会」が領土・領海問題でどのような論議をしたのか明らかでないが、外務省HPによれば、今回の議題は、(1)両国国交正常化四十年来の関係発展の経験と教訓の総括。(2)グローバルおよび地域の視点で中長期的な日中関係を計画する。(3)政治・安全保障面での相互信頼の増進について——だった[47]。

公表された議論内容のうち、(3)については「東シナ海を平和と協力の海にするとの考え方には賛成」の考えが述べられた。そして「東アジア首脳会議（EAS）の場でも、アジア太平洋における海洋安全保障の問題について、日中含めた各国が率直な意見交換をすべきだ」との発言があったという。会合開催中に格好の材料が提供されたことになるが、会合の内外で尖閣問題が率直に話し合われたという形跡は見当たらない。民間人会議のような場でこそ、政治性の高い領土・領海問題を腹蔵なく話し合うことが求められている。

今回の中国公船の行動は、中国側出席者たちとは意見を異にする国内勢力が、会合開催に合わせて仕掛けた挑発行為といわざるを得ない。尖閣問題では中国は一歩も引かないという強い意思を示そうとしたということになるだろう。

中国側委員である劉江永・清華大学教授は一〇月二二日付の『人民日報（海外版）』一面に野田政権の対中外交を麻生時代の「価値観外交」の焼き直しだと批判した論文を掲げるなど挑戦的姿勢を示した。[48]会議で日本側委員がどう反論したのかなども不明だ。尖閣問題は日中で避けて通れない問題であり、「日中間で最も重要な第二トラック」（川島真・東大准教授）である「新日中友好二十一世紀委員会」の存在意義が問われかねない事態である。

中国側メンバーである葉小文・中央社会主義学院副院長は、英字紙『チャイナ・デイリー』（一一月二日付）紙上に「日中間の信頼の障害を取り除け」と題した寄稿のなかで、日本側には中国の発展が平和的なものになるかどうか疑念の声がある、と指摘。「インドやタイも空母を所有しているが、彼らは中国とは違うのか？　空母を保有しても、インドやタイが戦争に向かうことにはならないはずだ。同じように中国が空母を保有したからといって、平和発展の道からそれようと意図しているということにはなるまい」と反論する。葉氏は、日本での会合（一〇年秋）で菅直人総理（当時）を表敬訪問した際、菅氏が「中国は急速な発展のなかで、戦前の日本が犯した（軍国主義の）過ちを繰り返さないでほしい」と語ったことが、いまだに引っかかっているようだ。[49]

知日派の唐家璇氏に対しては、似たような出来事が今夏もあった。日中双方の政財界人、有識者らが日中の課題を話し合う「北京―東京フォーラム」（「言論NPO」と中国英字紙『チャイナ・デイリー』の共催）第七回会議が八月二一、二二日に北京で開催された。唐氏が同二一日に基調講演し、一〇年九月の尖閣漁船衝突事件に関連して、日中間で再発防止のための海上危機メカニズム構築を目指す考えを表明した。[50]ところが、その三日後に唐家璇発言を嘲笑うかのように、中国の漁業監視船二隻が尖閣諸島の久場島付近に現れ、一一時間にわたって断続的に日本の領海を侵犯し続けた。

日中民間人会議と連動した中国側の挑発行為については、前回メンバーの「新日中友好二十一世紀委員会」でも発生していた。当時は二〇〇三年一二月から〇八年一二月まで全体会合を八回開いて意見交換した。日本側座長が小林陽太郎・富士ゼロックス会長、中国側が鄭必堅・改革開放フォーラム理事長だった。

その最終会合が長野と東京で開催され、東京・霞ヶ関の外務省で最終報告書が発表された〇八年一二月八日、国家海洋局所属の海洋調査船「中国海監51」と同「中国海監46」の二隻が、朝から夕刻まで約九時間にわたって、尖閣諸島・魚釣島の周辺で領海侵犯を続けたのである。[51]同事件は約一週間後の同年一二月一三日、福岡県太宰府市で開かれた日中韓三カ国首脳会談（単独主催は初の会談）の前であり、同会談を利用して行われた日中首脳会談で、麻生太郎総理が温家宝総理に対し、「東シナ海を平和の海にするときに領海侵犯とは極めて遺憾である」と抗議した。当時の中国側の挑発行動の狙いは不明だが、党や軍内の保守強硬派が、胡＝温指導部に日本に対して、柔軟姿勢を取らないよう揺さぶりをかけた可能性があった。

今回の場合は、利用されたのは農業部系の漁業監視船であり、海軍の影響力が強い国土資源部系の国家海洋局の海洋調査船ではない。領海侵犯行動もなかった。とすれば国務院の内部での綱引きだったのかもしれない。

一九七八年四月一二日、日中平和友好条約（調印は同年八月一二日）に向けた交渉が進められるなかで、突如、尖閣周辺に軽機関銃で武装した漁船約二〇〇隻が現れ、うち数十隻が領海侵犯を繰り返した。当時、三度目の復活を果たしたものの、毛沢東の後継者とされた華国鋒との路線対立のなかで、対日交渉を進める改革派・鄧小平（党政治局常務委員、党副主席、中央軍事委副主席、副総理）らへの妨害行動ではないかとする見方があった。[52] 規模は違っても同じようなことが三〇年を経て行われていると見ることができる。中国にとって尖閣は今も昔も奪還が最大の目的ではなく、党内の権力争いの具として政治利用されている状況が読み取れる。領海侵犯行為の有無は、主流派を牽制する度合いを示す指標の一つに過ぎないのかもしれない。

そうした視点に立って一〇年九月の尖閣漁船衝突事件を振り返ると、東シナ海ガス油田をめぐる初の非公式局長会談が一〇年五月四日に開かれ、第一回局長会談が七月二七日に東京で開催済みだった。しかし、尖閣事件の余波で第二回局長会談は無期延期されてしまったことになる。

一方で、事件一周年で見られたように詹其雄船長は今や中国政府にとって厄介者である。当局からの使命を帯びた行動ならばそのような扱いは考えにくい。軍・治安当局と外交部とのせめぎ合いのなせるわざなのか。詹船長の独断行為だったものの、結果的に軍・治安当局を利する形になったのだろうか。

いずれにせよ中国側は尖閣諸島に対する挑発行為を停止することが、日中国交正常化四十周年を控えた日中間の話し合いの前提になるべきだろう。

野田―胡錦濤ハワイ会談の成果は　G20サミットが開かれた仏カンヌ（一一年一一月三日）と、APEC首脳会議開催の米ハワイ（同一一月一二日）で、野田佳彦総理と胡錦濤国家主席による日中首脳会談がそれぞれ行われた。会談後の外務省の発表によると、カンヌでは「サミット会議場内で、三日午後六時五～同一〇分（時差マイナス八時間）までの約五分間の懇談（立ち話）」だった。野田総理は東日本大震災での中国からの支援に改めて謝意を述べ、一二年の日中国交正常化四十周年の節目に戦略的互恵関係の一層の深化と、国民感情の改善に尽力することで一致した。総理は胡耀邦時代の一九八四年に行われた日中青年友好交流三〇〇〇人訪中団に参加していたエピソードを胡氏に紹介し、自らの年内訪中についても話し合った。これに対し胡主席は、野田総理が就任以降、戦略的互恵関係を推進させると何度も発言していること、震災復興を最優先させていることに留意していると発言した。(53)

同一二日午前十時四五分から約三五分間(現地時間、時差マイナス一九時間)、ハワイのシェラトン・ワイキキ・リゾートホテルで行われた会談では、野田総理が、一〇月の中国広州交易会で始めた東日本震災後の「元気な日本」キャンペーンの継続として、日本は一二年年明けから、北京、上海、香港で大規模な展示会を開催予定であること、中国からの観光客の来日を大いに歓迎したい旨を伝えた。日本産食品に対する中国の輸入制限措置については、さらなる緩和を要請した。胡主席は「今後、科学的見地および安全性を踏まえて、さらなる緩和について検討したい」と前向きな姿勢を示した。

東シナ海の海底ガス油田開発に関して、野田総理は「国際約束の締結交渉を早期に再開することは非常に重要である」との表現で、胡主席に協議の再開を求めた。これは斎木昭隆外務省アジア大洋州局長(現・インド大使)と寧賦魁《ねいふかい》・外交部国境海洋事務局長らによる同ガス油田に関する日中局長会談が始まっているものの、その後、同年九月の尖閣衝突事件で九月中旬に開催予定だった第二回局長会談が延期されていることを指したものである。

これに対して胡主席は、「二〇〇八年(六月一八日)の基本合意を履行する立場は変わらない。交渉の早期再開に向けて意思疎通を引き続き図り、準備を進めて行きたい」と語るだけで、具体的な回答は出さなかった。

北朝鮮問題では野田総理が、「六カ国協議の再開につなげるためにも中国の働きかけに強く期待する。

拉致問題は引き続き最重要課題のひとつであり、中国の理解と協力を引き続きお願いしたい」と述べた。胡主席からは、「再開に向けた中国の立場は一貫かつ明確である。日朝間の対話を通じて関連する問題が適切に解決されることを期待する。中国としては引き続き力の及ぶ範囲で協力したい」と、限定的な回答しか返ってこなかった。

中国側によれば、胡主席は五項目の提言を行った。(1)ハイレベル往来を保持して政治的信頼関係を強める。(2)環境分野や（資源節約、環境・生態保護の）循環型経済、高科学技術分野などでの協力を進める。(3)日中国交正常化四十周年の青少年交流、文化交流、旅行・メディア・地方間の交流促進を行い、国民感情の改善を図る。(4)北東アジアやアジア太平洋地域での域内協力を強化する。(5)互いの相違を適切に処理し、日中の安定大局を維持する――など。双方の発表文を見る限り、胡提言を取り上げて、協議が深まった様子はなかったようだ[54]。

こうした中、玄葉光一郎外相が一〇月二八日夜、東京・赤坂の韓国料理店で、六～七人の親しい邦人記者と会食した際、沖縄の米軍基地問題や尖閣問題について聴かれ、「そもそも沖縄は米軍に占領されているようなもんだ。普天間の問題を解決するためには、アメリカを追い出すしかない。それで中国が尖閣を欲しいと押し出してくれれば、尖閣も中国にさし上げればいい」と語っていたことが一一月一〇日発売の週刊誌で明らかになった。外務大臣としての資質が問われる暴言である。本人は同記事中で、「ご指摘のような発言は一切していない」と否定したが、禍根を残したことは間違いない[55]。

ダライ・ラマが来日、被災地慰問

チベット仏教の最高指導者ダライ・ラマ一四世が一一年一〇月二九日～一一月七日まで来日した。一一月五、六日に東日本大震災の被災地である仙台市、宮城県石巻市、福島県郡山市を訪れて被災者を慰問した。最終日の一一月七日午前、東京都内のホテルで、長島昭久総理補佐官（外交・安全保障担当）、渡辺周・防衛副大臣ら民主、自民両党の国会議員と会談した。

慰霊法要のため西光寺を訪れ，被災者らに迎えられるダライ・ラマ14世（2011年11月５日，宮城県石巻市）（EPA＝時事）

安倍晋三元総理も同席した。長島補佐官はダライ・ラマが被災地を訪問して犠牲者を悼み、被災者を励ましたことに謝意を伝えた(56)。

これに対してダライ・ラマは、中国の民主化問題について、「中国の人々も開かれた社会、自由を求めているはずだ。日本などアジアの民主主義国家が中国の指導者に（民主化を）働きかけてほしい」と要請した。安倍氏は「基本的人権、法の支配といった価値観をアジアに広げて行く」と応えた。

日本の政務三役クラスがダライ・ラマと会談したのは、〇二年一一月の米田建三内閣府副大臣以来で、総理を支える補佐官の会談は初めて。中国政府は一一月七日夕刻、在日中国大使館を通じて外務省に懸念と不満を伝えた。これに対して、藤村修官房長官は一一月八日の定例会見で、長島補佐官を口頭で注意したことを明らかにした。藤村長官は「（ダライ・ラマが国内滞在中は）政治的行動や政府関係者との接触はしないのが通例だ」と説明した。これに対してダライ・ラマ法王日本代表部事務所は「ビザ発給に当たり、そのような条件は付いていない」と反論した(57)。

来日したダライ・ラマは一〇月三〇日、大阪市・舞洲アリーナで、同三一日には和歌山県高野町の高野山大学で法話を行った。同大の法話では、終了後に松長有慶・高野山真言宗管長とともに、約八〇〇人が集まった会場からの質問に答えた(58)。

ダライ・ラマは一一月七日、離日に先立って都内の「自由報道協会」[59]で記者会見し、福島原発事故に関連して、核兵器には強い反対の姿勢を示したものの、原発など原子力の平和利用に関しては賛成との立場を表明した。会場からの質問に答え、「多くの発展途上国では、まだ大きな貧富の格差が存在している。何百万人の人々が貧困ライン以下で生活している。私たちはそうした人々のことも考えねばならない」、「問題を全体的に見る必要がある。問題の一面だけを捉えて、決断を下すのは正しいやり方ではない。全体を見通すレンズを通じて、危険性を指摘することが必要だ。原子力専門家たちは最大限の準備を備えるべき」などと見解を述べた[60]。

中国海洋船の出没と中国漁船の拿捕

長崎県五島列島の北西約五キロ沖合の日本領海内で一一年一一月六日午前一〇時半頃、中国漁船「浙岱漁０４１８８」（一一人乗り、一三五トン）が航行しているのを長崎海上保安本部の巡視船が発見、停船命令をかけたものの、同船は無視して逃走した。このため巡視船が追跡して同島の西方約六〇キロの海域で同船の張天雄船長（47）を漁業法違反（立ち入り検査忌避）の疑いで現行犯逮捕した[61]。

身柄送検を受けて張天雄船長を取り調べていた長崎区検は一一月九日、同法違反の罪で略式起訴した。長崎簡易裁判所はただちに罰金三〇万円の略式命令を出し、張船長は同日午後に釈放され、同漁船で離日した[62]。捜査当局によれば、張船長の漁船が日本の領海内で操業した形跡は確認できず、無許可操業などでの立件は見送られた。

今回の事件は一〇年秋の尖閣衝突事件を彷彿とさせたが、領有権問題は絡んでいないため、中国側も「一般の漁船事件」と見て冷静に対応し、外交問題になることはなかった。

中国の海洋調査船「東方紅2号」が一一月一五日午後一時二〇分頃、沖縄県尖閣諸島大正島の北北西約四八キロの排他的経済水域（ＥＥＺ＝約三七〇キロ）内で、船尾からワイヤー二本、ロープ三本を垂らして航行しているのを海上保安庁の航空機が発見した。現場は中国側が事前に通報した海域から外れた場所で、日本側の警告に対して、「東方紅2号」は「調査を中止する」と回答し、約三時間後にワイヤーなど五本を撤収した。事前通報以外の海域での中国調査船の活動は本年九月から七回目となった。[63]

（二〇一一年一二月）

注

第一章　1　成長率目標「八%」を決めた全人代

（1）「何厚鏵当選全国政協副主席　適逢其五五歳生日」『中国新聞網』二〇一〇年三月一三日。一九五五年三月一三日生まれの何氏は、選出の日が五五歳の誕生日だった。一期一〇年間に及んだマカオ初代長官を〇九年一二月に終了、崔世安・現行政長官にバトンタッチした。http://www.chinanews.com.cn/gn/news/2010/03-13/2167472.shtml

（2）「両会最前線　中央人事新風格　求穏寧」香港『明報』二〇一〇年三月一二日。

（3）「政府工作報告――二〇一〇年三月五日在第十一届全国人民代表大会第三次会議上　国務院総理・温家宝」『人民日報』二〇一〇年三月六日、同三月一六日（修正後の全文）／報告の邦訳（全文）は『RP旬刊中国内外動向』同年三月一〇日発行、共同通信『チャイナ・ウオッチ』同年三月一八日号。

（4）『RP旬刊中国内外動向』二〇一〇年二月二〇日発行。今年の一号文書は「都市と農村の発展の統一的計画の取り組みを拡大し、農業・農村の発展の基礎を一段と打ち固めることに関する中共中央・国務院の若干の意見」（新華社電、一月三一日）。

（5）「新選挙法通過城郷〈同票同権〉」『明報』二〇一〇年三月一五日。

（6）同右。

（7）「関於〈中華人民共和国全国人民代表大会和地方各級人民代表大会選挙法修正案（草案）〉的説明――全国人民代表大会常務委員会副委員長」『人民日報』二〇一〇年三月九日。

（8）「温総理答中外記者問」『人民日報』二〇一〇年三月一五日。

（9）“U.S. lawmakers prod Geithner on yuan” *Bloomberg*, March 15, 2010.

(10)『産経新聞』二〇一〇年三月一八日。

(11)例えば「請両会代表委員関注並敦促戸籍制度改革」『南方都市報』二〇一〇年三月一日。http://gcontent.nddaily.com/1/d9/1d94108e907bb831/Blog/5b9/e8a583.html　HP末尾のネット上のアンケート調査では、回答者の九七・二九％が戸籍改革は必要だとし、六一・二％が今全人代会議での解決を求めている。

(12)「十三媒体〈共同社論〉促改革戸籍」『明報』二〇一〇年三月二日。

(13)「中国紙の副編集長解任」北京発時事通信電二〇一〇年三月一一日。

(14)「今年中国国防預算増幅下降　由去年一四・九％下降為七・五％」『解放軍報』二〇一〇年三月五日。

(15)「国防費増幅有所下降」『人民日報』二〇一〇年三月六日。

(16)共同通信『チャイナ・ウオッチ』二〇一〇年三月一一日号。

(17)「ガバナンス国を動かす　第二部　澱む情報」『毎日新聞』二〇一〇年二月二八日。

(18)米ホワイトハウスＨＰ（二〇一〇年二月一八日）Statement from Press Secretary on the President's Meeting with His Holiness theXIV Dalai Lama. http://www.whitehouse.gov/the-press-office/statement-press-secretary-presidents-meeting-with-his-holiness-xiv-dalai-lama

(19)中国外交部ＨＰ「外交部発言人馬朝旭就美国総統奥巴馬会見達頼発表談話」二〇一〇年二月一九日。http://www.fmprc.gov.cn/chn/gxh/tyb/fyrbt/t659081.htm

(20)「蔵官　達頼死後再談転世制度」『明報』二〇一〇年三月八日。北京発時事通信電、同三月七日参照。

(21)「西方驚訝美核航母停香港」『環球時報』二〇一〇年二月二〇日。「美国航母在香港改変形象」『環球時報』同年二月二一日。香港での食糧・水・燃料補給のほか、乗組員の市街地での消費などを含む香港への経済効果は一〇〇万ドル（約九〇〇〇万円）と指摘された。二月一七日は寄港と同時に記者団の艦内取材が認められ、中国系の米国兵がメディアの前で、中国語で春節を祝ったほか、二月一九日には一部乗組員による老人ホームへの慰問活動なども行われた。米側の気配りが目立った寄港だった。

(22)中国外交部ＨＰ「外交部発言人秦剛挙行例行記者会」（二〇一〇年三月四日）http://www.fmprc.gov.cn/chn/gxh/tyb/fyrbt/t661593.htm

(23) スタインバーグ米国務副長官とのインタビュー記事『日本経済新聞』二〇一〇年三月六日。

(24) "Inquiry Is Said to Link Attack on Google to Chinese Schools" *New York Times*, February 19, 2010.

(25) 「山東藍翔高級技工学校回應：説我們有軍方背景簡直是笑話」『斉魯晩報』二〇一〇年二月二一日。http://www.wowa.cn/Article/98097.html「国防部新聞発言人就有関問題答記者問（新華社電）」『解放軍報』同年二月二六日。『中国新聞網』同年二月二五日。http://www.chinanews.com.cn/gn/news/2010/02-25/2138236.shtml

(26) 二〇一〇年三月一七日、東京都内で開かれた国際シンポジウム「日米同盟と東アジア」（読売新聞社など主催）に出席した米カリフォルニア大学サンディエゴ校のスーザン・シャーク教授（元米国務次官補代理）が質疑応答の中で明らかにした。

(27) 『讀賣新聞』二〇一〇年三月一二日。

(28) 『聖教新聞』二〇一〇年三月一四日。

(29) 唐家璇「中国外交のドン　独占インタビュー　田中角栄から小泉、小沢まで。日本語通訳から始まった対日工作の責任者が語った四十八年」月刊『文藝春秋』二〇一〇年四月号。

(30) http://www.fmprc.gov.cn/chn/gxh/tyb/zyxw/t657229.htm（中国外交部ＨＰ）。なお、日中双方のメンバーは【日本側委員】①阿南惟茂・国際交流基金日中交流センター所長、元駐中国大使、②毛利衛・日本科学未来館館長、宇宙飛行士、③吉川洋・東京大学大学院経済学研究科教授、④浅田次郎・作家、⑤長谷川眞理子・総合研究大学院大学先導科学研究科教授、⑥国谷裕子・ＮＨＫキャスター、⑦高原明生・東京大学大学院法学政治学研究科教授、⑧中西寛・京都大学大学院法学研究科教授。【中国側委員】①鉄凝・中国作家協会主席、②葉小文・中央社会主義学院副院長、③周明偉・中国外文出版発行事業局局長、④章新勝・中国教育国際交流協会会長、⑤魏家福・中国遠洋運輸（集団）総公司総裁、⑥陳健・元駐日大使、前国連事務次長、⑦王泰平・元駐大阪総領事（大使）、⑧樊鋼・国民経済研究所所長、⑨劉江永・清華大学教授、⑩薛偉・中央音楽学院教授、⑪水均益・中国中央テレビキャスター。以上はhttp://www.mofa.go.jp/mofaj/area/china/jc_yuko21-2/index.html8（日本外務省ＨＰ）。

(31) 日本外務省HPのほか中国外交部HP。http://www.fmprc.gov.cn/chn/gxh/tyb/zyxw/t657208.htm
(32) 中国外交部HP。二〇一〇年三月一九日 http://www.fmprc.gov.cn/chn/gxh/tyb/zyxw/t674048.htm

第一章 2 日米中トライアングルが揺らぐ

(1) 「胡錦濤会見美国総統奥巴馬」中国外交部HP (http://www.fmprc.gov.cn/chn/gxh/tyb/zyxw/t679099.htm)。「胡錦濤主席会見美国総統奥巴馬」『人民日報』二〇一〇年四月一三日。中国外交部の別のHPによれば、核安全サミットに出席した胡錦濤主席は四月一三日に演説し、中国は核の安全を重視し、核拡散と核テロに断固反対する立場を表明した。国内における核の安全に関する法措置、管理体制の強化や、国連を含む国際的な義務の履行などを改めて誓約した。中國評論新聞網によれば、胡主席は一五日、ブラジリアで開催された新興国四カ国（ブラジル、ロシア、インド、中国）によるBRICs首脳会議に出席したが、青海省玉樹県で発生した大地震の対応指揮のため急遽、外遊を切り上げ、四月一七日午後二時二〇分（北京時間）、北京に戻った。ベネズエラとチリ訪問は延期された。（四月二一日現在で、この地震による死者は二一八三人、行方不明者は八四人となった）。
(2) J・ベーダー米国家安全保障会議（NSC）アジア上級部長の報道向けブリーフィング。二〇一〇年四月一二日。http://www.whitehouse.gov/the-press-office/press-briefing-jeff-bader-nsc-senior-director-asian-affairs
(3) 米財務省HP http://www.ustreas.gov/press/releases/tg627.htm
(4) 「胡錦濤同美国総統奥巴馬通電話会談」『人民日報』二〇一〇年四月三日。オバマ＝胡錦濤会談に関する米ホワイトハウスのHP http://www.whitehouse.gov/the-press-office/readout-presidents-call-with-president-hu-china
(5) 「力拓案一審判決・胡士泰等獲刑七至十四年不等」『新華網』二〇一〇年三月二九日。http://news.xinhuanet.com/legal/2010-03/29/c_126398.htm 「『首務與華交好』力拓即炒受賂四員工」香港『明報』二〇一〇年三月三〇日。
(6) 「力拓案一審判決・胡士泰等獲刑七至十四年不等」『新華網』二〇一〇年三月二九日。

（7）“The Rio Tinto Case and China's Rule of Law” *Wall Street Journal* http:// online. wsj. com/ article/ SB10001424052702304370304575151612455202950.html#print Mode “Rio's Hu sentenced to 10 years” *Wall Street Journal (Asia)*, March 30, 2010 “Rio Tinto' stop iron ore salesman in China admits bribe allegations *Financial Times (Asia Edition)*, March 23 2010. “Analysis, Ore struck” *Financial Times (Asia Edition)*, April 06 2010.

（8）“Lawyer Rio Tinto exec not to appeal sentence” *AP*, April 08, 2010.

（9）“Did China trash a treaty?” by Frank Ching, Hong Kong, *Japan Times*, April 3, 2010. 中国外交部ＨＰ「二〇一〇年三月二十三日外交部発言人秦剛挙行例行記者会」。http://www.fmprc.gov.cn/chn/gxh/tyb/fyrbt/jzhsl/t674783.htm

（10）「温家宝会見出席中国発展高層論壇年会境外代表（新華社電）」『人民日報』二〇一〇年三月二三日。「外国企業を悩ます中国分裂症」『ニューズウィーク日本版』同年四月七日号。

（11）“U.S. Won't Tell Google What to do in China Spat, Clinton Says” *Bloomberg TV*, March 19, 2010. http://www.bloomberg.com/apps/news?pid=conewsstory&tkr=GOOG:US&sid=a_3wvQ34Yfj0# 二〇一〇年三月二五日付の『朝日新聞』は北京電で、党中央宣伝部が人民元、新疆ウィグル、チベットなど一八分野について報道を規制する劉雲山・部長名の通達を三月二一日、中国の国内新聞やテレビなどマスコミ各社に流していたと報じた。グーグル撤退声明の公表前に取った対抗措置。一方、グーグルの共同創設者の一人であるセルゲイ・ブリン氏は米紙『ニューヨーク・タイムズ』（三月二三日）とのインタビューで、六歳ごろまで旧ソ連で生活した体験が会社の考え方にもなっているとして、中国＝全体主義国家の情報統制とハッカー攻撃に我慢ならず撤退したと吐露している。

（12）「習近平同俄羅斯総理、統一俄羅斯党主席普京会談」『人民日報』二〇一〇年三月二四日。

（13）「習近平会見俄羅斯総統梅徳韋杰夫」『人民日報』二〇一〇年三月二五日。

（14）「孫起孟同志遺体在京火化（新華社電）」『人民日報』二〇一〇年三月一〇日。

（15）香港の月刊誌『争鳴』（二〇一〇年四月号）は、評価を巡って党中枢で意見が対立し、会議での討論を経た後の三月一四日、中央省庁と各省の党委員会に対して「江沢民思想」という表現の使用禁止通達が出されたとしている。北京の党史研究者は、「江沢民思想」と呼ぶことに党内で異論が出ているのは事実だと著者に説明した。

(16)「江澤民疑現身上海外灘」『明報』二〇一〇年四月六日。

(17)「二炮針対日本、俄羅斯的部署得到強化」、「二炮強化美日作戦方向的部署」『漢和防務評論』二〇一〇年四月号。

(18)「DF21C進駐安徽的戦略意義」『漢和防務評論』二〇一〇年一月号。

(19)軍事パレード特集「十年磨剣〈東風31A〉威全球」『明報』二〇〇九年一〇月二日。※〈東風31A〉は大陸間弾道弾。

(20)「封面特稿　中國航母何日始駛出」香港『鏡報』二〇一〇年四月号。

(21)防衛省統合幕僚監部HP。四月一三日。http://www.mod.go.jp/jso/press2010/press_pdf/p20100413.pdf 三月一九日　http://www.mod.go.jp/jso/press2010/press_pdf/p20100319.pdf

(22)『讀賣新聞』二〇一〇年四月二二日。

(23)「中国警方偵破出口日本餃子中毒案件」『新華網』二〇一〇年三月二六日。http://news.xinhuanet.com/politics/2010-03/26/content_13255484.htm

(24)「毒餃子案犯罪嫌疑人被依法逮捕」『人民日報』二〇一〇年四月四日。身柄拘束時には報道しなかった『人民日報』だが、逮捕時に新華社電を掲載した。見出しに「日本」の二文字はなく、慎重な報道ぶりをうかがわせた。

(25)『讀賣新聞』、『毎日新聞』二〇一〇年三月二九日。『共同通信』三月二八日。

(26)「日本政府感謝中国偵破出口日本餃子中毒案件（新華網）」『中国新聞網』二〇一〇三月二七日。http://www.chinanews.com.cn/gj/gj-yt/news/2010/03-27/2193601.shtml　夕刊『讀賣新聞』同年三月二七日、同二八日朝刊。

(27)『讀賣新聞』二〇一〇年四月三日。

（28）『日本経済新聞』二〇一〇年四月三日朝刊と同日夕刊。
（29）著者もこの会議に参加した。
（30）「本栖會談・探討兩岸和平發展路徑」『中國評論新聞網』二〇一〇年四月八日。http://www.chinareviewnews.com/doc/1012/8/2/6/101282602.html?coluid=1&kindid=0&docid=101282602&mdate=0408092024　会議の分析記事は「本栖会談・処理両岸政治難題有新解」『中國評論新聞網』二〇一〇年四月九日。http://www.chinareviewnews.com/doc/1012/8/3/9/101283999.html?coluid=93&kindid=2789&docid=101283999&mdate=0409002649
（31）著者自身による日本外務省アジア大洋州局中国・モンゴル課への電話取材に基づく。

第一章　3　開幕した上海万博の光と影

（1）「中国二〇一〇年上海世界博覧会隆重開幕」『人民日報』二〇一〇年五月一日。〇九年二月現在で国連加盟国数は百九十二カ国。上海万博は二カ国足りないことになる。上海万博公式サイトにすべての参加国の国名と国際機関名が公表されている。独自にパビリオンを出展した台湾、香港、マカオは「国」欄にも「国際組織」欄にも見当たらない。台湾の報道によれば、中国は当初「中国館は本体と省市連合館、香港、マカオ、台湾各館の三部門で構成される」と発表。これに台湾側が抗議したこともあり、「中国館は本体と地区館で構成される」と修正した。台湾当局は「台湾館は外国国家館区に属する」と解釈しているという。なお、過去最多の万博参観者数は、一九七〇年に開催された大阪万博の約六四〇〇万人。上海万博公式ＨＰ「上海世博会的参展国家和国際組織共有二百四十六個」http://www.expo2010.cn/a/20100503/000033.htm
（2）「突破三十三万人次　世博会客流創新高」『人民日報』二〇一〇年五月一六日。上海万博公式ＨＰ。共同通信、二〇一〇年五月八日。
（3）『朝日新聞』二〇一〇年五月二〇日。
（4）『朝日新聞』二〇一〇年五月一日。
（5）「中国二〇一〇年上海世界博覧会隆重開幕」『人民日報』二〇一〇年五月一日。台湾『中國時報』同五月七日

の「社論・回顧世博與一頁滄桑的現代史」によれば、中国の万博参加の歴史は、初回のロンドン万博（一八五一年）に遡る。ビクトリア英女王が各国を招請したが、当時の清国には参加意欲はなく、代わりに中国進出の欧米企業が出展した。ただ、上海商人の徐栄村が出品した浙江省湖州の名産・生糸が手工業・製造部門の受賞をしたという。中華民国時代の一九一五年、パナマ運河開通を祝ったサンフランシスコ万博が開催され、中国産の一二〇〇品余りが受賞したが貴州省の茅台酒も選ばれた。三三年のシカゴ万博では、南京の国民政府が準備委員会を組織し、上海で出展産品の品評会を実施し、責任者には蔡元培・元北京大学総長が就任したという。

（6）「胡錦濤会見出席上海世博会開幕式的台湾各界人士」『人民日報』二〇一〇年四月三〇日。「胡錦濤、世博両岸中国人同感自豪」『中國評論新聞網』同四月二九日。http://www.chinareviewnews.com/doc/1013/0/6/0/101306064.html?coluid=1&kindid=0&docid=101306064&mdate=0429204717「台湾嘉賓代表出席世博会」『中國評論新聞網』同四月二八日。http://www.chinareviewnews.com/doc/1013/0/4/7/101304732.html?coluid=7&kindid=0&docid=101304732

（7）「連戦宣布向玉樹災区捐贈款物（新華社電）」『人民日報』二〇一〇年五月二日。

（8）「中国二〇一〇年上海世界博覧会隆重開幕」『人民日報』二〇一〇年五月一日。

（9）「深切哀悼青海玉樹地震遇難同胞（新華社電）」『人民日報』二〇一〇年四月二二日。「機関中央和国家積極開展向青海玉樹地震災区送温暖献愛心捐助活動（新華社電）」『人民日報』同四月二六日。

（10）堺屋太一「〈大阪万博〉と〈上海万博〉」月刊『文藝春秋』二〇一〇年六月号。

（11）「江澤民、李鵬、朱鎔基、李瑞環等参観世博」『中國評論新聞網』二〇一〇年四月二五日。http://www.chinareviewnews.com/crn-webapp/search/allDetail.jsp?id=101300784&sw=%E6%B1%9F%E6%B3%BD%E6%B0%91

（12）「賈慶林看望台湾医療救援隊成員（新華社電）」『人民日報』二〇一〇年四月二七日。

（13）「温家宝会見法国総統薩科斉」『人民日報』二〇一〇年五月一日。「温家宝在玉樹災后恢復重建会議上強調、科学依法統籌做好抗震救災和恢復重建工作（新華社電）」『人民日報』同五月三日。温氏の青海省視察は、華やかにオープンした万博の一方で、地震被災民にも細心の関心を払う党中央指導者という「和諧社会」の演出効果を狙ったものかもしれない。

(14) 関係者への筆者自身の取材による。

(15) 万博開幕式の会場の電光掲示板に「胡哥好（胡兄さんはすばらしい）」の三文字が現れたという。地元の責任者である兪正声・上海市党委書記は、胡総書記を大いに持ち上げたという評価がもっぱらだ。一九八四年の国慶節に「（鄧）小平好」の横断幕が登場したことが念頭にあったのかもしれない（香港月刊誌『広角鏡』二〇一〇年五月一五日—六月一五日、第四五二号）。

(16) 世博序曲〈二〇一〇等来〉涉嫌抄襲」『聯合早報網』二〇一〇年四月一五日。http://www.zaobao.com/expo2010/pages/expo20100415c.shtml 上海発時事通信電、同四月一五日、『東京中日スポーツ』同四月一六日。

(17) 『讀賣新聞』二〇一〇年四月一九日。「そのままの君でいて」は、岡本真夜さんが作詞・作曲し、自ら歌っている。

(18) 『東京中日スポーツ』二〇一〇年四月一六日。

(19) 関係者に対する著者の取材。なお『週刊文春』（二〇一〇年五月六日・一三日GW特大号）は、万博事務局が岡本さん側に総額三億五千万円を提示し、合意したと伝えているが、別の提示額だったとの情報もあり真相は不明。なお、岡本事務所責任者は、筆者の取材（五月一二日）に経緯など詳細を明らかにしなかった。

(20) 共同通信電、二〇一〇年四月二二日。夕刊『朝日新聞』同四月二三日。

(21) 「胡錦濤同金正日挙行会談（新華社電）」『人民日報』二〇一〇年五月八日。金総書記訪中の時期を巡って、年初から「近く訪中」などと何度も憶測情報が流れた。これについて、北京の中国国際問題研究所の晋林波研究員は「年明け後から訪中の日程が何度か決まりながら、その都度、キャンセルが繰り返され、結果的に今の時期にずれ込んだと思う。事前に中朝間で何らかの約束をしようとしていて、北朝鮮側がそれを履行するかの判断がつかず、延び延びになったのではないか」と共同通信に語っている（『チャイナ・ウオッチ』共同通信社、二〇一〇年五月一〇日号）。

(22) 「胡錦濤同金正日挙行会談（新華社電）」『人民日報』二〇一〇年五月八日。

(23) 朝鮮中央通信（邦訳は「朝鮮通信＝東京」）二〇一〇年五月七、八日。五月八日の朝鮮中央通信は、首脳会

談のほかに五日に行われた歓迎宴での金正日演説と胡錦濤演説の内容をそれぞれ伝えた。
(24) 「胡錦濤同金正日挙行会談（新華社電）」『人民日報』二〇一〇年五月八日。
(25) 『讀賣新聞』二〇一〇年五月七日。『朝日新聞』同五月八日。
(26) 中国外交部HP「外交部発言人就中韓、中日外長会晤有関情況答記者問」二〇一〇年五月一五日。http://www.fmprc.gov.cn/chn/gxh/tyb/zyxw/t694823.htm
(27) 『讀賣新聞』、『朝日新聞』二〇一〇年五月一六日。中朝首脳会談の公式発表では触れられていない問題として、北朝鮮側は「天安事件」には関与していないとの立場を中国側に伝えた、との韓国報道が相次いだ。
(28) 「胡錦濤同金正日挙行会談（新華社電）」『人民日報』二〇一〇年五月八日。
(29) 「温家宝首相、〈金正日の破格支援要請を拒否〉」韓国『中央日報・日本語版ネット』二〇一〇年五月一七日。http://japanese.joins.com/article/article.php?aid=129128&servcode=500&sectcode=500 北朝鮮の歌劇「紅楼夢」については、李長春政治局常務委員らが五月七日夜、北京テレビ局劇場で鑑賞したと『人民日報』（五月八日）が一面で伝えた。同じ面には、胡総書記と並ぶ金総書記の写真が大きく掲載されており、極めて不自然ではあった。なお、『朝日新聞』（五月一六日）のソウル発特派員の記事は、韓国政府関係者の話として、金総書記が北京の滞在日程を一日早く切り上げて帰国したと伝えた。金総書記は五月六日午後に北京を離れ、七日朝に遼寧省瀋陽に到着。北朝鮮の朝鮮中央通信によれば、金総書記は七日、王珉・遼寧省党委書記らの案内で、市内の「瀋陽送風機有限公司」と「瀋陽第一工作機械工場」を視察し、歴史遺跡・北陵公園を見学した。一方、これとは別に金総書記は北京で江沢民氏と会見した、との未確認情報もある。
(30) 「サンデーモーニング」『TBSテレビ』二〇一〇年五月九日。番組で列車全体を捉えた長尺の写真を放映した。韓国の聯合ニュース、同五月三日や邦字紙の消息筋報道は、「一七両編成」だった。
(31) 五月三日放映のNHKテレビの画像や同九日放映のTBSテレビの画像など。中国中央電視台（CCTV）のニュース画面からは、こうした映像は慎重にカットされていた。
(32) 『朝日新聞』二〇一〇年五月五日。中国外交部は〇九年三月、「国境海洋事務局（中国語・辺界与海洋事務司）」を新設した。同局は陸上と海上の国境画定などに関わる問題を担当。

（33）『産経新聞』二〇一〇年四月二八日。
（34）「中国、ガス田報道は偏向、日本にメディア指導要求」共同通信電、二〇一〇年五月一二日。五月一三日付の『東京新聞』に掲載。
（35）『讀賣新聞』、『毎日新聞』二〇一〇年五月五日。
（36）連載「メガチャイナ　変わる日中　三回目」『讀賣新聞』二〇一〇年五月一四日。
（37）日本外務省HP「我が国測量船への中国公船の接近事案等に関する抗議」http://www.mofa.go.jp/mofaj/press/release/22/5/0506_04.html
（38）「海監総隊官員・日本測量船被跟踪説法不成立」『新華網』二〇一〇年五月六日。http://news.xinhuanet.com/mil/2010-05/06/content_13469133.htm
（39）"Chinese Military Seeks to Extend Its Na-val Power" *New York Times*, April 23, 2010. http://www.nytimes.com/2010/04/24/world/asia/24navy.html?ref=world『ニューヨーク・タイムズ』紙の国際版『インターナショナル・ヘラルド・トリビューン』二〇一〇年四月二三日。"China asserts role as a naval power" International Herald Tribune, April 23, 2010
（40）『人民網』二〇〇二年三月二八日。http://www.people.com.cn/GB/guandian/29/173/20020328/697163.html
（41）『中国新聞網』二〇一〇年四月二五日。http://www.chinanews.com.cn/gn/news/2010/04-26/2246110.shtml 救援活動を巡り、公式報道では見られなかったチベット族ラマ僧らの活動などについては、ラヂオプレス発行の『RP旬刊中国内外動向』一〇年五月二〇日号に詳しい。
（42）「温総玉樹患高山症氣喘需食藥」『明報』二〇一〇年五月一日によれば、温総理より一日早く青海省入りし、重災地の玉樹県結古鎮で取材していた中国の新聞『南方都市報』の成希記者も高山病にかかった。四月一五日夜八時半ごろ、同記者がテント内で休憩していたところ、一人の老人が中型バスから降りてきた。記者が手を差し伸べると、「ご苦労さん！」といいながら掴まって来た。よく見ると温総理だった。総理は従者二人と一緒で、眉に皺を寄せ、苦しそうだった。歩みはとてものろく、ヨロヨロしており、ひどい高山病に罹っているようだった。温総理の体を支えようとすると、『大丈夫だ』と手で遮った」という。同じように被災地入りした胡錦濤主席が高山病にかからなかったのはチベット経験が豊富なためか。▽「温家宝再赴玉樹、部署抗震救災的九方面重点工作」『中国新聞網』二〇一〇年五月二日。http://www.chinanews.com.cn/gn/news/2010/05-02/2259369.shtml

（43）「張春賢任新疆維吾爾自治区党委委員、常委、書記」『人民網』二〇一〇年四月二四日。http://politics.people.com.cn/GB/41223/11444510.html

（44）「中共中央政治局会議　研究推進新疆跨越式発展和長治久安工作　審議領導幹部報告個人有関事項規定等文件　中共中央総書記胡錦濤主持会議」『人民日報』二〇一〇年四月二四日。

（45）「李鵬児子将任湖南省長」『明報』二〇一〇年四月二五日。

（46）「王楽泉不再兼任新疆自治区党委書記　動情做告別」『中国新聞網』二〇一〇年四月二四日。http://www.chinanews.com.cn/gn/news/2010/04-24/2245527.shtml

第二章　1　スト拡大で低賃金時代は転機に

（1）「二〇一〇年五月以来中国罷工潮（不完全統計。六月一二日更新列表）ネット『先鋒工人網』http://pioneer-worker.forums-free.com/topic-t775.html

（2）「富士康如何走出自殺陰影」『人民日報』二〇一〇年五月二一日。「郭台銘道歉、阻不了十二跳」『明報』同年五月二七日。「富士康昨夜第十二跳」台湾『聯合報』同五月二七日。「郭台銘道完歉、富士康又爆十二跳」台湾『中國時報』同五月二七日。潘毅「世界工廠的盡頭、還農民工一個生存的権利」『明報』同年五月二八日。

（3）「富士康十連跳之謎・員工加班所得占収入一半」『中國評論新聞網』二〇一〇年五月二四日。http://www.chinareviewnews.com（六月二〇日現在、記事は削除。同ネットは中国系で、党中央宣伝部から報道規制の指示が出たための措置と見られる。六月一〇日付の英『フィナンシャル・タイムズ』も、党宣伝部がホンダの労働争議や富士康の自殺報道を控えるよう指示したと伝えた）。

（4）『日本経済新聞』二〇一〇年六月三日。「富士康加薪一倍助創業」香港『亜洲週刊』同年六月二〇日。

（5）ホンダ技研工業本社（東京・南青山）広報部への著者の取材による。

（6）「理性対待、法治解決——常凱談労資集体争議的処理」『経済観察報』二〇一〇年六月一四日。
（7）『日本経済新聞』二〇一〇年六月一九日。"Toyota affiliate hit by strike in China" *Financial Times*, June 18, 2010.
（8）「〈網民論政〉総理把農民工当自己孩子一様対待讓誰汗顔？」『新華網』二〇一〇年六月一六日。http://news.xinhuanet.com/politics/2010-06/16/c_12223711.htm
（9）讀賣新聞中国総局特派員と著者本人の取材による。著者は六月九日から同一二日まで北京を訪れた。
（10）「丁子霖完成拜祭後突然暈倒要扶離開」香港電台『ＲＴＨＫ』二〇一〇年六月三日。http://www.rthk.org.hk/rthk/news/expressnews/20100603/news_20100603_55_673057.htm
（11）「十五萬燭光、愈打壓愈明亮」『明報』二〇一〇年六月五日。「藩太・打壓手段不會奏効」香港『明報』同六月六日。
（12）「六四感言　馬大陸寛宏対待異議人士」台湾『中國時報』二〇一〇年六月五日。台北駐日経済文化代表処ＨＰ「馬英九総統が〈六四〉天安門事件二十一周年のコメントを発表」『台湾週報』同年第二三週。http://www.taiwanembassy.org/fp.asp?xItem=144770&ctNode=3591&mp=202
（13）在北京の中国関係筋への著者の取材による。
（14）ウアルカイシ氏は六月四日、警視庁に建造物侵入容疑で現行犯逮捕され、同九日、軽微な事案として起訴猶予処分になった。氏は故国に帰国するため、成田空港で北京行き便に乗り換えようとしたが、航空会社に搭乗を拒否された。その後、中国大使館と直接交渉するために突入を図ったという。
（15）「〈三寛〉中宣部長朱厚澤辭世」『明報』二〇一〇年五月一〇日。
（16）『明報』二〇一〇年五月一八日。
（17）「陳方安生同情公務員處境渭淮（港聞）」香港『星島日報』二〇一〇年五月一六日。http://www.singtao.com/breakingnews/20100516a100103.asp
（18）香港発時事通信電　二〇一〇年五月一七日。香港「與民主黨破冰或結束逾二十年僵局中央高官将晤普選聯」『星島日報』同年五月一七日。

(19)「民主党、政改不加碼即否決」『明報』二〇一〇年五月二五日。

(20)「泛民加碼方案、中聯打回頭」『明報』二〇一〇年五月二七日。「晤民協五人、嘆民主党未〈退一歩海闊天空〉李剛破冰総結・很困難」『明報』同五月二九日。

(21)「努力推動建設二十一世紀積極合作全面的中美関係——在第二輪中美戦略與経済対話開幕式上的致辞」『人民日報』二〇一〇年五月二五日。

(22)「中国人民銀行決定　進一歩推進人民幣匯率形成機制改革　増強人民幣匯率弾性」『人民日報』二〇一〇年六月二一日。「中国人民銀行新聞発言人就進一歩推進人民幣匯率形成機制改革答記者問」『人民日報』同六月二一日。

(23) "In Chinese admiral's outburst, a lingering distrust of U.S." *Washington Post*, June 08, 2010（邦訳『チャイナ・ウオッチ』共同通信社、二〇一〇年六月一七日号）. http://www.washingtonpost.com/wp-dyn/content/article/2010/06/07/AR2010060704762.html

(24) U.S.-China Strategic and Economic Dialogue 2010 Outcomes of the Strategic Track; Office of the Spokesman, Washington DC, May 25, 2010. http://www.state.gov/r/pa/prs/ps/2010/05/142180.htm「第二輪中美戦略與経済対話框架下、経済対話聯合成果情況説明」「第二輪中美戦略與経済対話框架下戦略対話成果清単」『人民日報』二〇一〇年五月二六日。

(25) "China Snubs Defense Secretary Gates" FOX NEWS, June 2, 2010. http://liveshots.blogs.foxnews.com/2010/06/02/china-snubs-defense-secretary-gates/

(26) "Gates criticizes Chinese military for blocking talks in Beijing" *Washington Post*, June 03, 2010. http://www.washingtonpost.com/wp-dyn/content/article/2010/06/03/AR2010060302296.html

(27) ゲーツ長官発言　米国防総省HP二〇一〇年六月五日。http://www.defense.gov/speeches/speech.aspx?speechid=1483

(28)「馬暁天説維護亜太地区安全是中国利益和責任所在」『新華網』二〇一〇年六月五日。http://www.chinanews.com.cn/gj/gj-ywdd/news/2010/06-05/2325523.shtml

（29）日本財団会長・笹川陽平ブログ「中国・梁光烈国防部長　表敬・会談」二〇一〇年六月一一日。http://blog.canpan.info/sasakawa/archive/2496

（30）「中共中央国務院召開新疆工作座談会」『人民日報』二〇一〇年五月二一日。

（31）「新一輪援疆大幕開啓」『人民日報』二〇一〇年五月一七日。

（32）「新華社副総編輯夏林解密内参消息」海外ネット『中国瞭望（CHINA NEWS）』二〇一〇年五月二五日。http://news.creaders.net/breaking/newsViewer.php?nid=432647&id=984910&aid=13&language=big5 "Xia Lin（夏林）, Xinhua Deputy Chief Editor, Reveals Secret Details of Old NewsStories" CHINA DIGITAL TIMES（中国数字時代）, June 01, 2010. http://chinadigitaltimes.net/2010/06/xia-lin-%e5%a4%8f%e6%9e%97-xinhua-deputy-chief-editor-reveals-secret-details-of-old-news-stories/ "China's secret media Chinese whispers" *The Economist*, June 9th 2010.

（33）日本外務省ＨＰ「日中首脳会談（概要）」二〇一〇年五月三一日。http://www.mofa.go.jp/mofaj/area/china/visit/1005_sk.html

（34）「温家宝同日本首相鳩山由紀夫会談」『人民日報』二〇一〇年六月一日。

（35）『讀賣新聞』二〇一〇年六月二日。右記『人民日報』記事にも該当部分はない。

（36）『讀賣新聞』二〇一〇年六月六日。

（37）『日本経済新聞』二〇一〇年六月六日。「日本新内閣用人費心机両大挙措透出重視中国」『新華網』同六月一一日。http://news.xinhuanet.com/world/2010-06/11/c_12210927.htm

（38）「白宮圧菅直人取消首訪中?」『参考消息』二〇一〇年六月九日。

（39）「温家宝與日本首相菅直人通電話（新華社電）」『人民日報』二〇一〇年六月一四日。

（40）これに関して、在京日中関係筋は、鳩山前総理が上海を訪れたのに宮本雄二大使が出迎えず、梅田邦夫・筆頭公使を差し向けたのは、丹羽大使人事に外務省として不快感を示したのではないか、との見方を示した。

（41）夕刊『讀賣新聞』二〇一〇年六月一五日。丹羽氏は月刊『文藝春秋』七月号に、「二〇一五年　中国バブルに日本の勝機あり」を執筆、「日本復活の根本は中国にある」と独自の対中観を披歴している。

(42)『讀賣新聞』二〇一〇年六月一二日。日本外務省筋によると、丹羽氏へのアグレマンは、『日本経済新聞』の報道以前に中国外交部からもたらされていたという。

第二章 2 台湾政策と香港政策を進展させた中国

(1)「社民連図〈公投〉打民主党」『明報』二〇一〇年六月二五日。「政改通過各派即搶新五席」『明報』同六月二六日。

(2)『明報』記事。

(3) 報告書の全文は、香港民主党HP(http://dphk.org/)でダウンロードできる。同党の選挙制度改革に関する「六人工作小組」のメンバーは、(1)何俊仁、(2)劉慧卿、(3)単仲偕、(4)李永達、(5)楊森、(6)張文光。選挙制度改革方案問題を扱う同小組は四月二九日に結成された。

(4) 正式名称は「香港市民支援愛國民主運動聯合会(略称・支聯会)」。一九八九年五月二一日、香港百万人大デモの中で成立した。天安門事件につながる中国の民主化要求運動を支援する組織。このメンバーらが中心となり一九九四年に「民主党」を結成した。

(5)「梁愛詩・去年底已接觸民主黨」『明報』二〇一〇年七月一〇日。

(6)「張文光披露中央三拒方案」『明報』二〇一〇年七月七日。民主党の「政改六人工作小組報告」でも一部の裏付けができる。

(7)『明報』の記事。

(8) 習近平の外遊日程は『RP旬刊中国内外動向』二〇一〇年七月一〇日号による。

(9)「習近平是香港政改推手反映中南海新思維」香港『亜洲週刊』二〇一〇年七月四日。『サウス・チャイナ・モーニング・ポスト』も、北京に近い筋の情報として、中央政府が一旦は拒否した民主党修正案に対し、胡錦濤総書記が最終的に受け入れを了承したとしている。"Beijing's U-turn to 'thwart radicals' Top leaders feared political stalemate" *South China Morning Post*, June 22, 2010.

(10) 同右『亜洲週刊』記事。

（11）同右『亜洲週刊』記事。
（12）「両岸経済合作框架協議簽署」『人民日報（新華社電）』二〇一〇年六月三〇日。ECFAと知的財産権保護協力合意文の全訳は、『RP旬刊中国内外動向』同七月一〇日号。
（13）「台與簽FTA王毅・理解」台湾『聯合報』二〇一〇年六月三〇日。
（14）「李登輝棄馬籌組第三勢力」『亜洲週刊』二〇一〇年七月一八日。
（15）呉傳馬十六字／胡・共同政治基礎增互信」台湾『聯合報』、「ECFA簽署胡錦濤・展現推動和平決心」台湾『中國時報』共に二〇一〇年七月一三日。
（16）「胡錦濤会見美国総統奥巴馬」中国外交部HP。二〇一〇年六月二七日。http://www.fmprc.gov.cn/chn/gxh/tyb/zyxw/t711898.htm ▽"Remarks by President Obama and President Hu Jintao of the People's Republic of China Before Bilateral Meeting" The White House HP, June 26, 2010. http://www.whitehouse.gov/the-press-office/remarks-president-obama-and-president-hu-jintao-peoples-republic-china-bilateral-me ▽『毎日新聞』二〇一〇年六月二八日。トロント発共同通信六月二六日など。
（17）夕刊『讀賣新聞』『日本経済新聞』二〇一〇年七月九日。
（18）日本外務省HP「日中首脳会談（概要）」二〇一〇年六月二八日。http://www.mofa.go.jp/mofaj/kaidan/s_kan/g8g20_1006/j-china/gaiyo.html ▽『讀賣新聞』二〇一〇年六月二八日。
（19）中国外交部HP「胡錦濤会見韓国総統李明博」二〇一〇年六月二八日。http://www.fmprc.gov.cn/chn/gxh/mtb/gjldrhd/t712011.htm
（20）中国外交部HP「外交部発言人秦剛就聯合国安理会就天安号事件発表主席声明発表談話」二〇一〇年七月九日。http://www.fmprc.gov.cn/chn/gxh/mtb/fyrbt/dhdw/t715381.htm
（21）「禁漁禁航通知」『温州晩報』二〇一〇年六月二八日。http://wb.66wz.com/system/2010/06/28/101964722.shtml
（22）「美航母開進黄海中美日新博淞」『亜洲週刊』二〇一〇年七月一八日。
（23）「解放軍公開表態反対美韓黄海軍演、韓媒高度関注」『中国新聞網』二〇一〇年七月三日。「美重中未決定派航母赴好黄海」『明報』同七月三日。中国外交部HP「外交部発言人秦剛挙行例行記者会」同七月六日。http://www.fmprc.gov.cn/chn/gxh/mtb/fyrbt/jzhsl/t714332.htm

(24)「目撃東海艦隊海空実兵実弾演練」『解放軍報』二〇一〇年七月七日。

(25)『中國評論新聞網』二〇一〇年七月六日。http://www.chinareviewnews.com/doc/1013/7/4/3/101374394.html?coluid=4&kindid=16&docid=101374394&mdate=0706181839

(26)夕刊『讀賣新聞』二〇一〇年七月一五日、ワシントン電。米韓合同軍事演習「不屈の意志」は七月二五～二八日まで日本海側で実施された。

第二章　3　南シナ海問題で再び米中に軋轢

(1)米『ワシントン・ポスト』二〇一〇年七月三一日によれば、三月に訪中したスタインバーグ米国務副長官らに、南シナ海も中国の「核心的利益」に含まれると告げたのは、崔天凱・外交部副部長（北米担当）で、五月の米中戦略・経済対話の際に、訪中したクリントン国務長官に対して戴秉国・国務委員（副総理級）が再び「核心的利益」を強調したという。

(2)中国外交部HP「楊潔会見美国国務卿希拉里、加拿大外長坎農」二〇一〇年七月三一日 http://www.fmprc.gov.cn/chn/gxh/mtb/bldhd/t719254.htm「楊潔分別会見五国外長」『人民日報』ハノイ電、同年七月二四日。

(3)同右。

(4)米国務省HP、クリントン国務長官の記者会見。二〇一〇年七月二三日 http://www.state.gov/secretary/rm/2010/07/index.htm　米紙『ワシントン・ポスト』同七月三一日によれば、ARF会議で最初に南シナ海問題を提起したのがベトナムで、最後に締めくくり発言をしたのが米国だった。

(5)ASEANのARF議長声明（全文）http://asean2010.vn/asean_en/news/47/2DA921/43rd-AMMPMC17th-ARF-VIETNAM-2010-Chairmans-Statement-17th-ASEAN-Regional-Forum『讀賣新聞』二〇一〇年七月二四日。『朝日新聞』『毎日新聞』同七月二三日。

(6)中国外交部HP「楊潔外長駁斥南海問題上的歪論」二〇一〇年七月二五日 http://www.fmprc.gov.cn/chn/

gxh/tyb/zyxw/t719371.htm

（7）国際問題紙『環球時報』二〇一〇年七月二六日も「国際論壇」頁で「南シナ海の周辺国家は米国に騙されるべきではない」と題した社説を掲げた。

（8）"Vietnam says China violates its sovereignty in sea." *Reuters*, Aug. 05, 2010.

（9）中国国家海洋局のＨＰ参照　http://www.soa.gov.cn/hyjww/index.htm

（10）『日本経済新聞』二〇一〇年七月二八日。中国中央テレビが七月二七日に放映した長距離ロケット砲の発射映像を共同通信が転電した。

（11）「雄師鎮海疆」『解放軍報』二〇一〇年七月三〇日。

（12）『日本経済新聞』二〇一〇年七月三〇日。南シナ海の南沙諸島の最新情報として、永暑礁では七月一二日午前から中国本土との間で衛星通信が開通し、「中国移動」社の携帯電話が通じるようになった。七月一四日付の『人民日報』の記事「南沙守礁官兵可以打手機」によると、現在、その他の岩礁からも携帯電話が使えるよう準備を進めている。また、八月六日付の『人民日報』は、第二十面全面に南シナ海のルポ記事「傾聴来自南海的濤声」を掲載、実効支配が着実に進んでいる様子を伝えている。

（13）「中国防空部隊在魯豫大演練」二〇一〇年八月三日の済南発新華社電、同八月四日付『寧夏日報』に転載。

（14）中国では劉明福・国防大学教授の『中国夢』（中国友誼出版公司、二〇一〇年一月）、戴旭・空軍大佐の『C形包囲　内憂外患的中国突囲』（同年三月、文匯出版社）など軍人による出版が相次いでいる。国防部外事弁公室の幹部は六月に訪中した著者に対し、「個人の見解表明であり、軍の見解を代表するものではない」と説明したが、昨今の軍人の突出ぶりは特筆すべき現象である。

（15）ワシントン発時事通信電、二〇一〇年八月五日。

（16）ソウル発共同通信電、二〇一〇年八月二〇日。

（17）楊毅・国防大学戦略研究所長は香港鳳凰テレビの取材に答え、中国に対抗する米越接近について、「ベトナムはパワーゲームの中で最終的に米国の犠牲にされ人質になる。そして将来、後悔するだろう」と、高みに立った警告を発した。（八月一三日の香港紙『サウスチャイナ・モーニング・ポスト』）。

(18) "Military and Security Developments Involving the People's Republic of China 2010". Office of the Secretary of Defense, U.S. Department of Defense, 2010. 米国防総省のHPから報告書全文をダウンロードできる http://www.defense.gov/pubs/pdfs/2010_CMPR_Final.pdf

(19) 中国国防部HP「国防部発言人、堅決反対美国防部報告」二〇一〇年八月一八日。http://www.mod.gov.cn/djxw/2010-08/18/content_4185437.htm

(20) 『二〇一〇 中華人民共和国行政区劃手冊』(中国地図出版社)によれば、甘南チベット族自治州の人口は七十一万人、舟曲県の人口は十四万人。

(21) 北京の反体制作家・余杰氏(36)が執筆した新著『中国最高の俳優・温家宝(原題・中國影帝＝温家寶)』(香港・新世紀出版社)が八月一六日、香港で出版された。余杰氏は、中国当局から出版しないよう圧力を受けていた。一方、国内でも〇九～一〇年の総理発言を収録した『信心与希望――温家宝総理訪談実録』(新華社総編室編、新華出版社、二〇一〇年三月)などが出版されている。中国では、温総理が災害現場に駆けつけて被災者を慰問する光景から、「人民の宰相」であると受け止められているが、余杰氏はそうした姿が政治的演出に過ぎないことを、公式発言や行動をもとに炙り出している。

(22) 「堅決貫徹落実胡主席重要指示全力以赴做好舟曲泥石流災害救災工作」(第一面)、「全力以赴農険救災――温家宝在舟曲災区指導抗洪農険工作紀実(新華社電)」(第三面)『解放軍報』二〇一〇年八月九日。

(23) 「総政発出通知要求全軍和武警部隊、認真貫徹胡主席重要指示、更加扎実有力做好農険救援政治工作」『解放軍報』二〇一〇年八月一四日。

(24) 「舟曲県災害歴史」香港『亜洲週刊』二〇一〇年八月二二日。

(25) 「中共中央政治局召開会議、決定召開十七届五中全会(新華社電)」『人民日報』二〇一〇年七月二三日。

(26) 香港誌『開放』の劉彤「習近平五中全會進軍委」(二〇一〇年八月号)は、七月二二日の政治局会議で、習氏が次期十八回党大会の準備工作指導小組組長への就任が確定したとし、習氏が軍事委副主席に就任するのに適当なタイミングだと伝えたが、断定は避けている。『動向』の観耘間人「習近平再拒軍職、周永康不検討」(同八月号)は、習氏が依然として軍事委副主席就任を固辞しているとした。

(27)「中央軍委挙行晋昇上将軍銜儀式（新華社電）」『人民日報』二〇一〇年七月二〇日。
(28)「中国印発〈関于領導幹部報告個人有関事項的規定〉（新華社電）」『人民日報』二〇一〇年七月一一日。全訳は『RP旬刊 中国内外動向』二〇一〇年八月一〇日合併号。
(29) 中国語の表記では「県処級副職以上」。中国の中央省庁の場合、「部長（大臣）」、「司長＝局長（局長）」、「処長（課長）」の順となる。地方では省（直轄市、自治区）の下の県長のポストが中央政府の「処長」に相当する。
(30) 同規定の分析は、許行「没有陽光的黒箱作業」香港誌『開放』二〇一〇年八月号を参照。
(31) 細川美穂子「中国経済動向・一段落する金融危機後の景気急回復」『MIZUHO CHINA REPORT』二〇一〇年七月、第八八号。
(32) 夕刊『讀賣新聞』『毎日新聞』『日本経済新聞』二〇一〇年八月一六日。英『フィナンシャル・タイムズ』は、この問題を大きく取り上げ、社説でも扱った。"China growth eclipses Japan" *Financial Times (Asia edition)*, August 17, 2010. Editorial "Japan and its growing pains" August 17, 2010.
(33)「大陸研擬〈台湾法〉推統一進程」『明報』二〇一〇年七月二四日。「陸擬台灣法 呉葵 應累積互信」台湾『聯合報』同七月二三日。
(34)「中国百姓如何看国家地位」『環球時報』二〇一〇年八月六日。China still a developing nation : poll "*GLOBAL TIMES*" August 6, 2010.
(35)『讀賣新聞』、『毎日新聞』二〇一〇年八月一五日。
(36) 丹羽氏は一九三九年（昭和一四）一月二九日、愛知県生まれ。名古屋大学法学部卒。六二年四月に伊藤忠商事入社。九八年四月に同社社長、〇四年六月に同社会長、一〇年四月に同社相談役に就任し、大使就任に伴い退任。伊藤忠が公表した丹羽氏の年収は一億一五〇〇万円（平成二二年三月期）だった。（「主な役員報酬一覧」『産経新聞』二〇一〇六月三〇日付）。丹羽大使誕生の背景については、城山英巳「民間人登用の波紋とその舞台裏」（『中央公論』二〇一〇年九月号）がある。北京発時事通信電によると、丹羽大使は八月一九日、人民大会堂で習近平・国家副主席と会見した長崎県の中村法道知事らに同席した。習副主席は丹羽大使に対し、

「中日関係の発展に新たな貢献をすると確信している」と語りかけたという。

(37) 著者自身の外務省、宮内庁への取材による。山本雅人著『天皇陛下の全仕事』（講談社新書）一七三頁参照。

(38) 著者は両会見を取材した。

(39) 丹羽氏の中国大使就任を最初に報道したのは『日刊ゲンダイ』（二〇一〇年五月一四日発行）。なお、丹羽氏は任期中、単身赴任となる見通しで、夫人を伴わない中国大使は戦後初めてという。

(40) 伊藤忠商事のＨＰと同社広報部への筆者の取材による。

第三章　1　胡―温指導部に政治改革をめぐる違い

(1) 「只有堅持改革開放、国家才有光明前途」『人民日報』二〇一〇年八月二二日。「開創経済特区的美好明天―温家宝総理在深考察紀実（新華社電）」『人民日報』同八月二二日。

(2) 同右。

(3) 「世界人権宣言」の発表六十周年に当たる二〇〇八年一二月一〇日付で作家の劉暁波氏ら中国の有識者三〇三人が連名で、中国共産党の一党独裁の終結、三権分立、民主化推進、人権改善などを求めた宣言文を指す。その後、署名賛同者は六千人以上になった。劉氏はこの宣言文の起草者として、〇九年一二月二五日、北京の第一中級人民法院で、国家政権転覆扇動罪で懲役一一年の判決を言い渡された。

(4) 「両岸三地学者網友挙行温家宝深圳講話研討会」ネット『博訊』二〇一〇年八月二三日。筆者は参加者の一人に電話取材し、会合の有無や参加者、発言内容について確認した。温演説に関する正式な「研討会」ではなく、仲間同士が食事した際に温発言を話題にし、それをネット掲載したものだった。http://news.boxun.com/news/gb/china/2010/08/201008231458.shtml

(5) 「堅定不移地推進改革開放」『南方日報』二〇一〇年八月二五日。http://epaper.nfdaily.cn/html/2010-08/25/content_6873343.htm

(6) 「深圳経済特区三十年・両種不同性質的民主不可混淆」『光明日報』二〇一〇年九月四日。http://news.xinhuanet.com/politics/2010-09/04/c_12517473.htm　新華社ネットからダウンロード。

（7）同右。来日した中国のメディア幹部は著者に対し、「今の『光明日報』評論部に、論文を独自に執筆して掲載する度量はない。党中央宣伝部が執筆した可能性が高い。『人民日報』では影響力が強過ぎ、『光明日報』が利用されたのだろう」と語った。

（8）「在深圳経済特区建立三十周年慶祝大会上的講話〈二〇一〇年九月六日〉胡錦濤」『人民日報（新華社電）』二〇一〇年九月七日。「中國政改之争」『亜洲週刊』（同九月一九日）によれば、当日の会場で参加者に配布された演説文書には「積極的に党内民主を進め、党内民主を拡大することで人民民主を推し進める」との文言があったものの、実際の胡演説では、この下りは読まれなかった。なお、特区指定記念日だった八月二六日は、北朝鮮の金正日総書記の訪中と重なったため、胡総書記が出席した記念式典は九月六日に延長されたという。

（9）「推進政治体制改革是民意所向（侯少文）」週刊紙『学習時報』二〇一〇年九月一三日。http://www.studytimes.com.cn:9999/epaper/xxsb/html/2010/09/13/01/01_36.htm▽「中國政改之争」『亜洲週刊』（九月一九日）は、今回の政治体制改革を巡る論争を、一九七八年の改革・開放開始当初の論争、一九九二年の「姓〈社〉姓〈資〉」論争、一九九七年の「私営・民営企業の扱いをめぐる〈万言書〉」論争に続く四回目とした。一方、軍国防大学政治委員の作家、劉亜洲氏（中将）が、香港系週刊誌『鳳凰週刊』（二〇一〇年八月五日）に掲載した「西部論」で、中国が「今後十年以内に権威政治から民主政治へと転換することは避けられない」と語るなど本格的な政治改革の到来を予想する論文を執筆したことも論争に複雑な波紋を投げかけている。

（10）「再回興義憶耀邦」『人民日報』二〇一〇年四月一五日。

（11）屈原『離騒』の引用部分は「亦余心之所善兮、雖九死其犹未悔（これらは私が大切にしているものであり、幾度殺されるようなことがあっても後悔することはない）」。「温家宝総理答中外記者問」『人民日報（新華社電）』二〇一〇年三月一五日。

（12）「温家宝接受日本広播協会電視専訪」『人民日報』二〇一〇年六月二日。

（13）“Emerald a cadre's worst enemy” *Taipei Times*, Dec. 29, 2007. http://www.taipeitimes.com/New/editorials/archives/2007/12/29/2003394759

(14) "China To the money born" *Financial Times*, March 29, 2010. http://www.ft.com/cms/s/0/e3e51a48-3b5d-11df-b622-00144feabdc0.html

(15) 夕刊『讀賣新聞』『毎日新聞』『日本経済新聞』二〇一〇年九月七日、同八日朝刊。

(16)「時時刻刻〈衝突は故意〉海保決断」『朝日新聞』二〇一〇年九月九日。

(17) 中国外交部ＨＰ「宋濤副部長就日方在釣魚島海域盛截我漁船事提出厳正交渉」二〇一〇年九月七日。http://www.fmprc.gov.cn/chn/gxh/mtb/bldhd/t738330.htm

(18)「中国漁船、船長逮捕へ」『讀賣新聞』二〇一〇年九月八日。

(19) いずれも中国外交部ＨＰ「胡正躍部長助理就日方在釣魚島海域抓扣中方漁船再次提出厳正交渉」二〇一〇年九月八日。http://www.fmprc.gov.cn/chn/gxh/tyb/wjbxw/t738579.htm「外交部長楊潔就日方在釣魚島海域抓扣中方漁船再次提出厳正交渉」同九月一〇日。http://www.fmprc.gov.cn/chn/gxh/mtb/bldhd/t739161.htm「戴秉国国務委員就日方在釣魚島海域非法抓扣中国漁船和船員緊急召見日本駐華大使」同九月一二日。http://www.fmprc.gov.cn/chn/gxh/mtb/gjldrhd/t751695.htm

(20) 評論家・石平氏は二〇一〇年九月一四日付『産経新聞』のコラム「焦る中国に応じた日本」で、中国外交部の発表文の中国語の表現の違いを見つけ、未明の抗議の意味を論じた▽丹羽大使の深夜の呼び出しについて、その後の日中両政府の説明によれば、互いに都合の良い時間帯を調整しているうちに深夜にずれ込んだもので、双方ともに納得していたという。

(21) 海上保安庁発表の広報資料などによる。

(22)「中国閣僚級交流を停止」『讀賣新聞』二〇一〇年九月二〇日。

(23) 米国のリチャード・アーミテージ元国務副長官は九月一五日夕、日本記者クラブ（東京・内幸町）での会見で、「普天間米軍基地問題などで日米関係が冷却化しているなか、中国は（尖閣諸島の領有権問題で）どこまで許されるか試そうとしている」との見方を示した。

(24)「争議島嶼全都在内、日本圏海又出新招　日本要把二十五座離島国有化」『環球時報』二〇一〇年八月二三日。

(25) 夕刊『讀賣新聞』二〇一〇年九月八日。

(26)「胡錦濤総書記同朝鮮労働党総書記金正日在長春挙行会談」「新華網」二〇一〇年八月三〇日。http://politics.people.com.cn/GB/12585175.html「金正日総書記、中国を非公式訪問」平壌二〇一〇年八月三〇日発朝鮮中央通信＝朝鮮通信。今回も金総書記の電撃訪中が終了するまで、中朝双方の国営通信社は一切発表しなかった。訪問中は、日本や韓国など外国メディアが金総書記一行を追跡取材し、初日から大々的な報道合戦が繰り広げられた。

(27) 経済支援問題が協議されたかどうかは公式報道では不明。しかし、二〇一〇年八月一三日付一面トップの『東京新聞』ソウル、北京両特派員電によれば、金総書記が五月に訪中した際に、温家宝総理との会談の席上、中朝国境地帯のインフラ整備を中心に百億ドル規模の投資と、食糧百トンと石油八〇万トンを年内に支援するよう要請した。これに対し中国側は、投資については「返答を避けた模様」で、食糧と石油は「ある程度の支援を約束した」ものの、具体的内容は把握できないという。

(28)「金正日尋根之旅別有深意」、「金正日攜子訪華承諾経濟藍圖」『亜洲週刊』二〇一〇年九月一二日。両記事ともに正恩氏は訪中したとしている。

(29) ソウル発時事通信電　二〇一〇年九月一三日。

(30) 北朝鮮・朝鮮中央通信社電　二〇一〇年八月二一日。新華社電によれば、中国側の遼寧省丹東市内でも約六万四千人が避難したほか、土石流などによる家屋倒壊で四人が死亡した。

(31) "Senior Chinese, U.S. diplomats discuss bilateral ties" *Xinhua*, Washington. August 28, 2010. http://news.xinhuanet.com/english2010/china/2010-08/28/c_13467141.htm ▽中国外交部ＨＰ "China and the United States Hold Political Consultations at Vice Foreign Ministerial Level" 2010/08/27 http://www.mfa.gov.cn/eng/zxxx/t736449.htm ▽新華社電を引用した中国「財経網」のワシントン特派員電（八月三〇日）によると、この米中次官級協議について、米側は公表していない。

(32) 同右。九月八日の香港紙『サウス・チャイナ・モーニング・ポスト』は北京電で、八月の崔天凱―スタインバーグ会談で、胡錦濤主席の公式訪米を二〇一一年一月に実現させる方向で協議したと伝えた。中国外交筋によるもので、首脳会談の前に米中軍事交流を再開させる方向という。

(33) ワシントン発時事通信電　二〇一〇年九月一〇日。

第三章　2　尖閣と反日デモで急冷却した日中関係

(1) 「中国人船長釈放へ、尖閣衝突〈日中関係を配慮〉」『讀賣新聞』二〇一〇年九月二五日。

(2) 「詹其雄回國　稱還將去釣魚島打漁」『中國評論新聞網』二〇一〇年九月二五日。http://www.chinareviewnews.com/crn-webapp/search/allDetail.jsp?id=101456370&sw=%E8%A9%B9%E5%85%B6%E9%9B%84

(3) 「那覇地検の記者会見要旨と主な質疑応答」『讀賣新聞』二〇一〇年九月二五日。

(4) 中国人船長釈放の決定は菅直人総理や前原外相がニューヨークの国連総会に出かけ不在中の出来事だった。日中関係筋によれば、仙谷官房長官が中心になって検察最高首脳との間で決定した、との情報もある。『毎日新聞』（一〇月一日）の尖閣事件検証記事によれば、決定発表に先立ち、九月二四日午前中に東京・霞が関の法務検察庁舎に、検事総長ら最高検幹部と福岡高検、那覇地検の幹部六人が集まり、釈放について最終協議した。また、前日の九月二三日に外務省の担当課長が、那覇地検に出向き、外交的側面から説明を行った。筆者が得た情報では、担当課長は刑事責任を追及しないよう求める立場を検察側に伝えたという。

(5) 注2に同じ。

(6) 中国外交部HP「中国外交部声明」二〇一〇年九月二五日。http://www.fmprc.gov.cn/chn/gxh/tyb/zyxw/t755697.htm　日本外務省HP「外務省報道官談話」二〇一〇年九月二五日。http://www.mofa.go.jp/mofaj/press/danwa/22/dga_0925.html

(7) 「首相〈謝罪や賠償に応じず〉」『讀賣新聞』二〇一〇年九月二七日。

(8) "Amid Tension, China Blocks Vital Exports to Japan" *New York Times*, September 22, 2010. http://www.nytimes.com/2010/09/23/business/global/23 rare.html?pagewanted=all

(9) 「日中〈尖閣密約〉あった」週刊誌『AERA』二〇一〇年一〇月二五日。

(10) 「日中首相が会談、関係修復で一致」夕刊『讀賣新聞』、二〇一〇年一〇月五日。「温家宝和菅直人進行交談」『新華網』同一〇月四日。温―菅会談を「進行了交談（during the conversation held）」と伝えた。http://news.

xinhuanet.com/world/2010-10/05/c_12630312.htm　一方、日本外務省ＨＰは「日中首脳間での懇談（概要）」二〇一〇年一〇月五日。http://www.mofa.go.jp/mofaj/kaidan/s_kan/asem_8/jc_gaiyo.html

(11)「急きょ廊下で、通訳は英語」夕刊『讀賣新聞』、二〇一〇年一〇月五日。

(12)「官邸、独自の中国ルート」『讀賣新聞』二〇一〇年一〇月一〇日。

(13)「日中会談へ極秘交渉」『朝日新聞』二〇一〇年一〇月六日。

(14)「日本に手詰まり感」『日本経済新聞』二〇一〇年九月二八日。

(15)「主権不容侵犯、漁民不容傷害」『中国漁業報』二〇一〇年九月二〇日。

(16)「中国監視船、姿消す」夕刊『朝日新聞』、二〇一〇年一〇月六日。「中国監視船、尖閣沖離れる」夕刊『日本経済新聞』同日。

(17)「中国漁政１１８船赴釣魚島海域巡航護漁」農業部漁業局ＨＰ『中国漁業政務網（漁政網）』http://www.f5.cnfm.gov.cn/info/display.asp?sortid=75&id=54484

(18)『鄧小平年譜（一九七五〜一九九七）』（上）中共中央文献研究室編、二〇〇四年、三五五頁。なお、元外交官の杉本信行氏は遺作『大地の咆哮』（ＰＨＰ出版、二〇〇六年）の中で、外務省中国課職員として鄧小平—園田会談に同席していた当時の状況を記述している。

(19)同右。四一一〜四一二頁。

(20)「中方重估鄧小平釣島政策」『亜洲週刊』二〇一〇年一〇月三日。「釣魚島再擱置問題大　中國微妙変化」『中國評論新聞網』同一〇月三日。http://www.chinareviewnews.com/doc/1014/6/1/1/101461163.html?coluid=1&kindid=0&docid=101461163

(21)「〈中国信頼できず〉八四％」『讀賣新聞』二〇一〇年一〇月四日。調査は全国一七三一世帯を対象に電話で行い、一一〇四人から回答を得た。

(22)「対中国世論は複雑」『毎日新聞』二〇一〇年一〇月四日。調査は全国四九七世帯を対象に電話で行い、九百六十六人の回答を得た。

(23)「〈中国は脅威〉七割」『産経新聞』二〇一〇年一〇月二日。調査は全国一〇〇〇人を対象に電話で行われた。

(24)『朝日新聞』二〇一〇年一〇月七日。調査は全国一七七三世帯を対象に電話で行い、一〇五九人から回答を得た。
(25)『讀賣新聞』二〇一〇年一〇月九日。劉暁波氏は一九五五年一二月二八日、吉林省長春市生まれ。
(26)「諾貝爾衝擊政改中共老人公開信幕後」『亜洲週刊』二〇一〇年一〇月二四日。
(27)「中共十七届五中全会在京挙行（新華社電）」『人民日報』二〇一〇年一〇月一九日。第一面にコミュニケ全文が掲載されている。邦訳は共同通信社発行『チャイナ・ウオッチ』同一〇月二〇日号に所収。
(28)「日系スーパーなど警戒」『日本経済新聞』二〇一〇年一〇月一七日。
(29)「数萬人遊行示威、内地爆反日怒潮」香港『文匯報』二〇一〇年一〇月一七日。http://paper.wenweipo.com/2010/10/17/YO1010170001.htm
(30)「中国多城市爆反日示威」香港『大公報』二〇一〇年一〇月一七日。http://www.takungpao.com/news/tkxr/1461009.html
(31)「深圳の反日デモ、当局警告で中止」深圳発時事通信電、二〇一〇年一〇月一六日。
(32)「反日ネットが火種」『讀賣新聞』（二〇一〇年一〇月一七日）によれば、インターネットHP「都江堰信息網」では「成都反日大游行」の文字とともにデモ出発時間（一六日午後二時）や行進ルートなどの情報のほか、国旗や横断幕を準備するよう呼びかけていた。ただ、同頁は間もなく閉鎖され閲覧できなくなったという。
(33)「外交部発言人就中国個別城市発生渉日游行答記者問」『新華網』二〇一〇年一〇月一七日。http://news.xinhuanet.com/world/2010-10/17c_12667223.html
(34) 中国外交部HP「中俄関于全面深化戦略協作伴関係的聯合声明」二〇一〇年九月二八日。http://www.fmprc.gov.cn/chn/gxh/tyb/zyxw/t756814.htm
(35) 中国外交部HP「中俄元首発表関于第二次世界大戦結束六十五年聯合声明」二〇一〇年九月二八日。http://www.fmprc.gov.cn/chn/gxh/tyb/zyxw/t756843.htm
(36)「梁光烈会見美国国防部長、就両国両軍関係交換意見」『新華網』二〇一〇年一〇月一一日。http://news.xinhuanet.com/world/2010-10/11/c_12647993.htm

第四章　1　強面姿勢の背後に「韜光養晦」からの転換

（1）「中国、首脳会談を拒否」『朝日新聞』など邦字紙各紙。二〇一〇年一〇月三〇日。前原誠司外相が一〇月一八日、中国の対応を「ヒステリーだ」と批判したことを受け、中国側は「日外相称中国歇斯底里中国外交部・一国外相発表這様的言論讓人震驚」『環球時報』（一〇月二〇日）など対中強硬派として前原批判を展開した。

（2）"Japan keen to get over differences with China" Greg Torode in Hanoi, *South China Morning Post*, Oct. 29, 2010.

（3）中国外交部ＨＰ「外交部部長助理胡正躍就中日関係有関問題向記者吹風」二〇一〇年一〇月二九日。http://www.fmprc.gov.cn/chn/gxh/mtb/gjldrhd/t765226.htm　▽「中国外務次官補の発言全文」ハノイ発時事通信、二〇一〇年一〇月二九日。

（4）〈初報〉"China, Japan to improve ties, resume gas talks : Japan FM" *AFP*, October 29, 2010, 3 : 44GMT（グリニッジ標準時）。〈訂正稿〉"CORRECTED ; China, Japan to improve ties : Japan FM" *AFP*, October 29, 2010, 14 : 19 GMT（同）。

（5）四川省成都にあるイトーヨーカ堂春熙店は、ショーウインドーのガラスなどを割られたものの被害は軽微で、地元政府に弁償を要求する動きはないという。また、近くの「味千拉麺」店は台湾人による経営だった。

（6）二〇一〇年一〇月三〇日の共同通信電「〈表層深層〉日中首脳会談空振り」は、菅総理との首脳会談を実施するか否かについて、党最高決定機関の政治局常務委員会（九人）の意見を求めた上での決定だった可能性を示唆している。その場合、温氏も現地から判断を上げ、常務委員会の決定として首脳会談が見送られたかもしれない。▽富坂聡「中国外交部が初めて明かした〈首相会談中止〉本当の狙い」『週刊文春』（一一月一八日）によれば、早くも一〇月五日の段階で中国外交部亜洲司日本処が起草した「外交預案報告」の中で、「もし会談の前に日本の主要閣僚が中日関係の修復を著しく損なう言動をすれば、直ちに温総理と菅総理の会談を取り消す」と決めており、「北京には事後報告で、現場で判断できた」という。中国外交部の幹部が明らかにしたもので、この幹部は「実務面のキーパーソンは胡正躍外務次官補（部長助理）。……（会談）中止の判断をした胡次官補は、楊外相を経て戴秉国国務委員の同意を取り付けると、三カ国首脳会談を控えた温総理を訪ね、緊急に取りやめるべきと進言した。温総理は『わかった』と短く答え、『ならば胡錦濤主席以下の政治局常務委員にも外交部からできるだけ早く状況を報告しろ』と命じました」と語っている。

（7）「温首相が不快感＝非公式会談で菅首相に」共同通信電、二〇一〇年一〇月三一日。「中国首相〈民意はもろいもの〉」『日本経済新聞』同一一月一日。

（8）「中国首脳未能実現河内会談」『新華社網』二〇一〇年一〇月三一日。http://news.xinhuanet.com/world/2010-10/31/c_12720325.htm ▽「日本官員・温家宝菅直人短暫交談」『中國評論新聞網』同一〇月三〇日。日本側の発表に基づき、ハノイで同社記者が取材、執筆した。http://www.chinareviewnews.com/doc/1014/8/9/4/101489418.html?coluid=7&kindid=0&docid=101489418

（9）「〈尖閣は領土、伝えた〉菅首相」夕刊『讀賣新聞』二〇一〇年一〇月一五日。

（10）「尖閣領有権、双方が主張、互恵重視は確認」共同通信電、二〇一〇年一一月一三日。

（11）「日中〈マイナスからゼロへ〉首相が強調」『讀賣新聞』二〇一〇年一一月一七日。

（12）「胡錦濤同日本首相菅直人会晤」『新華社電』二〇一〇年一一月一三日。http://news.xinhuanet.com/world/2010-11/13/c_12771412.htm

（13）日中国交正常化時の「日中共同声明」（一九七二年九月二九日）、「日中平和友好条約」（七八年八月一二日）、江沢民来日時の「平和と発展のための友好協力パートナーシップの構築に関する日中共同宣言」（九八年一一月二六日）、胡錦濤来日時の「戦略的互恵関係の包括的推進に関する日中共同声明」（二〇〇八年五月七日）を指す。

（14）「日米同盟深化を確認」夕刊『讀賣新聞』二〇一〇年一一月一三日。

（15）「中国、ガス田に慎重」夕刊『日本経済新聞』二〇一〇年一一月一五日。

（16）「韜光養晦・世界主流文明的共有概念」『中国日報』（英文紙 China Daily の中国語版ネット）二〇一〇年八月一四日。http://www.chinadaily.com.cn/hqgj/sdbd/2010-08-14/content_706924.html ▽高原明生「インタビュー、日中関係の脆弱性と強靭性」月刊『世界』同一二月号。高原明生「日中関係の課題と展望——脆弱性と強靭性」月刊『外交』一〇年第一号。清水美和「菅政権が見逃した中国〈強気の中の脆さ〉」月刊『中央公

論』一〇年一一月号。▽〇九年七月の外交使節会議の模様は「第十一次駐外使節会議召開、胡錦濤、温家宝講話」『中央政府門戸網站』二〇〇九年七月二〇日を参照。中国中央人民政府ＨＰ　http://www.gov.cn/ldhd/2009-07/20/content_1370171.htm

（17）「唐家璇・中国外交堅持韜光養晦」『中国新聞網』二〇〇九年一二月四日。http://www.chinanews.com.cn/tp/tp-gnxw/news/2009/12-04/2001495.shtml

（18）王博「向世界講中国故事」『世界知識』二〇一〇年一月一日号。

（19）「始終兼顧韜晦與有為」『瞭望新聞周刊』二〇一〇年二月二二日号。

（20）「堅持韜光養晦、積極有所作為」『瞭望新聞周刊』二〇一〇年一一月八日号。

（21）「韜光養晦・世界主流文明的共有概念」『中国日報』（英文紙 China Daily の中国語版ネット）二〇一〇年八月一四日。新華網に掲載された原稿を転載。ＵＲＬは注16と同じ。

（22）「在慶祝中新建交二十周年招待会上的致辞（新華社電）」『人民日報』二〇一〇年一〇月一七日。「中国冬季外交密集突囲」『国際先駆導報』同一一月一二日。http://news.xinhuanet.com/herald/2010-11/12/c_13603314.htm

（23）ＡＳＥＡＮ事務局ＨＰ　"Chairman's Statement of the 13th ASEAN-China Summit" Hanoi, Viet Nam, 29 October 2010. http://asean2010.vn/asean_en/news/48/2DA9EE/Chairmans-Statement-of-the-13th-ASEAN-China-Summit#　▽中国外交部ＨＰ「中国和東盟領導人関于可持続発展的聯合声明（全文）」二〇一〇年一〇月二九日。http://www.fmprc.gov.cn/chn/gxh/tyb/zyxw/t765199.htm

（24）「中国、平和解決に合意」『讀賣新聞』二〇一〇年一〇月三〇日。「中国、ＡＳＥＡＮには配慮、南シナ海問題、対話で解決強調」『朝日新聞』同一〇月三〇日。

（25）"Clinton visits China to urge end to marine rows" *AFP*, Sanya, China, November 01, 2010.

（26）「戴秉国与美国国務卿希拉里在海南挙行非公式会晤」『中国新聞網』二〇一〇年一〇月三一日。http://www.chinanews.com.cn/gn/2010/10-31/2623642.shtml

（27）"Remarks by President Obama, China's Hu Jintao Before Meeting" THE WHITE HOUSE Office of the Press

Secretary, November 11, 2010. http://www.whitehouse.gov/the-press-office/2010/11/11/remarks-president-obama-and-president-hu-china-bilateral-meeting ▽中国外交部HP「胡錦濤会見美国総統奥巴馬」二〇一〇年一一月一二日。http://www.fmprc.gov.cn/chn/gxh/mtb/gjldrhd/t768403.htm

（28） "Hu, Obama try to put tense ties behind them in meeting" *South China Morning Post*, November 12, 2010. ▽「米、人民元上げ再要請、米中首脳会談、中国〈徐々に改革〉」『朝日新聞』二〇一〇年一一月一二日。

（29） 「中国二都市で反日デモ、二日連続、数百人規模」蘭州・宝鶏発共同通信電、二〇一〇年一〇月二四日。共同通信社国際資料室『チャイナ・ウオッチ』一〇月二五日号に所収。「〈ヤドカリデモ〉『宝鶏の人々は立派だ』、ネットで評価も」中国ニュース通信ネット『レコード・チャイナ』同一〇月二八日。http://www.recordchina.co.jp/group.php?groupid=46494&type=1&p=2&s=no#t

（30） 重慶にある日本国領事館の話では、尖閣事件直後の九月八、九、一〇日と連続三日間、中国民間保釣聯合会（保釣会）関係者や重慶爆撃被害者団体の関係者らが相次いで訪れ、尖閣問題に関する抗議書を提出したという。

（31） 「小規模反日デモ」『讀賣新聞』二〇一〇年一〇月三一日。

（32） 「中国の反日デモ、東北部・長春で」『朝日新聞』二〇一〇年一〇月三一日。

（33） 「中国應支持琉球独立運動」『環球時報』二〇一〇年一一月八日。

（34） 「琉球并非日本領土、日没資格與我対話釣魚島」『環球時報』二〇一〇年一一月一〇日。http://history.huanqiu.com/china/2010-11/1243397.html ▽在北京日本大使館は日本の領土問題などで誤った記事には申し入れをしていると説明しているが、どの記事なのか具体的な情報は公表を拒んでいる。

（35） 例えば、汪幸福「一九四三年美国曾想把琉球交給中国蔣介石錯過機会」『興華論壇』二〇〇五年七月二五日。

（36） 五百旗頭真『米国の日本占領政策 戦後日本の設計図（上）』（中央公論社、一九八五年）一六〇～一六五頁。

（37） 『蔣介石秘録14 日本降伏』（サンケイ新聞社、一九七七年）一二二頁。

（38） 注（36）に同じ。

（39） 注（37）に同じ。

(40) 三田剛史「現代中国の琉球・沖縄観」『島嶼沖縄の内発的発展』（西川潤氏ら編集）（藤原書店、二〇一〇年）。

(41) 連載「政治の現場、外交劣化〈上〉その場しのぎ、国益危うく」『讀賣新聞』二〇一〇年一〇月二三日。

(42) 中国外交部ＨＰ「外交部発言人馬朝旭答記者問」二〇一〇年一一月一日。http://www.fmprc.gov.cn/chn/gxh/tyb/fyrbt/t765689.htm

(43) 「青海蔵族学生示威反対漢語授課」英『ＢＢＣ（中文版）』二〇一〇年一〇月二〇日。http://www.bbc.co.uk/zhongwen/simp/china/2010/10/101020_china_rights_tibet_education.shtml ▽「更多青海蔵族学生抗議漢語授課」英『ＢＢＣ（中文版）』同一〇月二二日。http://www.bbc.co.uk/zhongwen/simp/china/2010/10/101022_china_tibet_protest.shtml

(44) 同右。

(45) チベット人支援団体「フリーチベット」（本部・ロンドン）ＨＰから。http://www.freetibet.org/newsmedia/students-protest-language-rights

(46) 「ダライ・ラマ来日、ノーベル賞・劉氏を評価」『讀賣新聞』二〇一〇年一一月七日。

(47) 「在大有作為的時代更加奮発有為、一論牢牢抓住歴史機遇、全面建設小康社会」『人民日報』二〇一〇年一〇月二一日。「靠加快転変経済発展方式赢得未来、二論牢牢抓住歴史機遇、全面建設小康社会」『人民日報』同一〇月二五日。「沿着正確政治方向積極穏妥推進政治体制改革、三論牢牢抓住歴史機遇、全面建設小康社会」『人民日報』同一〇月二七日。「以更大決心和勇気推進改革、四論牢牢抓住歴史機遇、全面建設小康社会」『人民日報』同一〇月二九日。「切実做好新形勢下的群衆工作、五論牢牢抓住歴史機遇、全面建設小康社会」『人民日報』同一一月二日。

(48) 「温家宝―関于制定国民経済和社会発展第十二個五年規劃建議的説明（二〇一〇年一〇月一五日）」『人民日報』二〇一〇年一〇月二九日。「中共中央関于制定国民経済和社会発展第十二個五年規劃的建議」『人民日報』同一〇月二八日。「為全面建成小康社会打下具有決定性意義的基礎――《中共中央関于制定国民経済和社会発展第十二個五年規劃建議》誕生記」『人民日報』同一〇月三〇日。

(49) 万博ＨＰ（中国語）「開園一八四天運行平穏順利逾七三〇八万人次参観創歴史新高」http://www.expo2010.

cn/a/20101031/000192.htm

（50）「〈万博成功〉中国演出」『朝日新聞』二〇一〇年一一月一日。

（51）「温家宝出席上海世博会高峰論壇開幕式並発表演説」『人民日報』二〇一〇年一一月一日。「在二〇一〇年上海世博会高峰論壇上講話、中華人民共和国国務院総理　温家宝」『人民日報』同一一月一日。

第四章 2 物価安定が最優先課題に

（1）「中央経済工作会議在北京挙行、胡錦濤、温家宝作重要講話」『新華網』二〇一〇年一二月一二日。http://news.xinhuanet.com/fortune/2010-12/12/c_13645961.htm「中央経済工作会議在北京挙行、胡錦濤、温家宝作重要講話、呉邦国、賈慶林、李長春、習近平、李克強、賀国強、周永康出席会議」『人民日報』同一二月一三日。▽細川美穂子「急回復一服後の中国経済～求められる個人消費主導の発展方式への転換」『みずほアジア・オセアニアインサイト』みずほ総合研究所編、同一二月六日。http://www.mizuho-ri.co.jp/research/economics/asia-insight/

（2）中央政治局会議傳遞明年経済政策新信号、我国貨幣政策将由適度寛松転為穏健」『新華網』二〇一〇年一二月三日。

（3）「一一月上旬三十六城市十八蔬菜平均批発価格同比上六二・四％」『新華網』二〇一〇年一一月一五日。http://news.xinhuanet.com/2010-11/15/c_12774778.htm?finance

（4）「中国消費者物価五・一％上昇」夕刊『日本経済新聞』二〇一〇年一二月一一日。「物価上昇食品以外も」『朝日新聞』同一二月一二日。「中国物価高、生活を圧迫」『讀賣新聞』同一二月一四日。

（5）「国務院十六項措施穏定市場価格（新華社電）」『人民日報』二〇一〇年一一月二一日。「各部門各地区積極採取措施、穏定物価、保障群衆基本生活」『人民日報』同一月二〇日。

（6）「我国有能力有条件保持価格総水平基本穏定　一論貫徹落実〈国務院関于穏定消費価格総水平保障群衆基本生活的通知〉精神＝本報評論員」『人民日報』二〇一〇年一一月二二日。

（7）国家統計局ＨＰ「一—一一月全国房地産市場運行状況」二〇一〇年一二月一〇日。http://www.stats.gov.

cn/tjfx/jdfx/t20101210_402689090.htm

（8）「北朝鮮、韓国を砲撃」『讀賣新聞』二〇一〇年一一月二四日。日本では一一月二三日（火）は「勤労感謝の日」の祭日。朝鮮戦争の再燃を想起させただけに『讀賣新聞』と『毎日新聞』が号外を発行した。韓国でも『東亜日報』が号外を発行した。

（9）「韓国招いた日米演習終了、対中朝無言の圧力」『朝日新聞』二〇一〇年一二月一一日。

（10）「北、ウラン濃縮の新施設、米専門家に説明〈分離器二〇〇〇基稼動〉」『讀賣新聞』二〇一〇年一一月二二日。

（11）中国外交部ＨＰ「外交部発言人洪磊挙行例行記者会」二〇一〇年一一月二三日。http://www.fmprc.gov.cn/chn/gxh/tyb/fyrbt/jzhsl/t771394.htm

（12）中国外交部ＨＰ「外交部発言人洪磊朝韓交火事件答記者問」二〇一〇年一一月二四日。http://www.fmprc.gov.cn/chn/gxh/tyb/fyrbt/t771833.htm

（13）「韓朝交火、半島神経驟然荏緊」『人民日報』二〇一〇年一一月二四日。この日の紙面は全部で二四面あった。

（14）兪文学「胡錦濤就職講話殺氣騰騰」香港誌『開放雑誌』二〇〇四年一二月号。

（15）「南北関係〈公正な貢献を〉、韓国大統領、中国国務委員に要請」ソウル発時事電、二〇一〇年一一月二八日。中国外交部ＨＰ「韓国総統李明博会見戴秉国」同一一月二八日。http://www.fmprc.gov.cn/chn/gxh/tyb/zyxw/t772656.htm

（16）米ホワイトハウスＨＰ “Readout of the President's Call with President Hu of China” December 06, 2010. http://www.whitehouse.gov/the-press-office/2010/12/06/readout-president-s-call-with-president-hu-china

（17）中国外交部ＨＰ「胡錦濤主席同美国総統奥巴馬通電話」二〇一〇年一二月六日。http://www.fmprc.gov.cn/chn/gxh/tyb/zyxw/t774586.htm

（18）中国外交部ＨＰ「外交部発言人姜瑜挙行例行記者会」二〇一〇年一二月一四日。http://www.fmprc.gov.cn/chn/gxh/tyb/fyrbt/t778216.htm

（19）『朝日新聞』二〇一〇年一二月一四日。

(20) 欠席した一七カ国の国名はノルウェー・ノーベル平和賞委員会HP　Embassies represented at the Nobel Peace Prize Ceremony on December 10 Final report Dec. 14, 2010. http://nobelpeaceprize.org/en_GB/embassies-2010/

(21) 「連戦缺席孔子和平奬女童頂)」香港『明報』二〇一〇年一二月一〇日。「大陸少女童代連戦領孔子和平奬」台湾『聯合報』同。

(22) 「環球時報與情調查中心就諾貝爾和平奬事件詢問公衆態度、調査・中国人反対諾委会決定」『環球時報』二〇一〇年一〇月一八日。

(23) 「中共封鎖内地網站　傳媒禁報和平奬」香港『蘋果日報』二〇一〇年一〇月九日。http://hk.apple.nextmedia.com/template/apple/art_main.php?iss_id=20101009&sec_id=4104&subsec_id=11866&art_id=14535166　中国当局が劉氏授賞で抱く危機感がいかに深刻なものかについては、城山英巳の現地ルポ「ノーベル平和賞・劉暁波が火をつける〈第二の天安門〉」（月刊『文藝春秋』二〇一〇年一二月号）を参照。授賞決定の日の夜、当局は市民が祝賀に繰り出すことを警戒し、北京地下鉄の最終電車の時間帯を二時間繰り上げた。

(24) 中国人ジャーナリストの安替（本名・趙静）氏（35）は一〇年一二月九日夕、国際交流基金（東京・四谷）で行った講演で、中国のネット最新事情を報告した。安氏は「南方報業集団」のメディアで活躍中。随筆「インターネットとツイッターに生まれた自由言論の小窓、中国ネット公民社会の夢と現実」（月刊『中央公論』一〇年一二月号）で詳述している。

(25) 「特別報道　第十六届亜洲運動会在広州円満閉幕」『新華網』二〇一〇年一一月。http://www.xinhuanet.com/sports/2010gzyyh/

(26) 「中国V8〈我々を目標にして〉」『朝日新聞』二〇一〇年一一月二八日。

(27) 「広州厳戒観戦　サッカー日中戦」『讀賣新聞』二〇一〇年一一月九日。

(28) 「廣州亜運豎起的画時代里程碑」香港月刊『鏡報』二〇一〇年一二月号。

(29) 「中国鉄路再次刷新世界記録、国産高鉄・時速四八六・一公里」『人民日報』二〇一〇年一二月四日。"Record-breaking train on track" *China Daily*, December 04, 2010. http://www.chinadaily.com.cn/china/

2010-12/04/content_11651930.htm「日本の新幹線抜かれた！〈中国版〉が時速四百八十六」『東京新聞』同一二月四日。中国版新幹線北京―上海線（一三一八）は時速三五〇キロで走行し、現在は鉄道で十時間余りかかっているのが、高速鉄道では四時間台に短縮されるという。中国南車ＨＰ「中国南車ＣＲＨ３８０Ａ京滬線創下四八六・一公里世界鉄路運営実験最高速」同一二月三日。http://www.csrgc.com.cn/cns/xwzx/gsxw/2010-12-03/3465.shtml「中国高鉄発展紀実・五年走過国際上四十年歴程」『新華網』同年二月二八日。中国南車ＨＰ（同三月一日）に掲載されている。http://www.csrgc.com.cn/cns/xwzx/gsxw/2010-03-01/1940.shtml

（30）「新幹線千四百億円で受注、川重など、中国高速鉄道で」共同通信電、二〇〇四年一〇月二〇日。

（31）川崎重工本社広報部への筆者の取材による。

（32）中国南車ＨＰ「趙小剛鄭昌泓会見川崎重工業会長大橋忠晴」二〇一〇年一二月一〇日。http://www.csrgc.com.cn/cns/xwzx/gsxw/2010-12-10/3540.shtml

（33）「中国の高速鉄道、海外企業から不満噴出」『ウォール・ストリート・ジャーナル日本語版（ネット）』二〇一〇年一一月一八日。http://jp.wsj.com/Business-Companies/node_150172

（34）「グローブ9号〈鉄道復権〉『経済成長』を乗せて新興国にレールが敷かれる」『朝日新聞』二〇〇九年二月二日。

（35）「中国の監視船、尖閣近海離れる」『朝日新聞』二〇一〇年一一月二二日。

（36）「中国監視船がまた尖閣付近」『讀賣新聞』二〇一〇年一一月二九日。「中国漁船監視船、尖閣から離れる」『讀賣新聞』同一一月三〇日。「アジア・サバイバル、転換期の安保二〇一〇、尖閣沖に中国船、意図不明の航行」『毎日新聞』同一二月一〇日。

（37）「尖閣沖に中国監視船、海保警告も〈正当な任務〉」『産経新聞』二〇一〇年一一月二一日。「日本海上保安庁為中国漁政抹上軍事色彩」『新華社網』同一一月二六日。http://news.xinhuanet.com/mil/2010-11/26/c_12820050.htm

（38）「中国漁政船再闖釣魚島（来源・国際先駆導報）」『新華社網』二〇一〇年一一月二六日。http://news.xinhuanet.com/herald/2010-11/26/c_13623307.htm「日本の不当な要求拒否、中国漁業監視船の釣魚島巡航ルポ」『南方日報』同一一月二二日。新華網の転電。邦訳は『月刊中国情勢』（中国通信社刊）同一二月号掲載。

（39）黄作平「釣魚島維権、不必非得動武」『環球時報』二〇一〇年一二月一日。

第四章 3 日中GDPが逆転

（1）「在全国政協新年茶話会上的講話　胡錦濤（新華社電）」『人民日報』二〇一一年一月二日。

（2）「樹立和践行社会主義核心価値体系報告会発言摘登」『人民日報』第一九面、二〇一〇年一二月一四日。

（3）「隆冬時節訪民生、真情関愛暖人心　記胡錦濤総書記元旦前在北京考察民生工作（新華社電）」『人民日報』二〇一〇年一二月三一日。郭春平さんを再取材した新華社電は「北京〝七七元廉租房〟租戸郭春平接受新華社採訪」。香港『大公報』（二〇一一年一月八日）に掲載。http://www.takungpao.com/indextop/2011-01-08/449362.html

（4）「胡錦濤訪廉租屋、誓保民生」香港『明報』二〇一〇年一二月三一日。

（5）「京津滬京劇老中青三代同台競芸」『解放日報』二〇一〇年一二月二六日。http://newspaper.jfdaily.com/jfrb/html/2010-12/26/content_482071.htm

（6）江沢民氏の動向としては、二〇一〇年一一月二四日に九八歳で死亡した元外交部長の黄華氏の葬儀（一二月一日）で、新華社電報道の参列者に胡錦濤総書記に続く党内序列第二位で名を連ねた。

（7）「農産品漲価会不会引発新民工荒（新華社電）」『新華毎日電訊』二〇一〇年一二月三〇日。地方の出稼ぎ労働者以外に都市労働者の不足も含む「用工荒」の表現もある。

（8）「二〇一〇年風雲人物　中國新一代民工」香港『亜洲週刊』二〇一一年一月二日。

（9）国家統計局HP「二〇一〇年国民経済運行態勢総体良好」二〇一一年一月二〇日。http://www.stats.gov.cn/tjfx/jdfx/t20110120_402699441.htm

（10）中国外交部HP「中華人民共和国與美利堅合衆国聯合声明」二〇一一年一月二〇日。http://www.fmprc.gov.cn/chn/gxh/tyb/zyxw/t788163.htm#　▽米ホワイトハウスHP　“U.S.-China Joint Statement” January 19, 2011.　http://www.whitehouse.gov/the-press-office/2011/01/19/us-china-joint-statement

（11）米ホワイトハウスＨＰ "Press Conference with President Obama and President Hu of the People's Republic of China" January 19, 2011. http://www.whitehouse.gov/the-press-office/2011/01/19/press-conference-president-obama-and-president-hu-peoples-republic-china

（12）「米中首脳、人権で平行線＝劉暁波氏の釈放要求――北朝鮮の挑発阻止で一致」ワシントン発時事通信電、二〇一一年一月二〇日。

（13）中国外交部ＨＰ「胡錦濤在白宮南草坪歓迎儀式上的致辞（全文）」二〇一一年一月二〇日。http://www.fmprc.gov.cn/chn/gxh/tyb/zyxw/t788217.htm

（14）中国外交部ＨＰ「胡錦濤同奥巴馬挙行会談就中美関係発展提五点建議」二〇一一年一月二〇日。http://www.fmprc.gov.cn/chn/gxh/tyb/zyxw/t788215.htm

（15）中国外交部ＨＰ「胡錦濤出席美国友好団体歓迎宴会並発表重要講話」二〇一一年一月二一日。http://www.fmprc.gov.cn/chn/gxh/tyb/zyxw/t788580.htm

（16）梁光烈與美国国防部長蓋茨挙行会談」『解放軍報』二〇一一年一月一一日。「習近平会見美国国防部長蓋茨（新華社電）」『解放軍報』同一月一一日。「徐才厚会見美国国防部長蓋茨」『解放軍報』同日。「胡錦濤会見美国国防部長蓋茨、梁光烈会見時在座（新華社電）」『解放軍報』同一月一二日。

（17）米国防総省ＨＰ "Joint Press Conference with Secretary Gates and General Liang from Beijing, China" January 10, 2011. http://www.defense.gov/Transcripts/Transcript.aspx? ▷http://www.defense.gov/utility/printitem.aspx?print=http://www.defense.gov/transcripts/transcript.aspx?transcriptid=4750

（18）米国防総省ＨＰ "Media Roundtable with Secretary Gates from Beijing, China" January 11, 2011. http://www.defense.gov/utility/printitem.aspx?print=http://www.defense.gov/transcripts/transcript.aspx?transcriptid=4751

（19）「米国防長官『中国軍、文民統制に弱さ』」夕刊『日本経済新聞』二〇一一年一月一四日。

（20）中国外交部ＨＰ "Wen Jiabao Holds Talks with Indian Counterpart Singh" Dec. 17, 2010. http://www.fmprc.gov.cn/eng/topics/wenjiabaofangwenyinduhebjst/t779522.htm　中国外交部ＨＰ「中華人民共和国和印

度共和国聯合公報」二〇一〇年一二月一六日。http:// www. fmprc. gov. cn/ chn/ pds/ ziliao/ zt/dnzt/ wenjiabaozong lifangwenyindubajisitan/t778838.htm ▽インド外務省HP “Joint Communiqué of the Republic of India and the People's Republic of China” December 16, 2010. http://meaindia.nic.in/mystart.php?id=100016879&pid=1921

（21） 中国外交部の洪磊・報道局副局長は一一年一月一七日の定例会見の席上、インドの国連代表が最近、自国の国連安保理常任理事国入りに「中国は障害にならない」と自信を示したことに関連し、「われわれは安保理が必要で合理的な改革を行うことを支持しており、途上国の代表性を高めることを優先する」と語った。さらに洪氏は「われわれはインドの国際的地位を一貫して重視しており、インドが国連安保理の中でさらに大きな役割を果たそうとする願望を理解し、支持する」と繰り返した。

（22） 中印共同声明。注(20)を参照。

（23） 「中印首脳、協調と警戒」『朝日新聞』二〇一〇年一二月一七日。「中印、経済・安保で接近」『日本経済新聞』同日。「〈経済対話〉設置で合意」「国境画定問題、相互不信拭えず」『産経新聞』同日。

（24） “India declines to affirm ‘One China’ policy” *TIMES OF INDIA*, December 17, 2010. http://timesofindia.indiatimes.com/india/India-declines-to-affirm-One-China-policy/articleshow/7114778.cms

（25） “No change of stance in statement, but less explicit” Hindustan Times, December 17, 2010. http://www.hindustantimes. com/ specials/ coverage/ jiabaovisit/ No - change - of - stance - in - statement - but - less - explicit/newdelhi/SP-Article10-639330.aspx

（26） “Hot coals burn under India's red carpet” *ASIA TIMES*, December 22, 2010. http://www.atimes.com/atimes/South_Asia/LL22Df01.html

（27） 「結束印度之行抵達伊斯蘭堡　温家宝與巴基斯坦総理吉拉尼会談」『人民日報』二〇一〇年一二月一八日。「温家宝会見巴基斯担総統扎爾達里」『人民日報』同一二月一九日。“China, Pakistan sign $20bn deals, minister” *AFP*, December 17, 2010.

（28） 「完整理解鄧小平解決海洋争端的戦略思想」『学習時報』二〇一一年一月三日。http://www.studytimes.com.

cn:9999/epaper/xxsb/html/2011/01/03/07/07_33.htm　邦訳はラヂオプレス『RP旬刊中国内外動向』同一月一〇日合併号。

（29）「中国漁船、韓国艦に体当たり沈没」『讀賣新聞』二〇一〇年一二月一九日。

（30）「韓国、体当たり漁船員三人、不起訴引き渡し」『産経新聞』二〇一〇年一二月二六日。「〈謝罪・再発防止の約束なくては〉中国船員送還で海洋警察に挫折感」韓国『中央日報（日本語版）』同一二月二七日。http://japanese.joins.com/article/107/136107.html

（31）劉江永「従歴史事実看釣魚島主権帰属（権威論壇）」『人民日報』第二三面、二〇一一年一月一三日。

（32）「尖閣漁船衝突　知日派・劉清華大教授が寄稿『棚上げ』破棄恐れた中国」『産経新聞』二〇一〇年一二月八日。

（33）鐘声「是開拓日還是窃取日？」『人民日報』第五面、二〇一〇年一月一四日。

（34）「新防衛計画大綱全文」『東京新聞』二〇一〇年一二月一八日。防衛省ＨＰ「平成二十三年度以降に係る防衛計画の大綱について」二〇一〇年一二月一七日。http://www.mod.go.jp/j/approach/agenda/guideline/2011/taikou.html

（35）「外交部発言人答記者問」『人民日報』二〇一〇年一二月八日。中国外交部ＨＰ「外交部発言人姜瑜就日本出台新〈防衛計劃大綱〉答記者問」同一二月一七日。http://www.fmprc.gov.cn/chn/gxh/tyb/fyrbt/t779076.htm

（36）于青「日本新防衛大綱〈三缺〉」『人民日報』二〇一〇年一二月二三日。

（37）「中国有主流社会、什麼是中国主流価値観」『環球時報』二〇一〇年一二月六日。座談会に出席した他のメンバーは、李希光・清華大学国際コミュニケーション研究センター主任、汪暉・清華大教授、趙民・正略均策管理諮詢董事長、金仲偉・春秋研究所執行理事、寒竹・同研究所研究員ら。『環球時報』はこのほかに、同七日付で丁剛氏の「主流価値観来自于基層（中心的価値観は基層から来る）」、同八日付で寒竹氏の「知識階層情緒不等于大衆民意（知識人階層の感情は大衆の民意とは異なる）」、同九日付で袁岳・零点研究諮詢集団董事長の「中国主流社会還很模糊（中国中流社会はなお非常に曖昧である）」などの論評を掲載した。

第四章　4　中国版・軍人と文民の違いが鮮明に

（1）「燕趙大地沐春風凝心聚力再奮進」『人民日報（新華社電）』二〇一一年二月四日。「胡錦濤在河北同村民一播大鼓共迎新春」『環球時報（新華社電）』同二月三日。http://china.huanqiu.com/roll/2011-02/1478662.html

（2）李春「節前走訪地方、胡温釈政治訊息」台湾『聯合報』二〇一一年二月八日。

（3）日刊紙『新華毎日電訊』（二月四日）は一面に男児に抱きつかれた胡総書記の写真を載せた。『人民日報』（同）は老人男性と談笑する胡総書記の写真だった。『環球時報』（同）は保定市内の長距離バス・センターを訪れた総書記や、武装警察部隊の隊員と一緒にギョーザを包む総書記の写真などを掲載した。各紙がそれぞれ異なる写真を使用した。党宣伝部がキメ細かく指示した結果か。

（4）「温家宝在山東與基層幹部群衆共度春節」『人民日報（新華社電）』二〇年二月四日。

（5）「〝譲政府工作更加符合人民的意願〟——温家宝総理到国家信訪局就政府工作聴取来訪群衆意見（新華社電）」『人民日報』二〇一一年一月二六日。

（6）中国中央広播電台（CNR）「温家宝総理考察中央人民広播電台、実時播報」二〇一〇年一二月二六日。http://www.cnr.cn/zgzb/wjbkc/

（7）「網民倡定期茉莉花集会、京滬数百人聚集囲観者衆」香港『明報』二〇一一年二月二一日。「中国、拘束や外出制限千人」『讀賣新聞』同日。「中国デモ報道サイトに攻撃」『朝日新聞』同日。

（8）「〈国際視点〉地区〝穏定器〟失霊対誰都不好」『人民日報』二〇一一年一月二八日。

（9）「埃及総統穆巴拉克辞職」『新華社』二〇一一年二月一二日。http://news.xinhuanet.com/2011-02/12/c_121066954.htm

（10）中国外交部HP「外交部発言人馬朝旭就埃及局勢答記者問」二〇一一年二月一二日。http://www.fmprc.gov.cn/chn/gxh/tyb/fyrbt/t794129.htm

（11）「埃及騒乱　国務院新聞弁和公安部第十一局」『China Digital Times（中国数字時代）』二〇一一年一月二八日。http://chinadigitaltimes.net/chinese/2011/01/%e5%9f%83%e5%8f%8a%e9%9a%9a%e4%b9%b1/

（12）"China's reaction Build a wall" *The Economist*, February 05, 2011.

(13) 馬暁天「把握戦略機遇期的時代内涵明確我們的歴史使命和担当」『学習時報』二〇一一年一月一七日。http://www.studytimes.com.cn:9999/epaper/xxsb/html/2011/01/17/01/default.htm

(14) 中国外交部HP戴秉国「堅持走和平発展道路」二〇一〇年一二月六日。http://www.fmprc.gov.cn/chn/gxh/mtb/gjldrhd/t774662.htm ▽戴秉国「堅持走和平発展道路」『人民日報』同一二月一三日第六面。

(15) 「中央免去劉志軍鉄道部党組書記職務、任命盛光祖為党組書記」『新華網』二〇一一年二月一二日。http://news.xinhuanet.com/2011-02/12/c_121070548.htm ▽「渉受賄数十億、厳重違紀、鉄道部長劉志軍落馬」香港『蘋果日報』同二月一三日。http://hkm.appledaily.com/Home/ShowArticle/b749be4f-5c8d-4503-a591-74681aabc78a ▽鉄道部長劉志軍撤職受査、渉高鉄貪腐男女私情、網民〈放鞭炮慶賀〉」『明報』同二月一三日。

(16) 「傳原鐵道部長劉志軍有十八名情婦、受賄或渉数十億（台湾『中國時報』）」香港『大公報』二〇一一年二月一四日。http://www.takungpao.com/indextop/2011-02-14/547155.html

(17) 「第一条高鉄重大黒幕、為救弟弟、劉志軍深夜見兪正声」米政府系『ラジオ自由アジア（RFA）論壇中国ブログ』二〇一〇年一月七日。http://rfachina.com/?q=node/9939

(18) 中国北車股有限公司（CNR）HP「江沢民考察北車長客股、題詞〝増強自主創新能力、建設国際一流企業〟」二〇〇九年七月二一日。http://www.chinacnr.com/272-655-2468.aspx

(19) 「解放軍四総部人事調整、多位高級将領晋身領導層」『新華網』二〇一一年一月二三日。http://news.xinhuanet.com/politics/2011-01/23/c_121013800.htm

(20) 「劉華清同志遺体在京火化」『人民日報』二〇一一年一月二五日。

(21) 江迅「中朝大橋開工、東北亜和平曙光」香港『亜洲週刊』二〇一一年一月二三日。「新鴨緑江大橋奠基式中北何必寒冬挙行」韓国『朝鮮日報』（中国語版）同一月三日。http://chn.chosun.com/site/data/html_dir/2011/01/03/2011010300021.html

(22) 江迅「中朝大橋開工、東北亜和平曙光」『亜洲週刊』二〇一一年一月二三日。

(23) 同右。

(24) 「対北朝鮮制裁効果なし、哨戒艦撃沈事件以降、中朝貿易が急増」『産経新聞』二〇一〇年一月三一日。

（25）「中国軍が北朝鮮・羅先特区に駐屯、港湾施設など警備」韓国『朝鮮日報』（日本語版）二〇一一年一月一五日。http://www.chosunonline.com/news/20110115000009

（26）「外交部発言人洪磊答記者問」中国外交部ＨＰ二〇一一年一月一七日。http://www.fmprc.gov.cn/chn/gxh/tyb/fyrbt/dhdw/t787190.htm

（27）「央行年内首次上調人民幣存貸款基準利率〇・二五個百分点」『新華網』二〇一一年二月八日。http://news.xinhuanet.com/fortune/2011-02/08/c_121055467.htm　▽「中国、〇・二五％追加利上げ＝インフレ抑止で」共同通信電、同日。

（28）国家統計局ＨＰ「国家統計局就一月ＣＰＩ数据答記者問」二〇一一年二月一五日。http://www.stats.gov.cn/tjdt/gjtjjdt/t20110215_402702929.htm　▽「消費者物価算出方法変更、中国、上昇率低く示す？」夕刊『日本経済新聞』同二月一五日。

（29）「国務院常務会議同意在部分城市進行対個人住房征収房産税改革試点（新華社電）」『人民日報』二〇一一年一月二八日。「滬渝今起征房産税（新浪ＳＩＮＡ新聞中心）」『浙江在線－今日早報』同日。http://news.sina.com.cn/c/2011-01-28/155921891705.shtml

（30）「接続水域内に中国の監視船、尖閣沖」夕刊『讀賣新聞』二〇一一年一月二七日。「中国監視船、接続水域外へ＝沖縄」時事通信電、同日。

（31）中国漁業政務網ＨＰ「農業部挙行春節慰問漁政工作者和遠洋漁船職工活動」二〇一一年一月二四日。中国農業部と中国漁政漁港監督管理局が共同主宰。http://www.cnfm.gov.cn/info/display.asp?sortid=32&id=56799

（32）「尖閣衝突、船長に賠償請求、海保が中国に書類送付」『毎日新聞』二〇一一年二月一一日。「尖閣衝突、海保、船長に賠償請求」『日本経済新聞』同日。

（33）「外交部、日方無権就釣魚島〝撞船事件〟提出所謂賠償要求」『新華網』二〇一一年二月一二日。http://news.xinhuanet.com/world/2011-02/12/c_121069050.htm

（34）「尖閣流出、起訴猶予、衝突の船長も」『毎日新聞』二〇一一年一月二二日。

第五章　1　ジャスミン革命騒動の中での「両会」開催

（1）「内地封殺茉莉花革命集会」香港『明報』二〇一一年二月二〇日。

（2）「中東鎮圧示威受関注、網傳中国茉莉花革命日期已定」『自由亜洲電台（Radio Free Asia）』二〇一一年二月一七日。http://www.rfa.org/mandarin/yataibaobao/dx-02172011132537.html?searchterm=None

（3）「網民発起茉莉街頭蠢動　北京、上海逮人」台湾『聯合報』二〇一一年二月二一日。「中国的茉莉花與博訊網站」『美国之音中文網』同二月二五日。http://www.voanews.com/chinese/news/20110225-Chinas-Jasmine-Overseas-New-Media-116939678.html

（4）「博訊宣布停止刊登茉莉花消息」『博訊新聞』二〇一一年二月二七日。http://peacehall.com/cgi-bin/news/gb_display/print_version.cgi?art=/gb/china/2011/02&link=201102271225.shtml

（5）“Five Confirmed Criminally Detained in China” 中国内にある人権保護ネット「Chinese Human Rights Defenders（ＣＨＲＤ）維権網」、February 25, 2011. www.chrdnet.org

（6）「中国茉莉花革命二二七集会地点発布、本次行動代号為両会」『博訊新聞（臨時網站）』二〇一一年二月二二日。アドレス不明。

（7）中国茉莉花革命（微笑行動）発起者 Chinese Jasmine Revolution。中国内では閲覧不能のため海外発ＨＰと見られる。http://molihuaxingdong.blogspot.com/p/222.html　「零八憲章」同。http://08charterbbs.blogspot.com

（8）北京在住のフリーランスライター、ふるまいよしこ「中国〈ジャスミン革命騒ぎ〉の虚実」ネット誌『フォーサイト』二〇一一年三月一五日。http://www.fsight.jp/article/10313

（9）「温家宝在十一届全国人大四次会議上的政府工作報告（摘登）」『人民日報』二〇一一年三月六日。「特別報道回顧十一五、展望十二五」『新華網』両会特別ＨＰ。http://www.news.cn/politics/hgyzw/　報道陣に配布された資料「中国国民経済和社会発展第十二個五年規劃綱要（草案）」による。

（10）「中国各地紛紛上調最低工資標準」「新華網」二〇一一年三月二日。http://news.xinhuanet.com/politics/2011-03/02/c_121136754.htm

（11）「国務院総理温家宝会見中外記者」「新華網」二〇一一年三月一四日。http://www.xinhuanet.com/politics/2011lh/zhibo/index_zljz.htm

（12）「李肇星説、中国的国防費是透明的、不存在隠性軍費」「新華網」二〇一一年三月四日。http://news.xinhuanet.com/politics/2011lh/2011-3/04/c_121148761.htm

（13）「通脹也改變軍人收入　解放軍士官一律加薪四〇％（重慶晨報）」香港『大公報』二〇一一年三月二日。http://www.takungpao.com/indextop/2011-03-02/600191.html

（14）「胡錦濤在解放軍代表団全体会議上強調、不断増強全面履行新世紀新階段我軍歴史使命能力為全面建設小康社会提供重要力量支和堅強安全保障」『解放軍報』二〇一一年三月一三日。

（15）「中国新常規導弾射程延伸至西太」『環球時報』同二月一八日。

（16）「空軍首次執行海外撤離我人員任務」『解放軍報』二〇一一年三月一日。中国外交部ＨＰ「中国在利比亜公民三万五千八百六十人全部撤出、我撤離行動取得階段性勝利」同三月二日。http://www.fmprc.gov.cn/chn/gxh/mtb/lsxw/t803474.htm

（17）「安保理、リビア非難　カダフィ氏〈天安門のように〉弾圧」夕刊『讀賣新聞』二〇一一年二月二三日。

（18）防衛省・統合幕僚監部ＨＰ「中国ヘリ異常接近」二〇一一年三月七日。筆者の同部報道官への取材による。http://www.mod.go.jp/jso/press2011.htm　▽『讀賣新聞』同三月八日、「中国ヘリ、また異常接近」『産経新聞』同。

（19）防衛省・統合幕僚監部ＨＰ「中国機の東シナ海における飛行について」二〇一一年三月二日。http://www.mod.go.jp/jso/press2011.htm

（20）毛峰「中國軍機巡航釣魚島背後」香港『亜洲週刊』二〇一一年三月二〇日。

（21）「南シナ海の探査妨害と抗議、フィリピンが中国に」マニラ発共同通信電、二〇一一年三月四日。"Manila warplanes deployed to Spratlys (AP)", *Japan Times*, March 05, 2011.

（22）「南沙諸島の演習、ベトナムが抗議」『讀賣新聞』二〇一一年三月五日。

（23）「過去五年の定期巡航一千六百六十八回に、権益維持で中国海監」『北京発新華社＝中国通信』二〇一一年二月二七日。

（24）「中国大使にロック商務長官」ワシントン発時事通信電、二〇一一年三月七日。▽「駱家輝身世顕赫、曾祖父系孫中山（重慶晩報）」香港『文匯報』同三月九日。http://news.wenweipo.com/2011/03/09/IN1103090055.htm

（25）「中韓外相と電話会談」『讀賣新聞』二〇一一年三月一一日。

（26）「中国国際救援隊在日本地震災区展開救援活動」『新華網』二〇一一年三月一四日。http://news.xinhuanet.com/world/2011-03/14/c_121184275.htm

（27）「国務院総理温家宝会見中外記者」「新華網」二〇一一年三月一四日。http://www.xinhuanet.com/politics/2011lh/zhibo/index_zljz.htm

（28）「日本地震・中国紅会提供援助、救援力量整装待命」『中国新聞網』二〇一一年三月一二日。http://www.chinanews.com/gn/2011/03-12/2901894.shtml

（29）「中国将向日提供三千万元緊急人道主義物資援助」『中国新聞網』二〇一一年三月一四日。http://www.chinanews.com/gn/2011/03-14/2904080.shtml

第五章　2　富国と強国を同時に目指す中国

（1）「二〇一〇年中国的国防（新華社電）」『解放軍報』二〇一一年四月一日。全文は第六〜八面に。国防白書は三万字余り。中国語のほか英語、フランス語、スペイン語、ドイツ語、ロシア語、日本語、アラビア語の八カ国語版が準備される。http://news.xinhuanet.com/politics/2011-03/31/c_121252219.htm　▽「解読《二〇一〇年中国的国防》白皮書——做維持世界和平的堅定力量」『解放軍報』同四月一日。

（2）「国防部発言人・中国奉行防御性国防政策不会改変」『新華網』二〇一一年三月三一日。http://news.xinhuanet.com/mil/2011-03/31/c_121254628.htm　記者会見の一問一答は、新華社電のほか、中国国防部HPに動画あり。「《二〇一〇年中国的国防》白皮書新聞発布会」三月三一日。http://www.mod.gov.cn/video/2011-03/31/content_4235371.htm

(3)「対リビア武力行使容認、安保理決議　米英仏、空爆準備へ」夕刊『毎日新聞』二〇一一年三月一八日。

(4)「三亜宣言　金磚国家領導人第三次会、一一年四月一四日　中国海南三亜（新華社電）」『人民日報』二〇一一年四月一五日。

(5)中国外交部HP「外交部発言人姜瑜就多国部隊対利比亜実施軍事打撃答記者問」二〇一一年三月二〇日。http://www.fmprc.gov.cn/chn/gxh/tyb/fyrbt/t807923.htm

(6)「人権主権利比亜之戦考験中國」香港『亜洲週刊』二〇一一年四月一〇日号。「中国企業的利比亜帳単在成功撤離之后、中国企業面臨的利比亜風険仍在継続発酵」『二一世紀経済報道』同三月二八日。http://epaper.21cbh.com/html/2011-03/28/content_144019.htm

(7)「人権主権利比亜之戦考験中國」『亜洲週刊』右同。

(8)「譲我們向日本伸出温暖的手　一百名中国学者的倡議書」『環球時報』二〇一一年三月一六日。

(9)「中国援日燃油運抵日本」『人民日報』二〇一一年四月三日。

(10)「中国病院船、日本が断る」『讀賣新聞』二〇一一年三月三〇日。

(11)筆者の外務省アジア大洋州局中国・モンゴル課への取材による。

(12)「我国再次対日提供二万噸燃油緊急援助、中国国際救援隊継続在日捜救行動」『人民日報』二〇一一年三月一七日。中国駐日本国大使館HP「駐日大使館が三月定例記者会見」同四月一日。http://www.fmprc.gov.cn/ce/cejp/jpn/sgxw/t811589.htm

(13)「日本の『災害救援外交』は近きを捨てて、遠きを求める」香港『文匯報』二〇一一年三月二八日。邦訳『RP旬刊中国内外動向』四月一〇日発行。

(14)「〈国際論壇〉日本有開国之心、無開国之挙」『環球時報』二〇一一年四月二日。

(15)「温家宝主持召開国務院常務会議、聴取應対日本福島核電站核泄漏有関情況的匯報（新華社電）」『人民日報』二〇一一年三月一七日。

(16)郭四志『中国エネルギー事情』（岩波新書、二〇一一年）一八五〜二〇六頁。

(17)「中国国内動向日誌（二〇一一年三月十六〜三一日）」『RP旬刊中国内外動向』四月一〇日発行。

（18）中国外交部HP「外交部発言人洪磊就日本排放核廃液事答記者問」二〇一一年四月八日。http://www.fmprc.gov.cn/chn/gxh/tyb/fyrbt/dhdw/t813508.htm

（19）“Ai Weiwei held at Beijing airport” *Financial Times (Asia edition)*, April 4, 2011. “Ai Weiwei ‘detained’ at airport” *South China Morning Post*, April 4, 2011.

（20）「艾未未受調査先抗拒後配合」香港『文匯報』二〇一一年四月一四日。http://pdf.wenweipo.com/2011/04/14/a04-0414.pdf

（21）“Chinese police detain church members” *International Herald Tribune*, April 11, 2011. ▽「中国地下教会信者を拘束」『毎日新聞』二〇一一年四月一一日。「北京で警察が信者連行」北京発時事電、同四月一〇日。

（22）“Dalai Lama to leave politics” *Financial Times*, March 11, 2011.「達頼将退休権力移交民選首長」台湾『聯合報』二〇一一年三月一一日。

（23）「西蔵将幇扶五十万低収入貧困人口」『人民日報』二〇一一年四月一二日。

（24）「賈慶林会見緬甸聯邦共和国総統呉登盛」『新華網』二〇一一年四月四日。http://news.xinhuanet.com/2011-04/04/c_121267405.htm「賈慶林会見緬甸聯邦共和国人民院議長呉瑞曼会談」『新華網』同四月四日。http://news.xinhuanet.com/2011-04/04/c_121267394.htm「賈慶林会見緬甸聯邦共和国議会議長兼民族院議長呉欽昂敏」『新華網』同四月四日。http://news.xinhuanet.com/2011-04/04/c_121267403.htm

（25）「ミャンマー投資　中国、タイ抜き首位に」『日本経済新聞』二〇一一年四月一一日。

（26）「真情嘱托　共話合作」『人民日報』二〇一一年四月六日。

（27）「中国救援隊密接関注緬甸地震」『二一世紀経済報道』二〇一一年三月二八日。http://epaper.21cbh.com/html/2011-03/28/content_143971.htm

（28）「江上青百年誕辰、江澤民填詞紀念」香港『大公報』二〇一一年四月一二日。“Publication of Jiang poem serves as gentle reminder” *South China Morning Post*, April 12, 2011.

（29）「満江紅　江上青百年誕辰祭」『人民日報』二〇一一年四月一一日。

（30）劉延東氏（女性）は一一年四月一二日、ワシントンでクリントン国務長官と会談した際に、実父の劉瑞龍氏

（元農業部副部長）が抗日戦争時代に米国人パイロットを救ったことを示す当時の写真を贈った。劉瑞龍氏は江沢民氏の養父、江上青氏が共青団に入団した時の紹介者だったという（香港『明報』一一年四月一四日）。

（31）武田泰淳・竹内実『毛沢東　その詩と人生』（文藝春秋、一九六五年）三八五～三九四頁。

（32）香港『鳳凰網』二〇一一年四月六日。http://news.ifeng.com/photo/hdnews/detail_2011_04/06/5572473_0.shtml　http://news.ifeng.com/history/gaoqing/detail_2011_04/06/5570610_0.shtml　▽何亮亮、華国鋒陵墓耗資億元引熱議」『鳳凰網』同四月八日。http://news.ifeng.com/　▽「交城官方回應華国鋒墓争議、太寒酸対不起老人家（南方周末）」『鳳凰網』同四月一五日。http://news.ifeng.com/history/zhongguoxiandaishi/detail_2011_04/15/5766104_0.shtml

（33）「王毅、両岸関係成果應由為此努力的両岸同胞共享」『中国新聞網』二〇一一年三月二二日。http://www.chinanews.com/tw/2011/03-22/2923619.shtml　▽「王毅見楊秋興、北京擴大緑営交往」台湾『聯合報』同三月二三日。

（34）「前高雄県長楊秋興、両岸和平穏定利在両岸」『中国新聞網（新華網）』二〇一一年三月二二日。http://www.chinanews.com/tw/2011/03-22/2922462.shtml

（35）「中共對台工作重心　向南移向下沈」台湾『中國時報』同三月二三日。

（36）防衛省統合幕僚監部ＨＰ「中国航空機による護衛艦『いそゆき』への近接飛行事案」二〇一一年四月一日。http://www.mod.go.jp/jso/press2011/press_pdf/p20110401.pdf

（37）防衛省統合幕僚監部ＨＰ「中国ヘリコプターによる護衛艦『いそゆき』への近接飛行事案」二〇一一年三月二六日。http://www.mod.go.jp/jso/press2011/press_pdf/p20110326.pdf

（38）「外交部発言人答記者問」『人民日報』二〇一一年四月一日。

第五章　3　輸入インフレ防止で人民元切り上げへ

（1）中国外交部ＨＰ「二〇一一年中美戦略與経済対話框架下戦略対話成果清単」二〇一一年五月一一日。http://www.fmprc.gov.cn/chn/gxh/tyb/zyxw/t821622.htm　英文は米国務省ＨＰ “U.S.-China Strategic and

Economic Dialogue 2011 Outcomes of the Strategic Track". http://www.state.gov/r/pa/prs/ps/2011/05/162967.htm?utm_source=BenchmarkEmail&utm_campaign=20110511_?3????%c2%b7????&utm_medium=email

（2）中国外交部ＨＰ「中美関于促進経済強勁、可持続、平衡増長和経済合作的全面框架（全文）」二〇一一年五月一一日。http://www.fmprc.gov.cn/chn/gxh/tyb/zyxw/t821541.htm ▽英文は米財務省ＨＰ "U.S.-China Compre-hensive Framework for Promoting Strong, Sustainable and Balanced Growth and Economic Cooperation" May 11, 2011. http://www.treasury.gov/press-center/press-releases/Pages/TG1171.aspx

（3）オバマ大統領 The White House, Office of the Press Secretary "Readout of the President's Meeting with the Co-Chairs of the U.S.-China Strategic and Economic Dialogue" May 09, 2011. http://www.whitehouse.gov/the-press-office/2011/05/09/readout-presidents-meeting-co-chairs-us-china-strategic-and-economic-dia

バイデン副大統領 The White House, Office of the Vice President "Remarks by Vice President Joe Biden to the Opening Sessionof the U.S.-China Strategic & Economic Dialogue" May 09, 2011. http://www.whitehouse.gov/the-press-office/2011/05/09/remarks-vice-president-joe-biden-opening-session-us-china-strategic-econ

クリントン国務長官 U.S. Department of State, "Secretary Clinton's Remarks: Joint Closing Remarks for the Strategic and Economic Dialogue: H. Clinton, T. Geithner, Wang Qishan, Dai Bingguo" May 10, 2011. http://www.state.gov/secretary/rm/2011/05/162969.htm

（4）中国外交部ＨＰ「戴秉国在第三輪中美戦略與経済対話聯合記者会上的講話全文」二〇一一年五月一一日。http://www.fmprc.gov.cn/chn/pds/ziliao/zt/dnzt/disanlunzhongmeiduihua/t821611.htm

（5）「人民元上昇予想、インフレ予想と同時にヒートアップ」新華社、二〇一一年五月二日。『チャイナ・ウォッチ』（共同通信）五月一一日号所載。

（6）米国務省ＨＰ "Joint Closing Remarks for the Strategic and Economic Dialogue: H. Clinton, T. Geithner, Wang Qishan, Dai Bingguo," May 10, 2011. http://www.state.gov/secretary/rm/2011/05/162969.htm

（7）「温家宝 関于当前経済工作的幾個問題」『人民日報』二〇一一年四月一四日。

（8）"Big Mac index Bun fight Why China needs more expensive burgers" *The Economist*, Oct. 15, 2010.

(9) 中国国家統計局HP「国内生産総値（二〇一一年一季度）」二〇一一年四月一五日。http://www.stats.gov.cn/tjsj/jdsj/t20110415_402719093.htm

(10) 中国国家統計局HP　国家統計局新聞発言人、盛来運「四月国民経済主要指標数拠」二〇一一年五月一一日。http://www.stats.gov.cn/tjfx/jdfx/t20110511_402725042.htm

(11) 共同通信電、二〇一一年五月一二日。

(12) 中国国家統計局HP「各地区居民消費価格指数（二〇一一年四月）」二〇一一年五月一一日。http://www.stats.gov.cn/tjsj/jdsj/t20110511_402725265.htm

(13) 「物価漲勢初歩遏制、上行圧力仍然較大」『人民日報』二〇一一年五月一二日。

(14) 「菜価波動是流通惹的禍？」『人民日報』二〇一一年五月九日。

(15) 「高通脹爆民怨、南京大遊行」香港『明報』二〇一一年五月一五日。「上海の主要港湾施設でトラック運転手がスト、中国の輸出に影響も」上海発ロイター通信（日本語版）同四月二二日。http://jp.reuters.com/article/worldNews/idJPJAPAN-20769220110422

(16) 「高通脹爆民怨、南京大遊行」『明報』二〇一一年五月一五日。

(17) "Beijing poised to let renminbi rise to fight inflation" *Financial Times (Asia-edition)*, April 16/April 17, 2011.

(18) 上海発共同通信電、二〇一一年五月一〇日。

(19) 同右。

(20) 国務院新聞弁公室HP「中国的対外援助」二〇一一年四月二一日。http://www.scio.gov.cn/zfbps/ndhf/2011/201104/t896983.htm　英語版も。邦訳は『RP旬刊中国内外動向』同五月一〇日号に所載。

(21) 「重慶的明天会更加美好　中共中央政治局常委、全国人大常委会委員長呉邦国在渝考察側記」『重慶日報』二〇一一年四月一一日。"NPC chairman full of praise on Chongqing visit" *South China Morning Post*, April 13, 2011.

(22) 「呉邦國六個不当黨内起争議」香港『亜洲週刊』二〇一一年四月二四日。

(23) 「温家宝、習近平、賀国強分別参加全国人大会議一些代表団審議」『人民日報』二〇一一年三月一一日。呉邦国報告は「呉邦国在十一届全国人大四次会議上作的常委会工作報告（摘登）」『人民日報』同日の第二面全段参照。

(24)「五個不搞是歴史得出的基本結論」『人民日報』二〇一一年三月一二日。

(25)「始終與人民血脈相連――一論做好新情勢下群衆工作」『人民日報』二〇一一年四月二六日、「人民利益是塊試金石――二論做好新情勢下群衆工作」同二七日、「群衆路線就是科学方法――三論做好新情勢下群衆工作」同二八日、「群衆工作検験執政水平――四論做好新情勢下群衆工作」同二九日。

(26) 中国社会科学院網HP「陳奎元　信仰馬克思主義、做堅定的馬克思主義者（三月一六日）」二〇一一年四月二九日。http://www.cssn.cn/news/158425.htm

(27) 左派系ネット「烏有之郷」に張宏良「應当高度重視陳奎元講話反映出的重大政治交鋒」（二〇一一年五月六日）がある。改革派論者は陳奎元、張宏良の両者を俎上に上げて論評している。

(28)「陳炳徳與美軍参聯会主席馬倫挙行会談」『新華網』二〇一一年五月一八日。

(29)「陳炳徳、美國干涉中國内政、太覇氣了」香港『中國評論新聞網』同年五月一九日。http://www.chinareviewnews. com/ doc/ 1016/ 9/9/2/ 101699231. html? coluid=151&kindid= 0&docid= 101699231&mdate=0519155059　▽米国防総省HP　"U.S., China Military Officials Call Talks Frank, Fruitful" *American Forces Press Service*, May 18, 2011.　http://www.defense.gov/news/newsarticle.aspx?id=63995　▽「陳炳徳抵達美国首都進行正式訪問（新華社電）」『解放軍報』同年五月一七日。

(30)「陳炳徳在美国国防大学発表演講」『新華網』二〇一一年五月一九日。http://news.xinhuanet.com/politics/2011-05/19/c_121435987.htm

(31) 江小舟「中國航母明年一〇月成軍」香港月刊誌『鏡報』二〇一一年五月号。

(32)「国防部建立例行記者会制度、首次例行記者会在京挙行」『新華網』二〇一一年四月二七日。http://news.xinhuanet.com/2011-04/27/c_121355812.htm　▽「国防部首次挙行列行記者会　中国軍方公開回應敏感話題」『環球時報』同四月二八日。

(33)「李徳生同志遺体在京火化（新華社電）」『人民日報』二〇一一年五月一五日。

(34)「二〇一〇年第六次全国人口普查主要数据公報(第一号)(新華社電)」『人民日報』二〇一一年四月二九日。「我国経済社会出現四大変化」『人民日報』同。
(35) 詹勇「流動中国如何分享時代夢想(人民論壇)」『人民日報』二〇一一年五月一八日。
(36)「第六次全国人口普查主要数据公報(第二号)」『人民日報』二〇一一年四月三〇日。
(37) 毛沢東は一九四五年四月の党七回大会で行った政治報告「連合政府について」の中で、文盲が国民の八割を占めていることを指摘、「文盲を一掃することは、新中国の重要な仕事である」と述べている。新中国誕生まで四年半前の時点での国内状況だった。
(38)「南方都市報社論暗艾未未」『明報』二〇一一年五月一三日。
(39) 米国『自由亜洲電台(RFA中文版)』二〇一一年五月一五日。http://www.rfa.org/mandarin/Xinwen/aww-05152011214157.html「艾未未被抓四十天后首次與家人会面」『明報』同五月一七日。
(40) Amnesty International UK Blogs "A partial list of disappeared individuals under the Chinese regime" May 16, 2011. http://blogs.amnesty.org.uk/blogs_entry.asp?eid=7725
(41)「川地震三周年前、温家宝等領導人密集赴川考察(中国新聞網)」『中国網絡電視台』二〇一一年五月九日。http://news.cntv.cn/china/20110509/111733.shtml

第六章 1 南シナ海で越・比両国と衝突する中国

(1)「外交部発言人姜瑜就在南海進行海洋執法監察事答記者問」中国外交部HP、二〇一一年五月二八日。http://www.fmprc.gov.cn/chn/gxh/mtb/fyrbt/dhdw/t826094.htm
(2) "China violates sovereignty" Viet Nam News, May 30, 2011. http://vietnamnews.vnagency.com.vn/Politics-Laws/211778/China-violates-sovereignty.html ▷"Vietnam condemns China in latest sovereignty violation" Thanhnian News, May 30, 2011. http://www.thanhniennews.com/2010/Pages/20110530184330.aspx ▷NHKテレビが五月三一日午後六時の定時ニュースで中国監視船の映像を放映した。
(3) 同右。

（4）「ベトナム、中国を非難」『讀賣新聞』二〇一一年五月三一日。

（5）"Hundreds of Vietnamese stage anti-China protest" *AP*, June 05, 2011. ▽NHKテレビ・ニュース 二〇一一年六月五日午後二時三四分放映。

（6）"Hanoi street protest targets China" *South China Morning Post*, June 13, 2011. ▽"Vietnamese hold anti-China rally amid sea spat" *AFP*, June 19, 2011. http://www.france24.com/en/20110619-vietnamese-hold-anti-china-rally-amid-sea-spat

（7）米国務省HP "A joint statement issued following the 2011 U.S.- Vietnam Political, Security and Defense Dialogue" June 17, 2011. http://www.state.gov/r/pa/prs/ps/2011/06/166479.htm

（8）"China, Vietnam trade blows in marine dispute" *AP*, June 11.

（9）「南シナ海で実弾演習＝越、二週連続反中デモも」ハノイ発共同電、二〇一一年六月一三日。

（10）「〈南沙で領海侵犯〉と抗議＝比が中国に」マニラ発共同通信電、二〇一一年六月一日。

（11）「菲拆南沙三礁〈外國〉標記」香港『明報』二〇一一年六月一六日。

（12）「比が米と海軍合同演習へ」マニラ発共同通信電、二〇一一年六月一三日。

（13）「中国最大的海事執法船 〝海巡31〟啓航首訪新加坡」『解放軍報』二〇一一年六月一六日。「シンガポールに米新型艦、国防長官が中国牽制」『讀賣新聞』同年六月五日。

（14）「中国海軍挙行首次環海南島海上実兵演練（中央電視台）」『新華網』二〇一一年六月一八日。http://news.xinhuanet.com/mil/2011-06/18/c_121552436.htm ▽「南海局勢昇級、専家称不能無限透支互利共贏原則（環球視線）」『中国新聞網』同年六月一八日。http://www.chinanews.com.gn/2011/06-18/3120161.shtml ▽CCTV番組「環球視線」の座談会の中で元海軍幹部の尹卓氏は、南沙諸島の島嶼のうち中国管理の島は八個、ベトナム管理の島は二九個、フィリピン管理の島は九個、マレーシア管理の島は五個だと明らかにした。中国にとっては四十三個の島が外国に不法占拠されているとしている。

（15）平松茂雄『続中国の海洋戦略』（勁草書房、一九九七年）一～一二頁。村田良平『海洋をめぐる世界と日本』（成山堂、二〇〇一年）二四六～三二五頁。日本は九六年七月二〇日、国連海洋法条約を批准し、締約国になった。

(16)『RP旬刊中国内外動向』第十三号、二〇一一年五月一〇日発行。アキノ大統領は六月一七日、リードバンク周辺でのフィリピン側の石油探査活動が終了したと語った。

(17) マニラ発時事電、二〇一一年五月二三日。中国側のマニラ発新華社電「菲律賓総統阿基諾会見梁光烈、梁光烈與菲律賓国防部長加斯明会談」には、「他国も含めた話し合いに合意した」との下りは触れておらず、中比の報道内容には開きがある。

(18)「中国海軍艦艇の動向について」防衛省統合幕僚監部HP、二〇一一年六月八日。http://www.mod.go.jp/jso/Press/press2011/press_pdf/p20110608.pdf ▽「中国海軍艦艇の動向について」防衛省統合幕僚監部HP、同年六月九日。http://www.mod.go.jp/jso/Press/press2011/press_pdf/p20110609_2.pdf ▽「中國十一戦艦穿越日本島鏈、國防部称〈正常訓練〉、日右翼指意在釣魚島」『明報』同年六月一〇日。一一隻のうち九隻までの艦艇の名称を説明している。

(19) 平成二三年版『日本の防衛』(防衛省編)第三節〈中国〉五八~五九頁。

(20) 共同通信電、二〇一一年六月九日。

(21)「中国海軍擬于六月中下旬在西太平洋国際海域訓練」『中国新聞網』二〇一一年六月九日。http://www.chinanews.com/gn/2011/06-09/3099447.shtml

(22) 海上保安庁HPに掲載の「日本航行警報」によれば、北緯一六度一五分~同一八度一五分、東経一三〇度二〇分~同一三二度二五分の「沖ノ鳥島南西」海域で、六月二〇日から同二三日まで「射撃」が実施される。これが中国海軍の演習場所、日時と内容と思われる。

(23) 中国国家海洋局HP「国家海洋局赴西太平洋実施海洋環境放射性監測船起航(中国海洋報)」二〇一一年六月一七日。http://www.soa.gov.cn/soa/news/importantnews/webinfo/2011/06/1307926655938394.htm

(24)「胡錦濤同緬甸総統呉登盛挙行会談」『人民日報』二〇一一年五月二八日。

(25)「中緬発表関于建立全面戦略合作伴関係的聯合声明」『新華網』二〇一一年五月二七日。http://news.xinhuanet.com/world/2011-05/27/c_121467691.htm

（26）「緬甸総統呉登盛会見李源潮」『新華網』二〇一一年六月三日。http://news.xinhuanet.com/2011-06/03/c_121489553.htm
（27）"Beijing faces pressure to act against Mao critics" *South China Morning Post*, May 31, 2011.
（28）「北京市人民公訴茅于軾和辛子陵」ネット『烏有之郷』二〇一一年五月二三日。http://www.wyzxsx.com/Article/Class16/201105/235429.html###
（29）「茅于軾批毛、左派網站連署公訴」台湾『中國時報』二〇一一年六月一七日。
（30）「中共党史二巻・文革帯来厳重内乱」台湾『聯合報』二〇一一年一月一五日 ▽"Beijing facespressure to act against Mao critics" *South China Morning Post*, May 31, 2011.
（31）「香港六四之夜迎来両束曙光」香港『亜洲週刊』二〇一一年六月一九日。
（32）同右。
（33）「公安促開価〈解決〉六四、首次接触天安門母親、丁子霖拒分化・銭買不到一切」『明報』二〇一一年六月一日。
（34）「九・五米高孔子像落戸国博北広場（京華時報）」『中国新聞網』二〇一一年一月一二日。http://www.chinanews.com/cul/2011/01-12/2781244.shtml
（35）"Confucius vanishes from square" *International Herald Tribune*, April 23-24, 2011.
（36）（大陸）朱家台「孔像逼遷、胡敗薄勝」香港月刊『争鳴』二〇一一年五月号。裴毅然「孔像立又撤的背後」同『開放雑誌』同六月号。
（37）「杜導正・温総倡政改被孤立、接受本報専訪、談中國民主憲政路」『明報』二〇一一年六月五日。
（38）「温家宝・両股勢力影響了人們不敢講真話」『南方都市報（南都網）』二〇一〇年四月二〇日。http://nd.oeeee.com/comments/citizen/201004/t20100420_1124081.shtml
（39）「温家寶批判両股勢力党報挺異質思維」『多維新聞網』二〇一一年四月二八日。http://china.dwnews.com/news/2011-04-28/57665322.html ▽「呉康民・温家寶総理會見記」『明報』同四月二七日。
（40）第一回本報評論部「関注社会心態①、心態培育、執政者的一道考題」『人民日報』二〇一一年四月二一日。

第二回同「同②、以包容心対待異質思維」『同』同四月二八日。第三回同「同③、用公平正義消解弱勢心態」『同』同五月一九日。第四回同「同④、追求理性従陳里起歩」『同』同五月一九日。第五回同「傾聴那些沈没的声音」同五月二六日。

(41) 第一回本報評論部「人民観点＝如何回應社会関切①、在良性互動中尋求善治」『人民日報』二〇一一年六月二日。第二回同「同②、警匁政府無形資産流失」『同』同六月九日。第三回同「同③、媒介素養体現執政水平」『同』同六月一六日。

(42) 高橋博「チャイナラビリンス87」『東亜』二〇一一年七月号、「同90」同一〇月号参照。

(43) "In Inner Mongolia, a culture clings to its history", *International Herald Tribune*, June 11-12, 2011　矢板明夫「中国・内モンゴル、民族対立の土地を行く」『産経新聞』二〇一一年六月三日　▽林望「内モンゴルの怒り、中国社会の縮図」『朝日新聞』同日。

(44)「今年投入資金超過七百八十八億元」『人民日報』二〇一一年五月二九日　▽「温家宝主持召開国務院常務会議（新華社電）」『人民日報』同六月一六日。

(45)「新塘人心未平、當局高度戒備　二〇〇〇武警巡城震懾民衆」『明報』二〇一一年六月一四日　▽「廣東増城萬人騒乱驚爆深層民怨」『亜洲週刊』同六月二六日。

(46) 平壌発『朝鮮中央通信＝朝鮮通信』二〇一一年五月二七日。金正恩氏は北朝鮮・新義州駅で帰国した父親を出迎えた。

(47)「胡錦濤同金正日挙行会談（新華社電）」『人民日報』二〇一一年五月二七日▽「金正日総書記、中国を非公式訪問」『朝鮮中央通信＝朝鮮通信』同五月二六日。

(48)「胡錦濤同金正日挙行会談（新華社電）」『人民日報』二〇一一年五月二七日。

(49)「金正日総書記、中国を非公式訪問」『朝鮮中央通信＝朝鮮通信』二〇一一年五月二六日。

(50) 江迅「金正日訪華考察高新科技」香港『亜洲週刊』二〇一一年六月一二日。また、金総書記には事実上の夫人である金玉（キム・オク）氏が同行していたことも明らかになっている。

(51)「金正日下江南体験中国」『国際先駆導報』二〇一一年五月三〇日。http://news.xinhuanet.com/herald/

2011-05/30/c_13900666.htm　同記事では、金氏の健康状態が「歩く際に若干緩慢であること以外は全体的に十分に元気な印象だ」とする中国側関係者の発言を伝えた。七日間の訪問を敢行した健康状態にあると言える。

(52)「金総書記の訪中目的を説明＝経済発展理解をと温首相」東京発共同通信電、二〇一一年五月二二日。

(53)「中朝国境に経済特区」『讀賣新聞』二〇一一年六月八日。

(54)「朝鮮〈小香港〉計劃突停」『明報』二〇一一年五月二八日。▽「なるか〈黄金の島〉中国共同開発、投資慎重論も」北京発時事通信電、同六月八日。

(55)夕刊『日本経済新聞』、同『朝日新聞』二〇一一年五月二一日。

(56)「温家宝福島慰問、称中国願放寛日農産品進口限制、災難中的友誼更珍貴（新快報）」『中国経済網』二〇一一年五月二二日。http://www.ce.cn/cysc/agriculture/gdxw/201105/22/t20110522_20980480.shtml

(57)「原発事故不信なお、首相〈針のムシロ〉」『産經新聞』二〇一一年五月二〇日。

(58)日本外務省ＨＰ「第四回日中韓サミット首脳宣言」二〇一一年五月二二日。http://www.mofa.go.jp/mofaj/area/jck/summit2011/declaration.html　▽「温家宝出席第四次中日韓領導人会議」『人民日報』同年五月二三日。

(59)「中国、輸入規制を緩和、温首相表明、山形・山梨産を除外」『朝日新聞』二〇一一年五月二三日。

第六章　2　創立九〇年を迎えた中国共産党

(1)「慶祝中国共産党成立九〇周年大会在京隆重挙行」、「在慶祝中国共産党成立九〇周年大会上的講話、胡錦濤」『人民日報』二〇一一年七月二日。胡演説の邦訳全文は『月刊　中国情報』（中国通信社・東京）一一年七月号、中国の月刊誌『人民中国』（日本語）同年七月号付録にも掲載。

(2)重要思想「三つの代表」とは、中国共産党は「先進的な生産力の発展」、「先進的な文化の前進方向」、「最も広範な人民の根本的利益」の三つの利益を代表すべきとの理論を指す。総書記だった江沢民氏が二〇〇〇年二月に提起し、同年一〇月の党第一五期五中全会で基本方針とされた。さらに〇二年一一月の第十六回党大会で党規約を改正し、重要思想「三つの代表」を明記、入党条件も修正された。国民政党への脱皮を狙ったものだったが、過去一〇年間で私営企業家の入党はどれだけ進んだのか実態は不明である。

（3）党創立九〇年記念して発刊された中共中央党史研究室『中国共産党歴史、第二巻（一九四九〜一九七八）下冊』（中共党史出版社、二〇一一年）では、一九六一〜六三年六月までの間に、食糧難解決のために都市部から労働者ら二六〇〇万人が農村に追い返され、周恩来が「一国に相当するような人口移動であり、史上前例がない」と語ったことが紹介されているが、餓死者数には言及されていない。内外の研究者やジャーナリストらの調査や研究では、三千数百万人の餓死者という指摘が一番多いが、なかには四五〇〇万人だった、との指摘もある。中国内の研究者によると、党政治局は二〇〇五年に「三七五五万八〇〇〇人が全国で餓死した」との数字を開示したが、一般には公開されていないという。

（4）著者による人民日報本社への取材による。『岩波現代中国事典』などによれば、『人民日報』は一九四六年五月一五日に河北省邯鄲市で創刊された。しかし、一般的には晋察冀解放区で発刊されていた『晋察冀日報』と、晋察魯豫解放区で発刊されていた『人民日報』とが合併し、四八年六月一五日に中共華北局機関紙『人民日報』（河北省平山県）となったものを創刊号としている。当時の紙面（DVD保存版）には「中華民国三十七年六月一五日、人民日報創刊號」と記されている。なお、「晋」は山西省、「察」は旧チャハール省（解放後に河北、山西両省に編入）、「冀」は河北省、「魯」は山東省、「豫」は河南省を指す。

（5）「全国党員総数八〇二六・九万名」『人民日報』二〇一一年六月二五日。

（6）「すそ野広げて八千万人の党」月刊『人民中国』二〇一一年七月号。データに使用された党員総数は七千七百九一九万五千人で、今回発表の党員総数より約二二七万人少ない。これは〇九年末現在の数字と思われる。

（7）中共中央党史研究室『中国共産党歴史　第一巻（一九二一〜一九四九）上冊』（中共党史出版社、二〇〇二年初版、一一年第二版）六七頁。

（8）「党史上的今天」『人民網　慶祝中国共産党成立九十周年』二〇一一年七月一日。http://cpc.people.com.cn/GB/64162/64165/67447/67448/index.html

（9）第一回党大会の閉幕日については、七月三〇、三一日、八月一、二、五日などさまざまな説があるという。注釈⑦の六八頁参照。

（10）前出の『中国共産党歴史　第一巻（一九二一～一九四九）上冊』六七頁。
（11）「中共中央執委会書記陳独秀給共産国際的報告（一九二三年六月三〇日）」中共中央党史研究室第一研究部編『共産国際、聯共（布）與中国革命文献資料選輯（一九一七～一九二五）第二巻』（北京図書館出版社、一九九七年）三〇四～三一〇頁。
（12）両列動車温州追尾、已造成三十二人遇難百九十一人送医」『中国新聞網』二〇一一年七月二四日。http://www.chinanews.com/gn/2011/07-24/3204814.shtml
（13）「張徳江指導甬温線事故救援等、宣布成立国務院事故調査組」『新華網』二〇一一年七月二四日。http://news.xinhuanet.com/2011-07/24/c_121713651.htm
（14）「上海鉄路局局長、党委書記、副局長被免職」『新華網』二〇一一年七月二四日。http://news.xinhuanet.com/politics/2011-07/24/c_121713571.htm
（15）「亜視両報〈死訊〉官方未否認未有公布、江澤民生死、全國懸念」香港『明報』二〇一一年七月七日。
（16）"In China, former leader vanishes from Web" *International Herald Tribune*(The Global Edition of *New York Times*), July 07, 2011. ▽「江沢民氏、容体深刻に　中国当局、死去報道は否定」『日本経済新聞』二〇〇一年七月八日。中国外交部HPの報道官の会見応答の中に、江氏の容体に関する下りは全部削除されており、当局が極めて神経質になっている様子が伺える。
（17）「新華社闢謡、亜視撤報道道歉」『明報』二〇一一年七月八日。
（18）『明報』（七月八日）が引用した『文匯報（香港）』によれば、王征氏の曽祖父は盛葵で、清代の著名な実業家・盛宣懐の従兄弟に当たる。王征氏の父親・盛毓南、母親・王雲飛は、その後離婚したが、八路軍戦士の王雲飛は一九八四年に中共の元老、舒同と再婚した。舒同は山東省党委第一書記、中央顧問委員会委員、軍事科学院副院長などを歴任して九八年に死去し、王雲飛も一〇年一一月一四日に北京で死去した。一方、盛毓南（89）は北京で健在。この王雲飛が江沢民の夫人、王冶坪と従姉妹の関係にあるとの未確認情報がネットで流れた。今回、ATVが独自報道した背景に、この姻戚関係があったとの憶測を呼んでいる。なお、日本の『産経新聞』も七月七日付で「江沢民氏が死去」とのネット版号外（PDF）を出した。

(19)「微博封鎖〈江澤民〉、山東新聞網悼念専輯被删」『明報』二〇一一年七月七日。

(20) ロバート・L・クーン著『中国を変えた男、江沢民』(ランダムハウス講談社、二〇〇五年)四九二〜四九三頁。

(21) "Jiang rested at home as media reported his 'death'" *South China Morning Post*, July13, 2011. ▽番組名「東方新聞」上海のテレビ『東方衛視』〇一一年七月一三日午後六時。動画が視聴可能。http://www.smgbb.cn/2010/tv/live.html?216-1310551200

(22) "China hits 'interference' after Obama, Dalai Lama talk (*AFP, AP*)" *Japan Times*, July 18, 2011.

(23) 中国外交部HP「中方堅決反対任何外国政要以任何方式会見達頼喇嘛」二〇一一年七月一六日。http://news.xinhuanet.com/2011-07/16/c_13988754.htm

(24)「首届美省州長論壇在美国塩湖城挙行」『新華網』二〇一一年七月一六日。http://news.xinhuanet.com/2011-07/16/c_13988362.htm ▽「胡錦濤邀美国中学師生中南海做客一起朗誦唐詩」『中国新聞網』二〇一一年七月一五日。http://www.chinanews.com/gn/2011/07-15/3186796.shtml

(25) 中国外交部HP「首次中美亜太事務磋商在美国夏威夷挙行」二〇一一年六月二六日。http://www.fmprc.gov.cn/chn/gxh/mtb/bldhd/t833834.htm ▽"China-US talks focus on issues in Asia-Pacific", *China Daily*, June 28, 2011. http://www.chinadaily.com.cn/china/2011-06/28/content_12789263.htm

(26)「陳炳徳與美軍参聯会主席馬倫挙行会談」『新華網』二〇一一年七月一一日。http://news.xinhuanet.com/2011-07/11/c_121652675.htm

(27)「温家宝與匈牙利総理欧爾班会談」『人民日報』二〇一一年六月二六日。

(28) 中国外交部HP「温家宝與英国首相梅倫挙行会談」二〇一一年六月二八日。http://www.fmprc.gov.cn/chn/gxh/tyb/zyxw/t834375.htm ▽同「温家宝與梅倫英国首相共見記者答問実録(英国外交部)」二〇一一年六月二八日。http://www.fmprc.gov.cn/chn/gxh/tyb/zyxw/t834584.htm

(29) 同右。

(30) 英外務省HP "Press conference with Premier Wen Jiabao", June 27, 2011. http://www.number10.gov.uk/

news/press-conference-with-premier-wen-jiabao/

（31）中国外交部ＨＰ「温家宝與徳国総理默克爾挙行小範囲会談」二〇一一年六月二八日。http://www.fmprc.gov.cn/chn/gxh/tyb/zyxw/t834399.htm　▽同「温家宝與徳国総理默克爾　共同主持首輪中徳政府磋商」同六月二九日。http://www.fmprc.gov.cn/chn/gxh/tyb/zyxw/t834868.htm

（32）「独と中国、広範囲経済協力」『讀賣新聞』二〇一一年六月二九日。

（33）"China trades show shift from US dollar" *Financial Times (Asian edition)*, June 21, 2011.

（34）「中華人民共和国和哈薩克斯坦共和国関于発展全面戦略夥伴関係的聯合声明」『人民日報』二〇一一年六月一四日。

（35）「和平発展、世代友好——在上海合作組織成員国元首理事会第十一次会議上的講話」「上海合作協力組織十周年阿斯塔納宣言」『人民日報』二〇一一年六月一六日。

（36）「胡錦濤同梅徳韋杰夫会談」、「胡錦濤会見普京」、「中華人民共和国和俄羅斯聯邦関于当前国際形勢和重大国際問題的聯合声明」『人民日報』二〇一一年六月一七日。

（37）「胡錦濤同亜努科維奇会談、共同宣布中烏建立和発展戦略夥伴関係」、「中華人民共和国和烏克蘭関于建立和発展戦略夥伴関係的聯合声明」『人民日報』二〇一一年六月二一日。

（38）「中華人民共和国和蒙古国関于建立戦略夥伴関係的聯合声明（新華社電）」『人民日報』二〇一一年六月一八日。

（39）国家統計局ＨＰ「上半年国民経済保持平穏較快増長」、二〇一一年七月一三日。http://www.stats.gov.cn/tjfx/jdfx/t20110713_402738939.htm

（40）「中国、追加利上げ〇・二五％＝インフレ加速に危機感」北京発共同通信電、二〇一一年七月六日。

（41）国家統計局ＨＰ「六月居民消費価格変動情況」二〇一一年七月九日。http://www.stats.gov.cn/tjfx/jdfx/t20110709_402737953.htm

（42）「中国部分省市将向市場投放儲蓄猪肉穏定供應」『中国新聞網』二〇一一年七月一五日。http://www.chinanews.com/cj/2011/07-15/3186641.shtml　▽"China Plans to Release Some of Its Pork Stockpile to Hold

"Down Prices" *New York Times*, July 15, 2011. http://www.nytimes.com/2011/07/16/world/asia/16china.html?_r=2
（43）「レアメタル、中国の規制〈違反〉」ジュネーブ発共同通信電、二〇一一年七月五日。
（44）「違反認定に中国〈遺憾〉」北京発共同通信電、二〇一一年七月六日。
（45）「レアアース、中国投機を監視、経産相に商務相表明、輸出枠でも譲歩示唆」『日本経済新聞』二〇一一年七月一九日。
（46）「副専務理事、中国から初起用」、ワシントン発時事通信電、二〇一一年七月一二日。
（47）"China bolsters Lagarde In Bid to Run the IMF" *Wall Street Journal* (Asia), June 28, 2011.

第六章　3　「独立王国」鉄道部と中国版ツイッターの戦い

（1）中国版新幹線・高速鉄道は中国語では「高速鉄路」と記し、通常は「高鉄（Gaotie）」と略称される。事故を起こしたのは「高鉄」でなく、「動車」だった。追突した「Ｄ３０１」と、追突された「Ｄ３１１５」の「Ｄ」は、ともに「動車（Dongche）」を示す頭文字だ。週刊誌『南方人物周刊』（八月八日号、第二十六期）によれば、「動車」は動力の付いた車両の意味で、ＣＲＨ２Ｅ型の「Ｄ３０１」は一六両編成のうち八両が「動車」、他の八両は動力なし。ＣＲＨ１Ｂ型の「Ｄ３１１５」は一〇両が「動車」、六両は動力なしだった。最高速度はいずれも時速二五〇キロ。国際鉄道連合（ＩＵＲ）の定義では、高速鉄道は時速二〇〇キロ以上が条件だが、中国は独自に時速三〇〇キロ以上を「高鉄」と呼び、時速二〇〇〜三〇〇キロ未満は「動車」と呼んで区別しているという。
（2）奥寺淳「車両壊し埋める」『朝日新聞』二〇一一年七月二五日。角谷志保美「中国先頭車両を埋める」夕刊『讀賣新聞』同七月二五日。
（3）比嘉清太「先頭車両掘り起こし」夕刊『讀賣新聞』二〇一一年七月二六日。
（4）「鉄道部召開七・二三甬温事故新聞発布会」『南方周末』二〇一一年七月二五日。http://www.infzm.com/content/61641

（5）陳旭「這完全是人禍、口述人・一大型火車站負責人」週刊紙『経済観察報』二〇一一年八月一日。ネット版は同年七月三〇日午前零時二一分。http://www.eeo.com.cn/2011/0730/207503.shtml

（6）「把救人放在第一位（熱点解読）」『人民日報』二〇一一年七月二五日。『人民日報』は表題からしても、捜索活動は人命第一でやっていることを強調するトーンで貫かれていた。

（7）注（4）に同じ。

（8）「鉄道部新聞発言人王勇平被免職（新聞晨報）」『新浪網（sina.com）』二〇一一年八月一七日。http://news.sina.com.cn/c/2011-08-17/075423003551.shtml

（9）「王勇平将履新遠赴波蘭任職、韓江平火速上任組織開会、身分相当于使節（京華時報）」『人民網』二〇一一年八月一八日。http://society.people.com.cn/GB/97738/15444675.html

（10）「在甬温線事故現場、温家宝回答中外記者提問（新華社電）」『人民日報』二〇一一年七月二九日。

（11）中国外交部HP「温家宝與伊拉克総理馬利基挙行会談」二〇一一年七月一八日。http://www.fmprc.gov.cn/chn/gxh/mtb/gjldrhd/t840475.htm ▽「温家宝会見　麦隆総統比亜」同七月二一日。http://www.fmprc.gov.cn/chn/gxh/mtb/gjldrhd/t841572.htm ▽「温家宝会見日本国際貿易促進協会代表団」同七月二四日。http://www.fmprc.gov.cn/chn/gxh/mtb/gjldrhd/t842253.htm

（12）「温家宝主持召開国務院常務会議強調、堅決守住安全生産這条紅線」『人民日報』二〇一一年七月二八日。

（13）筆者が八月六～一三日にかけて訪中した際に、北京で中国側関係者から得た情報による。

（14）同右。温家宝総理も北戴河に滞在していたかは不明。現地入り前日の国務院常務会議が北京で開催されているので、北京に戻っていた可能性は高い。

（15）「国務院高速鉄路及其在建項目、安全大検査動員部署会議召開」『人民日報』二〇一一年八月一七日。

（16）怡夢「微博時代、媒体如何應対?（中国芸術報）」『中国文聯網』二〇一一年八月一〇日。http://www.cflac.org.cn/pinglun/2011-08/10/content_23430323.htm

（17）「一輛杭州往温州方向的動車行、行駛中両車脱軌掉落橋下」『新華網』二〇一一年七月二三日午後九時三六分。http://news.xinhuanet.com/2011-07/23/c_121711451.htm

(18) 「微博江湖中的官員然譜」隔週刊誌『小康』二〇一一年八月一日号。同誌は求是雑誌社が主管。
(19) 右同。統計数字は七月二五日現在。
(20) 「蔡奇的微博之道」隔週刊誌『小康』二〇一一年八月一日。
(21) "Directives from the Ministry of Truth, Wenzhou High-speed Train Crash" *China Digital Times*, July 25, 2011. http://chinadigitaltimes.net/2011/07/directives-from-the-ministry-of-truth-wenzhou-high-speed-train-crash/
(22) 「七・二三事故遇難人員賠償救助標準九一・五万元」『新華網』二〇一一年七月二九日。http://news.xinhuanet.com/politics/2011-07/29/c_121744504.htm
(23) 「長期被人視為独立王国、鉄老大特立独行六〇年」雑誌『看天下』二〇一一年八月八日。寧夏回族自治区の区都・銀川にある「寧夏日報報業集団」が主管する雑誌。同特集記事の作成に際しては、『呂正操回憶録』、『市場與調控・李鵬経済日記』、陳重伊『国務院二四部委組建実録』、『人民解放軍鉄道兵部隊的建立與撤銷』、『終結鉄路司法時代』、李楽『鉄道部、手中有話、心中不慌』などの本を参照したと記している。
(24) 「鉄道兵」中国ネット辞典『Ｂａｉｄｕ百科』。http://baike.baidu.com/view/426395.htm
(25) 鉄道部ＨＰを参照。http://www.china-mor.gov.cn/
(26) 「鉄路運輸法院」『Ｂａｉｄｕ百科』。http://baike.baidu.com/view/2889735.htm、▽「鉄路運輸検察院」同。http://baike.baidu.com/view/712976.htm ▽「鉄路公安」同。http://baike.baidu.com/ view/ 1147120. html?tp=0_11
(27) 「鉄道部八高官一年内落馬、張曙光海外存款二八億美元」『中国網路電視台』二〇一一年八月一日。http://news.cntv.cn/20110801/108395.shtml
(28) 「厦門特大走私案首要犯罪嫌疑人頼昌星被遣返回国」『新華網』二〇一一年七月二三日。http://news.xinhuanet.com/2011-07/23/c_121711217.htm
(29) "Canadian court rules to deport top China fugitive (*AFP*)", *Japan Times*, July 23, 2011.
(30) 「外交部・対加拿大法院駁回頼昌星的申請表示歓迎」『新華網』二〇一一年七月二二日。http://news.xinhuanet.com/politics/2011-07/22/c_121705905.htm

（31）邦訳は盛雪『暗黒、開放中国底無しの闇――史上最大の密輸・汚職事件の深層』（相馬勝訳、小学館、二〇〇二年）。
（32）右邦訳書、二四〜二五頁。
（33）「習近平同美国副総統拜登挙行会談、就進一歩発展中美合作伴関係提出四点建議」『人民日報』二〇一一年八月一九日。▽中国外交部ＨＰ「習近平與美国副総統拜登挙行会談」同八月一八日。http://www.fmprc.gov.cn/chn/gxh/tyb/zyxw/t849410.htm
（34）The White House HP "Background Briefing on Vice President Biden's Meeting with Chinese leaders", August 18, 2011. http:// www. whitehouse. gov/ the-press-office/ 2011/08/18/background-briefing-vice-president-bidens-meetings-chinese-leaders
（35）「新型Ｆ16台湾へ売却断念、米政府、初期型改良で対応」『産経新聞』二〇一一年八月七日。
（36）「温家宝会見美国副総統拜登」『新華網』二〇一一年八月一九日。http://news.xinhuanet.com/world/2011-08/19/c_121884945.htm ▽The White House HP "Remarks by Vice President Biden at a meeting with Chinese Premier Wen" August 19, 2001. http://www.whitehouse.gov/the-press-office/2011/08/19/ ▽"No need to worry about our debt, Biden tells China (*Bloomberg, AP*)", *Japan Times*, August 20, 2011.
（37）"Chinese official meets with U.S. Secretary of State on arms sales to Taiwan", *Xinhua*, July 29, 2011. http://news.xinhuanet.com/english2010/china/2011-07/30/c_131018769.htm
（38）「我航母平台進行出海航行試験」『解放軍報』第一面、二〇一一年八月一一日。http://www.chinamil.com.cn/jfjbmap/content/2011-08/11/content_64359.htm ▽"Mainland's first carrier returns from sea trials" *South China Morning Post*, August 15, 2011.
（39）中国国防部ＨＰ「中国正在改造一艘廃旧航母用于科研試験和訓練」二〇一一年七月二七日。http://www.mod.gov.cn/auth/2011-07/27/content_4286344.htm
（40）「共機美機、上月衝過境Ｆ16攔截」「大陸越界、両岸皆沈黙我失立場」台湾『聯合報』二〇一一年七月二五日。
（41）中国国防部ＨＰ「美軍艦機対華抵近偵察厳重損害戦略互信」二〇一一年七月二七日。http://www.mod.gov.

cn/video/2011-07/27/content_4284418.htm

（42）「旧満州開拓団員の石碑建立＝黒龍江省、死者の氏名刻む」方正県発共同通信電、二〇一一年七月二八日。「黒龍江省方正県に満州開拓団の石碑が建てられる（香港フェニックス〈鳳凰〉テレビ）」動画サイト・ユーチューブ、二〇一一年八月一日。http://www.youtube.com/watch?v=dVdkiAE61Dk ▽方正県は旧満州時代から「ほうまさ」と呼ばれた。同省内の宝清県を「ほうせい」と呼んでおり、区別するためという。

（43）大副敬二郎「報恩の〈中国養父母公墓〉自力で建立した遠藤勇の物語」『風雪に耐えた中国の日本人公墓——ハルビン市方正県物語』（東洋医学舎、二〇〇三年）。

（44）謝小紅「一個県城的中国式碑劇」雑誌『博客天下』（寧夏日報社）二〇一一年八月一六～三一日。

（45）王峰「方正県的日本碑劇」『二十一世紀経済報道』二〇一一年八月二日。http://epaper.21cbh.com/html/2011-08/02/content_4249.htm?div=-1

（46）「碑劇・方正県里有個複雑的日本」『青年参考』二〇一一年八月一〇日。http://qnck.cyol.com/html/2011-08/10/nw.D110000qnck_20110810_1-06.htm

（47）地元の観光ガイドが筆者に語った説明による。

（48）「五人赴黒龍江方正県、碑行為引発熱議」『新浪網（中国新聞網）』二〇一一年八月九日。http://news.sina.com.cn/c/2011-08-09/083822959622.shtm

（49）謝小紅「一個県城的中国式碑劇」雑誌『博客天下』二〇一一年八月一六～三一日。

（50）「引発争議的方正県〝日本開拓団名録墻〟被拆除」『中国新聞網』二〇一一年八月六日。http://www.chinanews.com/gn/2011/08-06/3238909.shtml ▽「日本〝開拓団〟碑、昨夜連根抜除」『法制晩報』二〇一一年八月六日。http://www.fawan.com.cn/page/1/2011-08/06/A10/20110806A10_pdf.PDF

第七章　1　野田政権発足で日中仕切り直しへ

（1）中国監視船の一連の行動は、第十一管区海上保安本部の報道資料「第一報～第四報」（二〇一一年八月二四日）による。

（2）同右。九月一二日の筆者による同広報室の海上保安報道官への取材による。
（3）中国漁業政務網「中国漁政3１００１船切実開展漁業文明執法窗口単位創建工作」二〇一〇年一二月一〇日。http://www.cnfm.gov.cn/info/display.asp?sortid=89&id=55867
（4）「中国監視船、日本領海に＝尖閣近海、政府が連絡室」共同通信電、二〇一一年八月二四日。
（5）「尖閣近海に中国監視船、二隻、領海に一時進入」夕刊『讀賣新聞』二〇一一年八月二四日。「スキャナー中国船、尖閣領海に、政治空白突かれる」『讀賣新聞』同八月二五日。
（6）「中国大使呼び、領海侵入抗議、松本外相」『讀賣新聞』二〇一一年八月二六日。外務省ＨＰには領海侵犯事件の発生だけでなく、外務省の抗議も一切掲載していない。一方、中国外交部ＨＰは、日本の抗議に対し、自らの立場を掲載している。「外交部発言人馬朝旭就我漁政船赴釣魚島海域巡航答記者問」（二〇一一年八月二四日）http://www.fmprc.gov.cn/chn/gxh/mtb/fyrbt/dhdw/t851643.htm
（7）防衛省統合幕僚監部ＨＰ「中国機の東シナ海における飛行について」平成二三年九月八日。http://www.mod.go.jp/jso/Press/press2011/press_pdf/p20110908_02.pdf
（8）防衛省統合幕僚監部ＨＰ「ロシア機の日本海及び太平洋における飛行について」平成二三年九月八日。http://www.mod.go.jp/jso/Press/press2011/press_pdf/p20110908_01.pdf
（9）防衛省統合幕僚監部の広報担当者の筆者への説明による。
（10）海上保安庁ＨＰ「海上警察権のあり方について（中間取りまとめ）の発表について」平成二三年八月二六日。http://www.kaiho.mlit.go.jp/info/kouhou/h23/k20110826/k110826-2.pdf
（11）海上保安庁ＨＰ「〈第十二回北太平洋海上保安フォーラムサミット〉の開催について」平成二三年九月七日。中国は〇一年七月の第二回会議からオブザーバー参加し、〇四年九月の第五回会議で正式メンバーとして参加した。http://www.kaiho.mlit.go.jp/info/kouhou/h23/k20110907/k110907-2.pdf
（12）中国東海区漁政局ＨＰ「美国海岸警衛隊太平洋司令布朗中将訪問中国漁政東海総隊」二〇一一年六月三日。http://www.dhyzchina.gov.cn/article.asp?news_id=9612
（13）「中国人船長、強制起訴へ」『産経新聞』二〇一一年七月二二日。「尖閣衝突、強制起訴へ」『朝日新聞』同七月二二日。

(14) 隅俊之「尖閣漁船衝突あす一年〈英雄船長〉今はかごの鳥」夕刊『毎日新聞』二〇一一年九月六日。奥寺淳「元船長宅、私服警官が警戒」『朝日新聞』同九月七日。「船長詹其雄・日官兵打我」香港『明報』同五月二三日。「獲釈未自由、詹其雄被〈隔離〉」『明報』同五月二四日。

(15) 中華保釣協会HP「九一八収復釣魚台領土昇旗大会」二〇一〇年四月二一日。http://www.97119.org/redirect.php?tid=660&goto=lastpost

(16) 「保釣聯盟擬釣魚郵輪環島旅遊」『明報』二〇一一年一月三日。

(17) 「新首相に野田氏」『讀賣新聞』二〇一一年八月三一日。

(18) 「野田内閣発足」『讀賣新聞』二〇一一年九月三日。前回（第四十五回）衆議院議員選挙は麻生総理による〇九年七月二一日の衆院解散に伴って、同八月三〇日に投開票されており、任期満了は一三年八月二九日。野田内閣は二年余りの任期となる。

(19) 「温家宝與日本首相野田佳彦通電話（新華社電）」『人民日報』二〇一一年九月七日。

(20) 「野田首相、記者会見（要旨）」『朝日新聞』二〇一一年九月三日。

(21) 野田佳彦「わが政権構想、今こそ〈中庸〉の政治を」月刊『文藝春秋』二〇一一年九月。論文執筆時の野田氏の肩書きは「財務大臣」だった。

(22) 「新聞人物・日本新首相野田佳彦、野田的対内政策」『新華社電』二〇一一年八月三〇日。http://news.xinhuanet.com/2011-08/30/c_131084395_3.htm

(23) 于青「野田承諾首相和閣僚任期内不参拝靖国神社」『人民日報』二〇一一年九月三日。

(24) "China-Japan ties must rise above Japan's political volatility" *Xinhua*, August 26, 2011. http://news.xinhuanet.com/english2010/indepth/2011-08/26/c_131077322.htm

(25) "Japan's new PM needs to respect China's core interests, development demands" *Xinhua*, August 29, 2011. http://news.xinhuanet.com/english2010/china/2011-08/29/c_131082001.htm

(26) 著者の九月一七日の電話取材による。

（27）国務院新聞弁公室ＨＰ「〈中国的和平発展〉白皮書（全文）」二〇一一年九月六日。http://www.scio.gov.cn/zxbd/wz/201109/t999798.htm

（28）中国外交部ＨＰ「外国記者新聞中心就〈中国的和平発展〉白皮書挙行吹風会」二〇一一年九月七日。http://www.fmprc.gov.cn/chn/gxh/tyb/ywcf/t856775.htm「党中央外事弁公室政策研究局」は「党中央外事工作領導小組」（組長＝胡錦濤総書記）の下部にある「党中央外事弁公室」（主任＝戴秉国国務委員）を指すものと見られる。

（29）「金正日国防委員長、ロシア大統領と対面」『朝鮮中央通信（同通信ダイジェスト＝日本語版）』二〇一一年八月二六日。「梅徳韋杰夫與金正日挙行会談」『新華網』同八月二四日。http://news.xinhuanet.com/2011-08/24/c_121905866.htm「露朝首脳会談　南北朝鮮を結びつけるガスパイプライン」『ロシアの声＝日本語版』二〇一一年八月二四日。http://japanese.ruvr.ru/2011/08/24/55120946.html

（30）「中国とロシアの経済支援競争を狙う金正日」韓国『中央日報（日本語版）』二〇一一年八月二二日。http://japanese.joins.com/article/011/143011.html?servcode=500&sectcode=500

（31）「露朝天然ガスパイプライン、作業部会設置で合意」モスクワ発共同電、二〇一一年九月一五日。

（32）「金正日途経弁順訪中国東北地区、戴秉国転達胡錦濤問候」『新華網』二〇一一年八月一六日。http://news.xinhuanet.com/2011-08/26/c_121917876.htm

（33）中国外交部ＨＰ「胡錦濤同菲律賓総統挙行会談」二〇一一年八月三一日。http://www.fmprc.gov.cn/chn/gxh/mtb/gjldrhd/t853777.htm　同「中華人民共和国與菲律賓共和国聯合声明（全文＝中国語）」二〇一一年九月一日。http://www.fmprc.gov.cn/chn/pds/ziliao/1179/t854349.htm　同声明（全文＝英語）はＨＰ“Inquirer Global Nation”より。http://globalnation.inquirer.net/11819/joint-statement-of-the-philippines-and-china

（34）“Ball is in Aquino's court” *China Daily*, September 03, 2011. http://www.chinadaily.com.cn/cndy/2011-09-03/content_13610438.htm

（35）“Beijing improves ties with Hanoi” *South China Morning Post*, September 09, 2011. http://www.scmp.com/portal/site/SCMP/menuitem.2af62ecb329d3d7733492d9253a0a0a0/?vgnextoid=d7b8afcbd8942310VgnVCM

100000360a0a0aRCRD&ss=China&s=News

(36) "China defense ties to be increased" *Vietnam News Agency*, August 31, 2011. http://vietnamnews.vnagency.com.vn/Politics-Laws/214936/China-defence-ties-to-be-increased.html

(37) 中国外交部ＨＰ「楊潔篪出席中国—東盟外長会」二〇一一年七月二三日。http://www.fmprc.gov.cn/chn/gxh/mtb/bldhd/t841686.htm

(38) 中国国家統計局ＨＰ「八月居民消費価格変動情況」二〇一一年九月九日。http://www.stats.gov.cn/tjfx/jdfx/t20110909_402753100.htm

(39) 「(熱点聚焦) 個税起征点為何要提高到三五〇〇元」『人民日報(海外版)』二〇一一年七月一日。http://paper.people.com.cn/rmrbhwb/html/2011-07/01/content_860430.htm?div=-1「税法修正案草案、尽快推行個税税制改革」『人民日報』同五月一八日。

(40) 「関于当前的宏観経済形勢和経済工作」『求是』(第十七期) 二〇一一年九月一日発行。http://www.qstheory.cn/zywz/201109/t20110901_107062.htm

第七章 2 辛亥革命百周年と六中全会開催

(1) 「首都各界隆重紀念辛亥革命一〇〇周年、胡錦濤発表重要講話」『人民日報』二〇一一年一〇月一〇日。

(2) 江氏の動画は「〈視頻〉紀念辛亥革命一〇〇周年大会在京挙行、胡錦濤等出席」『中国網絡電視台(CNTV)』二〇一一年一〇月九日。http://news.cntv.cn/china/20111009/104650.shtml 「匯聚起民族復興的智慧和力量——紀念辛亥革命一百周年大会側記」『人民日報』第二面、同年一〇月一〇日。「江澤民亮相起立唱國歌」香港『文匯報』同年一〇月一〇日 http://paper.wenweipo.com/2011/10/10/CH1110100002.htm 「江澤民矍鑠現身搶鏡、破病危傳言、專家料對十八大有影響力」香港『明報』同年一〇月一〇日 http://news.mingpao.com/20111010/gaa1.htm "Standing ovation as Jiang makes surprise appearance" *South China Morning Post*, October 10, 2011. http://www.scmp.com/portal/site/SCMP/menuitem.2af62ecb329d3d7733492d9253a0a0a0/?vgnextoid=4a228b95b19e2310VgnVCM100000360a0a0aRCRD&ss=&s=News「江沢民氏、右手挙げあいさつ」

『讀賣新聞』同年一〇月一〇日。

（3）「首都各界隆重紀念辛亥革命一〇〇周年、胡錦濤発表重要講話」『人民日報』二〇一一年一〇月一〇日。

（4）在米華人ネット「多維新聞網」（二〇一一年一〇月一三日）などによれば、中央指導者の動静報道が消えた七月下旬から八月八日まで、北戴河会議（河北省）が開催され、十八回党大会の最高指導部の人事問題が話し合われた。同会議には江沢民氏も出席し、江氏は「（十八回党大会指導部の）人事に関する最高顧問」となり、人選については江氏の意見を聴くことが決まったという。温総理は高速鉄道の事故現場視察で七月二八日に浙江省温州入りした。同二九日には賀国強・党政治局常務委員が北戴河で全国の紀律検査委員らと会見したことが『人民日報』（七月三〇日付）で伝えられた。同三一日には北京・人民大会堂で建軍八十四周年記念宴があったが、参列者の最高位は梁光烈国防部長で、中央軍事委の胡錦濤主席のほか、同副主席の習近平、郭伯雄、徐才厚の三氏の姿は見えなかった。

（5）「在紀念辛亥革命一〇〇周年大会上的講話、胡錦濤」『人民日報』二〇一一年一〇月一〇日。

（6）「馬総統、中華民国是現在進行式」台湾『聯合報』二〇一一年一〇月一一日。http://udn.com/NEWS/NATIONAL/NATS3/6644021.shtml

（7）中国語で「九二共識」。江沢民―李登輝時代の一九九二年、香港で行われた中台協議で、「一つの中国」を巡る解釈を指す。中国側は「『一つの中国』は中華人民共和国を指す」とし、台湾側は「中華民国を指す」との認識のもとで、「一中各表（『一つの中国』の定義は双方が独自に表現）」の合意（コンセンサス）があったというもの。李登輝氏や野党・民進党は「九二年コンセンサスは存在しない」と主張している。

（8）「在紀念辛亥革命一〇〇周年大会上的講話、胡錦濤」『人民日報』二〇一一年一〇月一〇日。

（9）「〈江氏死去〉誤報で処分」『産経新聞』二〇一一年一〇月一四日。

（10）「〈新聞良心〉梁家栄辞職」『明報』二〇一一年九月六日。http://premium.mingpao.com/cfm/Content_News.cfm?Channel=ga&Path=100755639063/gaa1h.cfm「立會解畫、梁家栄被指誤導」『明報』同年九月二〇日。http://premium.mingpao.com/cfm/Content_News.cfm?Channel=gb&Path=100755709203/gca3.cfm

（11）「中共十七届六中全会在京挙行（新華社電）」『人民日報』二〇一一年一〇月一九日。“Stage set to boost culture" *China Daily*, October19, 2011.＝iPad 版

(12) 「中共中央政治局召開会議、決定召開十七届六中全会、討論研究当前経済形勢和経済工作、中共中央総書記胡錦濤主持会議（新華社電）」『人民日報』二〇一一年七月二三日。「中共中央政治局召開会議、討論擬提請十七届六中全会審議的文件、中共中央総書記胡錦濤主持会議、決定十七届六中全会于十月十五日至十八日在京召開」『人民日報（新華社電）』同年九月二七日。

(13) 「劉雲山在全国宣伝部長会議上強調、以高度的文化自覚和強烈責任意識、全力抓好十七届六中全会精神的学習宣伝貫徹」『人民日報』二〇一一年一〇月一九日。

(14) 「邁向社会主義文化強国的偉大進軍（社論）」『人民日報』二〇一一年一〇月一九日。

(15) 国家統計局ＨＰ「前三季国民経済保持平穏較快発展」二〇一一年一〇月一八日。http://www.stats.gov.cn/tjfx/jdfx/t20111018_402759555.htm

(16) 中国海関総署ＨＰ「二〇一一年〇九月進出口商品主要国別（地区）総値表」二〇一一年一〇月一三日。http://www.customs.gov.cn/publish/portal0/tab1/info319818.htm 内閣府編『海外経済データ（月次アップデート）』平成二三年九月号、五九～六二頁。

(17) "Trade deficit next year 'possible'" *China Daily*, October 18, 2011. http://www.chinadaily.com.cn/china/2011-10/18/content_13920480.htm

(18) 内閣府編『海外経済データ（月次アップデート）』平成二三年九月号、六十頁。

(19) 注(15)に同じ。

(20) 「天宮1号目標飛行器発射圓満成功」『人民日報』（第一面）二〇一一年九月三〇日。「中国開始太空筑巣」『人民日報』（第五面）同日。

(21) 「中国の〈天宮1号〉撮影＝富山市天文台の反射望遠鏡」共同通信電、二〇一一年一〇月七日。

(22) 「天宮1号在軌測試結束、将進入交会対接準備階段」『中国新聞網（京華時報）』二〇一一年一〇月一三日。http://www.chinanews.com/gn/2011/10-13/3384751.shtml

(23) 「宇宙航空技術」中国研究所編『中国年鑑二〇〇七』二一六～二一七頁。

（24）「女航天員将飛天玩穿越或参加神舟十号飛行」『中国新聞網（北京晨報）』二〇一一年一〇月一三日。http://www.chinanews.com/gn/2011/10-13/3384741.shtml

（25）上海発共同通信電、二〇一一年九月二七、二八日。

（26）「十二名責任人受到厳粛処理」『人民日報』二〇一一年一〇月七日。

（27）「調査組通報七・二三温線事故調査進展情況」『新華網』二〇一一年九月二一日。http://news.xinhuanet.com/politics/2011-09/21/c_122069252.htm

（28）「胡錦濤同阮富仲挙行会談、双方一致表示推動中越全面戦略合作伴関係」『人民日報』二〇一一年一〇月一二日。"Vietnam, China agree on ground rules to resolve sea issues" THANH NIEN NEWS, October 12, 2011. http://www.thanhniennews.com/2010/Pages/20111012-Vietnam-China-agree-on-basic-rules-for-sea-issue-solution.aspx

（29）「李克強陪同阮富仲参観中関村」『人民日報』二〇一一年一〇月一三日。

（30）十六文字方針は、一九九九年二月のレ・カ・フュー書記長訪中の際に公表された共同コミュニティの中に登場した。

（31）"Party leader arrives in China to boost mutual understanding" *Vietnam News*, October 12, 2011. http://vietnamnews.vnagency.com.vn/Politics-Laws/216441/Party-leader-arrives-in-China-to-boost-mutual-understanding.html

（32）中国外交部ＨＰ「関于指導解決中国和越南海上問題基本原則協議」二〇一一年一〇月一二日。http://www.fmprc.gov.cn/chn/gxh/zlb/smgg/t866484.htm. 同合意文書の英語版は "AGREE-MENT ON BASIC PRINCIPLES GUIDING THE SETTLEMENT OF SEA ISSUES BETWEEN VIETNAM AND CHINA" *Vietnam News*, October 12, 2011. URL は注(28)、(31)と同じ。

（33）「外交部・中越有能力有決心通過双方友好協商和談判解決両国間海上争議」『新華網』二〇一一年一〇月一二日。http://news.xinhuanet.com/2011-10/12/c_122149742.htm. フィリピンのアキノ大統領は一〇月一二日、中越の合意文書について、「多国間の枠組みの中で問題解決を図るべきだ」と批判した。「中越簽南海協議、菲総統表示不満」香港『文匯報』同年一〇月一七日。http://paper.wenweipo.com/2011/10/17/CH1110170006.htm

（34）“Energy links with Russia strengthened (*Xinhua, Reuters and AFP*)” *China Daily*, October 12, 2011.=iPad 版。
（35）中国外交部ＨＰ「中越聯合声明（全文）」二〇一一年一〇月一五日。http://news.xinhuanet.com/2011-10/15/c_122161349.htm
（36）注(34)に同じ。
（37）中国外交部ＨＰ「中俄総理第十六次的会晤聯合公報（全文）」二〇一一年一〇月一二日。http://www.fmprc.gov.cn/chn/gxh/tyb/zyxw/t866728.htm
（38）中国外交部ＨＰ「習近平会見緬甸総統特使」二〇一一年一〇月一〇日。http://www.fmprc.gov.cn/chn/gxh/tyb/zyxw/t865940.htm
（39）「中国投資のダム中止、ミャンマー新政府」『讀賣新聞』二〇一一年一〇月一日。
（40）「中国資本のダム建設中止、ミャンマー」『産経新聞』二〇一一年一〇月一日。
（41）外交部ＨＰ「外交部発言人劉為民挙行例行記者会」二〇一一年一〇月一〇日。http://www.fmprc.gov.cn/chn/gxh/tyb/fyrbt/jzhsl/t865999.htm
（42）ワシントン発共同通信電、二〇一一年九月二一日。なお、台湾外交部は武器売却全体の金額は五八億五〇〇〇万ドルとし、中国側もこの金額を挙げている。
（43）“F-16C/Ds left out of arms deal, AIT (*CNA, Reuters*)” *The China Post (Taiwan)*, September 22, 2011. http://www.chinapost.com.tw/taiwan/national/national-news/2011/09/22/317458/F-16C-Ds-left.htm
（44）「楊潔篪敦促美方糾正售台武器錯誤」『新華網』二〇一一年九月二三日。http://news.xinhuanet.com/world/2011-09/23/c_122075662.htm.「外交部副部長張志軍召見美駐華大使、就美宣布対台軍售計劃提出強烈抗議」『人民日報』同年九月二三日。
（45）ワシントン発共同通信電、二〇一一年一〇月一一日。
（46）ワシントン発共同通信電、二〇一一年一〇月一二日。
（47）中国外交部ＨＰ「第二次中美亜太事務磋商在北京挙行」二〇一一年一〇月一二日。http://www.fmprc.gov.cn/chn/gxh/mtb/bldhd/t866485.htm. ワシントン発共同通信電、同年一〇月一一日。

(48) 第十一管区海上保安本部広報資料「中国海洋調査船の調査活動について」（第一報、第二報・最終報）平成二三年（二〇一一年）九月二五、二六日。
(49) 九月二八日、著者の外務省への取材による。
(50) 第十一管区海上保安本部広報資料「中国海洋調査船の調査活動について」（第一報・最終報）平成二三年一〇月七日。
(51) 第十一管区海上保安本部広報資料「中国海洋調査船の調査活動について」（第一報・最終報）平成二三年九月二六日。
(52) 第十一管区海上保安本部広報資料「中国海洋調査船の調査活動について」（第一報、第二報）平成二三年九月二九日。
(53) 九月二八日、著者の外務省への取材による。
(54) 第十一管区海上保安本部広報資料「中国漁業監視船の尖閣諸島への接近について（第一報・最終版）」平成二三年九月二六日。
(55) 九月二八日、著者の外務省への取材による。
(56) 「対中国機、三・五倍に＝一一年度上半期の緊急発進」共同通信電、二〇一一年一〇月一三日。

第七章　3　豪州に米軍駐留で中国が警戒

(1) 米ホワイトハウスＨＰ "Press Briefing" November 12, 2011. http://www.noodls.com/viewNoodl/12085728/president-of-the-united-states/press-briefing-by-press-secretary-jay-carney-deputy-nsa-adv "China, US vow to increase co-operation" *South China Morning Post*, November 14, 2011. http://www.scmp.com/portal/site/SCMP/menuitem.2af62ecb329d3d7733492d9253a0a0a0/?vgnextoid=66f82dda2dd93310VgnVCM100000360a0a0aRCRD&ss=China&s=News
(2) "Obama, Hu air economic dispute at APEC summit" *Reuters*, November 13, 2011. http://www.newsdaily.com/stories/tre7ab129-us-apec1/

(3) 中国外交部ＨＰ「胡錦濤会見美国総統奥巴馬」二〇一一年一一月一三日。http://www.fmprc.gov.cn/chn/gxh/tyb/zyxw/t876574.htm　米ホワイトハウスＨＰ “Remarks by Obama, Chinese President Hu at APEC Summit” November 13, 2011.　http://translations.state.gov/st/english/texttrans/2011/11/20111113190948su0.1653559.html

(4) 中国外交部ＨＰ「胡錦濤会見美国総統奥巴馬」二〇一一年一一月一三日。

(5) 米ホワイトハウスＨＰ “Remarks by President Obama at APEC CEO Business Summit Q&A” November 12, 2011.　http://www.scoop.co.nz/stories/WO1111/S00344/remarks-by-president-obama-at-apec-ceo-business-summit-qa.htms　ホワイトハウスＨＰ “News Conference by President Obama” November 14, 2011.　http://www.whitehouse.gov/the-press-office/2011/11/14/news-conference-president-obama.　“Obama, Hu air economic dispute at APEC summit” *Reuters*, November 13, 2011.　http://www.newsdaily.com/stories/tre7ab129-us-apec1/

(6) 中国外交部ＨＰ「外交部発言人姜瑜挙行例行記者会」二〇一一年一〇月二七日。http://www.fmprc.gov.cn/chn/gxh/mtb/fyrbt/jzhsl/t871208.htm

(7) 「中国商務部官員称中国目前還未収到ＴＰＰ邀請」『中国新聞網』二〇一一年一一月一二日。http://www.chinanews.com/cj/2011/11-12/3456048.shtml

(8) ハワイでのオバマ大統領や米政権当局者の発言などを参照。

(9) 日本メディアはＴＰＰの訳語として、『讀賣新聞』『日本経済新聞』『朝日新聞』が「環太平洋経済連携協定」、『毎日新聞』とＮＨＫは「環太平洋パートナーシップ協定」、『東京新聞』、共同通信、時事通信は「環太平洋連携協定」とそれぞれ訳し、『産経新聞』だけが「環太平洋戦略的経済連携協定」と〈戦略〉を入れている（二〇一一年一一月現在）。中国語の例は、ハワイでの楊潔篪外交部長と陳徳銘商務部長の講演を伝えた『人民日報』（二〇一一年一一月一三日）第三面記事「平等包容開放公平持続発展互利共贏」を参照。

(10) 「温家宝、外部勢力不應以任何借口介入南海問題（「中国広播網」）」『中国新聞網』二〇一一年一一月一八日。http://www.chinanews.com/gn/2011/11-18/3471674.shtml　中国外交部ＨＰ「温家宝在第十四次中国―東盟領導人会議上的講話（全文）」同一一月一八日。http://www.fmprc.gov.cn/chn/gxh/tyb/zyxw/t878623.htm

（11）同右。

（12）同右。

（13）"Obama, Chinese premier discuss economic topics" AP, November 19, 2011. http://hosted2.ap.org/APDEFAULT/386c25518f464186bf7a2ac026580ce7/Article_2011-11-19-Obama-China/id-19078e4219a24ca994a7e807f5869056「米中首脳、安保政策を協議、東アジアサミット前に」夕刊『朝日新聞』二〇一一年一一月一九日。

（14）「温家宝会見美国総統奥巴馬」『人民日報』二〇一一年一一月二〇日。

（15）"Obama and Asean Leaders Confront China's Premier" *New York Times*, November 19, 2011. http://www.nytimes.com/2011/11/20/world/asia/wen-jiabao-chinese-leader-shows-flexibility-after-meeting-obama.html?pagewanted=1&_r=1 "Obama, Chinese premier discuss economic topics" AP, November 19, 2011.

（16）「温家宝就南海問題闡明中方立場」『人民日報』二〇一一年一一月二〇日。

（17）"Obama and Asean Leaders Confront China's Premier" *New York Times*, November 19, 2011.

（18）同右。

（19）日本外務省ＨＰ「互恵関係に向けた原則に関する東アジア首脳会議（ＥＡＳ）宣言（仮訳）」二〇一一年一一月一九日。http://www.mofa.go.jp/mofaj/kinkyu/2/20111119_233502.html, 同ＨＰ「ＡＳＥＡＮ連結性に関する東アジア首脳会議（ＥＡＳ）宣言（仮訳）」同一一月一九日。http://www.mofa.go.jp/mofaj/kinkyu/2/20111119_232256.html

（20）米ホワイトハウスＨＰ "Statement by President Obama on Burma" November 18, 2011. http://www.whitehouse.gov/the-press-office/2011/11/18/statement-president-obama-burma

（21）米国防総省ＨＰ "Obama Announces Expanded U.S. Military Presence in Australia" American Forces Press Service, November 16, 2011. http://www.defense.gov/news/newsarticle.aspx?id=66098

（22）米ホワイトハウスＨＰ "Remarks By President Obama to the Australian Parliament" November 17, 2011.

http://www.whitehouse.gov/the-press-office/2011/11/17/remarks-president-obama-australian-parliament/

(23) "Clinton uses warship to push Philippines alliance" *AFP*, November 16, 2011. 米国務省ＨＰ "Remarks Hillary Clinton, Secretary of State, Manila" November 16, 2011. http://www.state.gov/secretary/rm/2011/11/177234.htm.

(24) Hillary Clinton "America's Pacific Century" *Foreign Policy*, November 02, 2011. http://www.foreignpolicy.com/articles/2011/10/11/americas_pacific_century?page=full

(25) 米ホワイトハウスＨＰ "Press Briefing" November 12, 2011. http://www.noodls. com/viewNoodl/12085728/president-of-the-united-states/press-briefing-by-press-secretary-jay-carney-deputy-nsa-adv

(26) "US Asia-Pacific strategy brings steep price" *Global Times*, November 18, 2011. http://www.globaltimes.cn/NEWS/tabid/99/ID/684596/US-Asia-Pacific-strategy-brings-steep-price.aspx

(27) Wei Jianhua "U.S. return to Asia raises more questions than it can answer" *Xinhua*, November 19, 2011. http://news.xinhuanet.com/english2010/indepth/2011-11/19/c_131256990.htm

(28) "U.S. Consulate General Press Releases (2011)", November 09, 2011. http:// hongkong. usconsulate.gov/pas_pr_2011110901.html "USS GEORGE WASHINGTON CVN 73" last modified on November 14, 2011. http://www.uscarriers.net/cvn73history.htm

(29) "US Pacific fleet commander says major Asia conflict unlikely (*AFP*)" *South China Morning Post*, November 09, 2011. http:// www. scmp. com/ portal/ site/ SCMP/ menuitem. 2af62ecb 329d 3d7733492d 9253 a0a0a0/?vgnextoid=319b071b1e783310VgnVCM100000360a0a0aRCRD&ss=Hong＋Kong&s=News "New commander of US 7th fleet says he worries most about North Korea, not so much about China" *AP*, November 09,2011. http:// www.washingtonpost.com/world/asia-pacific/new-commander-of-us-7th-fleet-says-he-worries-most-about-north-korea-not-so-much-about-china/2011/11/09/gIQA6MZA4M_story.html

(30) 「普天間『評価書』年内提出首相、米国防長官に伝達」、「スキャナー　普天間前進、米に〈公約〉」『讀賣新聞』二〇一一年一〇月二六日。

(31) 胡錦濤「合作推動増長、合作謀求共贏——在二十国集団領導人第六次峰会上的講話（一一月三日）」『人民日報』二〇一一年一一月四日。
(32) "At the G20, Hu Said What When?" *Wall Street Journal, China Real Time Report,* November 07, 2011. http://blogs.wsj.com/chinarealtime/2011/11/07/at-the-g20-hu-said-what-when/?mod=WSJBlog
(33) 同右。
(34) 「市場経済国」に認定されると、中国製品に対してアンチダンピング（不当廉売）税や相殺関税などを課せられる可能性が減る。中国は二〇〇一年一二月に世界貿易機関（WTO）に加盟した際は「非市場経済国」であり、加盟国は課税に関して「厳密な条件を守らなくともよい」と扱われている。中国は各国ごとの交渉で「市場経済国」の認定を受けている。欧州連合（EU）と米国は中国を「市場経済国」と認定していない。
(35) 「胡錦濤主席同奥地利総統菲舎爾会談、就双辺関係及共同関心的問題深入交換意見、達成重要共識」『人民日報』二〇一一年一一月一日。
(36) 「外交部副部長傅瑩・中国拯救欧洲的問題不成立」『新華網』二〇一一年一〇月二八日。http://news.xinhuanet.com/world/2011-10/28/c_111131389.htm
(37) "China waits for clarity on EU bailout fund" *China Daily,* October 29, 2011. http://www.chinadaily.com.cn/china/2011-10/29/content_13999171.htm
(38) 「離京抵平壌開始対朝鮮進行正式友好訪問、李克強同崔永林総理挙行会談」『人民日報』二〇一一年一〇月二四日。
(39) 「朝鮮労働党総書記金正日会見李克強」『人民日報』二〇一一年一〇月二六日。金正恩氏の参加の事実は朝鮮中央通信による。
(40) 中国外交部HP「韓国総統李明博会見李克強」二〇一一年一〇月二六日。http://www.fmprc.gov.cn/chn/gxh/mtb/gjldrhd/t870967.htm
(41) 「北朝鮮の改革開放へ役割を＝李大統領、中国副首相に」ソウル発共同通信電、二〇一一年一〇月二六日。
(42) 日本外務省HP「新日中友好二十一世紀委員会第三回会合（概要）、グローバルな視野、国交正常化四十年

の回顧、日中関係の中長期的展望」二〇一一年一〇月二五日。http://www.mofa.go.jp/mofaj/area/china/jc_yuko21-2/gaiyo_1110.html「第五届中日友好二十一世紀委員会第三次会議在京開幕」『新華網』同一〇月二三日。http://news.xinhuanet.com/world/2011-10/23/c_111117364.htm

(43) 中国外交部HP「温家宝会見中日友好二十一世紀委員会双方委員」二〇一一年一〇月二二日。http://www.fmprc.gov.cn/chn/gxh/tyb/gdxw/t869854.htm

(44) 「第六世代の三頭馬車」の残る二人は、胡春華・内モンゴル自治区党委書記(一九六三年四月生、四八歳)、孫政才・吉林省党委書記(一九六三年九月生、四八歳)を指す。

(45) 第十一管区海上保安本部広報資料「中国漁業監視船の尖閣諸島への接近について」(第一〜六報)二〇一一年一〇月二四日。

(46) 「監視続ける―藤村氏」共同通信電、二〇一一年一〇月二四日。

(47) 日本外務省HP「新日中友好二十一世紀委員会第三回会合(概要)、グローバルな視野　国交正常化四十年の回顧、日中関係の中長期的展望」二〇一一年一〇月二五日。

(48) 劉江永「野田外交往哪里揺擺?・望海楼)」『人民日報(海外版)』二〇一一年一〇月二二日。野田政権の対中政策を批判した論調に以下のものがある。"Tokyo takes twin-track approach to Beijing" *China Daily*, November 03, 2011. http://www.chinadaily.com.cn/world/2011-11/03/content_14026900.htm

(49) Ye Xiaowen "Remove hurdles for China-Japan trust", *China Daily*, November 02, 2011. http://www.chinadaily.com.cn/opinion/2011-11/02/content_14020098.htm

(50) 「日中の政財界人がシンポジウム、海上危機管理の構築を」北京発共同通信電、二〇一一年八月二一日。http://www.47news.jp/CN/201108/CN2011082101000443.html

(51) 二〇〇八年一二月八日の模様については、動画サイト「ユーチューブ」で中国側テレビの映像を見ることができる。URL は http://www.youtube.com/watch?v=lr3aanGjXBg

(52) 高原明生「第七章、現代中国史における一九七八年の画期性について」『中国改革開放への転換―〈一九七八年〉を越えて』(慶應義塾大学出版会、二〇一一年)一二一〜一三六頁。

(53) 日本外務省HP「野田総理大臣と胡錦濤中国国家主席との懇談について」二〇一一年一一月三日。http://www.mofa.go.jp/mofaj/kaidan/s_noda/g20_1111/jc_pmm_1111.html.「日中首脳会談、ハワイで開催」夕刊『讀賣新聞』二〇一一年一一月四日。

(54) 日本外務省HP「ホノルルAPECの際の日中首脳会談（概要）」二〇一一年一一月一三日。http://www.mofa.go.jp/mofaj/kaidan/s_noda/apec_2011/j_china_1111.html 中国外交部のHPには一一月三日の胡錦濤主席と野田総理の仏カンヌ「五分間懇談」は掲載されていない。「胡錦濤会見日本首相野田佳彦」『人民日報』二〇一一年一一月一四日。

(55) 「党内融和は何処かに消えた、『野田政権』不和の泥沼」『週刊新潮』二〇一一年一一月一七日。

(56) チベット亡命政府HP "His Holiness the Dalai Lama's final day in Japan" November 07, 2011. http://www.dalailama.com/news/post/765-his-holiness-the-dalai-lamas-final-day-in-japan 共同通信電、二〇一一年一一月七日。「防衛副大臣、ダライ・ラマと会談、首相補佐官は初面会」『日本経済新聞』同一一月八日。「ダライ・ラマ『民主化、中国に働きかけを』長島補佐官らと会談」『産経新聞』同一一月八日。

(57) 「ダライ・ラマと会談、長島氏を注意」『産経新聞』二〇一一年一一月九日。

(58) 山野拓郎「ダライ・ラマ　高野山で法話、悩むのは知性の証し」『朝日新聞（和歌山版）』二〇一一年一一月一日。http://mytown.asahi.com/wakayama/news.php?k_id=31000001111010002

(59) 正式名称は「日本自由報道記者クラブ協会（FPA）」。二〇一一年一月に発足。既存の記者クラブ制度のあり方に反発して設立された、フリー記者やネット媒体記者らによる一般社団法人。代表は上杉隆氏、副代表はビオ・デミリア氏。http://fpaj.jp/?page_id=393

(60) "Dalai Lama, A Role for Nuclear Power in Development Process" *Wall Street Journal*, November 07,2011. http://blogs.wsj.com/japanrealtime/2011/11/07/dalai-lama-a-role-for-nuclear-power-in-development-process/?KEYWORDS=Dalai+Lama++nuclear

(61) 「長崎沖、中国漁船を拿捕」『讀賣新聞』二〇一一年一一月七日。

(62) 「中国船長を釈放」『産経新聞』二〇一一年一一月一〇日。

(63) 第十一管区海上保安本部報道資料「中国海洋船『東方紅2号』の事前通報海域外での確認について(第一報/最終報)」二〇一一年一一月一五日。

おわりに

本書は財団法人「霞山会」が発行するアジア専門の月刊誌『東亜』誌上で、筆者が連載中の「中国の動向」をまとめたものである。二〇一〇年から一一年までの二年間を主な対象としている。

同誌の「中国の動向」には四〇年余に及ぶ長い歴史がある。とりわけ慶應大学総合政策学部長だった小島朋之教授が一九八三年三月から二〇〇七年二月までの二四年間にわたって『東亜』誌上に連載し、その成果は一〇冊の単行本として上梓された。小島教授は〇八年三月に六四歳で逝去されたが、慶應大学総合政策学部の加茂具樹・准教授が恩師の跡を継ぐ形で三年間、連載を続投した。

筆者は大学時代からチャイナ・ウォッチを始め、新聞社に入社し、北京、上海、香港などの特派員を務めた。大学での講義のため、短期間滞在した米カリフォルニア州では、華人街や路上販売機などで華字紙が容易に購入でき、中国観察を続けることができた。むろん、新聞社時代は一貫して中国と関わったわけではないが、個人的にはずっと中国を見つめ続けてきた。

今回、連載を担当してみて、相当な忍耐力と集中力を求められる作業だと痛感している。「発生した事柄をただ記録するだけ」などと高をくくっていたが、記録を中心とした作業でも、多大な労力を割かれる。少しでも油断すると締め切りに追われ、徹夜作業を強いられる羽目に陥る。

ただ、ウォッチを重ねるうちに普段気づかなかったことが見えてくるようになった。事実を積み重ねることで、自然と形が現れて来ると言えばよいだろうか。ジグゾーパズルを組み立て、だんだん像を結び始めてくるような瞬間にしばしば出くわす。一見、無関係と思っていた事柄が別の出来事とつながり、思わぬ発見に驚くこともある。そんな時は爽快感が広がり疲れも一気に吹き飛ぶのである。

執筆に当たっては、以下の二点に留意した。

今後二〇年、三〇年を経た将来の時点で振り返り、中国で何が起きていたのかを理解するうえで必要になるだろうと考えた出来事を中心に取り上げた。いまの時代を反映するような出来事とは何かを言い当てる作業は難しいが、できる限り取捨選択した。

いつ、どこで、だれが何をしたか、という基本的事実を忠実に記録しようと心がけた。ディテールにもこだわった。出来事の発生と同じ時間帯を共有しているうちに執筆することに意義があると考えながら書き続けている。現場の臨場感もできる限り取り込もうと試みた。私自身が中国へ出かけ、現地の空気を吸い込んだ。新聞記事に依拠した作業であり、体験が原稿に直接反映できるケースは少ないが、一見無味乾燥に見える文章の中にも、そうした裏づけが含まれているのだと感じていただければ幸いである。

共産党による一党支配の中国だが、価値観の多様化は着実に進んでいる。「都市報」と呼ばれる地元の社会ダネを中心にした党機関紙以外の新聞が増えている。インターネット全盛時代を迎え、お堅い党機関紙『人民日報』を中心にして、リアルな中国の姿を伝えられるのか、との批判は承知している。私自身同じようなことを考えていた。ただ、そうした批判は当たっている部分もあるし、当たっていない部分も多々ある。

なぜなら中国内の報道体制として、中央指導者の発言や外交問題などは、原則的に『人民日報』と国営通信社『新華社（Xinhua News Agency）』の記者、国営テレビ『中国中央電視台（ＣＣＴＶ）』の記者（カメラマン）らしか取材できない仕組みになっている。

国の重要ニュースを知ろうとすれば、これら主流メディアに頼るしかない。そのほかの新聞やテレビ・ラジオ局などは、すべて新華社通信の配信記事を転載することしか許されていない。党中央宣伝部や国務院新聞事務弁公室といった組織・機関が、そのほかに公表してはいけない記事を毎日指示するなど、厳しく情報統制しているのは周知の通りである。

これと関連するのだが、中国の報道には「政治ニュース」が存在しない。日本の新聞の内政面に当たるような紙面はない。同じ中華圏メディアとして、香港や台湾の新聞・テレビが伝えるような中央政界における政治家の動きや、親族を含めたスキャンダルが報道されることはほとんどない。

中国政治の中枢である「中南海（要人の居宅があり党中央と政府機関の所在地）」で、日々うごめいている政治家たちの権力抗争の姿は、容易に外部には漏れ伝わらない。紙面に社会ダネや経済ニュースがあふれるほど増えても、「政治ニュース」だけがポッカリ欠落しているのだ。この傾向は改革・開放が進み、GDPが世界第二位になろうとも、変化の兆しはない。中国社会は大きく変化しても、政治とそれを伝えねばならないはずのメディアの閉鎖性だけは、見事なまでに遅れたままである。

世界はインターネットやツイッターなどソーシャル・ネットワーキング・システム（SNS）の時代に突入し、中国のメディア界も変化の波に晒されてはいる。だが、中国では当局による厳しいネット検閲が存在し、逆に強化されているのも周知の事実だ。台湾、香港の新聞などのメディアは大陸内では原則、閲覧できない。NHKテレビや欧米メディアもブラックアウトされる時もある。中国で共産党による支配体制が続く限り、こうした状況が根本的に変化することはないだろう。

中国社会の閉鎖性もあり、チャイナ・ウォッチには時間の経過が必要だと思う。五年、一〇年と観察を続けて、初めてじわりと変化の様子が浮かび上がってくる。

やや矛盾しているように見えるかもしれないが、同時に中国は多元性を具備した大陸国家である。香港がよい例だろう。一九九七年七月、中国は一五〇余年ぶりに植民地・香港を英国の支配から取り戻した。同時に、香港の資本主義制度は返還から五〇年にわたり維持することを国際公約「中英共同声明」で謳っている。香港は二〇一二年で返還後一五周年を迎えたが、経済的繁栄を引き続き謳歌している。街は繁栄し、人込みの盛況ぶりも変わらない。香港島の夜景は九七年当時よりはるかに鮮明できれいになった。国の主権さえ取り戻せれば、資本主義の経済制度を温存しても構わないという中国の姿勢は、多元性を象徴するものといえる。共産党が支配する社会主義国家であれ、異なった価値観を受け入れられるということだ。大陸中国との統一を拒む台湾の存在と合わせて、中華世界はそれ自体がきわめて多元的な構造になっている。

これは政治改革を優先したソ連邦が崩壊したのとは対照的に、中国は経済改革を優先し、結果として世界第二位の経済大国となったのも、外国の資本と技術を大胆に取り入れることを許容した共産党政権の方針と無関係ではないだろう。イデオロギーを超えた中国人社会の多元性を示す好例である。

話は変わるが、二〇一〇年五月から日本でも発売されているタブレット型多機能端末「iPad（アイパッド）」について触れておきたい。なぜならチャイナ・ウォッチの作業にとって〝革新的道具〟が出現したからだ。世界五千数百紙の新聞から、iPad画面にアイコンを引き出し、それをワンタッチするだけで紙面が現れる。多くの場合、オリジナルの紙面レイアウトが現れる。

中国の新聞で最も進んでいるのは、英字紙『チャイナ・デイリー（China Daily＝CD）』である。最多二四面構成の全紙面が、アイコンをワンタッチすると五秒以内にダウンロードできる。『人民日報』の紙面はCDほど速くダウンロードできないが、それでも全紙面を受信できる。それぞれiPad本体内に保存可能なのは一週間程度ではあるが、便利さはこの上ない。毎朝の食卓上で、その日の『人民日報』やCD紙面をリアルタイムで見られ、画面を指で触れれば、頁が切り替わって全紙面をすばやく確認できるのはありがたい。持ち運びの利便性や通常のパソコン受信では得られないスピード感がある。前世紀や今世紀初めに中国特派員を経験した筆者として、信じられない変化である。二〇一一年秋に五六歳で早世したスティーブ・ジョブズ氏（アップル社共同最高経営者）の死が、なぜ世界で大騒ぎになるのかがよく理解できる。IT（情報技術）時代における第二革命とでも呼べる変化である。

裏返すと中国共産党宣伝部は、英字紙CDや『人民日報』を自国宣伝媒体として、いち早く世界に無料開放したということだろう。とくにCDの場合は、英語で書かれた新聞であり、世界を対象に膨大な数の読者を得ることができる。オピニオン欄などには、中国政府・党の立場に立った見解が並んでいる。明らかに英語世界を通じて、中国の自己主張を発信しているのである。得られる効果を考えれば、安いものかもしれない。共産党のしたたかな対外発信戦略である。

最後になったが、本書のもとになった毎月の「中国の動向」を執筆する過程で心がける実証的中国研究の手法は、東京外国語大学以来の恩師である国際教養大学学長・理事長の中嶋嶺雄先生から学んだ。最近は高等教育のグローバル化や大学経営論の発言が世間の注目を集める中嶋先生だが、分刻みの超多忙な中で、学長室に『人民日報』を持ち込み、今でもチャイナ・ウォッチを続けておられる。このたび同大学・東アジア調査研究センターに籍を置かせていただき、恩師のもとで中国研究を続けられることに改めて感謝している。

月刊『東亜』の阿部純一編集人（財団法人・霞山会理事、研究主幹）とは毎月の同誌編集会議で意見交換させていただいているほか、「中国の動向」の毎月の編集・校正作業では堀田幸裕・研究員のほか、同会文化事業部のみなさんにお世話になっている。

また、様々なアドバイスをいただいた外務省在香港日本総領事館の大嶋英一氏（現フィジー駐在大使）、拙稿に対して毎回にように、丁寧な感想をいただいている中国研究の泰斗である竹内実先生（京都在住）

と郭承敏先生（中国天津在住、本年四月二一日に逝去。享年84）にも改めて感謝申し上げたい。

最後になったが、ミネルヴァ書房の田引勝二氏はじめ同社編集部には、拙稿に出版の価値があると判断していただいた。改めて感謝申し上げたい。

二〇一二年春　雪が残る秋田で

濱本良一

関連年表

	関係事項	世界の動き
2008年		
1月	**30日**日本に輸入された中国製ギョーザを食べた千葉県と兵庫県の3家族10人が殺虫剤メタミドホスなどで中毒症状を訴えていたことが判明、日中ギョーザ事件となる。	**25日**韓国の李明博大統領が就任、10年ぶりに保守政権誕生。大統領選は07年12月19日投票。
2月	**21日**日中の警察当局者が東京でギョーザ事件の情報交換会議を開く。25、26両日、東京で日中警察間の首脳級会議。双方の警察当局は4月10日まで4回にわたり会議を開催。**25日**中国共産党第17期中央委員会第2回全体会議（2中全会）が開幕、第11期全国人民代表大会（全人代＝国会）第1回会議の人選などを審議（～27日）。	
3月	**5日**第11期全人代第1回会議が開幕、会期終盤で胡錦濤国家主席、温家宝総理を再任。次期総書記候補の習近平・政治局常務委員を国家副主席に、次期総理候補の李克強・政治局常務委員を筆頭副総理にそれぞれ選出（～18日）。**11日**米太平洋軍のキーティング司令官が米議会上院軍事委員会公聴会で、07年5月に初訪中して中国海軍高官（呉勝利司令官と見られる）と会談した際に、太平洋を分割し、米国がハワイ以東を、中国が同以西の海域を管理してはどうかと中国側から提案されたと証言。**14日**ラサでチベット族僧侶や市民による大規模騒乱が発生、戒厳令が敷かれる。公式の発表で20人死亡。1959年のチベット動乱から49年目に当たる10日、チベット僧侶らがデモを行い、多数が拘束されたことへ	**2日**ロシア大統領選でメドベージェフ第一副首相が圧勝。5月7日に第3代大統領に就任。3選禁止の憲法の規定に従い辞任したプーチン前大統領を首相に任命、双頭体制がスタート。

	4月	5月
の抗議が騒乱に発展。**22日**台湾総統選で国民党の馬英九・前主席が、民進党の謝長廷・元行政院長を大差で下して初当選。国民党が9年ぶりに政権を奪還。馬総統は5月20日に就任、副総統は蕭万長氏。	**7日**北京五輪聖火リレーは3月31日の北京を起点に開幕式の8月8日まで１３０日間、世界5大陸を回る。５番目のロンドン（６日）と6番目のパリ、７番目のサンフランシスコ（９日）などで、チベット騒乱弾圧への抗議として、亡命チベット人や人権団体活動家らが聖火ランナーの走行を妨害。**12日**中国海南島での「博鰲（ボアオ）フォーラム」で、中国の胡錦濤国家主席が台湾の蕭万長・次期副総統と会談、中台間では最高レベルに。**18日**五輪聖火リレー妨害への報復として、中国内17都市の仏系スーパー・カルフール周辺でフランス製品の不買デモ発生（～20日）。**21日**訪米したチベット仏教の最高指導者ダライ・ラマ14世が米高官と会見、ブッシュ大統領は会見せず。	**4日**中国政府当局者が亡命チベット政権側の特使と広東省深圳市内で非公式対話。**6日**胡錦濤国家主席が国賓として10年ぶりに来日、福田康夫総理と日中首脳会談。「戦略的互恵関係の包括的促進」を目指す日中共同声明を発表。胡主席は天皇陛下と都合3回面会したほか、8日に早稲田大学で講演（～10日）。**12日**午後２時半（現地時間）頃、四川省アバ・チベット族チャン族自治州汶川県を震源地としたマグニチュード（M）8・0の強い地震が発生、死者と行方不明者を合わせ7万人近くに、被災者数は４５００万人以上。**20日**四川省大地震で日本の国際緊急援助医療チームが現地で活動を展開（～6月2日）。**23日**ロシアのメドベージェフ大統領が訪中、胡錦濤国家主席と会談。大統領就任後の初の歴訪

	6月	7月
先は中国。	10日沖縄県尖閣諸島の魚釣島付近の日本領海内で、台湾の遊漁船「聯合号」に海上保安庁の巡視船「こしき」が衝突、「聯合号」は沈没。釣客と乗組員計13人は巡視船に救助され無事。台湾外交部は14日、抗議のために許世楷・台北駐日文化経済代表処代表（駐日大使）を台湾に召還。12日中国の対台湾窓口団体「海峡両岸関係協会（海協会）」の陳雲林会長と台湾の対中国同「海峡交流基金会（海基会）」の江丙坤理事長が北京で会談。中台トップ会談は10年ぶり。双方はチャーター航空便と大陸中国人の台湾観光に関して合意。18日日本政府と中国外交部は、東シナ海の海底ガス田協力問題で、日中両国が共同開発に合意したと発表▽訪朝した習近平・中国国家副主席が金正日・北朝鮮総書記と会談。副主席就任後の初外遊先は北朝鮮（17～19日）。24日海上自衛隊の護衛艦「さざなみ」が広東省湛江に到着、自衛隊艦艇の中国寄港は初めて。	1日中国共産党統一戦線工作部の杜青林部長らと亡命チベット政権のロディ・ギャリ、ケルサン・ギャルツェン両代表による公式対話が北京で再開（訪中期間は6月30日～7月3日）、02年以来7回目。10月末～11月初めに第8回目開催。4日中国と台湾の空を結ぶ週末直行チャーター便が初就航。9日主要国（G8）首脳会議で来日した胡錦濤国家主席と福田総理が北海道・洞爺湖町で日中首脳会談。胡主席はブッシュ米大統領らとも会談。10日北朝鮮の核問題を協議する6カ国協議の首席代表会合を開催。ブッシュ政権が6月26日、北の核計画申告と引き換えに北に対するテロ支援国家指定を解除したために北側が応じた（～12日）。19日雲南省普洱市孟連県でゴム栽培農家や住民約400人余が公安部隊と

	衝突、２人が死亡、負傷者多数。21日雲南省昆明でバス連続爆破事件が発生し、死者２人、負傷者14人。	
8月	4日新疆ウイグル自治区カシュガルで警官隊が襲撃され、警官16人が死亡、ウイグル人２人が容疑者として拘束される。8日北京五輪開幕、史上最多の２０４の国・地域が参加、開幕式に出席した福田総理が胡錦濤国家主席と会談。胡主席は9日にブッシュ米大統領と会談（~24日に閉幕）。10日新疆ウイグル自治区クチャ県でウイグル族武装集団15人が公安施設などを手製爆弾で襲撃。12日新疆ウイグル自治区カシュガル郊外の検問所で、警備員３人が刺殺される。27日同カシュガル地区ジャシ県で警官襲撃事件が発生、警官２人が死亡。	
9月	9日北朝鮮の建国90周年記念式典に金正日総書記が姿を見せず、健康悪化説が広がる。公式動静報道は8月14日の軍部隊視察で途切れていた。15日米証券大手リーマン・ブラザーズが連邦破産法第11条の適用を申請して経営破綻する。世界同時金融危機のスタートとなる。	1日福田総理が退陣を表明、自民党は9月22日、総裁選で麻生太郎幹事長を選出。麻生氏は同24日、衆参両院での首班指名で総理に選出、同日中に組閣。
10月	3日ブッシュ共和党政権が台湾向けに総額65億ドルの兵器売却を議会に通告。9日中国共産党第17期中央委員会第3回全体会議（3中全会）が開催。農業問題で都市部との格差是正のため、２０２０年までに農民の平均収入を08年の2倍に引き上げることなどを決定（~12日）。24日アジア欧州会議（ＡＳＥＭ）首脳会議出席のため訪中した麻生太郎総理が北京で、胡錦濤国家主席や温家宝総理と会談。	
	4日米大統領選挙でバラク・オバマ上院議員が初当選、9年ぶりに民主	

	11月	12月	2009年	1月	2月	
	党政権誕生へ。胡錦濤国家主席は5日（北京時間）、祝電を送る。7日中国政府が10年末までに4兆元の景気刺激策を実施すると発表。22日胡錦濤国家主席がアジア太平洋経済協力会議（APEC）首脳会議開催の南米ペルー・リマで麻生総理と日中首脳会談。	5日「新日中友好21世紀委員会」第8回会合を長野県で開催、東京・外務省で最終報告書を公表して5年間の任期を終了（日本側座長＝小林陽太郎・富士ゼロックス会長、中国側座長＝鄭必堅・改革開放フォーラム理事長）（～8日）。8日北朝鮮6カ国協議の首席代表者会合を開催。核検証の方法についての文書化が合意できず終了（～11日）。以降、6カ国協議は中断状態。15日中台間の空の直行定期便がスタート。海上の直行貨物便も開通し、中台間の「3通（通信、通商、通航）」が本格的にスタート。23日中台実務協議で贈呈が決まっていた中国のパンダ、雄の〈団団〉と雌の〈円円〉が台北に到着、台北市立動物へ。31日中国の胡錦濤総書記が台湾との祖国統一に向けた6項目を提案。			27日中断していた米中軍事協議が北京で再開（～28日）。08年10月、ブッシュ政権の対台湾兵器売却決定に中国側が反発して中断していたもので、約5カ月ぶりに再開。	5日第11期全人代第2回会議が開幕。金融危機後、最初の会議で、09年の経済成長目標を「8％」に設定。同年は「9・2％」を達成（～13
				20日オバマ米大統領が正式に就任。		

3月	4月	5月	6月	
日）。**8日**南シナ海の公海上（海南島沖約120キロ）で、米海軍の音響測定艦「インペカブル」（5368トン）が中国艦艇5隻に包囲され、航路進行を妨害される。米国防総省が9日に発表。	**1日**G20首脳会議に参加のためロンドンを訪れた胡錦濤国家主席は同地でオバマ米大統領と初会談。		**23日**北京市公安当局が反体制作家の劉暁波氏を逮捕。共産党の一党独裁廃止を呼びかけた「08憲章」を起草したとして、「国家政権転覆扇動罪」に問われた。12月25日、北京市第1中級人民法院が懲役11年、政治権剥奪2年を言い渡す。10年2月11日に刑が確定。	**5日**新疆ウイグル自治区の区都ウルムチで、ウイグル族1万人規模の群
	5日北朝鮮が長距離弾道ミサイルを発射。北朝鮮は人工衛星の打ち上げで軌道進入に成功したと発表。オバマ大統領はプラハでの演説で、「ルール違反は罰しなければならない」と非難。国連安保理が13日、発射を非難する議長声明を全会一致で採択。**14日**北朝鮮が6カ国協議離脱と核開発の再開を表明。	**25日**北朝鮮が核実験を実施。06年10月9日の第1回目の核実験以来2回目。	**12日**国連安保理が北朝鮮の核実験に関して、北朝鮮への貨物検査の強化や新たな金融制裁などを盛り込んだ追加制裁決議案を全会一致で採択。	

7月	8月	9月
集が治安部隊と衝突、商店や車に投石・放火するなど混乱、多数が死傷。7日には漢族数万人による反ウイグル抗議デモが発生。両民族対立の深刻さに胡錦濤国家主席が8日、G8サミット先のイタリアから緊急帰国。**6日**人民元による初の国際貿易決済業務が上海で開始。**17日**北京で海外駐在の大使らを招集した海外駐在外交使節会議で、胡錦濤総書記が鄧小平の「韜光養晦、有所作為」方針を転換する演説を行う（～20日）。**26日**マカオ特別行政区の行政長官選挙で崔世安・前社会文化官が当選。8月10日、国務院全体会議で崔氏を第3代行政長官に任命。任期は09年12月20日から14年12月19日。**27日**「米中戦略・経済対話（S&ED）」第1回会議をワシントンで開催（～28日）。**29日**鄧小平氏の卓琳夫人が死去、享年93。		**11日**米国が中国製タイヤについて、緊急輸入制限（セーフガード）措置を決定。**15日**中国共産党第17期中央委員会第4期全体会議（4中全会）開催、党組織の強化・改善問題などを協議。国家副主席の習近平氏が中央軍事委員会副主席に選出されると噂もあったが実現せず（～18日）。**22日**国連総会に出席した胡錦濤国家主席がニューヨークでオバマ米大統領と会談。
	4日クリントン元米大統領が北朝鮮を電撃訪問、金正日総書記と会談。中朝国境沿いで取材中に拘束された米記者2人の身柄返還を受ける。	**16日**衆参両院の首班指名で鳩山由紀夫総理が誕生。5月16日の党代表選で鳩山氏が新代表に選出されており、直ちに組閣。8月30日の衆院総選挙で民主党が圧勝、自民党から政権交代。

10月	11月	12月
1日中華人民共和国成立60周年祝賀大会。胡錦濤国家主席（中央軍事委員会主席、党総書記）が閲兵し、重要演説を行う。天安門楼上に江沢民前国家主席の姿も。1950年に119元だった1人当たりの国内総生産（GDP）は09年に2万5541元と215倍に増加。4日温家宝総理が北朝鮮を訪問（~6日）。10日鳩山総理が北京で開催の日中韓3カ国首脳会談に出席、アジア機軸の姿勢を打ち出す。27日中国財政部が、中国大陸以外では初めての人民元建て国債を香港で発行。総額は60億元。	8日習近平・国家副主席の夫人で人民解放軍総政治部歌舞団団長の歌手、彭麗媛・少将が公演のために来日（~20日）。15日オバマ大統領が初の訪中、北京で胡錦濤国家主席や温家宝総理らと会談。温総理は米中G2構想に否定的な考えを表明（~18日）。18日中国とベトナムが北京で陸上国境線画定文書に調印、約1300キロすべての陸上国境線を画定。26日梁光烈国務委員兼国防部長が来日（~12月1日）。	7日デンマーク・コペンハーゲンで開催された「国連気候変動枠組条約第15回締約国会議（COP15）に温家宝総理が出席、オバマ米大統領との会談を一部拒否（~19日）。14日習近平国家副主席（党政治局常務委員）が来日、鳩山総理と会談。15日に天皇と会見（~17日）。
	13日オバマ米大統領がアジア（日本・シンガポール・中国・韓国）歴訪で初来日。鳩山総理と会談したほか、14日に都内で演説し、包括的な対アジア政策を表明、中国を封じ込める意図がないことや、米中関係強化は、日米同盟の弱体化ではないと強調。	5日台湾の統一地方選挙の投・開票。国民党が12（現有14）、民進党4（同3）、無所属1。民進党が激戦区を制す。

２０１０年

１月

1日中国と東南アジア諸国連合（ＡＳＥＡＮ、10カ国）のうち先行加盟6カ国との間で、関税を撤廃した「中国・ＡＳＥＡＮ自由貿易圏（ＡＣＦＴＡ）」が発効。11日中国自動車協会は、09年の中国の自動車販売台数が前年比46・2％増の１３６０万台で、米国を追い抜いて世界第１位になったと発表。12日米グーグル社が中国からサイバー攻撃を受け、検索サービスに対する中国政府の検閲を受け入れないとして、中国からの撤退を発表。29日オバマ米政権が総額64億ドルの対台湾武器売却方針を議会に通告。31日「日中歴史共同研究」（日本側座長＝北岡伸一・東大教授、中国側座長＝歩平・社会科学院近代史研究所所長）が、06年12月の第１回会合から09年12月の第４回（最終）会合までを経てまとめられた研究報告書（日中両国語）を公表。

２月

7日新メンバーによる「新日中友好21世紀委員会」が第１回会合を北京、江蘇省揚州で開催。日本側座長＝西室泰三・東京証券取引所会長、中国側座長＝唐家璇・前国務委員（～10日）。18日オバマ米大統領がホワイトハウスで、チベット仏教の最高指導者ダライ・ラマ14世と会見。

３月

上旬訪中したスタインバーグ米国務副長官とベーダー国家安全保障会議（ＮＳＣ）アジア上級部長に対して、戴秉国国務委員（副総理級）ら中国側が、「南シナ海も中国の核心的利益だ」と告げる（4月23日付『ニューヨーク・タイムズ』紙）。5日第11期全人代第3回会議が開催。成長目標は「8％」堅持（結果は10・3％達成）。10年の国防費は対前年比で7・5％増で、１９８９年以来の2ケタ増が21年間で終わる（～

26日韓国海軍の哨戒艦「天安」（１２００トン、１０４人乗り組み）が黄海・白翎島付近で沈没、46人が死亡。韓国側の調査によって、「北朝鮮製の魚雷による水中爆発」と判断され、北

	4月	5月
14日）。	2日中国製ギョーザ中毒事件で、中国公安当局は製造元の「天洋食品」（河北省石家荘市）の元臨時従業員、呂月庭容疑者を危険物質混入容疑で逮捕したと発表。8月10日に起訴。7日中国海軍のソブレメンヌイ級駆逐艦など10隻が沖の鳥島付近の太平洋上で大規模軍事演習（～22日）。艦艇は沖縄本島と宮古島の間を通過。3月にも駆逐艦など中国軍艦艇6隻が同海域を通過し、太平洋と南シナ海へ進出。12日胡錦濤国家主席がワシントンで開催された核安全保障サミットに参加するため訪米し、オバマ大統領と会談。14日青海省玉樹チベット族自治州玉樹県でＭ７・１の地震が発生。標高３７００メートル級の高地で救助作業が難航、死者・行方不明者は約３０００人。4月中旬から5月下旬台湾系のＩＴ商品の受託製造大手企業「富士康国際」の深圳市内の工場などで若手労働者の自殺が相次いだほか、ホンダやトヨタなど日系大手企業などで労働者の賃上げストライキが各地で頻発。	1日上海万博が開幕。「より良い都市、より良い生活」をテーマに１８４日間開催。10月31日に閉幕。１９７０年の大阪万博を上回る７３０８万人が入場。3日北朝鮮の金正日総書記が中国遼寧省大連、天津、北京などを非公式訪問、訪中は06年1月以来。5日に北京で胡錦濤国家主席と会談（～7日）。4日東シナ海ガス油田開発問題で日中局長級会談開催（北京）。斎木外務省アジア大洋州局長と寧賦魁・中国外交部国境海洋事務局長が参加。24日米中戦略・経済対話（Ｓ＆ＥＤ）」第２回会議を北京で開催（～25日）。
朝鮮は李明博政権による「でっち上げ」「謀略」と反発。		

6月	19日中国人民銀行が「人民元の為替制度改革を進め、元相場の弾力性を高める」と発表、対ドル・レートの切り上げに動く。26日カナダ・トロントで胡錦濤国家主席とオバマ大統領による米中首脳会談。同地で開催されたG20首脳会議に参加した。29日中国の陳雲林「海協会」会長と台湾の江丙坤「海基会」理事長が中国重慶で会談、「海峡両岸経済協力枠組み協定（ＥＣＦＡ）」に調印。	4日菅直人総理が誕生。鳩山氏は6月2日退陣を表明。4日午前、民主党が衆参両院議員総会を開催し、副総理兼財務相の菅氏を新代表に選出。同日午後、衆参両院で首班指名。菅総理は8日に組閣。
7月	23日ベトナム・ハノイで開催されたＡＳＥＡＮ地域フォーラム（ＡＲＦ）で、南シナ海問題をめぐって中国と関係国との間で応酬。米国務長官は南シナ海の自由航行権の確保を主張、中国を牽制。	
8月	8日甘粛省甘南チベット族自治州舟曲県で土石流が発生、１４７１人が死亡、２９４人が行方不明。26日北朝鮮の金正日総書記が再び訪中、吉林、黒龍江両省を訪れる。吉林省長春で胡錦濤国家主席と会談。３男の金正恩氏も同行か。	
	7日沖縄県尖閣諸島の久場島沖の日本領海内で中国トロール漁船「閩晋漁５１７９」が、海上保安庁の巡視船「よなくに」と同「みずき」に体当たり衝突、詹其雄船長（41）ら乗組員15人は８日未明に業務執行妨害で逮捕。10日詹船長の拘置10日間を決定。11日中国外交部が９月中旬に決まっていた東シナ海のガス油田共同開発に関する局長級条約交渉の延期を発表。12日中国の戴秉国国務委員が未明に丹羽宇一郎・日本大使を外交部に呼び漁民と漁船の即時送還を要求。事件発生日以来、中国外交部は連日のように丹羽大使に抗議。10日に楊潔篪外交部長が同大使に抗	14日日本の民主党代表選挙、菅直人総理を再選（選挙公示は９月１日）。

議。**13日**詹船長以外の乗組員14人は中国側が準備したチャーター機で石垣空港から帰国。**19日**詹船長の10日間の拘置延長が決定。拘置満了は9月29日に。**20日**中堅ゼネコン「フジタ」の日本人社員4人が河北省石家荘市の軍事管理区域内に入ってビデオ撮影したとして身柄拘束、新華社が23日に公表。**21日**（米東部時間）訪問先のニューヨークで温家宝総理が「日本側が自分の考えを押し通すなら、さらなる行動を取る」と発言、詹船長の無条件釈放を要求。**23日**中国がレアアース（希土類）の対日輸出の全面禁止措置を取ったと『ニューヨーク・タイムズ』紙が報道。11月22日、中国当局が対日輸出の通関手続きを再開。レアアースを積んだ船舶が12月3日までに日本に到着、輸出規制は2カ月余に及ぶ。**24日**那覇地検が詹船長を処分保留のまま釈放することを決定。詹船長は25日未明に釈放され、中国側のチャーター機で同日早朝に福建省福州市に帰国。**25日**中国外交部が「尖閣中国漁船衝突事件」で、日本側に謝罪と賠償を要求、日本政府は拒否。**26日**メドベージェフ露大統領が訪中。27日、胡錦濤国家主席と首脳会談、第2次世界大戦終結65周年に関する共同声明を発表、中露が歴史認識問題で連携する意向を表明。**28日**朝鮮労働党代表者会議を開催、金正恩氏が党中央委員と新設ポストの党中央軍事委員会副委員長に就任。これで「3代世襲」が確定。

9月

8日ノーベル平和賞委員会が中国の反体制作家、劉暁波氏にノーベル平和賞を授与すると発表。12月10日のオスロ市庁舎での受賞式には獄中の劉氏本人と自宅軟禁中の劉霞夫人は出席できず。**15日**中国共産党第17期中央委員会第5回全体会議（5中全会）開催。最終日に習近平・政治局常務委員（国家副主席）を中央軍事委員会副主席に選出、ポスト胡錦濤

10月	の後継者になることが確実に。「国民経済と社会発展のための第12次5カ年計画（2011～15年）」を審議（～18日）。**16日**四川省成都、陝西省西安など内陸部都市で、数千人規模の反日デモが三日間連続で発生（～18日）。**19日**青海省黄南チベット族自治州同仁県で、チベット民族学校の高校生ら数千人が中国語による教育押しつけに反対して抗議デモ。**30日**菅総理が東南アジア諸国連合（ASEAN）関連会議開催地のハノイで温家宝総理と非公式会談。**31日**「新日中友好21世紀委員会」第2回会合が新潟市で開催。都内で菅総理を表敬（～11月2日）。
11月	**2日**米中間選挙で政権与党・民主党が野党・共和党に大敗、オバマ大統領は苦境に。**4日**尖閣漁船衝突事件時のビデオ映像が、インターネットの動画投稿サイト「ユーチューブ」に流出。**10日**神戸海上保安部の一色正春・海上保安官が関与を認め、国家公務員法違反容疑で取り調べ。**12日**広州市で第16回アジア競技大会が開催（～27日）。**13日**菅総理が横浜で開催されたアジア太平洋経済協力会議（APEC）首脳会議で胡錦濤国家主席と会談、日中関係改善を模索。**27日**台湾の台北、新北、台中、高雄、台南の5大直轄市で市長選など統一選挙。与党・国民党が台北、新北、台中の3市で勝利し、野党・民進党は高雄、台南の2市に。得票総数では民進党が国民党を約30万票上回る。
	23日北朝鮮が黄海の南北境界水域にある韓国延坪島に向けて発砲、民間人を含む韓国人4人が死亡。
12月	**3日**中国共産党政治局会議で、2011年の金融政策を「過度な緩和」から「穏健・中立」へと引き締め策に転換。10～12日の中央経済工作会議で「物価水準の安定を保つ」方針を確認。**18日**韓国・於青島近くの黄海で、違法操業中の中国漁船「遼営漁35432」を韓国警備艇が拿捕。中国船は体当たりしたため沈没、李永寿船長が死亡、2人が不明。

	25日、取り調べていた朱港機関長ら3人を釈放、中国に送還。韓国の排他的経済水域（EEZ）内で拿捕された中国漁船は過去4年間で1746隻に。
2011年	
1月	**9日**ゲーツ米国防長官が訪中（～13日）。**11日**中国軍が四川省成都で、新鋭ステルス戦闘機「殲（J）20」試作機の試験飛行に成功。**18日**胡錦濤国家主席が米国を公式訪問、ホワイトハウスでオバマ大統領と会談。胡主席の米国公式訪問は06年4月以来（～21日）。**24日**那覇地検が中国漁船の詹船長は起訴猶予（不起訴）処分と発表。一色正春・元海上保安官（退職）も、国家公務員法違反事件について起訴猶予処分に。**20日**中国国家統計局が2010年の国内総生産（GDP）数値を公表。名目GDPは39兆7983億元、米ドル換算で5兆8790億ドルとなり、同じく5兆5000億ドル前後の日本の数値（確定値5兆4978億ドル）を上回り、世界第2位が確実に。
2月	**20日**中東チュニジアやエジプトでの民主化運動〈ジャスミン革命〉の影響を受け、中国各地でもデモ集会が呼びかけられ、第1回目の集会日に。参加者数よりも警察官の数が多く不発に終わる。その後も毎週末にデモがネットで呼びかけられるも成功せず。
3月	**5日**第11期全人代第4回会議が開幕し、「国民経済と社会発展のための第12次5カ年計画（規劃）綱要」を採択（～14日）。国防予算は対前年比で12・7％増加と2年ぶりに2ケタの伸びに逆戻り。治安関連予算が初めて国防費を上回る。**13日**中国の国際救援隊15人が東日本大震災（3

	4月	5月	6月	7月
月11日発生）で被災地の応援として羽田空港に到着。一行は岩手県大船渡市入りして、20日午後まで救援活動を展開。	**3日**北京在住の著名な芸術家、艾未未《アイウェイウェイ》氏（53）が公安当局に拘束される。6月22日に保釈。	**20日**北朝鮮の金正日総書記が中国を非公式訪問。黒龍江省牡丹江、吉林省長春、遼寧省瀋陽のほか江蘇省揚州、南京、北京などを訪れた。25日に北京で胡錦濤総書記と会談（～26日）。**22日**東日本大震災以降初の日中韓首脳会談が東京・元赤坂の迎賓館で開催。温家宝総理と李明博・韓国大統領は21日、宮城、福島両県を訪れ、被災者らを慰問。**23日**内モンゴル自治区中部シリンゴルで断続的にモンゴル族による抗議デモ。5月10日に自転車の遊牧民が漢族の運転するトラックにひかれ死亡したことが発端（～29日）。**26日**ベトナムの石油ガス探査船が南シナ海で活動中、中国国家海洋局の監視船など3隻にワイヤーなどを切断される。27日、ベトナム政府は在ハノイの中国大使館に抗議。	**8日**中国海軍の艦艇11隻が沖縄本島と宮古島の間の宮古海峡を太平洋に向かって相次いで航行（～9日）。	**1日**中国共産党創立90周年を記念する集会が北京・人民大会堂で開催され、胡錦濤総書記が演説。**23日**最大の密輸・汚職事件と騒がれた「アモイ事件」の主犯、頼昌星「遠華国際集団」元総裁が逃亡先のカナダから北京に送還され、直ちに収監▽浙江省温州市内で高速鉄道が追突・脱線、乗員・乗客ら40人以上が死亡、２００人以上が負傷、中国高速鉄道での初の大事故となる。

8月	9月
10日中国の空母第1号となる旧ソ連ウクライナ製「ワリァーグ」が遼寧省大連市の港岸壁を離れ、初の試験航行（〜14日）。**14日**遼寧省大連市で、化学工場の撤去を求める市民ら約1万２０００人が市政府庁舎前に集まり、抗議集会を開催。同工場では発ガン性が指摘されているパラキシレンを生産。８日に接近した台風で工場近くの防波堤が決壊し、住民が避難する騒ぎに。市政府が化学工場の即時操業停止と早期移転を決めたため、抗議行動は収束。**17日**バイデン米副大統領が初訪中（〜22日）。**24日**中国の漁業監視船「漁政２０１」「漁政３１００１」の2隻が、尖閣諸島久場島を周回する形で、約11時間にわたり日本の領海を侵犯。10年9月の尖閣漁船衝突事件以降、中国公船の接近は12回目で、領海侵犯は初めて。**30日**フィリピンのアキノ大統領が訪中。31日に胡錦濤国家主席と首脳会談（〜９月３日）。	**6日**中国政府が「平和発展」白書を公表、中国の「核心的利益」は6分野に及ぶと指摘。**19日**三菱重工業が本社や国内11カ所のサーバーとパソコン83台がウィルスなどに感染し、海外のサーバーに強制接続した可能性があると発表。外務省や在外公館のサーバーも6月以降、ウィルスに感染、外交機密が狙われる。衆参両院も被害に。接続先が中国内の複数のサーバーであることが簡体字の使用などで判明、中国の関与が指摘される。**21日**オバマ米政権が53億ドルに及ぶ対台湾兵器売却案を議会に通告。中国は強く反発したが、米中軍事交流は中断せず。**27日**上海市内の地下鉄10号線で追突事故、約２７０人が負傷。信号制御装置が停電で故障し、手動で運行中に発生。事故調査委は10月6日、事故は人為的ミスとして、運行会社幹部ら12人を懲戒処分。**29日**中国初の無人宇宙船「天
31日衆参両院での首班指名で野田佳彦総理が誕生。菅氏は20日に総理退陣を正式表明。29日の民主党代表選で財務相だった野田氏が党代表に。野田総理は９月２日に組閣。	

宮1号」の打ち上げに成功。

10月

5日タイ、ミャンマー、ラオスの3カ国流域を流れるメコン川で、中国の商船2隻が武装集団に襲われ、乗組員13人が殺害される。28日までにタイ警察当局が同国軍兵士9人を犯行の一味として逮捕。**9日**辛亥革命100周年の記念大会が北京・人民大会堂で開催され、胡錦濤総書記が重要演説。前総書記の江沢民氏が式典に出席、健在ぶり示す。**11日**ベトナムのグエン・フー・チョン党書記長が訪中、胡錦濤総書記と会談。南シナ海の紛争解決などを目指す合意文書に調印（～15日）。**15日**中国共産党第17期中央委員会総会第6回全体会議（6中全会）を開催、文化体制改革を審議（～18日）。**23日**中国の李克強副総理が北朝鮮を訪問し、金正日総書記と会談。その後、韓国も連続訪問し、李明博大統領らと会談、6カ国協議再開を模索する（～25日＝北朝鮮、26～27日＝韓国）。「新日中友好21世紀委員会」第3回会合が北京市と湖南省長沙市で開催、22日に温家宝総理と会見（～24日）。**26日**浙江省湖州市で子供服縫製業者らがミシン税の引き上げ通告に抗議、大規模デモに。地元税務当局が増税案を撤回したため終息へ（～27日）。**31日**中国とタイ、ミャンマー、ラオスの4カ国の治安担当副首相・閣僚級による会談を開催。互いに連携してメコン川流域での麻薬密輸など犯罪取り締り協力で合意、共同声明を採択。

1日無人宇宙船「神舟8号」の打ち上げに成功。3日未明、9月に打ち上げた無人宇宙船「天宮1号」とのドッキング実験に初成功▽広東省陸豊市烏坎《ウーカン》村の党委書記を40年余り務めた薛昌氏が同書記を解任される。同村では9月から土地収用をめぐり住民の抗議集会やデモが断続的に発

11月	生。村幹部の汚職・腐敗問題が背景にあり、最終的に村民自身が代表を選ぶ選挙を実現。**3日**胡錦濤国家主席が仏南部カンヌで開催された主要20カ国・地域（Ｇ20）首脳会議で演説、欧州債務危機救済と世界景気回復に向け、国際通貨システムの改革や新興国・途上国の発言権強化など5項目を提案。**12日**胡錦濤国家主席がアジア太平洋経済協力会議（ＡＰＥＣ）首脳会議開催を利用してハワイでオバマ米大統領と会談。19日には東アジア首脳会議（ＥＡＳ）開催のインドネシア・バリ島で、温家宝総理がオバマ大統領と会談、いずれも人民元問題などを話し合う。オバマ大統領は16日、豪州に立ち寄り、豪州北部パースに米海兵隊を駐留させるなど新たなアジア太平洋戦略を発表。**17日** 中国軍総政治部の李継耐主任（中央軍事委員会委員、上将）が平壌で北朝鮮の金正日総書記と会見。**28日**国連気候変動枠組条約第17回締約国会議（ＣＯＰ17、南アフリカ・ダーバン）で、中国交渉団員が〝勝利〟宣言（～12月21日）。**29日**中国の空母ワリャーグが第2回目の試験航行（～12月11日）。**30日**中国人民銀行が預金準備率を12月5日から0・5％引き下げると発表。08年12月以来の緩和策へ。
12月	**7日**第12回米中軍事協議が北京で開催。**12日**中国政府・党による中央経済工作会議が開催され、「穏健・中立」策の維持を決定、「穏中求進」がキーワードに（～14日）。**12日**韓国警備艦が黄海上で不法操業していた中国漁船2隻を拿捕。その際に韓国海洋警察隊員1人が中国漁船長に刺し殺される。**19日**北朝鮮の金正日総書記が17日朝、心筋梗塞などで急逝したと同国国営テレビが発表。中国政府は同夜公表した弔電の中で、3男・金正恩氏による後継体制支持を打ち出す。**25～26日**野田総理が訪中

し、北京で胡錦濤国家主席、温家宝総理らと会談。09年の民主党政権発足以来、日本の総理公式訪中は初めて。

※『世界年鑑』（共同通信社編）、『中国年鑑』（中国研究所編）などを参照。

《著者紹介》

濱本良一（はまもと・りょういち）

1952年　名古屋市生まれ。
東京外国語大学外国語学部中国語科卒。
讀賣新聞ジャカルタ特派員，上海特派員，北京特派員，香港支局長，中国総局長，調査研究本部主任研究員，米カリフォルニア大学バークレー校ジャーナリズム大学院読売講座・非常勤講師，論説委員（中国＆東南アジア担当）などを経て，

現　在　国際教養大学東アジア調査研究センター教授・副センター長。

著　書　『中台危機の構造』共著，勁草書房，1996年。
『中国は何処に向かう？』共著，蒼蒼社，2001年。
『グローバル化時代の中国』共著，日本国際問題研究所，2002年。

訳　書　『銭其琛回顧録』東洋書院，2006年。

シリーズ・チャイナウォッチ①
「経済大国」中国はなぜ強硬路線に転じたか
——2010～2011年——

2012年10月20日　初版第1刷発行　〈検印廃止〉

定価はカバーに
表示しています

著　者　濱本良一
発行者　杉田啓三
印刷者　坂本喜杏

発行所　株式会社　ミネルヴァ書房
〒607-8494　京都市山科区日ノ岡堤谷町1
電話代表　(075)581-5191番
振替口座　01020-0-8076番

冨山房インターナショナル・兼文堂

ISBN 978-4-623-06347-5
Printed in Japan

人名索引

あ　行

か　行

さ　行

た　行

な 行

は 行

ま　行

や　行

ら　行

わ　行

事項索引

あ　行

か　行

さ 行

た　行

な 行

は　行

ま　行

や　行

ら　行

わ　行